职业卫生
分类监督管理实施指南

ZHIYE WEISHENG

FENLEI JIANDU GUANLI

SHISHI ZHINAN

主编 翟慎国

山东城市出版传媒集团·济南出版社

图书在版编目（CIP）数据

职业卫生分类监督管理实施指南 / 翟慎国主编. —济南：济南出版社, 2023.9
ISBN 978-7-5488-5382-4

Ⅰ.①职… Ⅱ.①翟… Ⅲ.①卫生工作—执法监督—中国—指南 Ⅳ.① D922.16-62

中国国家版本馆 CIP 数据核字（2023）第 178066 号

职业卫生分类监督管理实施指南　ZHIYE WEISHENG FENLEI JIANDU GUANLI SHISHI ZHINAN
翟慎国　主编

出 版 人	谢金岭
责任编辑	丁洪玉　陈玉凤
装帧设计	张　倩
出版发行	济南出版社
地　　址	山东省济南市二环南路1号（250002）
总 编 室	（0531）86131715
印　　刷	济南乾丰云印刷科技有限公司
版　　次	2023年9月第1版
印　　次	2023年9月第1次印刷
成品尺寸	170mm×240mm　16开
印　　张	24.75
字　　数	388千
定　　价	98.00元

（济南版图书，如有印装错误，请与出版社联系调换。电话：0531-86131716）

编写委员会

主　任　李　波

副主任　刘义堂

主　编　翟慎国　孟　鹏　白道福　尚绪刚　李金星

副主编　杜文新　曹　丽　王国红　刘瑞杰　孙启银

　　　　　孙　政　李　敏　应文革

编　者　贾淑光　王长昭　许曰法　李宝华　李柯昕

前言

职业病防治工作关系劳动者的身体健康和生命安全，关系劳动力资源和经济的可持续发展，关系社会的和谐与稳定。职业病尤其是尘肺病和职业中毒，给国家造成了严重的经济损失，据有关部门粗略统计，我国每年因职业病、工伤造成的直接损失达1000亿元，间接损失达2000亿元。造成我国职业病发病形势严峻的因素与多数劳动者对职业危害缺乏必要的了解，自我保护意识薄弱有关，也与用人单位主要负责人和管理人员自身对职业卫生知识知之甚少，从而导致其对职业卫生和职业病防治工作重视不足，缺乏对劳动者的职业健康采取保护措施的意识和自觉性有关。自职业卫生监督职能重新划转到卫生健康行政部门以来，由于执法机构改革，基层职业卫生执法只划转职能，没有增加人员编制，导致用人单位监督覆盖率一直不高。自2020年以来，国家根据基层监督现状，坚持无事勿扰，解决监督力量不足问题，决定在全国部分省市开展职业卫生分类分级监督执法试点。2022年底，根据试点情况，国家疾控局、卫生健康委联合印发了《关于开展职业卫生分类监督执法试点工作的通知》，要求在全国开展职业卫生分类监督试点。沂源县作为国家首批试点县，在试点过程中积累了丰富的执法经验。为了帮助用人单位、职业卫生技术服务机构和职业卫生执法人员熟练掌握职业卫生分类监管的相关政策内容，沂源县卫生健康监督执法大队组织全省职业卫生监督、职业卫生培训机构和用人单位职业卫生管理专家，共同编写了《职业卫生分类监督管理实施指南》。该书以我国现行的职业病防治法规和标准规范为依据，结合编者在职业卫生监督和管理一线的理论、实践经验，系统论述了职业卫生基础知识、职业卫生管理、职业健康检查、职业病管理等国家分类监督执法试点工作方案中职业卫生管理分级的各项指标。

本书编写注重实用性和可操作性，旨在为企业职业卫生管理人员、职业卫生技术服务机构业务人员和职业卫生监督执法人员提供一本实用工具书，并可作为企业负责人和职业卫生管理人员等的培训参考教材。

本书编写过程中，得到了省内部分专家的大力支持，同时也参照了某些已出版的教材，借本书出版之际表示衷心的感谢。由于时间仓促，加之作者经验、水平所限，书中难免出现疏漏，恳请各位同行、专家和读者给予批评指正，在此一并表示感谢。

编者

2023 年 9 月于沂源

目 录

第一章 总 论	1
第一节 职业卫生管理基础知识	1
第二节 职业病防治法律法规体系	15
第三节 用人单位职业卫生管理的内容	33
第二章 用人单位职业卫生管理措施	44
第一节 职业卫生管理机构和管理人员设置	44
第二节 职业卫生管理制度编制要点	49
第三章 职业病危害项目申报	55
第四章 建设项目职业卫生"三同时"管理	60
第一节 建设项目"三同时"管理内容	60
第二节 建设项目评价注意事项	68
第五章 用人单位职业卫生档案管理	72
第一节 用人单位职业卫生档案管理的目的、意义	72
第二节 职业卫生档案内容及填写注意事项	75
第六章 职业卫生培训管理	80

第七章　职业病危害合同管理与合同告知 ………………… 89
第一节　劳动合同管理 ……………………………………… 89
第二节　接触职业病危害岗位劳务派遣工管理 …………… 94
第三节　外包作业的职业卫生管理 ………………………… 97
第四节　接触职业病危害劳动者劳动合同告知 …………… 101

第八章　职业病危害告知与警示管理 …………………… 113

第九章　个人职业病防护用品管理 ……………………… 124
第一节　个人职业病防护用品种类 ………………………… 126
第二节　个人职业病防护用品选用规则 …………………… 137
第三节　个人职业病防护用品管理注意问题 ……………… 148

第十章　职业病防护设施的管理 ………………………… 160

第十一章　职业病危害因素检测与评价 ………………… 172
第一节　职业病危害因素检测 ……………………………… 172
第二节　职业病危害因素的识别与分析 …………………… 177
第三节　工作场所职业病危害因素接触限值标准 ………… 183
第四节　职业病危害因素检测计划的制定与实施 ………… 191
第五节　工作场所职业病危害作业分级 …………………… 196

第十二章　职业病危害事故应急救援管理 ……………… 203
第一节　职业病危害事故应急救援预案与演练 …………… 203

第二节　应急救援设施的设置……………………………… 207

第十三章　职业健康监护…………………………………… 221
第一节　职业健康检查的种类和内容……………………… 221
第二节　职业健康检查计划的制定和实施………………… 234
第三节　职业健康检查结果的汇总分析与处置…………… 238
第四节　职业健康监护档案管理…………………………… 241

第十四章　用人单位职业病患者管理……………………… 243
第一节　职业病患者待遇处理……………………………… 243
第二节　职业病报告………………………………………… 248
第三节　职业病纠纷预防及处置…………………………… 250
第四节　疑似职业病管理…………………………………… 255

第十五章　工作场所特殊管理……………………………… 258
第一节　高毒作业管理……………………………………… 258
第二节　密闭空间作业管理………………………………… 264
第三节　非医用电离辐射的职业卫生管理………………… 274
第四节　煤矿作业场所特殊管理…………………………… 281

第十六章　健康企业管理…………………………………… 291
第一节　企业健康教育和健康促进的工作内容与方法…… 292
第二节　职业健康教育与健康促进管理要求……………… 300
第三节　健康企业建设……………………………………… 303

  第四节 职业健康达人评选 …………………………………… 314

第十七章 职业卫生分类监督执法实践…………………… 318
  第一节 概述 ……………………………………………………… 318
  第二节 职业卫生分类方法 ……………………………………… 322
  第三节 职业卫生分类监督执法实践 …………………………… 370

第一章 总 论

改革开放以来，我国职业卫生工作取得了长足发展，职业病防治工作不断加强，职业卫生监管体制逐步理顺，法律法规、标准体系渐趋完善。《中华人民共和国职业病防治法》实施后，全社会职业病防治意识明显增强，职业卫生条件有了明显改善，职业病高发态势得到一定程度的遏制。然而我国正处于工业化、城镇化快速发展阶段，就业人口近8亿，尘肺病、职业中毒等传统职业病防治形势仍然严峻，新的职业危害因素不断出现，例如肌肉骨骼系统疾病和工作压力导致的生理、心理问题等，正成为亟待应对的职业健康新挑战。

人民健康是民族昌盛和国家富强的重要标志，职业健康关系亿万劳动者的身心健康和家庭幸福，党中央、国务院历来高度重视职业健康工作。党的十八大以来，以习近平同志为核心的党中央坚持以人民为中心的发展思想，把保障人民健康放在优先发展的战略地位，提出从以治病为中心转变为以人民健康为中心，实施健康中国战略，将健康融入所有政策中，为人民群众提供全方位全周期健康服务。职业健康工作是为研究和预防因工作导致的疾病，促进并维持职工的生理、心理健康所开展的一系列工作，是健康中国的重要组成内容。

第一节 职业卫生管理基础知识

一、职业卫生与职业健康

目前，劳动卫生、职业卫生、职业健康三种叫法在我国并存，内涵基本相同。国家卫生部门颁布的有关文件和标准中，采用的多是"职业卫生"的提法，"职业卫生"使用得更为普遍。国外有些国家称之为"工业卫生",也有一些国家称之为"劳动卫生""职业健康"。

职业卫生是对工作场所内产生或存在的职业性有害因素及其健康损害进行识别、评估、预测和控制的一门学科,其目的是预防和保护劳动者免受职业性有害因素所致的健康影响和危险,使工作适应劳动者,促进和保障劳动者在职业活动中的身心健康和社会福利。

职业健康是研究并预防因工作导致的疾病,防止原有疾病的恶化,其主要表现为工作中因环境及接触有害因素引起人体生理功能的变化。职业健康应以促进并维持各行业职工的生理、心理及社交处在最好状态为目的,防止职工的健康受工作环境影响,保护职工不受健康危害因素伤害,并将职工安排在适合他们的生理和心理的工作环境中。

二、职业病危害因素

在生产环境中存在的各种可能危害职业人群健康和影响劳动能力的不良因素统称为职业性危害因素(occupational hazards or occupational harmful factors)。在《职业病防治法》等法律法规中职业性危害因素又称作职业病危害因素,包括在职业活动中存在的各种有害的化学、物理、生物因素以及在作业过程中产生的其他职业有害因素。

根据产生的劳动条件的不同环节,职业病危害因素按其来源可分为生产工艺过程中产生的有害因素、劳动过程中的有害因素和生产环境中的有害因素;按其性质不同又可分为化学性有害因素、物理性有害因素、生物性有害因素和其他有害因素。

(一)生产工艺过程中产生的有害因素

1.化学因素:在生产中接触到的原料、中间产品、成品和生产过程中的废气、废水、废渣中的化学毒物均可对健康产生损害。化学性毒物以粉尘、烟尘、雾、蒸气或气体的形态散布于车间空气中,主要经呼吸道进入体内,还可以经皮肤、消化道进入体内。

常见的化学性有害因素包括生产性毒物和生产性粉尘。

（1）生产性毒物，主要包括以下几类：

①金属及类金属：如铅、汞、砷、锰等。

②有机溶剂：如苯及苯系物、二氯乙烷、正己烷、二硫化碳等。

③刺激性气体：如氯、氨、氮氧化物、光气、氟化氢、二氧化硫等。

④窒息性气体：如一氧化碳、硫化氢、氰化氢、氮气、甲烷等。

⑤苯的氨基和硝基化合物：如苯胺、硝基苯、三硝基甲苯、联苯胺等。

⑥高分子化合物：如氯乙烯、氯丁二烯、丙烯腈、二异氰酸甲苯酯及含氟塑料等。

⑦农药：如有机磷农药、有机氯农药、拟除虫菊酯类农药等。

（2）生产性粉尘：如矽尘、煤尘、石棉尘、水泥尘及各种有机粉尘等。

2.物理因素：物理因素是生产环境的构成要素，不良的物理因素较多。

（1）异常气象条件：如高温、高湿、低温、低湿、高气压、低气压等。

（2）噪声、振动等。

（3）非电离辐射（放射性因素）：如可见光、紫外线、红外线、射频辐射、激光等。

（4）电离辐射：如 X 射线、γ 射线、中子、α 射线、β 射线等。

3.生物因素：生产原料和作业环境中存在的致病微生物或寄生虫，如兽医和牧民可能暴露的炭疽杆菌、布鲁氏菌，护林工人可能暴露的森林脑炎病毒，以及医务卫生人员和警察可能暴露的艾滋病病毒等。

（二）劳动过程中的有害因素

劳动过程中产生的影响健康的有害因素包括：

1.劳动组织和制度或劳动作息制度不合理等；

2.精神（心理）性职业紧张等；

3.劳动强度过大或生产定额不当,安排的作业与劳动者生理状况不相适应等；

4.个别器官或系统过度紧张，如视力紧张、发音器官过度紧张等；

5. 长时间处于不良体位、姿势或使用不合理的工具等；

6. 不良的生活方式，如吸烟或过量饮酒，缺乏体育锻炼，个人缺乏健康和预防的观念，违反安全操作规范和忽视自我保健等。

（三）生产环境中的有害因素

生产环境是指劳动者操作、观察、管理生产活动所处的外环境，涉及与作业场所建筑布局、卫生防护、安全条件和设施有关的因素。常见的生产环境中的有害因素包括：

1. 自然环境中的因素，如炎热季节的太阳辐射、高原环境的低气压、深井下的高温高湿等；

2. 厂房建筑或布局不合理、不符合职业卫生标准，如通风不良、采光照明不足、有毒与无毒工段安排在一个车间等；

3. 由不合理生产过程或不当管理所致的环境污染。

在实际生产场所和过程中，往往同时存在多种有害因素，对职业人群的健康产生联合作用，加剧了对劳动者的健康损害程度。根据其危害大小以及发生的可能性，即3根据职业病危害因素性质分类，职业病危害因素可分为严重职业病危害因素和一般职业病危害因素。

严重职业病危害因素主要包括以下内容：①《高毒物品目录》所列的职业病危害因素；②石棉纤维粉尘、游离二氧化硅含量10%以上粉尘；③已确认对人体致癌的化学有害因素（GBZ2.1中标注"G1"的物质）；④电离辐射（除外Ⅲ类射线装置、Ⅳ类和Ⅴ类密封源、丙级非密封源工作场所及予以豁免的实践或源）；⑤卫生健康主管部门规定的其他应列入严重职业病危害因素范围的因素。

上述严重职业病危害因素以外的其他职业病危害因素为一般职业病危害因素。

三、职业性病损

在一定的作用条件下，职业性有害因素可致轻微的健康影响到严重的损害，这通称为职业性病损。职业性病损包括工伤（occupational in jury）、职业病（occupational diseases）、工作有关疾病（work-related diseases）和早期健康损害。

（一）工伤

工伤属于工作中的意外事故引起的伤害，主要指在工作时间和工作场所内，因工作原因发生意外事故，造成生产者的健康伤害。其主要要素有：①工作时间；②工作地点；③工作原因。常在急诊范围内，因是意外事故，较难预测。但事故发生常与安全意识、劳动组织、机器构造、有毒有害因素暴露、防护措施、管理体制、个人心理状态、生活方式等因素有关，须明察秋毫，重视安全风险评估，消除潜在危险因素，积极预防。

（二）职业病

从医学上讲，职业病是指职业病危害因素作用于人体的强度与时间超过一定限度，人体不能代偿其所造成的功能性或器质性病理改变，从而出现相应的临床征象，影响劳动能力。职业病不仅具有医学的含义，还涉及赔偿问题，因此，法定职业病又称需要赔偿的职业病。《中华人民共和国职业病防治法》明确规定：职业病是指企业、事业单位和个体经济组织等用人单位的劳动者在职业活动中，因接触粉尘、放射性物质和其他有毒、有害因素而引起的疾病。

依据上述法定定义，构成赔偿的职业病必须具备的条件有四点：①患病主体是企业、事业、个体经济组织等用人单位的劳动者（"等"是指民政部门颁发证照的非企业法人）；②必须是在从事职业活动的过程中产生的；③必须是因接触粉尘、放射性物质和其他有毒、有害因素等职业病危害因素引起的；④必须是国家公布的职业病分类和目录所列的职业病。

我国法定职业病的分类和目录由国务院卫生行政部门会同劳动保障部门制定、调整并公布。我国最早在1954年公布了14种法定职业病，1987年对法定职业病名单进行了修订，改为9大类99种，2002年又修改为10大类115种。我国现行的法定职业病是2013年颁布的《职业病分类和目录》，共分10大类132种。目前，根据《工伤保险条例》第十四条第四项规定，职业病属于工伤。

《职业病分类和目录》调整原则包括：①坚持以人为本，以维护劳动者健康及其相关权益为宗旨；②结合我国职业病防治工作的实际，突出重点；③适应我国现阶段经济社会发展水平和工伤保险的承受能力；④保持目录的连续性和可操作性；⑤建立目录动态调整的工作机制；⑥按照公开、透明的原则，充分听取各地、有关部门和社会的意见。

职业病的遵循原则包括：①有明确的因果关系或剂量反应关系；②对疾病有可靠的医学认定方法；③能够明确界定职业人群和非职业人群；④该病患者大多数为职业人群，即存在特异性；⑤有一定数量的暴露人群和患病人群。

（三）工作有关疾病

广义地说，职业病也属于工作有关疾病，但一般所称的工作有关疾病与职业病有所区别。职业病是指某一特异职业病危害因素所致的疾病，有立法意义。而工作有关疾病则指多因素相关的疾病，与工作有联系，但也见于非职业人群中，当这一类疾病发生于劳动者时，由于职业病危害因素的接触，会使原有的疾病加剧、加速或复发，或者劳动能力明显减退。工作有关疾病的范围比职业病更为广泛，其导致的疾病经济负担更大。世界劳工组织强调高度重视工作有关疾病，必须将该类疾病列为控制和防范的重要内容，以保护及促进工人健康，促进国民经济健康、可持续发展。

常见的工作有关疾病，举例如下。

1. 行为（精神）和身心疾病，如精神焦虑、忧郁、神经衰弱综合征，常由于工作繁重、各种类型的职业紧张、夜班工作，饮食失调、过量饮酒、吸烟等因素引起。有时由于对某一职业病危害因素产生恐惧心理，而致心理效应和器官功能失调。

2. 慢性非特异性呼吸道疾病，包括慢性支气管炎、肺气肿和支气管哮喘等，是多因素引发的疾病。吸烟、环境空气污染、呼吸道反复感染是常见主要病因。即使空气中污染物在卫生限值以下，患者仍可发生较重的慢性非特异性呼吸道疾病。

3. 其他如高血压、消化性溃疡、腰背痛等疾病，常与某些工作有关，例如接触二硫化碳暴露可加剧动脉粥样硬化。

（四）早期健康损害

面对外来的职业病危害因素，机体会产生一系列防御反应，主要包括氧化应激、炎性反应和免疫应答反应。如果有害因素过强或机体反应不当，就会出现各种早期健康损害，如遗传损伤增加、肺功能下降、动脉粥样硬化加剧、心率变异性下降等。职业病危害因素所导致的早期健康损害可发展成两种完全相反的结局：健康或疾病。如果采取积极的、正确的职业健康监护等二级预防措施，其早期健康损害可能恢复为健康，反之，则发展为疾病。

四、职业病致病模式

人体直接或间接暴露于有职业病危害因素的作业环境中，不一定都发生职业病。职业病的致病模式可用三角模式图表示（见图1-1）。

图1-1 职业病致病模式

职业病是否发生、发生的快慢、损害的程度等取决于三个主要条件，即有害因素的性质、作用条件和个体特征。充分识别和评价各种职业病危害因素及其作用条件，以及个体特征，并针对二者之间的内在联系，采取措施，阻断其因果链，才能有效预防职业性病的发生。

（一）有害因素的性质

职业病危害因素的基本结构、理化性质和作用部位与职业病的发生密切相关。

1. 职业病危害因素的基本结构。毒物的结构决定了化学因素的毒性大小和特征，例如：有机磷酸酯类农药中，R 基团为乙氧基的毒性要比甲氧基大；在多种铬盐中，六价铬的致癌性最强；在不同结构的石英中，游离二氧化硅致纤维化和硅肺能力的大小依次为结晶型＞隐晶型＞无定型。

2. 职业病危害因素的理化性质。毒物的理化性质与其毒性密切相关，如电磁辐射透入组织的深度和危害性，主要取决于其波长；毒物的理化性质及其对组织的亲和性与毒性作用有直接关系，如汽油和二硫化碳具有明显的脂溶性，对神经组织有密切亲和作用，因此首先损害神经系统；一般物理因素常在接触时有作用，脱离接触后体内不存在残留，而化学因素在脱离接触后，作用还会持续一段时间或继续存在。

3. 职业病危害因素的作用部位。刺激性气体氨易作用于湿润的眼和上呼吸道黏膜局部，立即产生刺激作用，出现流泪、流涕、咽痒、呛咳等症状；二氧化氮、光气，易进入呼吸道深部，对肺组织产生刺激和腐蚀，常引起化学性肺炎或肺水肿，最终可导致急性呼吸功能衰竭危及生命。

（二）作用条件

1. 接触机会或频率。在劳动过程中经常接触某些职业有害因素，受危害的可能性大。

2. 接触方式。不同的职业有害因素由于理化性质不同，经不同途径进入人体，如呼吸道、皮肤或其他途径，经容易进入体内的途径接触，受危害的可能性大；如游离 SiO_2 粉尘需经呼吸道进入人体才能导致尘肺，但三硝基甲苯由于其较强的亲脂性则主要经皮肤吸收。

3. 接触时间。每天或一生中累计接触的总时间越长，越易受危害。

4. 接触强度。指接触浓度或水平，越高则越易受危害。

接触时间和接触强度是决定机体接受危害剂量的主要因素，常用接触水平（exposure level）表示，与实际接受量有所区别；实际接受量是指进入机体的量，与接触水平成正比。实际接受量≤接触水平。据此，改善作业条件,控制接触水平，降低进入机体的实际接受量,是预防职业性病损的根本措施。

(三)个体特征

在同一作业条件下,不同个体发生职业病的机会和程度也有一定的差别,这与以下个体因素有关。

1. 遗传因素。患有某些遗传性疾病或存在遗传缺陷(变异)的人,容易受某些有害因素的作用。如对苯胺类化学物易感者,往往有葡萄糖-6-磷酸脱氢酶的先天性遗传缺陷;血清α-抗胰蛋白酶缺陷的个体,易发生刺激性气体中毒。

2. 年龄和性别差异。包括妇女从事接触对胎儿、乳儿有影响的工作,以及未成年和老年工人对某些有害因素的易感性。

3. 营养不良。如不合理的膳食结构,可致机体抵抗力降低。

4. 其他疾病。如患有皮肤病会降低皮肤防护能力,肝病影响对毒物解毒功能等。

5. 文化水平和生活方式。如缺乏卫生及自我保健意识,以及吸烟、酗酒、缺乏体育锻炼、过度精神紧张等,均会增加职业病危害因素的致病机会和程度。

以上这些因素统称为个体危险因素(host risk factor),存在这些因素者对职业病危害因素较易感,故称易感人群(vulnerable group)或高危人群(high risk group)。

五、职业禁忌证

(一)定义

职业禁忌证(occupational contraindication)又称作职业禁忌,是指劳动者从事特定职业或者接触特定职业病危害因素时,比一般职业人群更易于遭受职业危害和罹患职业病或可能导致原有自身疾病病情加重,或者在作业过程中诱发可能导致对劳动者生命健康构成危险的疾病的个人特殊生理或病理状态。

（二）职业禁忌证的界定原则

职业禁忌证的界定目的是贯彻预防为先的原则，最大限度地保护劳动者的健康，确保从业者选择适合的工作岗位，使工作适应工人，使每个工人适应其工作。职业禁忌证的界定应平衡健康与就业权利的关系，尽最大努力保证劳动者平等、公正的就业机会。

《职业禁忌证界定导则》（GBZ/T260—2014）规定的职业禁忌证的界定原则如下。

1. 应遵循相关法律、法规，程序应合法。

2. 只能针对特定的职业病危害因素、特定的工种或特种工作。

3. 应在确定录用劳动者从事接触特定职业病危害因素之后方可界定。

4. 职业禁忌证界定应在定义中明确，而非随时间和康复情况变化，但进行职业禁忌证的界定不应该是一次性的。

5. 在评定劳动者的适应能力时，首先是要求改善劳动环境和劳动条件，使其达到 GBZ2.1 或 GBZ2.2 的规定。

（三）职业禁忌证判定

1. 职业禁忌证判定条件。具有下列条件之一者，即可判定为职业禁忌证（GBZ/T260—2014）：

（1）某些疾病、特殊病理或生理状态导致接触特定职业病危害因素时更易吸收（从而增加了内剂量）或对特定职业病危害因素易感，较易发生该种职业病危害因素所致的职业病。

（2）某些疾病、特殊病理或生理状态下接触特定职业病危害因素能使劳动者原有疾病病情加重。

（3）某些疾病、特殊病理或生理状态下接触特定职业病危害因素后能诱发潜在疾病的发生。

（4）某些疾病、特殊病理或生理状态下接触特定职业病危害因素会影响子代健康。

（5）某些疾病、特殊病理或生理状态下进入特殊作业岗位会对他人生命健康构成危险。

（6）依据毒物性质和职业病危害因素分类情况，结合以上判定条件进行职业禁忌证的判定。

2.职业禁忌证判注意事项，列举如下：

（1）上岗前体检的主要目的是发现有无职业禁忌证，并应建立接触职业病危害因素人员的基础健康档案。

（2）在岗期间定期检查发现的健康损害是否是职业禁忌证，应和接触的特定职业病危害因素所致健康损害相鉴别。

（3）特种作业人群如汽车驾驶员、消防人员等可参见相关的职业健康要求。

（4）职业禁忌证主要是针对接触特定的具有慢性毒性作用的职业病危害因素，只有急性毒性损害的物质原则上不应有禁忌证。

（5）评估个体对接触某种职业病危害因素或某项特定作业的适应程度时，应与基础值作比较，或与参照人群的均值作比较。

（6）判定是否为职业禁忌证时，需要综合分析个体的健康状况在暴露于职业病危害因素接触限值或限值（依据GBZ2.1或GBZ2.1）以下时，是否增加或引发职业病危害风险，既要考虑接触职业病危害因素的频率、强度和时间，也要考虑个体的健康状况、疾病的轻重程度和适应程度。

（7）职业禁忌证的判定应综合考虑职业暴露的特征和个体健康状况，没有绝对的职业禁忌证。

（四）设定职业禁忌证的意义及处理原则

在职业健康检查评价中，职业禁忌证是判定劳动者能否从事某项职业或接触某种职业病危害因素的关键依据。劳动者在参加工作（上岗）前应进行健康检查，以确定有无该工种的职业禁忌证，是否适合该工种工作。在工作岗位变动或长期病假复工前，也应进行健康筛检。从事某项工作后，每隔一定时间进行体检，与上岗前的体检资料作比较，从而评价有无职业危害的损伤。对有职业禁忌证的职工，应按规定不得上岗工作。对在岗职工，一旦发现职业禁忌证，应及时将其调离，改做其他工作。对已经治愈的职业禁忌证职工，则可从事原工作。检查职业禁忌证，在防止职业病发生和发展中具有很大的作用，也是一种不可忽视的手段。

六、职业病的特点

从诱发职业病的主要条件来看，职业病具有下列几个特点。

（一）病因明确且有特异性

职业病的唯一病因就是职业病危害因素，只有在接触职业病危害因素后才可能患职业病，消除或控制职业病危害因素后可以杜绝或降低职业病的发生。

（二）病因多可检测，且有暴露水平（剂量）—反应（效应）关系

所接触的职业病危害因素大多是可以检测和识别的（既可定性又可定量），且所暴露病因的强度或浓度须达到一定程度才能致病，一般存在暴露水平（剂量）—反应（效应）关系。

（三）群体性、特征性

在不同职业病危害因素的接触人群中，常有不同的发病集丛（cluster），很少只出现个别病例。不过由于接触情况不同和个体差异，不同接触人群的发病特征不同。

（四）发病与劳动条件密切相关

发病与否及发病时间的早晚往往取决于接触职业病危害因素的时间和强度。劳动强度大、工作场所环境恶劣是导致职业病发病的根本原因之一。有害因素的接触水平、接触时间与发病率或机体受损程度之间有明显的关系。

（五）隐匿性、迟发性

职业病的发病往往有一定的潜伏期，而且不同的职业病潜伏期也不一样，

一般为5~10年。慢性职业病和有些化学中毒的潜伏期较长，比如尘肺病，其潜伏期可长达数年甚至数十年。此外，职业病的患病群体常常是最普通的劳动者，不像传染病那样涉及社会各个阶层，往往容易被社会忽视。

（六）早期诊断，合理处理，预后较好

大多数职业病如能早期发现、早期诊断、及时治疗、妥善处理，预后较好。

（七）难治愈，重在预防

除了职业性传染病，仅治疗职业病个体，无助于保护仍在暴露人群的健康。大多数职业病目前尚缺乏特效治疗办法，所以工作重点应放在职业病危害因素的控制和职业病的预防方面。

七、职业病三级预防原则

《中华人民共和国职业病防治法》第二条指出，职业病防治工作坚持预防为主、防治结合的方针，建立用人单位负责、行政机关监管、行业自律、职工参与和社会监督的机制，实行分类管理、综合治理。职业卫生工作必须遵循三级预防的原则，对可能造成职业性病损的各种职业病危害因素加以严格控制，以保护和促进职业人群的健康。

（一）第一级预防

第一级预防（primary prevention）又称病因预防，是从根本上消除或控制职业病危害因素对劳动者的作用和损害。第一级预防中的职业病危害因素控制措施，按其重要程度由高到低依次分为替代或消除、工程控制、管理控制和个人防护四个层级（见图1-2）。替代或消除为首选措施，通过替代或消除、工程控制可消除或降低职业病危害因素的接触机会。如果前二者的控制措施受限或效果不理想，则可采取补救措施——管理控制和个人防护，可以最大程度地减少职业危害。

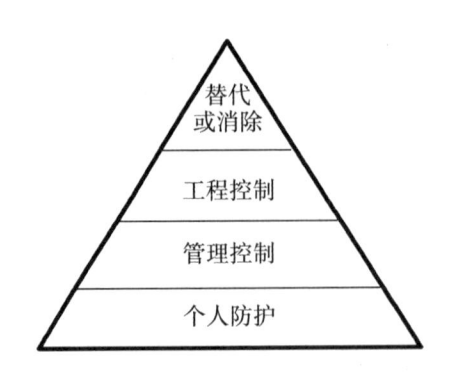

图 1-2 职业病危害因素的层级控制

1.替代或消除。替代或消除措施始终是首选控制措施，包括原料替代或生产过程替代，是最简单、最有效的预防措施，防患于未然，一劳永逸。如果工艺允许，追求职业病危害因素的零暴露或低暴露。可通过选择绿色原材料、清洁的工艺流程和安全的生产设备来实现，例如用玻璃棉代替石棉材料，可完全避免肺癌和致间皮瘤的危害，用无梭织布机则可以避免噪声聋。

2.工程控制。有时职业病危害因素的接触不可避免，如铅蓄电池的制造工艺中铅是不可避免的，采取工程控制措施就是最好的选择。如果工人完全与职业病危害因素隔离，就能消除危害风险。对于化学因素，主要是通过密闭毒源、通风排毒、湿式除尘。对于物理因素，则可通过消声减振、通风降温等隔离系统。因此，相对于替代或消除控制，工程控制只是硬件形式的补充措施，工程控制有可能会失败或者失效，所以还要有软件形式——管理控制和个人防护作为补救。

3.管理控制。通过职业卫生法律、条例、标准、法规的制定和监督执行，强制性限定和规范用人单位、劳动者、技术服务人员和职业卫生行政管理人员的行为和操作，最大程度地保护劳动者的身体健康。如《中华人民共和国职业病防治法》是保护劳动者健康及其相关权益的最有力规范。《工作场所有害因素职业接触限值第1部分：化学有害因素》（GBZ2.1）和《工作场所有害因素职业接触限值第2部分：物理因素》（GBZ2.2）限定了劳动者在工作场所的职业病危害因素的容许接触水平。《职业健康监护技术规范》（GBZ188）保证对劳动者的健康水平给予连续性监控。通过岗前培训，不仅可以有针对性地熟知岗位中的职业病危害因素的危害及防护，还可培养健康行为和生活方式等，如禁烟可预防多种慢性病、职业病或肿瘤。

4.个人防护。个人防护作为补救措施的最后一道防线，是最低层级的控制措施，是其他控制措施的补充和备用替补。另外，在某些不能应用较高层级控制措施的场所，个人防护就是唯一切实可行的控制措施。如煤矿工人难以完全避免粉尘和噪声，戴防尘口罩可有效预防尘肺病，戴防噪声耳塞可屏蔽掉30分贝左右的噪声。

（二）第二级预防

第二级预防（secondary prevention）又称发病预防，是早期检测和诊断人体受到职业病危害因素所致的健康损害。尽管第一级预防措施是理想的方法，但有时因为经济或技术力量的限值，有时难以完全达到理想效果，仍然会出现不同健康损害的人群，因此第二级预防也是十分必要的。其主要手段是进行定期职业病危害因素的检测和定期的职业健康检查，以期早期发现问题，及时处理。

（三）第三级预防

第三级预防（tertiary prevention）又称临床预防，对已发展成职业性病损者，给予明确诊断、积极处理和治疗，以预防并发症，促进康复，延长生命，提高生命质量。

三级预防体系相辅相成、浑然一体，第一级预防针对整个人群，是最重要的，第二级和第三级是第一级预防的延伸和补充。全面贯彻和落实三级预防措施，做到源头预防、早期检测、早期发现、早期处理、促进康复、预防并发症、改善生活质量，构成了职业卫生与职业医学的完整体系。

第二节 职业病防治法律法规体系

职业卫生法规，主要是调整劳动关系中规范劳动者卫生法律规范的总称，也包括规范职业卫生技术服务机构、职业病诊断鉴定机构、职业健康检查机构及相关方的配套法律规范，具体包括职业卫生法律规范和相关法律规范。职业卫生法律法规体系及法律渊源，也是指职业卫生相关法律依据的具体表现形式。我国职业卫生法规按其制定机关不同分为宪法、法律、行政法规、规章、地方性法规，还有相关标准、规范等其他规范性文件。

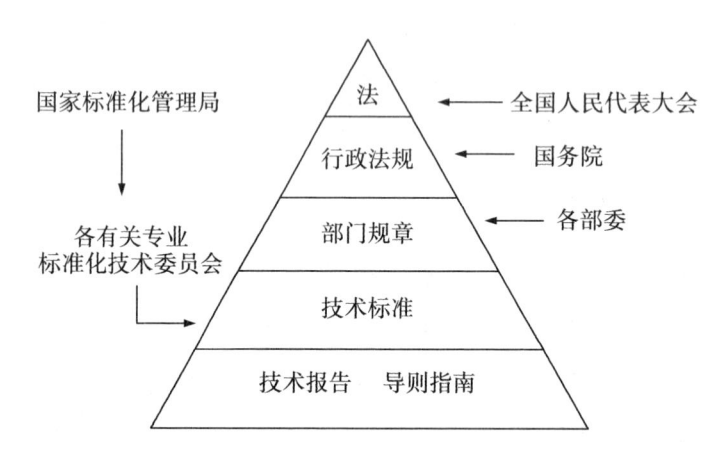

图 1-3 我国职业卫生法律法规与标准体系结构图

一、宪法

宪法是国家的根本大法，具有最高的法律效力，一切法律、行政法规、地方性法规、自治条例和单行条例、规章都不得同宪法相抵触。现行的《中华人民共和国宪法》第四十二条第二款规定，国家通过各种途径，创造劳动就业条件，加强劳动保护，改善劳动条件，并在发展生产的基础上，提高劳动报酬和福利待遇。宪法是制定《中华人民共和国职业病防治法》等法律的渊源。

二、法律

法律是指由全国人大（基本法律如《刑法》《民法通则》等）及其常委会（基本法律以外的其他法律，如《中华人民共和国职业病防治法》《劳动合同法》等）制定的法律文件。全国人民代表大会和全国人民代表大会常务委员会行使国家立法权，制定法律。职业病防治法律包括专门法律和相关法律。专门法律《中华人民共和国职业病防治法》属于这个层级。另外，与此相关的还有《中华人民共和国劳动法》《中华人民共和国安全生产法》《中华人民共和国劳动合同法》《中华人民共和国放射污染防治法》《中华人民共和国工会法》《中华人民共和国妇女权益保障法》《中华人民共和国矿山安全法》《中华人民共和国未成年人保护法》等。

2001年10月27日，第九届全国人民代表大会常务委员会第二十四次会议通过了《中华人民共和国职业病防治法》，于2002年5月1日起实施。现行的《中华人民共和国职业病防治法》经历了四次修正。第一次修正是在2011年12月31日，厘清了职业病防治中相关主管部门的职责，明确了安监部门负责作业场所职业卫生监管；强化了源头控制；完善了职业病诊断制度；规定对用人单位已经不存在或者没有办法确认劳动关系的病人，可以申请民政部门的医疗和生活救助。第二次修止是在2016年7月2日，主要取消了建设项目职业病防护设施"三同时"的行政审批。第三次修正是在2017年11月4日，取消了职业健康检查机构的行政许可和职业病集体诊断的制度。第四次修正是2018年12月29日，将监管部门从"安全生产监督管理部门"调整为"卫生行政部门"，取消了职业病诊断机构的行政许可。

《中华人民共和国职业病防治法》确定了"预防为主、防治结合"的基本方针和"分类管理、综合治理"的基本原则，规定了"用人单位负责、行政机关监管、行业自律、职工参与和社会监督"的机制，明确规定了前期预防、劳动过程中的防护与管理、职业病诊断与职业病病人保障、监督检查方面的内容，并规定了违反《中华人民共和国职业病防治法》应当承担的法律责任。

三、行政法规

行政法规是指国务院依法制定的有关法律文件，处在低于宪法、法律，高于地方性法规、规章的地位。行政法规有三种情况，一是由国务院制定并以国务院的名义直接发布的，如《使用有毒物品作业场所劳动保护条例》和《危险化学品安全管理条例》。二是在2003年《立法法》颁布实施前，由有关部委提出法规草案，经国务院批准，以部长令的形式发布的，如《流动人口计划生育工作管理办法》；《立法法》施行以后，经国务院批准、由国务院部门公布的规范性文件，不再属于行政法规。三是在清理行政法规时由国务院确认的其他行政法规。

国务院制定发布的决定、命令，经国务院同意，国务院办公厅下发的具有普遍约束力的规范性文件，是国务院制定行政措施，发布行政决定、命令的公文载体，属于法规性文件。其效力虽然不能完全等同于行政法规，但只要不与上位法的规定相抵触，其效力应当高于地方性法规和规章等。

目前，与职业卫生有关的行政法规有《中华人民共和国尘肺病防治条例》《使用有毒物品作业场所劳动保护条例》《放射性同位素与射线装置安全和防护条例》《女职工劳动保护特别规定》《工伤保险条例》等职业卫生相关行政法规。

四、地方性法规

省、自治区、直辖市的人民代表大会及其常务委员会根据本行政区域的具体情况和实际需要，在不与宪法、法律、行政法规相抵触的前提下，可以制定地方性法规。设区的市的人民代表大会及其常务委员会根据本市的具体情况和实际需要，在不与宪法、法律、行政法规和本省、自治区的地方性法规相抵触的前提下，可以针对城乡建设与管理、环境保护、历史文化保护等方面的事项制定地方性法规。自治州的人民代表大会及其常务委员会可以行使设区的市制定地方性法规的职权。

在《中华人民共和国职业病防治法》出台之前，职业病防治的地方性法规起到了重要的作用，如1996年5月1日实施的《上海市职业病防治条例》、1996年1月10日实施的《天津市职业病防治条例》、1999年7月1日实施的《江苏省职业病防治条例》、2000年1月1日实施的《山东省职业病防治条例》等。

五、规章

规章分为部门规章和地方政府规章。

（一）部门规章

国务院各部、委员会，中国人民银行，审计署和具有行政管理职能的直属机构，根据法律和国务院的行政法规、决定、命令，在本部门的权限范围内制定的规章，称为部门规章。目前有效的职业病防治方面的部门规章主要有卫生行政部门的《国家职业卫生标准管理办法》《放射诊疗管理规定》《放射工作人员职业健康管理办法》《职业病诊断与鉴定管理办法》《职业健康检查管理办法》等。

根据国务院《关于国务院机构改革涉及行政法规规定的行政机关职责调整问题的决定》（国发〔2018〕17号）规定，相关职责已经调整，原承担该职责和工作的行政机关制定的部门规章和规范性文件中涉及职责和工作调整的有关规定尚未修改或者废止之前，由承接该职责和工作的行政机关执行。目前，在新的规章发布前，原国家安监总局发布的部分部门规章依然有效，常用的有《职业病危害项目申报办法》（安监总局令第48号）、《用人单位职业健康监护监督管理办法》（安监总局令第49号）、《建设项目职业病防护设施"三同时"监督管理办法》（安监总局令第90号）等。

（二）地方政府规章

省、自治区、直辖市和设区的市、自治州的人民政府，根据法律、行政法规和本省、自治区、直辖市的地方性法规制定的规章，称为政府规章。这是职业健康法律体系中数量最多的一部分。如山东省结合当地实际制定与职业病防治相关的政府规章《山东省高温天气劳动保护办法》《山东省生产经营单位安全生产主体责任规定》等。地方政府规章根据各地情况在本辖区优先执行。

六、行政规范性文件

行政规范性文件在职业卫生监督管理过程中也起到非常重要的作用。行政规范性文件是除国务院的行政法规、决定、命令以及部门规章和地方政府规章外，由行政机关或者经法律、法规授权的具有管理公共事务职能的组织依照法定权限、程序制定并公开发布，涉及公民、法人和其他组织的权利和义务，具有普遍约束力，在一定期限内反复适用的公文。常用的有《高毒物品目录》（卫法监发〔2003〕142号）、《职业病分类和目录》（国卫疾控发〔2013〕48号）、《职业病危害因素分类目录》（国卫疾控发〔2015〕92号）、《建设项目职业病危害风险分类管理目录（2012版）》（安监总安健〔2012〕73号）、《防暑降温措施管理办法》（安监总安健〔2012〕89号）、《职业卫生档案管理规范》（安监总厅安健〔2013〕171号）、《用人单位职业病危害因素定期检测管理规范》（安监总厅安健〔2015〕16号）、《关于印发用人单位职业病危害告知与警示标识管理规范的通知》（安监总厅安健〔2014〕111号）、《关于加强用人单位职业卫生培训工作的通知》（安监总厅安健〔2015〕121号）、《关于印发用人单位劳动防护用品管理规范的通知》（安监总厅安健〔2018〕3号）等。

七、职业卫生标准

《中华人民共和国标准化法》规定，标准包括国家标准、行业标准、地方标准、团体标准和企业标准。国家标准分为强制性标准、推荐性标准，行业标准、地方标准是推荐性标准。强制性标准必须执行，国家鼓励采用推荐性标准。

（一）国家职业卫生标准

国家职业卫生标准专业性、技术性强，要求颁布及时、准确、全国统一。因此，《中华人民共和国职业病防治法》第十二条第一款规定，有关防治职业病的国家职业卫生标准，由国务院卫生行政部门组织制定并公布。国家职业卫生标准分为强制性标准和推荐性标准。强制性标准分为全文强制和条文强制两种形式。国家职业卫生标准的代号由大写汉语拼音字母构成。强制性标准的代号为"GBZ",推荐性标准的代号为"GBZ/T"。

1. 职业卫生监督常用标准,具体如下:

GBZ1—2010 工业企业设计卫生标准

GBZ2.1—2019 工作场所有害因素职业接触限值第1部分:化学有害因素

GBZ2.2—2007 工作场所有害因素职业接触限值第2部分:物理因素

GBZ158—2003 工作场所职业病危害警示标识

GBZ159—2004 工作场所空气中有害物质监测的采样规范

GBZ188—2014 职业健康监护技术规范

GBZ/T193—2007 石棉作业职业卫生管理规范

GBZ/T194—2007 工作场所防止职业中毒卫生工程防护措施规范

GBZ/T195—007 有机溶剂作业场所个人职业病防护用品使用规范

GBZ/T196—2007 建设项目职业病危害预评价技术导则

GBZ/T197—2007 建设项目职业病危害控制效果评价技术导则

GBZ/T198—2007 用人造矿物纤维绝热棉职业病危害防护规程

GBZ/T199—2007 服装干洗业职业卫生管理规范

GBZ/T203—2007 高毒物品作业岗位职业病危害告知规范

GBZ/T204—2007 高毒物品作业岗位职业病危害信息指南

GBZ/T205—2007 密闭空间作业职业危害防护规范

GBZ/T206—2007 密闭空间直读式仪器气体检测规范

GBZ/T211—2008 建筑行业职业病危害预防控制规范

GBZ/T212—2008 纺织印染业职业病危害预防控制指南

GBZ/T213—2008 血源性病原体职业接触防护导则

GBZ221—2009 消防员职业健康标准

GBZ/T222—2009 密闭空间直读式气体检测仪选用指南

GBZ/T223—2009 工作场所有毒气体检测报警装置设置规范

GBZ/T224—2010 职业卫生名词术语

GBZ/T225—2010 用人单位职业病防治指南

GBZ/T229.1—2010 工作场所职业病危害作业分级第1部分：生产性粉尘

GBZ/T229.2—2010 工作场所职业病危害作业分级第2部分：化学物

GBZ/T229.3—2010 工作场所职业病危害作业分级第3部分：高温

GBZ/T229.4—2012 工作场所职业病危害作业分级第4部分：噪声

GBZ/T230—2010 职业性接触毒物危害程度分级

GBZ/T231—2010 黑色金属冶炼及压延加工业职业卫生防护技术规范

GBZ/T251—2014 汽车铸造作业职业危害预防控制指南

GBZ/T252—2014 中小箱包加工企业职业危害预防控制指南

GBZ/T253—2014 造纸业职业病危害预防控制指南

GBZ/T259—2014 硫化氢职业危害防护导则

GBZ/T272—2016 中小制鞋企业职业危害预防控制指南

GBZ/T275—2016 氯气职业危害防护导则

GBZ/T276—2016 自吸过滤式呼吸防护用品适合性检验颜面分栏

GBZ/T277—2016 职业病危害评价通则

GBZ/T280—2017 火力发电企业职业危害预防控制指南

GBZ/T284—2016 正己烷职业危害防护导则

GBZ/T285—2016 珠宝玉石加工行业职业危害预防控制指南

GBZ/T287—2017 木材加工企业职业危害预防控制指南

GBZ/T296—2017 职业健康促进名词术语

GBZ/T297—2017 职业健康促进技术导则

GBZ/T298—2017 工作场所化学有害因素职业健康风险评估技术导则

GBZ/T299.2—2017 电池制造业职业危害预防控制指南第2部分：硅太阳能电池

2.职业病诊断标准，具体如下：

GBZ3—2006 职业性慢性锰中毒诊断标准

GBZ4—2002 职业性慢性二硫化碳中毒诊断标准

GBZ5—2016 职业性氟及其无机化合物中毒的诊断

GBZ6—2002 职业性慢性氯丙烯中毒诊断标准

GBZ7—2014 职业性手臂振动病的诊断

GBZ8—2002 职业性急性有机磷杀虫剂中毒诊断标准

GBZ9—2002 职业性急性电光性眼炎（紫外线角膜结膜炎）诊断标准

GBZ10—2002 职业性急性溴甲烷中毒诊断标准

GBZ11—2014 职业性急性磷化氢中毒的诊断

GBZ12—2014 职业性铬鼻病的诊断

GBZ13—2016 职业性急性丙烯腈中毒的诊断

GBZ14—2015 职业性急性氨中毒的诊断

GBZ15—2002 职业性急性氮氧化物中毒诊断标准

GBZ16—2014 职业性急性甲苯中毒的诊断

GBZ17—2015 职业性镉中毒的诊断

GBZ18—2013 职业性皮肤病的诊断总则

GBZ19—2002 职业性电光性皮炎诊断标准

GBZ20—2019 职业性接触性皮炎的诊断

GBZ21—2006 职业性光接触性皮炎诊断标准

GBZ22—2002 职业性黑变病诊断标准

GBZ23—2002 职业性急性一氧化碳中毒诊断标准

GBZ24　2017 职业性减压病的诊断

GBZ25—2014 职业性尘肺病的病理诊断

GBZ26—2007 职业性急性三烷基锡中毒诊断标准

GBZ27—2002 职业性溶剂汽油中毒诊断标准

GBZ28—2010 职业性急性羰基镍中毒诊断标准

GBZ29—2011 职业性急性光气中毒的诊断

GBZ30—2015 职业性急性苯的氨基、硝基化合物中毒的诊断

GBZ31—2002 职业性急性硫化氢中毒诊断标准

GBZ32—2015 职业性氯丁二烯中毒的诊断

GBZ33—2002 职业性急性甲醛中毒诊断标准

GBZ34—2002 职业性急性五氯酚中毒诊断标准

GBZ35—2010 职业性白内障诊断标准

GBZ36—2015 职业性急性四乙基铅中毒的诊断

GBZ37—2015 职业性慢性铅中毒的诊断

GBZ38—2006 职业性急性三氯乙烯中毒诊断标准

GBZ39—2016 职业性急性1,2-二氯乙烷中毒的诊断

GBZ40—2002 职业性急性硫酸二甲酯中毒诊断标准

GBZ41—2019 职业性中暑的诊断

GBZ42—2002 职业性急性四氯化碳中毒诊断标准

GBZ43—2002 职业性急性拟除虫菊酯中毒诊断标准

GBZ44—2016 职业性急性砷化氢中毒的诊断

GBZ45—2010 职业性三硝基甲苯白内障诊断标准

GBZ46—2002 职业性急性杀虫脒中毒诊断标准

GBZ47—2016 职业性急性钒中毒的诊断

GBZ48—2002 金属烟热诊断标准

GBZ49—2014 职业性噪声聋的诊断

GBZ50—2015 职业性丙烯酰胺中毒的诊断

GBZ51—2009 职业性化学性皮肤灼伤诊断标准

GBZ52—2002 职业性急性氨基甲酸酯杀虫剂中毒诊断标准

GBZ53—2017 职业性急性甲醇中毒的诊断

GBZ54—2017 职业性化学性眼灼伤的诊断

GBZ55—2002 职业性痤疮诊断标准

GBZ56—2016 职业性棉尘病的诊断

GBZ57—2019 职业性哮喘的诊断

GBZ58—2014 职业性急性二氧化硫中毒的诊断

GBZ59—2010 职业性中毒性肝病诊断标准

GBZ60—2014 职业性过敏性肺炎的诊断

GBZ61—2015 职业性牙酸蚀病的诊断

GBZ62—2002 职业性皮肤溃疡诊断标准

GBZ63—2017 职业性急性钡及其化合物中毒的诊断

GBZ65—2002 职业性急性氯气中毒诊断标准

GBZ66—2002 职业性急性有机氟中毒诊断标准

GBZ67—2015 职业性铍病的诊断

GBZ68—2013 职业性苯中毒的诊断

GBZ69—2011 职业性慢性三硝基甲苯中毒的诊断

GBZ70—2015 职业性尘肺病的诊断

GBZ71—2013 职业性急性化学物中毒的诊断总则

GBZ73—2009 职业性急性化学物中毒性呼吸系统疾病诊断标准

GBZ74—2009 职业性急性化学物中毒性心脏病诊断标准

GBZ75—2010 职业性急性化学物中毒性血液系统疾病诊断标准

GBZ76—2002 职业性急性化学物中毒性神经系统疾病诊断标准

GBZ77—2019 职业性急性化学物中毒性多器官功能障碍综合征的诊断

GBZ78—2010 职业性化学源性猝死诊断标准

GBZ79—2013 职业性急性中毒性肾病的诊断

GBZ80—2002 职业性急性一甲胺中毒诊断标准

GBZ81—2002 职业性磷中毒诊断标准

GBZ82—2002 煤矿井下工人滑囊炎诊断标准

GBZ83—2013 职业性砷中毒的诊断

GBZ84—2017 职业性慢性正己烷中毒的诊断

GBZ85—2014 职业性急性二甲基甲酰胺中毒的诊断

GBZ86—2002 职业性急性偏二甲基肼中毒诊断标准

GBZ88—2002 职业性森林脑炎诊断标准

GBZ89—2007 职业性汞中毒诊断标准

GBZ90—2017 职业性氯乙烯中毒的诊断

GBZ91—2008 职业性急性酚中毒诊断标准

GBZ92—2008 职业性高原病诊断标准

GBZ93—2010 职业性航空病诊断标准

GBZ94—2017 职业性肿瘤的诊断

GBZ/T157—2009 职业病诊断名词术语

GBZ185—2006 职业性三氯乙烯药疹样皮炎诊断标准

GBZ209—2008 职业性急性氰化物中毒诊断标准

GBZ/T218—2017 职业病诊断标准编写指南

GBZ226—2010 职业性铊中毒诊断标准

GBZ227—2017 职业性传染病的诊断

GBZ/T228—2010 职业性急性化学物中毒后遗症诊断标准

GBZ236—2011 职业性白斑的诊断

GBZ/T237—2011 职业性刺激性化学物致慢性阻塞性肺疾病的诊断

GBZ/T238—2011 职业性爆震聋的诊断

GBZ239—2011 职业性急性氯乙酸中毒的诊断

GBZ245—2013 职业性急性环氧乙烷中毒的诊断

GBZ246—2013 职业性急性百草枯中毒的诊断

GBZ/T247—2013 职业性慢性化学物中毒性周围神经病的诊断

GBZ258—2014 职业性急性碘甲烷中毒的诊断

GBZ/T260—2014 职业禁忌证界定导则

GBZ/T265—2014 职业病诊断通则

GBZ/T267—2015 职业病诊断文书书写规范

GBZ278—2016 职业性冻伤的诊断

GBZ288—2017 职业性激光所致眼（角膜、晶状体、视网膜）损伤的诊断

GBZ289—2017 职业性溴丙烷中毒的诊断

GBZ290—2017 职业性硬金属肺病的诊断

GBZ291—2017 职业性股静脉血栓综合征、股动脉闭塞症或淋巴管闭塞症的诊断

GBZ292—2017 职业性金属及其化合物粉尘（锡、铁、锑、钡及其化合物等）肺沉着病的诊断

GBZ294—2017 职业性铟及其化合物中毒的诊断

GBZ324—2019 职业性莱姆病的诊断

3.放射卫生标准，具体如下：

GBZ95—2014 职业性放射性白内障的诊断

GBZ96—2011 内照射放射病诊断标准

GBZ97—2017 职业性放射性肿瘤判断规范

GBZ98—2017 放射工作人员健康要求

GBZ99—2002 外照射亚急性放射病诊断标准

GBZ100—2010 外照射放射性骨损伤诊断

GBZ101—2011 放射性甲状腺疾病诊断标准

GBZ102—2007 放冲复合伤诊断标准

GBZ103—2007 放烧复合伤诊断标准

GBZ104—2017 职业性外照射急性放射病诊断

GBZ105—2017 职业性外照射慢性放射病诊断

GBZ106—2016 职业性放射性皮肤损伤诊断

GBZ107—2015 职业性放射性性腺疾病诊断

GBZ108—2002 急性铀中毒诊断标准

GBZ112—2017 职业性放射性疾病诊断总则

GBZ114—2006 密封放射源及密封γ放射源容器的放射卫生防护标准

GBZ115—2002 X射线衍射仪和荧光分析仪卫生防护标准

GBZ117—2015 工业X射线探伤放射防护要求

GBZ118—2002 油（气）田非密封型放射源测井卫生防护标准

GBZ119—2006 放射性发光涂料卫生防护标准

GBZ125—2009 含密封源仪表的放射卫生防护要求

GBZ127—2002 X射线行李包检查系统卫生防护标准

GBZ128—2019 职业性外照射个人监测规范

GBZ129—2016 职业性内照射个人监测规范

GBZ136—2002 生产和使用放射免疫分析试剂（盒）卫生防护标准

GBZ139—2002 稀土生产场所中放射卫生防护标准

GBZ142—2002 油（气）田测井用密封型放射源卫生防护标准

GBZ143—2015 货物/车辆辐射检查系统的放射防护要求

GBZ/T148—2002 用于中子测井的CR39中子剂量计的个人剂量监测方法

GBZ156—2013 职业性放射性疾病报告格式与内容

GBZ/T164—2004 核电厂操纵员的健康标准和医学监督规定

GBZ169—2006 职业性放射性疾病诊断程序和要求

GBZ175—2006 γ射线工业CT放射卫生防护标准

GBZ/T181—2006 建设项目职业病危害放射防护评价报告编制规范

GBZ/T220.1—2014 建设项目职业病危害放射防护评价规范第1部分：核电厂

GBZ/T220.3—2015 建设项目职业病危害放射防护评价规范第3部分：γ辐照加工装置、中高能加速器

GBZ/T233—2010 锡矿山工作场所放射卫生防护标准

GBZ235—2011 放射工作人员职业健康监护技术规范

GBZ/T243—2013 单细胞凝胶电泳用于受照人员剂量估算技术规范

GBZ/T244—2017 电离辐射所致皮肤剂量估算方法

GBZ/T248—2014 放射工作人员职业健康检查外周血淋巴细胞染色体畸变检测与评价

GBZ/T250—2014 工业X射线探伤室辐射屏蔽规范

GBZ/T255—2014 核和辐射事故伤员分类方法和标识

GBZ/T256—2014 非铀矿山开采中氡的放射防护要求

第一章 总 论

GBZ/T279—2017 核和辐射事故医学应急处理导则
GBZ/T301—2017 电离辐射所致眼晶状体剂量估算方法

（二）国家标准

国家标准是对需要在全国范围内统一的技术要求作出的规定。国家标准的代号由大写汉语拼音字母构成。强制性国家标准的代号为"GB"，推荐性国家标准的代号为"GB/T"。职业卫生监督过程中也经常用到国家标准，如职业病防护用品的相关标准：《呼吸防护用品自吸过滤式防颗粒物呼吸器》（GB2626）、《呼吸防护用品的选择、使用与维护》（GB18664）、《防护服装化学防护服的选择、使用和维护》（GB/T24536）、《手部防护防护手套的选择、使用和维护指南》（GB/T29512）、《个体防护装备足部防护鞋（靴）的选择、使用和维护指南》（GB/T28409）、《护听器的选择指南》（GB/T23466）、《个体防护装备配备基本要求》（GB/T29510）；放射的相关标准：《医用X射线诊断受检者放射卫生防护标准》（GB16348）、《医用γ射线远距治疗设备放射卫生防护标准》（GB16351）、《含放射性物质消费品的放射卫生防护标准》（GB16353）、《临床核医学的患者防护与质量控制规范》（GB16361）、《远距治疗患者放射防护与质量保证要求》（GB16362）、《X射线计算机断层摄影装置质量保证检测规范》（GB17589）、《电离辐射防护与辐射源安全基本标准》（GB18871）等。

（三）行业标准和地方标准

职业卫生监督过程中，还会用到行业标准和地方标准。地方标准在当地执行。有关的行业标准主要涉及卫生健康行业标准和安全生产行业标准。

1.卫生健康行业标准与职业卫生监管有关的主要是关于测定方法、生物限值的标准和放射卫生规范。如《血中游离原卟啉的荧光光度测定方法》（WS/T22）、《职业接触甲苯的生物限值》（WS/T110）、《医用常规X射线诊断设备质量控制检测规范》（WS76）等。

2.强制性安全生产行业标准。为做好职业健康标准的归口管理，应急管理部和国家卫生健康委联合下发了《关于调整职业健康领域安全生产行业标准归口事宜的通知》(应急〔2020〕25号),明确将原国家安全生产监督管理总局归口管理的71项职业健康领域安全生产行业标准划转国家卫生健康委统一归口管理,同时调整上述行业标准的标准编号(见表1-1)。

表1-1 71项职业健康领域安全生产行业标准清单

标准名称	原标准编号	现标准编号
电子工业防尘防毒技术规范	AQ4201—2008	WS701—2008
城镇污水处理厂防毒技术规范	AQ4209—2010	WS702—2010
革类加工制造业防尘防毒技术规范	AQ4210—2010	WS703—2010
家具制造业防尘防毒技术规范	AQ4211—2010	WS704—2010
煤层气开采防尘防毒技术规范	AQ4213—2011	WS705—2011
焊接工艺防尘防毒技术规范	AQ4214—2011	WS706—2011
制革职业安全卫生规程	AQ4215—2011	WS707—2011
石材加工工艺防尘技术规范	AQ4220—2012	WS708—2012
粮食加工防尘防毒技术规范	AQ4221—2012	WS709—2012
酒类生产企业防尘防毒技术规范	AQ4222—2012	WS710—2012
自来水生产供应企业防尘防毒技术规范	AQ4223—2012	WS711—2012
仓储业防尘防毒技术规范	AQ4224—2012	WS712—2012
印刷企业防尘防毒技术规范	AQ4225—2012	WS713—2012
城镇燃气行业防尘防毒技术规范	AQ4226—2012	WS714—2012
焊接烟尘净化器通用技术条件	AQ4237—2014	WS715—2014
日用化学产品生产企业防尘防毒技术要求	AQ4238—2014	WS716—2014
纺织业防尘防毒技术规范	AQ4242—2015	WS717—2015
石棉生产企业防尘防毒技术规程	AQ4243—2015	WS718—2015
卷烟制造企业防尘防毒技术规范	AQ4245—2015	WS719—2015
建材物流业防尘技术规范	AQ4246—2015	WS720—2015
电镀工艺防尘防毒技术规范	AQ4250—2015	WS721—2015
涂料生产企业职业健康技术规范	AQ4254—2015	WS722—2015
作业场所职业危害基础信息数据	AQ/T4206—2010	WS/T723—2010
作业场所职业危害监管信息系统基础数据结构	AQ/T4207—2010	WS/T724—2010
氧化铝厂防尘防毒技术规程	AQ/T4212—2011	WS/T725—2011
铝加工厂防尘防毒技术规程	AQ/T4218—2012	WS/T726—2012
焦化行业防尘防毒技术规范	AQ/T219—2012	WS/T727—2012
汽车制造企业职业危害防护技术规程	AQ/T4227—2012	WS/T728—2012
作业场所职业卫生检查程序	AQ/T235—2014	WS/T729—2014
轧钢企业职业健康管理技术规范	AQ/T239—2014	WS/T730—2014
铁矿采选业职业健康管理技术规范	AQ/T4240—2014	WS/T731—2014

第一章 总 论

（续表）

标准名称	原标准编号	现标准编号
造纸企业防尘防毒技术规范	AQ/T244—2015	WS/T732—2015
水泥生产企业防尘防毒技术规范	AQ/T4247—2015	WS/T733—2015
制鞋企业防毒防尘技术规范	AQ/T249—2015	WS/T734—2015
木材加工企业职业病危害防治技术规范	AQ/T251—2015	WS/T735—2015
黄金开采企业职业危害防护规范	AQ/T252—2015	WS/T736—2015
箱包制造企业职业病危害防治技术规范	AQ/T253—2015	WS/T737—2015
制药企业职业危害防护规范	AQ/T255—2015	WS/T738—2015
宝石加工企业职业病危害防治技术规范	AQ/T257—2015	WS/T739—2015
玻璃生产企业职业病危害防治技术规范	AQ/T4258—2015	WS/T740—2015
石棉矿山建设项目职业病危害预评价细则	AQ/T259—2015	WS/T741—2015
石棉矿山建设项目职业病危害控制效果评价细则	AQ/T4260—2015	WS/T742—2015
石棉矿山职业病危害现状评价细则	AQ/T4261—2015	WS/T743—2015
石棉制品业建设项目职业病危害控制效果评价细则	AQ/T262—2015	WS/T744—2015
石棉制品业职业病危害现状评价细则	AQ/T263—2015	WS/T745—2015
石棉制品业建设项目职业病危害预评价细则	AQ/T4264—2015	WS/T746—2015
木制家具制造业建设项目职业病危害预评价细则	AQ/T265—2015	WS/T747—2015
木制家具制造业职业病危害现状评价细则	AQ/T266—2015	WS/T748—2015
木制家具制造业建设项目职业病危害控制效果评价细则	AQ/T267—2015	WS/T749—2015
工作场所空气中粉尘浓度快速检测方法——光散射法	AQ/T268—2015	WS/T750—2015
用人单位职业病危害现状评价技术导则	AQ/T270—2015	WS/T751—2015
通风除尘系统运行监测与评估技术规范	AQ/T271—2015	WS/T752—2015
水泥生产企业建设项目职业病防护设施设计专篇编制细则	AQ/T278—2016	WS/T753—2016
噪声职业病危害风险管理指南	AQ/T276—2016	WS/T754—2016
隧道运营场所防尘防毒技术规范	AQ/T277—2016	WS/T755—2016
汽车制造业建设项目职业病防护设施设计专篇编制细则	AQ/T279—2016	WS/T756—2016
局部排风设施控制风速检测与评估技术规范	AQ/T274—2016	WS/T757—2016
家具制造业手动喷漆房通风设施技术规程	AQ/T275—2016	WS/T758—2016
火力发电企业建设项目职业病危害控制效果评价细则	AQ/T280—2016	WS/T759—2016
作业场所空气中呼吸性煤尘接触浓度管理标准	AQ4202—2008	WS760—2008
作业场所空气中呼吸性岩尘接触浓度管理标准	AQ4203—2008	WS761—2008
呼吸性粉尘个体采样器	AQ4204—2008	WS762—2008
矿山个体呼吸性粉尘测定方法	AQ4205—2008	WS763—2008
粉尘采样器技术条件	AQ4217—2012	WS764—2012

31

（续表）

标准名称	原标准编号	现标准编号
有毒作业场所危害程度分级	AQ/T4208—2010	WS/T765—2010
钢铁冶炼企业职业健康管理技术规范	AQ/T216—2011	WS/T766—2011
职业病危害监察导则	AQ/T234—2014	WS/T767—2014
职业卫生监管人员现场检查指南	AQ/T236—2014	WS/T768—2014
钢铁企业烧结球团防尘防毒技术规范	AQ/T248—2015	WS/T769—2015
建筑施工企业职业病危害防治技术规范	AQ/T256—2015	WS/T770—2015
工作场所职业病危害因素检测工作规范	AQ/T269—2015	WS/T771—2015

3.地方标准。如《DB37/1922—2011山东省劳动防护用品配备标准》为山东省地方标准。

4.团体标准和企业标准。国家鼓励学会、协会、商会、联合会、产业技术联盟等社会团体协调相关市场主体共同制定满足市场和创新需要的团体标准，由本团体成员约定采用或者按照本团体的规定供社会自愿采用。制定团体标准，应当遵循开放、透明、公平的原则，保证各参与主体获取相关信息，反映各参与主体的共同需求，并应当组织对标准相关事项进行调查分析、实验、论证。国务院标准化行政主管部门会同国务院有关行政主管部门对团体标准的制定进行规范、引导和监督。如中国卫生监督协会发布的《放射卫生技术服务机构监督指南》（T/WSJD41—2023）等。

企业可以根据需要自行制定企业标准，或者与其他企业联合制定企业标准。

（四）职业卫生标准在职业卫生执法中的应用

在应用职业卫生标准时应严格遵守《中华人民共和国标准化法》对不同标准效力等级的规定，如强制性标准必须执行，国家鼓励采用推荐性标准。法律、行政法规和国务院决定对强制性标准的制定另有规定的，从其规定。根据该规定，对于职业病防治同一个事项的国家职业卫生标准和国家标准，应当优先使用国家职业卫生标准。为此，《中华人民共和国职业病防治法》第十四条规定，用人单位应当依照法律、法规要求，严格遵守国家职业卫生标准，落实职业病预防措施，从源头上控制和消除职业病危害。法律规定用人单位严格遵守国家职业卫生标准指的是强制性职业卫生标准，用人单位可选择使用推荐性标准。推荐性国家标准、行业标准、地方标准、团体标准、企业标准的技术要求不得低于强制性国家标准的相关技术要求。国家鼓励社会团体、企业制定高于推荐性标准相关技术要求的团体标准、企业标准。推荐性标准被强制性标准引用或被法律法规规章引用，即变为强制性标准。

第三节　用人单位职业卫生管理的内容

《中华人民共和国职业病防治法》规定，用人单位应当建立、健全职业病防治责任制，加强对职业病防治的管理，提高职业病防治水平，对本单位产生的职业病危害承担责任。国家鼓励用人单位对相关事项进行自我管理（自治），目前，国家疾病预防控制局和国家卫生健康委正在组织制定《用人单位职业病防治自查管理办法（试行）》，即要求用人单位对本单位遵守职业病防治法律法规规章情况开展检查，并对发现的违法违规行为进行改正。

一、用人单位职业卫生管理内容

用人单位职业卫生管理内容也就是用人单位职业病防治自查的内容，主要包括职业病防治管理措施；职业病危害项目申报；建设项目职业病防护设施"三同时"；工作场所职业卫生条件；职业病危害因素日常监测、检测和评价；职业病防护设施和个人防护用品；生产技术、工艺、设备和材料；职业病危害告知；职业卫生宣传教育培训；职业健康监护；应急救援和职业病危害事故调查处理；职业病病人和行政处罚等十二大项自查内容。

（一）建设项目"三同时"管理内容

主要内容包括职业病危害预评价报告、职业病防护设施设计和职业病危害控制效果评价报告编制、防护设施验收及评审情况；"三同时"信息公示情况、工作过程形成书面报告情况；建设项目职业病防护设施验收方案报告情况。

（二）用人单位日常管理内容

1. 文件管理内容

（1）用人单位职业病防治管理措施：设置或者指定职业卫生管理机构或者组织，配备专职或者兼职的职业卫生管理人员情况；职业病防治计划和实施方案、职业卫生管理制度和职业卫生操作规程制定及落实情况；职业卫生档案建立、健全情况等。

（2）职业病危害项目申报：职业病危害项目申报情况；职业病危害项目变更申报情况；年度更新情况；申报内容与现场情况、检测报告内容的符合性等。

（3）职业病危害因素日常监测、定期检测和评价：专人负责的职业病危害因素日常监测工作情况；职业病危害因素检测和职业病危害现状评价情况；检测结果经治理仍然达不到国家职业卫生标准要求的，停止作业情况等。

（4）职业病危害防护设施和个人防护用品：职业病防护设施，应急救援设施的配置、维护、保养情况，以及职业病防护用品的发放、管理及劳动者佩戴使用情况等。

（5）职业病危害告知：包括合同告知、公告栏告知、职业健康检查结果书面告知、警示标识和告知卡告知等。

（6）职业卫生宣传教育培训：主要负责人、职业卫生管理人员和接触职业病危害的劳动者宣传教育培训情况等。

（7）职业健康监护：职业健康监护制度建立情况；职业健康监护计划制订和专项经费落实情况；如实提供职业健康检查所需资料情况；劳动者上岗前、在岗期间、离岗时、应急职业健康检查情况；对职业健康检查结果及建议，向劳动者履行告知义务情况；针对职业健康检查报告采取措施情况；报告职业病、疑似职业病情况；劳动者职业健康监护档案建立及管理情况；为离开用人单位的劳动者如实、无偿提供本人职业健康监护档案复印件情况；未成年工，孕期、哺乳期的女职工从事有害作业情况；放射工作人员个人剂量监测情况等。

（8）应急救援预案：职业病危害事故报告情况；职业病危害事故应急救援

预案和演练情况；应急救援设备设施配备情况等。

（9）国内首次使用或者首次进口与职业病危害有关的化学材料的使用单位或者进口单位按照国家规定经国务院有关部门批准后，是否向国务院卫生行政部门报送该化学材料的毒性鉴定以及经有关部门登记注册或者批准进口的文件等资料，单位索证情况。

（10）提供可能产生职业病危害的设备、材料的供应商，是否按照规定提供中文说明书或者设置警示标识和中文警示说明。

（11）转移或接受产生职业病危害的作业的，承包方是否具备职业病防护条件。

2.作业场所现场管理内容

（1）作业场所布局合理，有害作业与无害作业分开，高毒作业场所与其他作业场所隔离，作业场所与生活场所分开。

关于有害作业和无害作业的分开，应根据实际作业情况，不单纯理解为物理隔离分开。GBZ1—2010 5.2.1.5规定，工业企业的总平面布置，在满足主体工程需要的前提下，宜将可能产生严重职业性有害因素的设施远离产生一般职业性有害因素的其他设施，应将车间按有无危害、危害的类型及其危害浓度（强度）分开；在产生职业性有害因素的车间与其他车间及生活区之间宜设一定的卫生防护绿化带。该标准明确规定在满足主体工程需要的前提下应该分开。实践中很多企业没有分开，尤其是联合厂房，通过进行合理布局，相对分开。建议强制要求严重危害、风险较大的作业分开。

（2）采取有效措施减少或者消除工艺与作业环境中的职业病危害因素。采用的技术、工艺、物料有利于消除或预防职业病危害。无国家明令禁止或淘汰的落后工艺、设备或物料。

（3）存在职业病危害的作业现场，设有与职业病危害控制相适应的防护装备、设施，防护装备、设施处于正常状态。

（4）与职业病危害控制相适应的防护设施的维护、检修和定期检测记录全面、规范。

（5）能出示存在职业病危害的化学品和有放射性物质材料的中文说明书、警示标识或中文警示说明。

（6）存在职业病危害的用人单位，在醒目位置设置公告栏，公布有关职业病防治的规章制度、操作规程、职业病危害事故应急救援措施和工作场所职业病危害因素检测结果。

（7）对产生严重职业病危害的作业岗位，在醒目位置设置警示标识和中文警示说明。警示标识和中文警示说明符合 GBZ158 和《用人单位职业病危害告知和警示标识管理规范》的要求。警示说明载明产生职业病危害的种类、后果、预防以及应急救治措施等内容。

（8）对可能发生急性职业病危害事故的工作场所，设置报警装置，配置现场急救用品、冲洗设备、应急撤离通道和必要的泄险区。对放射工作场所和放射性同位素的运输、贮存，配置防护设备和报警装置，接触放射线的工作人员佩戴个人剂量计。

（9）职业病危害事故应急设备、仪器、仪表符合标准。

（10）未安排未成年工在存在职业病危害因素的岗位作业；未安排孕期、哺乳期的女职工从事对本人和胎儿、婴儿有危害的作业；接触职业病危害因素的作业人员无职业禁忌证。

（11）作业场所的更衣间、洗浴间、孕妇休息间等卫生设施的配置符合相关标准规定。

（12）作业人员在作业现场正确穿戴和使用个人防护用品。

二、用人单位职业病管理自查要求

用人单位职业病防治自查分为全面自查和专项自查。全面自查是指用人单位对本单位遵守职业病防治法律、法规、规章情况展开检查。当用人单位职业病危害因素、工作场所条件、职业卫生管理等发生变化时需要重新开展全面自查。专项自查是指用人单位对存在的违法违规行为及改正情况展开的针对性检查。用人单位可以根据本单位职业病防治实际情况确定自查频次。

用人单位开展职业病防治自查的具体要求,一是落实责任。用人单位职业卫生管理机构(组织)组织开展本单位职业病防治自查工作,并指定专职和兼职的职业卫生管理人员负责,明确自查的五项任务。二是公示制度。用人单位应当公示职业病防治自查报告,自觉接受职工监督,公示时间不得少于 5 个工作日。三是及时改正制度。用人单位对自查中发现的违法违规行为应当立即改正。不能立即改正的,应当明确责任人、改正时间。通过实地指导、现场检查、工作提醒等方式督促落实到位。四是建立奖惩机制。鼓励将职业病防治自查工作纳入岗位责任制管理,对落实职业病防治自查任务并对发现的违法违规行为及时改正的给予奖励;对不落实职业病防治自查任务、自查工作中弄虚作假、对发现的违法违规行为未及时改正的,给予处理。五是衔接机制。用人单位职业病防治自查应当与用人单位职业卫生分类监督执法工作相衔接,自查结果可与职业病危害综合风险评估互通互用。

自查工作强调落实用人单位职业病防治主体责任,加强用人单位对职业病防治自我管理,用人单位自查的具体方法如下:

1. 查阅设置或者指定职业卫生管理机构或者组织、配备专职或者兼职职业卫生管理人员的文件资料、职业病防治计划和实施方案、职业卫生管理制度和操作规程、职业卫生档案、工作场所职业病危害因素监测及评价制度、职业病危害事故应急救援预案。

2. 查阅建设项目职业病危害预评价报告,职业病防护设施设计,职业病危害控制效果评价报告及评审意见,职业病防护设施竣工验收、意见、三同时评审过程报告,公示材料等资料。

3. 查阅《职业病危害项目申报表》《职业病危害项目申报回执》,检查及时、如实申报职业病危害项目情况。

4. 查阅职业病危害因素日常监测记录,检查专人负责制度落实和监测系统运行情况;查阅职业病危害因素定期检测、评价报告,检查检测、评价结果存档、上报、公布情况;对于工作场所职业病危害因素经治理仍然达不到国家职业卫生标准和卫生要求的,查阅停止存在职业病危害因素作业的记录并现场查看。

5. 查看公告栏，检查公布有关职业病防治的规章制度、操作规程、职业病危害事故应急救援措施和工作场所职业病危害因素检测结果情况；查看在产生严重职业病危害的作业岗位醒目位置设置的警示标识和中文警示说明，检查警示说明载明内容；抽查劳动合同，查看告知劳动者职业病危害真实情况的相关内容。

6. 抽查职业病防护设施和个人使用的职业病防护用品，对可能发生急性职业损伤的有毒、有害工作场所，查看设置的报警装置以及配置的现场急救用品、冲洗设备、应急撤离通道和必要的泄险区；查阅职业病防护设备、应急救援设施和个人使用的职业病防护用品的维护、检修、定期检测记录，检查其运行、使用情况。

7. 查阅用人单位主要负责人和职业卫生管理人员接受职业卫生培训的记录，查阅用人单位对劳动者进行上岗前、在岗期间的职业卫生培训记录。

8. 抽查劳动者的职业健康监护档案，检查档案建立、健全情况；根据用人单位提供的从事接触职业病危害作业的劳动者名单，现场抽查劳动者，核查其上岗前、在岗期间的职业健康检查报告和结果书面告知记录，查阅根据职业健康检查报告采取的复查、调离等相应措施的记录，检查用人单位对未成年工及孕期、哺乳期女职工的保护措施实施情况；查阅劳动者离岗名单，抽查离岗时的职业健康检查报告和结果书面告知记录。

9. 查阅向所在地卫生健康行政部门报告职业病病人、疑似职业病病人的记录，查阅提供职业病诊断、鉴定相关资料的记录，查阅安排职业病病人、疑似职业病病人进行诊治以及承担职业病诊断、鉴定费用和职业病病人的医疗、生活保障费用的相关资料、记录。

10. 询问用人单位是否存在转移（外包）产生职业病危害作业的情况，抽查职业病危害作业场所，对存在转移产生职业病危害作业的，检查接受作业的单位和个人具备的职业病防护条件。

11. 查阅制定的发生或者可能发生急性职业病危害事故时采取的应急救援、控制措施以及向所在地卫生健康行政部门和有关部门报告的相关制度；询问用人单位是否发生了急性职业病危害事故，若有则查阅采取的应急救援、控制措施及报告的相关记录。

12.涉及放射性职业病危害作业的，还应检查放射性同位素的运输、贮存配置防护设施、设备情况；放射工作场所按照国家有关安全和防护标准的要求设置安全和防护设施以及必要的防护安全联锁、报警装置或者工作信号情况；进入强辐射工作场所时，除佩戴常规个人剂量计外，还应携带报警式剂量计；查阅放射工作人员个人剂量监测档案，核实个人剂量监测周期和异常数据处理等情况。

三、用人单位职业卫生管理中常见问题分析

（一）应用 OELs 时需要注意的事项

职业接触限值（OELs）指劳动者在职业活动过程中长期反复接触某种或多种职业病危害因素，不会引起绝大多数接触者不良健康效应的容许接触水平。工作场所化学有害因素 OELs 是基于科学性和可行性制定的工作场所职业病危害控制指南，是健康劳动者在特定时间内容许接触某种浓度的危害物且风险很小的容许剂量，所规定的限值不能理解为"安全"与"不安全"的精确界限。

对有害物质的易感性因人而异，即使接触水平在容许浓度以下，也有可能出现不适、使当前的健康异常状况进一步恶化或者不能防止职业病发生等情况。因此，在观察到劳动者出现某些健康异常时，不能只以超过 OELs 为理由就作为职业病诊断与鉴定的唯一依据。

接触限值不是能够保证工作场所每一位工人不受职业损害的"零损害"标准，也就是说符合此标准或低于此标准时，仍可有少数工人感觉不适或健康受到损害。因此要努力使工作场所化学物质浓度在可行的条件下尽可能地低于接触标准。

目前，工作场所使用的大多数化学物质没有制定接触标准，因此必须认识到，没有接触标准并不意味着这种化学物质在高浓度接触下是安全的或不会引

起健康损害。总而言之，无论该化学物质有无接触标准，都应按照职业健康和安全法律、法规的要求，尽可能地使接触到的化学物质浓度降到最低。

我国制定职业接触限值的原则是，"在保障健康的前提下，做到经济合理，技术可行"，即安全性与可行性相结合。经济合理和技术可行均属于可行性问题。技术上的可行性（technological feasibility）指现有的技术发展水平能否达到；经济上的可行性（economic feasibility）则意味着执行该标准的工业、企业在经济上是否负担得起。

（二）职业病危害因素超标治理问题

工作场所职业病危害因素超标，应根据职业病危害因素的理化性质、毒理学、病理学、发病机理学、临床学、职业卫生工程学以及当前工业科技发展水平等，进行综合考虑，如对于存在立即致死（如硫化氢、氨、氯气）、高致癌、高致敏（C_2HCl_3等）、高刺激、高腐蚀、易发生化学反应产生剧毒化学物（如砷化合物反应产生砷化氢等）等重大隐患的，不超标也要严格查处各种设施、操作规程、管理制度、个人防护和应急措施等存在的任何问题；超标必须治理。对于一般化学物，超过急性中毒标准，必须治理。对国家要求的某些行业必须达标，超标必须治理，如《国家安全监管总局办公厅关于印发〈陶瓷生产和耐火材料制造企业粉尘危害专项治理工作方案〉的通知》（安监总厅安健〔2016〕10号）要求，全面检查两类企业治理情况。对工作场所粉尘浓度超过国家标准等违法违规行为，要坚决依法从严处罚；对于治理后粉尘浓度仍严重超标且整改无望的企业，要提请地方政府依法予以关闭。再如，《国家安全监管总局办公厅关于推动水泥行业淘汰落后产能开展安全生产和职业健康执法专项行动的通知》（安监总厅安健〔2017〕34号）要求，水泥包装机周围必须安装围挡，其底部、接包机、正包机、清包机、装车机、输送皮带转接处必须设置密闭除尘装置。包装和装车岗位水泥粉尘浓度不得超过《工作场所有害因素职业接触限值第1部分：化学有害因素》（GBZ2.1—2007）规定，即时间加权平均浓度总尘限值4mg/m^3、呼尘限值1.5mg/m^3。

我国立法和其他国家一样，坚持现实性和超前性相结合的原则。立法首先应立足现实客观条件，同时又要有一定的前瞻性，避免法律过于频繁地修改与废除。《中华人民共和国职业病防治法》立法超前性要求所有职业病危害因素都必须合格，国家职业卫生"十四五"规划也要求噪声等合格，但实践中，某些行业限于我国经济技术水平，确实很难达标。《工业企业设计卫生标准》（GBZ1—2010）也根据我国实际，确认了某些不达标现象的存在，并提出了要求，如"如预期劳动者接触浓度不符合要求的，应根据实际接触情况，参照GBZ/T195、CB/T19664的要求同时设计有效的个人防护措施。对于劳动者室内和露天作业WBGT指数不符合标准要求的，应根据实际接触情况采取有效的个人防护措施。采用工程控制技术措施仍达不到GDZ2.2要求的，应根据实际情况合理设计劳动作息时间，并采取适宜的个人防护措施"。GBZ2.1—2019也指出，当化学性危害因素超标时，应当佩戴个体防护用品。

（三）临界不良健康效应应用注意事项

临界不良健康效应用于确定某种职业病危害因素容许接触浓度大小，即职业接触限值所依据的不良健康效应。应用时注意，某些化学性危害因素，超过职业接触限值并个一定会得职业病，如氨制定接触限值的依据，其临界不良健康效应为眼和上呼吸道刺激。平时职业卫生管理中注意查阅《工作场所有害因素职业接触限值第1部分：化学有害因素》（GBZ2.1—2019）。

（四）行动水平使用注意事项

劳动者实际接触化学有害因素的水平已经达到需要用人单位采取职业接触监测、职业健康监护、职业卫生培训、职业病危害告知等控制措施或行动的水平，也称为管理水平（administration level）或管理浓度（administration concentration）。化学有害因素的行动水平，根据工作场所环境、接触的有害因素的不同而有所不同，一般为该因素容许浓度的一半。由于GBZ2.1—2019为强制标准，实施管理时应注意。

对于标有致癌性标识以及有可能损伤基因的化学物质，应采取最先进的技术措施与个人防护，以减少接触机会，尽可能保持最低的接触水平。

对化学物质标注"敏"的标识，是指已有的人或动物资料证实该物质可能具有致敏作用，旨在保护劳动者避免诱发致敏效应，但不保护那些已经致敏的劳动者。避免接触致敏物及其结构类似物，可减少个体过敏反应的发生。接触致敏物，即使浓度很低，易感个体也可能产生疾病症状，对某些敏感的个体，防止其特异性免疫反应的唯一方法是完全避免接触致敏物及其结构类似物，应通过工程控制措施和个人防护用品有效地减少或消除接触。只有很少的人会因为接触而致敏，应通过上岗前职业健康检查筛检出易感人群。对工作中接触已知致敏物的劳动者，应进行教育和培训（如检查潜在的健康效应、安全操作规程及应急知识），定期进行职业健康监护，尽早发现特异易感者，并及时调离接触。

为此，对GBZ2.1标注致癌的物质或致敏的物质不应受行动水平的限制。

同时，用人单位不能以一次的检测结果来判定行动水平，因为定期检测时不一定是接触的最高点，因此必须结合日常监测综合判定。不能简单以一次的检测结果来判断是否组织职业健康检查、职业卫生培训等。

（五）关于豁免的放射实践是否需要按照职业病防治法律法规管理

《电离辐射防护与辐射源安全基本标准》（GB18871—2002）指出，豁免的一般准则，一是被豁免实践或源对个人造成的辐射危险足够低，以至于再对它们加以管理是不必要的；二是被豁免实践或源所引起的群体辐射危险足够低，在通常情况下再对它们进行管理控制是不值得的；三是被豁免实践或源具有固有安全性，能确保上述准则始终得到满足。符合条件并具有审管部门认可的形式的辐射发生器和符合条件的电子管件属于豁免的射线装置，如显像用阴极射线管，正常运行操作条件下在距设备的任何可达表面0.1m处所引起的周围剂量当量率或定向剂量当量率不超过1μSv/h或所产生辐射的最大能量不大于5keV。

根据上述原则，原环境保护部和国家卫生计生委 2017 年发布的《射线装置分类》说明指出，对公共场所柜式 X 射线行李包检查装置的生产、销售活动按Ⅲ类射线装置管理，对其设备的使用用户单位实行豁免管理；对电子束焊机的生产、销售活动按Ⅲ类射线装置管理，对其设备使用用户单位实行豁免管理。

根据上述原则，豁免的射线装置和放射源，对其管理是不需要和不值得的，因此，豁免设备不必纳入职业卫生日常管理内容。

第二章 用人单位职业卫生管理措施

第一节 职业卫生管理机构和管理人员设置

用人单位职业病防治管理措施,是用人单位贯彻执行《中华人民共和国职业病防治法》的具体管理行为。用人单位职业病防治措施是否完善,直接影响用人单位义务的履行和劳动者权利的实现。用人单位承担职业健康管理、职业病防治的主体责任,用人单位是职业病防治的第一责任人,用人单位的主要负责人对本单位的职业病防治工作全面负责。用人单位建立完善的职业卫生管理机构和管理制度是实现自主管理的重要组织保障。《中华人民共和国职业病防治法》第二十条规定了用人单位应当采取的职业病防治措施,要求用人单位设置或者指定职业卫生管理机构或者组织,配备专职或者兼职的职业卫生管理人员,负责本单位的职业病防治工作,并制定职业病防治计划和实施方案;建立、健全职业卫生管理制度和操作规程、工作场所职业病危害因素监测及评价制度和职业病危害事故应急救援预案,来规范用人单位职业病防治日常管理工作。

一、职业卫生管理机构的设置方法

(一)职业病防治领导机构的设置

《中华人民共和国职业病防治法》第五条规定,用人单位应当建立、健全职业病防治责任制,加强对职业病防治的管理,提高职业病防治水平,对本单位产生的职业病危害承担责任。第六条规定,用人单位的主要负责人对本单位的职业病防治工作全面负责,即用人单位的法定代表人是本单位职业病防治的第一责任人,其对本单位的职业病防治工作全面负责。法定代表人指定的管理者代表具体负责建立、实施本单位的职业卫生管理体系。用人单位的法定代表人指定的管理者代表及相关职能部门和工会组织组成单位的职业病防治领导机构。职业病防治领导机构具体负责审核、批准职业卫生管理机构制定的职业病防治计划、实施方案和相关职业卫生管理制度,并监督落实。用人单位的职业病防治领导机构一般由劳动人事、财务、工会、企业管理、生产调度、工程技术和职业卫生管理部门(含医务室等)等组成。用人单位应通过程序性文件明确领导及相关部门在职业病防治工作中的重点职责。

(二)职业卫生管理机构的设置

《工作场所职业卫生管理规定》第八条规定,职业病危害严重的用人单位和职业病危害一般的劳动者大于100人的用人单位必须设置职业卫生管理机构,负责本单位职业卫生管理体系的建立和运行。其他存在职业病危害的用人单位是否设置职业卫生管理机构由企业自主决定(以上可简记为"严重的,大于100人的,有机构有人员,其他无规定")。参照《用人单位职业病防治指南》(GBZ/T225—2010),结合工作实际,职业卫生管理机构负责本单位职业卫生管理体系的建立和运行,承担的主要职责有:组织执行职业卫生管理体系的方针政策;制定职业病防治计划和实施方案,确定明确的目标及量化指标并组织实施;组织对劳动者的职业卫生培训以及劳动者之间的合作与交流,以全面实施其职业卫生管理体系要素;负责确定职业危害识别、评价及其控制人员的职责、义务和权利,并告知劳动者;制定有效的职业病防治方案以识别、控制和消除职业病危害及工作有关疾病;监督管理和评估本单位的职业病防治工作;负责工作场所职业病危害日常监测,联系职业卫生技术服务机构进行定期检测,组织接触职业病危害因素职工进行职业健康检查,建立职业健康监护档案;对劳动者进行接触职业病危害因素劳动合同告知;应当为劳动者提供符合国家职业卫生标准的职业病防护用品;在存在或者产生职业病危害的工作场所、作业岗位、设备、设施，设置警示标识和中文警示说明；组织对职业病防护设备、应急救援设施进行经常性的维护、检修和保养，定期检测其性能和效果，确保其处于正常状态；预防、处置、报告职业病危害事故。

用人单位应通过程序性的文件或红头文件形式明确职业卫生管理机构的职责。

从以上内容可知，职业卫生管理机构和职业病防治领导小组（机构）是不同的概念，不要混淆。

二、职业卫生管理人员

《工作场所职业卫生管理规定》第八条规定，职业病危害严重的用人单位和职业病危害一般的劳动者大于100人的用人单位必须配备专职职业卫生管理人员，具体负责本单位职业卫生管理体系的建立和运行。其他存在职业病危害的用人单位根据单位实际配备专职或兼职职业卫生管理人员。《中华人民共和国职业病防治法》（2002版）曾规定，用人单位配备专职或者兼职的职业卫生专业人员，负责本单位的职业病防治工作。因专业人员数量很难满足用人单位需求，2011年修改《中华人民共和国职业病防治法》时，将"职业卫生专业人员"修改为"职业卫生管理人员"。因此，职业卫生管理人员可以是取得执业资格的公共卫生医师或注册安全工程师，也可以是经职业卫生法律法规和职业病防治知识培训，具有能力的从事职业病危害防治管理的相关人员。

《使用有毒物品作业场所劳动保护条例》规定，从事高毒物品作业的用人单位应当配备专职或兼职执业医师、护士，不具备配备条件的，必须与职业卫生技术服务机构签订合同，代为服务。实践中，该规定多数用人单位无法实现。

用人单位具体配备多少专兼职职业卫生管理人员，法律法规没有规定，在《工业企业设计卫生标准》附录部分和《用人单位职业病防治指南》中给出了推荐建议，如《工业企业设计卫生标准》附录A6，职业卫生管理组织机构和职业卫生管理人员设置或配备原则可参考表2-1。

表 2-1　职业卫生管理组织机构和职业卫生管理人员设置或配备参考原则表

职业病危害分类	劳动者人数	职业卫生管理组织机构及管理人员
严重	>1000人	设置机构、配备专职人员>2人
严重	300人~1000人	设置机构或配备专职人员≥2人
严重	>300人	设置机构或配备专职人员
一般危害	>300人	配备专职人员
一般危害	<300人	配备专职或兼职人员
轻微		可配备兼职人员

由于是推荐标准或推荐条款，鼓励用人单位采纳。

实践中，很多用人单位对专职职业卫生管理人员任命不清楚，在任命文件中任命某些领导人员作为专职职业卫生管理人员，明显不具备合理性，应予纠正。如个别单位任命生产副总或HSE（健康、安全和环境）部长作为专职职业卫生管理人员，他们不可能专职负责职业卫生工作，这种任命明显不当。

劳动者大于100人或低于100人，这里的劳动者严格讲应当是接触职业病危害的劳动者。

三、劳动者与用人单位的权利和义务

（一）劳动者的权利和义务

1.劳动者的权利

《中华人民共和国职业病防治法》规定的劳动者健康及其相关权利有职业健康权、损害赔偿权、知情权、特殊保护权、检举控告权、拒绝冒险作业权、参与决策权等，具体体现在以下几个方面。

（1）若用人单位违反本法，侵犯劳动者的知情权，劳动者有拒绝从事存在职业病危害的作业的权利。

（2）劳动者离开用人单位时，有索取本人职业健康监护档案复印件的权利。

（3）遭受或者可能遭受急性职业病危害的劳动者，有要求用人单位及时组织救治、进行健康检查和医学观察的权利，所需费用由用人单位承担。

（4）孕妇、哺乳期的女工有权拒绝从事其所禁忌的职业。

（5）从事接触职业病危害作业的劳动者，有享受用人单位按规定给予适当岗位津贴的权利。

（6）被发现疑似职业病时有被告知的权利，有获得医学观察并由用人单位付费的权利，有按规定选择医疗卫生机构进行职业病检查诊断并由用人单位支付相关费用的权利，对诊断结论有异议时，有权申请鉴定，对鉴定结论不服时，有申请再鉴定的权利，有提请与用人单位存在利害关系的专家回避其职业病诊断鉴定的权利，有按照原卫生部规定要求用人单位支付有关鉴定费的权利；职业病患者有按国家规定享受职业病待遇和工伤社会保险的权利；未依法参加工伤社会保险的用人单位的职业病患者，享有用人单位承担其医疗和生活保障的权利。

（7）用人单位发生分立、合并、解散、破产等情形时，接触职业病危害作业的劳动者有获得健康检查和按国家规定予以妥善安置的权利。

（8）职业病患者变动工作单位时，有依法保留其职业病待遇不变的权利。

（9）职业病患者除依法享有工伤社会保险外，还依法享有民事赔偿的权利等。

2.劳动者义务

劳动者应当学习和掌握相关的职业卫生知识，增强职业病防治规范意识，遵守职业病防治法律、法规、规章和操作规程，正确使用、维护职业病防护设备和个人使用的职业病防护用品，发现职业病危害事故隐患应当及时报告。

（二）用人单位的权利和义务

1.用人单位的权利

用人单位对劳动者违章操作有权进行制止，对不采取职业病防护的有权进行纠正。

2.用人单位的义务

《中华人民共和国职业病防治法》规定用人单位保障劳动者获得职业卫生保护的义务是法定义务，必须履行，否则要承担相应的法律责任。主要有以下几个方面。

（1）用人单位为劳动者创造的工作环境和工作条件，必须符合国家职业卫生标准和职业卫生要求。

（2）用人单位为保障劳动者获得职业卫生保护而采取的措施必须符合法律规定。

（3）配备有效的职业病防护设施和个人使用的职业病防护用品。

（4）优先采用有利于劳动者职业健康的新技术、新工艺、新材料。

（5）进行职业病危害因素检测、评价。

（6）组织安排职业健康检查和职业卫生培训。

（7）建立、健全职业卫生档案、职业健康监护档案等。

第二节　职业卫生管理制度编制要点

职业病防治法律法规要求用人单位采取的职业病防治管理措施，其中重要的一项就是建立、健全职业卫生管理制度。《中华人民共和国职业病防治法》第二十条规定，用人单位应当制定职业病防治计划和实施方案；建立、健全职业卫生管理制度和操作规程；建立、健全工作场所职业病危害因素监测及评价制度；建立、健全职业病危害事故应急救援预案。《工作场所职业卫生管理规定》第十一条规定，存在职业病危害的用人单位应当制定职业病危害防治计划和实施方案，建立、健全职业病危害防治责任制度、职业病危害警示与告知制度、职业病危害项目申报制度、职业病防治宣传教育培训制度、职业病防护设施维护检修制度、职业病防护用品管理制度、职业病危害监测及评价管理制度、建设项目职业卫生"三同时"管理制度、劳动者职业健康监护及其档案管理制度、职业病危害事故处置与报告制度、职业病危害应急救援与管理制度、岗位职业卫生操作规程和法律、法规、规章规定的其他职业病防治制度等13种职业卫生管理制度和操作规程。其中法律、法规、规章规定的其他职业病防治制度，在实践中主要是非医用辐射管理，如工业探伤项目，用人单位除遵守前述制度外，还应该根据《放射性同位素与射线装置安全和防护条例》等建立个人剂量监测制度、放射事故应急预案等制度。

用人单位制定职业卫生管理制度和操作规程要在国家职业卫生法律法规要求下，充分考虑和结合本单位实际工作的情况，使制度具有较强的可操作性和实用性，每项制度应明确管理部门、岗位职责、管理目标、内容、保障措施和评估方法等要素；岗位操作规程应经科学论证，并与岗位职责相对应，其内容应包括职业卫生防护的内容。

用人单位建立的职业病防治规章制度，应当在办公区醒目位置设置的公告栏内公布。职业病防治规章制度应定期修订和完善，并在劳动者职业卫生培训过程中进行宣传贯彻。职业卫生管理机构要定期开展巡查督导，督促相关部门落实职业卫生管理制度，结合管理制度实施中发现的问题及时组织对制度进行修订、完善和持续性改进。

一、职业卫生管理制度编制要点

参照《用人单位职业病防治指南》（GBZ/T225—2010），结合现行相关法规标准，各类管理制度编制要点如下。

（一）职业病防治责任制度编制要点

1. 制度中必须明确做到职业病防治相关事项均有相关部门或相关人员负责，参与职业病防治管理的部门及人员都应有其对应的明确职责。

2. 制度中要明确职业病防治责任制度的目的、依据。

3. 制度中要明确将职业病防治工作纳入用人单位主要负责人的目标管理责任制中，并层层分解，确保职业病防治经费的投入。

（二）职业病危害警示与告知制度编制要点

1. 制度中要明确职业病危害警示与告知制度的目的、依据。

2. 制度中要明确对从业人员职业病危害警示与告知的范围。

3. 制度中要明确对从业人员职业病危害警示与告知的形式及要求。

4. 制度中要明确职业病危害如实告知的内容（包括工作过程中可能产生的

职业病危害及其后果，职业病危害防护措施，待遇和上岗前、在岗期间及离岗时的职业健康检查结果等）。

5. 制度中明确职业病危害告知工作的负责部门、责任人；明确对从业人员职业病危害告知的形式及要求。

（三）职业病危害项目申报制度编制要点

1. 制度中明确职业病危害项目申报制度的目的、依据。

2. 制度中确定职业病危害项目申报工作的负责部门、责任人。

3. 制度中明确详细编写职业病危害项目申报的具体内容：存在职业病危害的场所，接触职业病危害因素的人员，生产过程中使用原材料、工艺流程、可能产生或存在的职业病危害因素种类名称，职业健康检查和职业病危害因素检测等年度更新资料等。

4. 制度中明确申报的部门、时段、时间及存档的有关要求。

（四）职业病防治宣传教育培训制度编制要点

1. 制度中明确职业病防治宣传教育培训制度的目的、依据。

2. 制度中确定职业病防治宣传教育培训工作的负责部门、责任人。

3. 制度中明确职业病防治宣传教育培训的内容。

4. 制度中明确职业病防治宣传教育培训的人员范围、教育培训时间、全年教育培训累计时间。

5. 制度中明确职业病防治宣传教育培训不合格人员再培训的要求。

6. 制度中确定职业病防治宣传教育培训档案的内容及保存备档期限。

（五）职业病防护设施维护检修制度编制要点

1. 制度中明确职业病防护设施管理制度的目的、依据。

2. 制度中确定职业病防护设施管理工作的负责部门、责任人。

3. 制度中明确职业病防护设施名称、所在场所及具体位置。

4. 制度中明确职业病防护设施的专职维护检修人员。

5.制度中明确职业病防护设施的性能、可能产生的职业病危害、安全操作和维护检修注意事项。

6.制度中明确职业病防护设施的维护检修周期。

7.制度中明确职业病防护设施发生故障后的临时措施和上报有关事项。

（六）职业病防护用品管理制度编制要点

1.制度中明确职业病防护用品管理制度的目的、依据。

2.制度中确定职业病防护用品管理工作的负责部门、责任人。

3.制度中按照职业病危害场所、岗位及工序，明确职业病防护用品的种类、规格、型号。

4.制度中明确职业病防护用品的有效使用期限。

5.制度中明确购买职业病防护用品的单位。

6.制度中明确职业病防护用品购买后的验收标准、储存标准、发放标准、领用标准、使用标准和日常穿戴检查及处理标准。

（七）职业病危害监测及评价管理制度编制要点

1.制度中明确职业病危害日常监测、定期检测及评价、现状评价等管理制度的目的、依据。

2.制度中确定职业病危害检测及评价的管理负责部门、责任人。

3.制度中明确职业病危害因素的检测单位资质及检测人员、检测场所、检测周期、检测标准和依据、检测内容、检测设备、检测方法和检测要求、上报要求、备档要求。

4.制度中明确对职业病危害因素检测后的评价分析，评价结果，预防、整改及治理措施，上报内容及时限。

5.制度中明确作业场所职业病危害因素检测结果的公布地点及事宜。

（八）建设项目职业卫生"三同时"管理制度编制要点

1.制度中明确职业卫生"三同时"管理制度的目的、依据。

2. 制度中明确职业卫生"三同时"工作的内容。

3. 制度中明确职业卫生"三同时"具体工作的分工和职责。

4. 制度中明确职业卫生"三同时"工作的评审要求、过程方案制定、验收方案、程序及公示情况。

（九）劳动者职业健康监护及其档案管理制度编制要点

1. 制度中明确劳动者职业健康监护管理档案管理制度的目的、依据。

2. 制度中明确劳动者职业健康监护管理档案工作的负责部门、责任人。

3. 制度中明确劳动者职业健康监护管理档案的文件、资料及有关记录。

4. 制度中按照规定明确劳动者职业健康监护管理档案的妥善留档及保存期限。

5. 制度中明确上岗前、在岗期间和离岗时职业健康检查的对象、承担机构及经费保障。

6. 制度中明确劳动者离开生产经营单位时，索取本人职业健康监护档案的有关规定。

（十）职业病危害事故处置与报告制度编制要点

1. 制度中明确制定职业病危害事故处置与报告制度的目的、依据。

2. 制度中明确职业病危害事故处置与报告的负责部门、责任人。

3. 制度中明确职业病危害事故的处置程序、内容与报告流程。

4. 制度中明确职业病危害事故处置与报告的文件、资料及有关记录。

（十一）职业病危害应急救援与管理制度编制要点

1. 制度中明确制定职业病危害应急救援与管理制度的目的、依据。

2. 制度中明确职业病危害应急救援的负责机构、责任人。

3. 制度中明确职业病危害的目标分布。

4. 制度中明确职业病危害应急救援的处置流程。

5. 制度中明确职业病危害应急救援的文件、资料及有关记录。

（十二）职业卫生操作规程编制要点

用人单位应当根据作业场所各岗位存在的职业病危害因素的特点，制定岗位操作规程。规程要充分考虑职业病危害因素的产生原因、职业病防护设施的使用、应急处置措施，经过科学论证，与岗位的职责、安全操作程序等相对应。操作规程要张贴在办公区公告栏中，尽量简洁、条款清楚、用词准确，方便劳动者理解掌握。操作规程的编写主要参考可能产生职业病危害的生产设备等的说明书、中文警示说明中通常载明的设备性能、可能产生的职业病危害、安全操作和维护注意事项、职业病危害防护措施等内容。可能产生职业病危害的化学品等材料的中文说明书中载明的产品特性、主要成分、存在的有害因素、可能产生的危害后果、安全使用注意事项、职业病危害防护和应急处置措施等内容。

二、职业病防治计划和实施方案

用人单位应当根据本单位职业病防治工作的需要，制订切合实际的职业病防治计划和具体实施方案，其内容应包括用人单位职业病防治全过程的管理。用人单位制订的年度职业病防治计划应包括目的、目标、措施、考核指标、保障条件等内容；实施方案应包括时间、进度、实施步骤、技术要求、考核内容、验收方法等内容。

用人单位每年应对职业病防治计划和实施方案的落实情况进行必要的评估，并撰写年度评估报告。评估报告应包括存在的问题和下一步的工作重点，书面评估报告应送达决策层阅知，并作为下一年度制订计划和实施方案的参考。

第三章　职业病危害项目申报

职业病危害项目申报，就是存在职业病危害的用人单位将自己企业的基本信息，以及企业经营的主要产品、职业病危害因素种类、职业病危害因素检测情况、职业健康监护开展情况等按规定的格式、内容和时限向卫生行政部门作出说明，以便各级卫生行政部门能及时准确地掌握辖区内职业病危害的现状，为做好职业病防治工作建立基础资料。

一、申报依据

1.《中华人民共和国职业病防治法》第十六条规定，国家建立职业病危害项目申报制度。

用人单位工作场所存在职业病目录所列职业病的危害因素的，应当及时、如实向所在地卫生行政部门申报危害项目，接受监督。

职业病危害因素分类目录由国务院卫生行政部门制定、调整并公布。职业病危害项目申报的具体办法由国务院卫生行政部门制定。

2.《使用有毒物品作业场所劳动保护条例》第十四条规定，用人单位应当按照国务院卫生行政部门的规定，向卫生行政部门及时、如实申报存在职业中毒危害的项目。

3.《职业病危害项目申报办法》第二条规定，用人单位（煤矿除外）工作场所存在职业病目录所列职业病的危害因素的，应当及时、如实向所在地安全生产监督管理部门申报危害项目，并接受安全生产监督管理部门的监督管理。

4.《工作场所职业卫生管理规定》第十三条规定，用人单位工作场所存在职业病目录所列职业病的危害因素的，应当按照《职业病危害项目申报办法》的规定，及时、如实向所在卫生健康主管部门申报职业病危害项目，并接受卫生健康主管部门的监督检查。

5.《关于启用新版"职业病危害项目申报系统"的通知》也有相关规定。

二、申报的分类

根据《职业病危害项目申报办法》和《职业病危害项目申报系统操作手册V2.2（用人单位版）》，职业病危害项目申报分为初次申报、变更申报、年度更新和注销申报。

1. 初次申报包括新设立用人单位的建设项目在竣工验收后第一次向卫生行政部门报送所需材料，也包括尚未进行申报的现有用人单位第一次申报。刚注册的企业还没进行任何申报记录时，默认为初次申报。

2. 变更申报是指当用人单位第一次申报后因各种原因使第一次申报的内容发生改变后，再次向当地卫生行政部门报送变更材料。当用人单位行业分类、企业规模、经济性质、主要产品及接触职业危害因素等发生实质性变更时须依法进行变更申报。它包括以下四种情况。

（1）技术、工艺、设备或者材料等发生变化导致原申报的职业病危害因素及其相关内容发生重大变化的。

（2）用人单位工作场所、名称发生变化的。

（3）经过职业病危害因素检测、评价，发现原申报内容发生变化的。

（4）现有企业出现新建、改建、扩建等建设项目的。

新版职业病危害因素申报系统对利用原账号匹配后申报的，视为变更申报，变更的理由为系统更新。

3. 年度更新是指用人单位每年对产品产量、职业病危害因素检测和健康监护情况进行更新。用人单位须每年对申报内容进行年度更新。除符合变更申报的相关内容，如生产工艺、使用原辅材料、产品、规模等发生变化外，其他相关内容，如法定代表人或者主要负责人、职业卫生培训情况、接触职业病危害因素人数、职业病危害因素检测情况、职业健康检查情况等都可以进行年度更新，年度更新对象为初次申报已经通过且距上一次申报间隔大于 11 个月。

4.注销申报指用人单位终止生产经营活动的，应提前进行注销申报，办理注销手续。

注销申报在现在的申报系统中不再存在，原因是根据实践，企业终止生产经营主动注销的很少，一般发现时市场主体多数已经不再存在，实际操作困难。

三、申报的内容

《职业病危害项目申报办法》第五条规定，用人单位申报职业病危害项目时，应当提交《职业病危害项目申报表》和下列文件、资料：

1.用人单位的基本情况。

2.工作场所职业病危害因素种类、分布情况及接触人数。

3.法律、法规和规章规定的其他文件、资料。

《关于启用新版"职业病危害项目申报系统"的通知》里新版操作系统中还包括主要产品产量、职业病危害因素检测情况及职业健康监护开展情况等。

四、申报范围和程序

我国领域内的用人单位，不论隶属于哪一级部门管理，凡工作场所存在《职业病危害因素分类目录》所列职业病危害因素的，均应向所在地县级以上卫生行政部门进行职业病危害项目申报。申报时须注意《职业病危害因素分类目录》中的兜底条款，如"二、化学因素375：以上未提及的可导致职业病的其他化学因素，只要有毒理学等证据证明可导致中毒等，就是可导致职业病的危害因素"。凡是符合规定的职业病危害因素均应进行申报。

新版职业病危害项目申报系统采用电子数据申报方式。用人单位应当首先通过"职业病危害项目申报系统"进行电子数据申报，同时将《职业病危害项目申报表》加盖公章后上传，县级卫生行政部门审核通过后，自行打印《职业病危害项目申报回执》，也就是申报不再采用纸质申报，申报回执不再盖卫生行政部门公章。新版"职业病危害项目申报系统"网址为 www.zybwhsb.com，网络申报流程如图 3-1 所示。

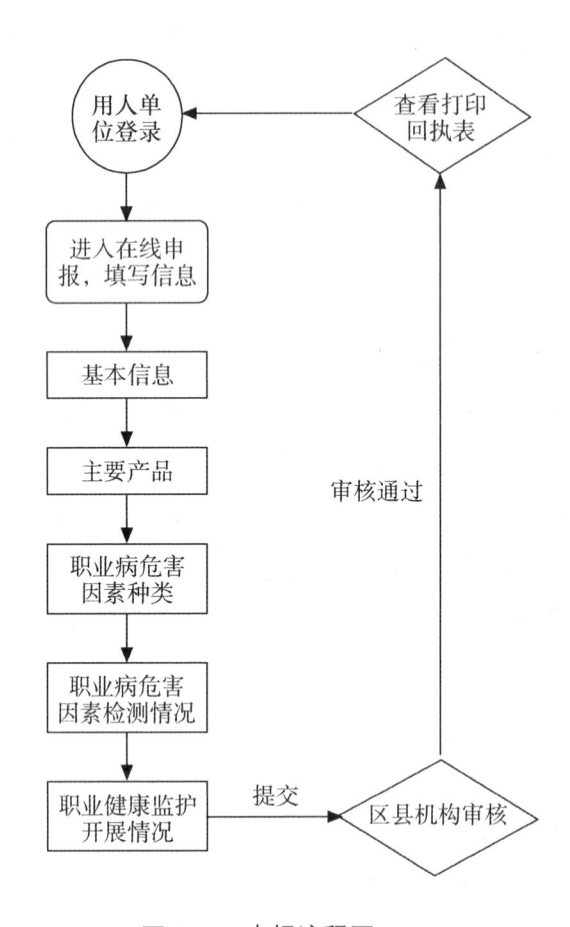

图 3-1　申报流程图

五、申报的时限

职业病危害项目申报时限规定为：

1. 新建、改建、扩建、技术改造或者技术引进建设项目的，自建设项目竣工验收之日起 30 日内进行申报。

2. 因技术、工艺、设备或者材料等发生变化导致原申报的职业病危害因素及其相关内容发生重大变化的，自发生变化之日起 15 日内进行申报。

3. 用人单位工作场所、名称、法定代表人或者主要负责人发生变化的，自发生变化之日起 15 日内进行申报。

4. 经过职业病危害因素检测、评价，发现原申报内容发生变化的，自收到有关检测、评价结果之日起 15 日内进行申报。

5. 用人单位终止生产经营活动的，应当自生产经营活动终止之日起 15 日内向原申报机关报告并办理注销手续。

6. 现有已经存在的职业病危害项目的用人单位，应当按照当地卫生行政部门要求的时限进行申报。

7. 年度更新为上一次申报间隔大于 11 个月，出现需要更新的情形时，距离上一次申报或年度更新后满 11 个月即可进行更新，超过 13 个月视为不及时年度更新。如某企业首次申报时间为 2019 年 1 月 1 日，则 2020 年 12 月 1 日起即可进行年度更新，如超过 2021 年 2 月 1 日，则视为不及时年度更新，即未及时进行申报。

六、职业病危害申报分级管理

《关于启用新版"职业病危害项目申报系统"的通知》企业版和管理版操作手册，都规定职业病危害申报审核权在区县级或市级卫生部门，省市级只有查询查看权限。因此，根据目前分工和上述操作权限，具体申报部门应根据当地卫生行政部门规定执行。同时，不再区分煤矿与其他行业，都使用该系统进行申报。

对于建筑装修和设备安装等施工单位，目前不建议按照此申报系统申报，因施工期长短不一、工作场所不固定，经常申报注销，失去了申报的意义。

第四章 建设项目职业卫生"三同时"管理

第一节 建设项目"三同时"管理内容

建设项目职业病防护设施"三同时"是指建设项目职业病防护设施与主体工程同时设计、同时施工、同时投入生产和使用。建设项目职业病防护设施"三同时"是从源头上预防、控制和消除职业病危害的一项重要法律制度，也是贯彻落实"预防为主、防治结合"方针，保障劳动者职业健康权益的有效手段。可能产生职业病危害的新建、改建、扩建建设项目和技术改造、技术引进项目（以下统称"建设项目"）必须做到职业病防护设施与主体工程"同时设计、同时施工、同时投入生产和使用"，目的是保证建设项目投产后符合职业卫生要求，从源头上有效地预防、控制或消除职业病的发生，保护劳动者的健康。建设单位对可能产生职业病危害的建设项目，应当依法进行职业病危害预评价、职业病防护设施设计、职业病危害控制效果评价及相应的评审，组织职业病防护设施验收，建立健全建设项目职业卫生管理制度与档案。

一、建设项目职业卫生管理程序

建设项目一般分为可行性研究（立项）、初步设计和施工图设计（图纸设计）、施工和竣工验收。《中华人民共和国职业病防治法》针对不同阶段提出了不同的规定，建设项目可能产生职业病危害的，建设单位在可行性论证阶段应当进行职业病危害预评价。建设项目的职业病防护设施设计应当符合国家职业卫生标准和卫生要求。建设项目在竣工验收前，建设单位应当进行职业病危害控制效果评价。建设项目的职业病防护设施应当由建设单位负责依法组织验收，验收合格后,方可投入生产和使用。卫生行政部门应当加强对建设单位组织的验收活动和验收结果的监督核查。建设项目职业病危害防护设施"三同时"工作流程图见图4-1。

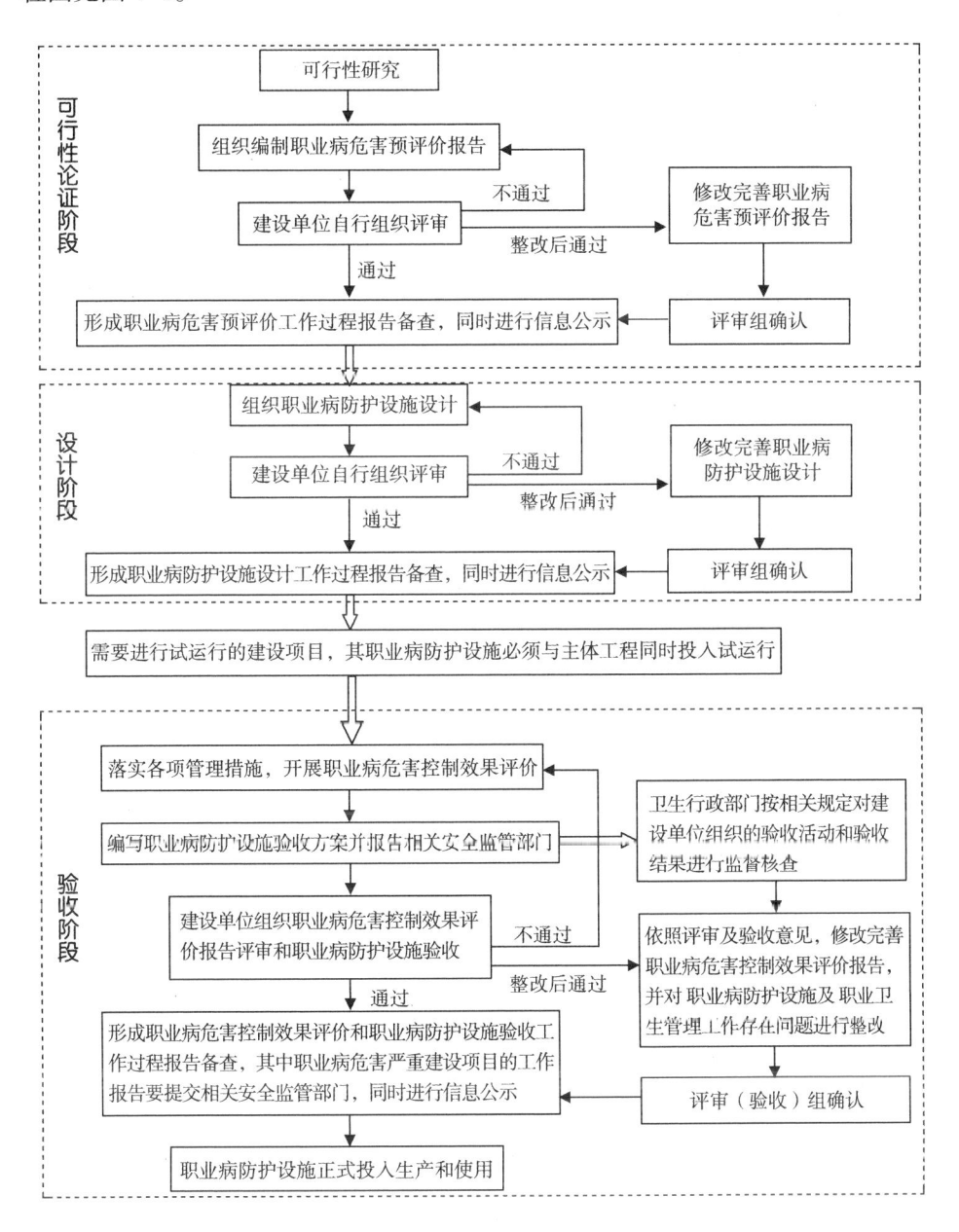

图4-1 建设项目职业病危害防护设施"三同时"工作流程图

（一）职业病危害预评价

职业病危害预评价是指对可能产生职业病危害的建设项目，在可行性论证阶段，对建设项目可能产生的职业病危害因素、危害程度、健康影响、防护措施等进行预测性卫生学评价，以判断建设项目在职业病防治方面是否可行，为建设项目职业病危害防护设施设计提供参考，也为建设项目分类管理提供科学依据。

（二）建设项目职业病危害防护设施设计

建设项目职业病危害防护设施设计是指对可能产生职业病危害的建设项目在初步设计阶段，应当编制职业病危害防护设施设计专篇，经审核符合相关卫生标准要求后方可施工。

（三）职业病危害控制效果评价及验收

职业病危害控制效果评价及验收是指对工作场所职业病危害因素、职业病危害程度（浓度或强度）、职业病防护措施及其效果、健康影响等作出综合评价，以判断职业病危害控制效果是否达到预期目标，也为建设单位职业病危害控制日常管理提供依据。

二、建设项目职业病危害风险分类

建设项目通过职业病危害评价来确定其产生职业病危害的大小，而危害的类别则按职业病危害大小来划分。《中华人民共和国职业病防治法》规定建设项目职业病管理采用分类管理原则，不同的危害类别的建设项目应当采取不同的监管方法，以提高行政效率。《中华人民共和国职业病防治法》授权建设项目职业病危害分类管理办法由国务院卫生行政部门制定。

目前，原国家安全生产监督管理总局颁布的《建设项目职业病防护设施"三同时"监督管理办法》规定，国家根据建设项目可能产生职业病危害的风险程度，将建设项目分为职业病危害一般、较重和严重3个类别，并对职业病危害严重的建设项目实施重点监督检查。为了适应国家"放管服"改革要求，新修订的《工作场所职业卫生管理规定》（国家卫生健康委员会令第5号），将建设项目职业病危害风险等级简化为严重和一般两类。为与现行法律、法规和标准有效衔接，国家卫生健康委对《建设项目职业病危害风险分类管理目录（2012年版）》的有关条款进行修订，形成了《建设项目职业病危害风险分类管理目录》（以下简称《目录》）。《目录》适用于建设项目职业病防护设施"三同时"分类监督管理和用人单位工作场所职业病危害因素定期检测频次确定。

《目录》是在《职业病危害因素分类目录》（国卫疾控发〔2015〕92号）的基础上，按照《国民经济行业分类》（GB/T4754—2017）对建设项目和用人单位可能存在职业病危害的风险程度进行的行业分类。在实际运用中，如果一般风险行业的建设项目（或用人单位工作场所）采用的原材料、生产工艺和产品等可能产生的职业病危害的风险程度，与其在本《目录》中所列行业职业病危害的风险程度有明显区别的，建设单位（或用人单位）可以根据职业病危害评价结果，确定该建设项目（或工作场所）职业病危害的风险类别。如果同一个项目（或用人单位）不同子项目内容（或工作场所）分别属于不同的行业，应当根据风险级别高低确定风险类别。建设单位（或用人单位）所属行业存在职业病危害但未纳入本《目录》风险分类的，可根据职业病危害评价结果确定风险类别。各省级卫生健康行政部门可根据本地区实际情况对《目录》进行补充。

该《目录》是按照《国民经济行业分类》（GB/T4754-2017）进行分类的，对一个具体建设项目行业类别判断程序为：首先在《国民经济行业分类》（GB/T4754—2017）中进行行业类别判断，然后根据行业类别在《目录》中寻找相应行业类别对应的职业病危害风险程度，《目录》中没有小类的，按照行业大类在《目录》中进行判断。如果《目录》中没有此项目，可以参考相近行业，并结合建设项目是否存在严重职业病危害因素、工作场所可能存在职业病危害因素的毒理学特征、浓度（强度）、潜在危险性、接触人数、频度、时间、职业病危害防护措施和发生职业病的危（风）险程度等进行综合分析后，对建设项目的职业病危害进行分类。

对非医用电离辐射建设项目，可依据国家疾控局和国家卫生健康委联合开展全国职业卫生分类监督执法试点工作通知中，用人单位职业病危害风险分级方法：职业病危害因素性质分为严重和一般职业病危害因素。电离辐射中Ⅲ类射线装置、Ⅳ类和Ⅴ类密封源、丙级非密封源工作场所及予以豁免的实践或源为职业病危害一般危害因素，其他为严重职业病危害因素。严重危害因素对应的岗位为严重岗位，严重危害因素存在的建设项目为严重建设项目。

三、建设项目职业病危害防护设施"三同时"管理内容及要求

根据《中华人民共和国职业病防治法》《建设项目职业病危害防护设施"三同时"监督管理办法》，建设项目职业病危害防护设施"三同时"管理内容及要求如下。

（一）职业病危害预评价

可能产生职业病危害的建设项目，建设单位应当在建设项目可行性论证阶段进行职业病危害预评价，编制预评价报告。预评价报告应当符合职业病防治有关法律、法规、规章和标准的要求，并包括下列主要内容：建设项目概况，主要包括项目名称、建设地点、建设内容、工作制度、岗位设置及人员数量等；建设项目可能产生的职业病危害因素及其对工作场所、劳动者健康影响与危害程度的分析与评价；对建设项目拟采取的职业病防护设施和防护措施进行分析、评价，并提出对策与建议；评价结论，明确建设项目的职业病危害风险类别及拟采取的职业病防护设施和防护措施是否符合职业病防治有关法律、法规、规章和标准的要求。

职业病危害预评价报告编制完成后，属于职业病危害一般的建设项目，其建设单位主要负责人或其指定的负责人应当组织具有职业卫生相关专业背景的中级及中级以上专业技术职称人员或者具有职业卫生相关专业背景的注册安全工程师（以下统称"职业卫生专业技术人员"）对职业病危害预评价报告进行评审，并形成是否符合职业病防治有关法律、法规、规章和标准要求的评审意见；

属于职业病危害严重的建设项目，其建设单位主要负责人或其指定的负责人应当组织外单位职业卫生专业技术人员参加评审工作，并形成评审意见。建设单位应当按照评审意见对职业病危害预评价报告进行修改完善，并对最终的职业病危害预评价报告的真实性、客观性和合规性负责。有下列情形的，职业病危害预评价报告评审不予通过：①对建设项目可能产生的职业病危害因素识别不全，未对工作场所职业病危害对劳动者健康影响与危害程度进行分析与评价的，或者评价不符合要求的；②未对建设项目拟采取的职业病防护设施和防护措施进行分析、评价，对存在的问题未提出对策措施的；③建设项目职业病危害风险分析与评价不正确的；④评价结论和对策措施不正确的；⑤不符合职业病防治有关法律、法规、规章和标准规定的其他情形的。

职业病危害预评价工作过程应当形成书面报告备查。建设项目职业病危害预评价报告通过评审后，建设项目的生产规模、工艺等发生变更导致职业病危害风险发生重大变化的，建设单位应当对变更内容重新进行职业病危害预评价和评审。

（二）职业病防护设施设计

存在职业病危害的建设项目，建设单位应当在施工前按照职业病防治有关法律、法规、规章和标准的要求，进行职业病防护设施设计。职业病防护设施设计应当包括下列内容：设计依据；建设项目概况及工程分析；职业病危害因素分析及危害程度预测；拟采取的职业病防护设施和应急救援设施的名称、规格、型号、数量、分布，并对防控性能进行分析；辅助用室及卫生设施的设置情况；对预评价报告中拟采取的职业病防护设施、防护措施及对策措施采纳情况的说明；职业病防护设施和应急救援设施投资预算明细表；职业病防护设施和应急救援设施可以达到的预期效果及评价。职业病防护设施设计完成后，属于职业病危害一般的建设项目，其建设单位主要负责人或其指定的负责人应当组织职业卫生专业技术人员对职业病防护设施设计进行评审，并形成是否符合职业病防治有关法律、法规、规章和标准要求的评审意见；属于职业病危害严重的建设项目，其建设单位主要负责人或其指定的负责人应当组织外单位职业卫生专业技术人员参加评审工作，并形成评审意见。建设单位应当按照评审意见对职业病防护设施设计进行修改完善，并对最终的职业病防护设施设计的真实性、客观性和合规性负责。有下列情形的，职业病危害防护设施设计评审不予通过：①未对建设项目主要职业病危害进行防护设施设计或者设计内容不全的；②职业病防护设施设计未按照评审意见进行修改完善的；③未采纳职业病危害预评价报告中的对策措施，且未作充分论证说明的；④未对职业病防护设施和应急救援设施的预期效果进行评价的；⑤不符合职业病防治有关法律、法规、规章和标准规定的其他情形的。

职业病防护设施设计工作过程应当形成书面报告备查。建设项目职业病防护设施设计在完成评审后，建设项目的生产规模、工艺等发生变更导致职业病危害风险发生重大变化的，建设单位应当对变更的内容重新进行职业病防护设施设计和评审。

（三）职业病危害控制效果评价与防护设施验收

建设项目完工后，需要进行试运行的，其配套建设的职业病防护设施必须与主体工程同时投入试运行。试运行时间应当不少于30日，最长不得超过180日，国家有关部门另有规定或者特殊要求的行业除外。分期建设、分期投入生产或者使用的建设项目，其配套的职业病防护设施应当分期与建设项目同步进行验收。建设项目职业病防护设施未按照规定验收合格的，不得投入生产或者使用。建设项目在竣工验收前或者试运行期间，建设单位应当进行职业病危害控制效果评价，编制评价报告。建设项目职业病危害控制效果评价报告应当符合职业病防治有关法律、法规、规章和标准的要求，包括下列主要内容：建设项目概况；职业病防护设施设计执行情况分析、评价；职业病防护设施检测和运行情况分析、评价；工作场所职业病危害因素检测分析、评价；工作场所职业病危害因素日常监测情况分析、评价；职业病危害因素对劳动者健康危害程度分析、评价；职业病危害防治管理措施分析、评价；职业健康监护状况分析、评价；

职业病危害事故应急救援和控制措施分析、评价；正常生产后建设项目职业病防治效果预期分析、评价；职业病危害防护补充措施及建议；评价结论，明确建设项目的职业病危害风险类别，以及采取控制效果评价报告所提对策建议后，职业病防护设施和防护措施是否符合职业病防治有关法律、法规、规章和标准的要求。

建设单位在职业病防护设施验收前，应当编制验收方案。验收方案应当包括下列内容：建设项目概况和风险类别，以及职业病危害预评价、职业病防护设施设计执行情况；参与验收的人员及其工作内容、责任；验收工作时间安排、程序等。建设单位应当在职业病防护设施验收前 20 日将验收方案向管辖该建设项目的卫生行政部门进行书面报告。属于职业病危害一般的建设项目，其建设单位主要负责人或其指定的负责人应当组织职业卫生专业技术人员对职业病危害控制效果评价报告进行评审及对职业病防护设施进行验收，并形成是否符合职业病防治有关法律、法规、规章和标准要求的评审意见和验收意见。属于职业病危害严重的建设项目，其建设单位主要负责人或其指定的负责人应当组织外单位职业卫生专业技术人员参加评审和验收工作，并形成评审和验收意见。有下列情形的，职业病危害防护设施验收和职业病危害控制效果评价报告不予通过：①评价报告内容不符合要求的，②评价报告未按照评审意见整改的，③未按照建设项目职业病防护设施设计组织施工，且未充分论证说明的；④职业病危害防治管理措施不符合要求的；⑤职业病防护设施未按照验收意见整改的；⑥不符合职业病防治有关法律、法规、规章和标准规定的其他情形的。

建设单位应当按照评审与验收意见对职业病危害控制效果评价报告和职业病防护设施进行整改完善，并对最终的职业病危害控制效果评价报告和职业病防护设施验收结果的真实性、合规性和有效性负责。建设单位应当将职业病危害控制效果评价和职业病防护设施验收工作过程形成书面报告备查，其中职业病危害严重的建设项目应当在验收完成之日起 20 日内向管辖该建设项目的卫生行政部门提交书面报告。

以上三个阶段过程报告和竣工验收方案表样详见原国家安全监管总局办公

厅《关于贯彻落实〈建设项目职业病防护设施"三同时"监督管理办法〉的通知》（安监总厅安健〔2017〕37号）附件。

第二节 建设项目评价注意事项

一、建设项目职业病危害评价及"三同时"涉及的职业病危害

《中华人民共和国职业病防治法》第十七条第一款规定，新建、改建、扩建建设项目和技术改造、技术引进项目可能产生职业病危害的，建设单位在可行性论证阶段应当进行职业病危害预评价。《建设项目职业病防护设施"三同时"监督管理办法》指出，"本办法所称的可能产生职业病危害的建设项目，是指存在或者产生《职业病危害因素分类目录》所列职业病危害因素的建设项目"。该办法扩大了职业病危害的范围，相关依据如下。

原国家安全生产监督管理总局业务文件《关于〈建设项目职业病防护设施"三同时"监督管理办法〉若干技术问题的解读》说明：基于我国经济社会发展的阶段性，《中华人民共和国职业病防治法》将法律约束的职业病危害界定为"对从事职业活动的劳动者可能导致职业病的各种危害"。我国目前对职业病实行目录管理，由国务院有关部门统一制定并公布，因此，从法律的角度，《建设项目职业病防护设施"三同时"监督管理办法》所称可能产生职业病危害的建设项目，是指可能导致劳动者罹患法定职业病（10大类132种）的建设项目。而法定职业病是由劳动者在职业活动过程中接触相应的危害因素引起，因此，从定性的角度，也可以说可能产生职业病危害的建设项目，是指可能产生导致劳动者罹患法定职业病的危害因素且存在劳动者职业性接触的建设项目。

二、关于建设项目性质

参照《中国卫生监督信息报告工作手册》（2010版）建设项目卫生审查信息表填表说明：

1. 新建是指新设计、新施工的建设项目。

2. 改建是指在原有基础上进行改造的项目。

3. 扩建是指在原有基础上扩大规模的建设项目，包括一次性计划设计分期建成的建设项目。

4. 技术改造、技术引进根据立项批复文件确认。

三、关于自行或委托机构编制职业病危害防护设施设计专篇和职业病危害评价报告

《国务院关于第一批清理规范89项国务院部门行政审批中介服务事项的决定》(国发〔2015〕58号)明确申请人可按要求自行编制职业病防护设施设计专篇，也可委托有关机构编制，审批部门不得以任何形式要求申请人必须委托特定中介机构提供服务；保留审批部门现有的职业病防护设施设计专篇技术评估评审。2016年修改《中华人民共和国职业病防治法》时取消了安全生产监督管理部门"三同时"审批职责，同时删除了职业病危害预评价和职业病危害控制效果评价由依法设立的、取得国务院安全生产监督管理部门或者设区的市级以上地方人民政府安全生产监督管理部门按照职责分工给予资质认可的职业卫生技术服务机构进行的规定，因此也就相应取消了建设项目评价建设单位必须由有资质的机构出报告的规定。后原安全生产监督管理总局出台了相关业务文件，明确"虽然取消了有关资质要求，鉴于目前多数用人单位不具备相应能力，建议委托专业机构进行编制"。

综上，目前建设项目职业病危害预评价、设计专篇和控制效果评价，建设单位可以自行或委托其他机构编制，同时对相关报告的真实性与合法性承担责任。为确保评价或设计质量，建议委托专业机构编制。

四、关于分期建设分期验收问题

实践中，一些建设单位认为，自己的建设项目尚未完全建设完成，因此不进行职业病危害控制效果评价和竣工验收。《建设项目职业病防护设施"三同时"

监督管理办法》第二十八条规定,分期建设、分期投入生产或者使用的建设项目,其配套的职业病防护设施应当分期与建设项目同步进行验收。因此,建设单位应该按照上述规定分期委托或自行编制职业病危害控制效果评价并组织验收。

五、关于试运行

《建设项目职业病防护设施"三同时"监督管理办法》第二十三条规定,建设项目完工后,需要进行试运行的,其配套建设的职业病防护设施必须与主体工程同时投入试运行。试运行时间应当不少于30日,最长不得超过180日,国家有关部门另有规定或者特殊要求的行业除外。关于试运行,卫生行政部门没有试运行的规定,一般可以参照环保设施验收或安全生产设施验收对试运行的规定,明确哪些项目需要试运行。并不是所有建设项目都需要试运行,如简单机械加工项目不需要试运行。

六、关于未批先建是否补办预评价报告

根据《行政处罚法》第二十九条规定:"违法行为在两年内未被发现的,不再给予行政处罚。法律另有规定的除外。前款规定的期限,从违法行为发生之日起计算;违法行为有连续或者继续状态的,从行为终了之日起计算。"根据《中华人民共和国职业病防治法》规定,"未批先建"违法行为的行政处罚追溯期限应当自建设行为终了之日起计算。因此,"未批先建"违法行为自建设行为终了之日起两年内未被发现的,卫生部门应当遵守《行政处罚法》第二十九条的规定,不予行政处罚。至于竣工验收和控制效果评价,自建设项目竣工投入使用,未进行验收和控制效果评价是连续行为,所以纠正违法行为,是没有终了的。对2002年5月1日后的项目,要求进行控制效果评价和竣工验收是符合法律要求的。

原国家安监总局出台的《关于〈建设项目职业病防护设施"三同时"监督管理办法〉有关问题的说明》指出,2017年5月1日90号令实施以后,尚未竣工验收的建设项目没有依法履行建设项目职业病防护设施"三同时"制度的,

安全监管部门检查发现后要督促建设单位依法全面履行职业病防护设施"三同时"法律规定的各项要求，即未按要求进行职业病危害预评价的要责令限期补做预评价，未按要求进行职业病防护设施设计的要责令限期补做设计，未按要求进行职业病危害控制效果评价的要责令限期补做控制效果评价，未按要求进行职业病防护设施验收的要按规定责令限期补做验收。安全监管部门不能仅以职业病危害现状评价或职业病危害控制效果评价来替代建设项目职业病防护设施"三同时"制度的全面落实。

七、职业病防护设施"三同时"评审（验收）工作程序要求存在直接利害关系的人员范围

原国家安监总局出台的《关于〈建设项目职业病防护设施"三同时"监督管理办法〉有关问题的说明》指出，建设项目负责人与承担建设项目职业病危害评价、检测及职业病防护设施设计单位的人员是存在直接利害关系的人员，不能作为该建设项目评审（验收）组成员。为此，建设单位要认真审核专家组成，不能有评价设计单位人员及关联企业人员，如一个投资人的安评、环评公司人员不能参与职业卫生评价专家评审。

第五章　用人单位职业卫生档案管理

第一节　用人单位职业卫生档案管理的目的、意义

《职业卫生档案管理规范》提出，用人单位职业卫生档案是指用人单位在职业病危害防治和职业卫生管理活动中形成的，能够准确、完整反映本单位职业卫生工作全过程的文字、图纸、照片、报表、音像资料、电子文档等文件材料。

一、职业卫生档案的法律地位

1. 用人单位实施职业病防治工作的法律凭证。《中华人民共和国职业病防治法》规定：卫生行政部门履行监督检查职责时，有权查阅或者复制与违反职业病防治法律、法规行为的有关资料和采集样品，并具体列出违法行为应当承担的法律责任。因此，用人单位在实施职业病防治工作中应当做好记录和归档工作，接受卫生行政部门的监督检查。

2. 用人单位在职业病诊断过程中应当履行举证责任。《中华人民共和国职业病防治法》规定：职业病诊断、鉴定，需要用人单位提供有关职业卫生和健康监护等资料时，用人单位应当如实提供。

3. 用人单位为劳动者履行义务。《中华人民共和国职业病防治法》规定：劳动者离开用人单位时，有权索取本人职业健康监护档案复印件，用人单位应当如实、无偿提供，并在提供的复印件上签章。

二、职业卫生档案制定依据

1.《中华人民共和国职业病防治法》

第二十条，用人单位应当采取下列职业病防治管理措施：

（四）建立、健全职业卫生档案和劳动者职业健康监护管理档案。

第三十六条，用人单位发现职业病病人或疑似职业病病人时，应当按照国家规定及时向所在地卫生健康主管部门和有关部门报告。

2.《工作场所职业卫生管理规定》

第三十一条，用人单位应当按照《用人单位职业健康监护监督管理办法》的规定，为劳动者建立职业健康监护档案，并按照规定的期限妥善保存。

职业健康监护档案应当包括劳动者的职业史、职业病危害接触史、职业健康检查结果、处理结果和职业病诊疗等有关个人健康资料。

劳动者离开用人单位时，有权索取本人职业健康监护档案复印件，用人单位应当如实、无偿提供，并在所提供的复印件上签章。

第三十二条，劳动者健康出现损害需要进行职业病诊断、鉴定的，用人单位应当如实提供职业病诊断、鉴定所需的劳动者职业史和职业病危害接触史、工作场所职业病危害因素检测结果和放射工作人员个人剂量监测结果等资料。

第三十四条，用人单位应当建立健全下列职业卫生档案资料：

（一）职业病防治责任制文件；

（二）职业卫生管理规章制度、操作规程；

（三）工作场所职业病危害因素种类清单、岗位分布及作业人员接触情况等资料；

（四）职业病防护设施、应急救援设施基本信息，以及其配置、使用、维护、检修与更换等记录；

（五）工作场所职业病危害因素检测、评价报告与记录；

（六）职业病防护用品配备、发放、维护与更换等记录；

（七）主要负责人、职业卫生管理人员和职业病危害严重工作岗位的劳动者等相关人员职业卫生培训资料；

（八）职业病危害事故报告与应急处置记录；

（九）劳动者职业健康检查结果汇总资料，存在职业禁忌证、职业健康损害或者职业病的劳动者处理和安置情况记录；

（十）建设项目职业卫生"三同时"有关技术资料，以及其备案、审核、审查或者验收等有关回执或者批复文件；

（十一）职业卫生安全许可证申领、职业病危害项目申报等有关回执或者批复文件；

（十二）其他有关职业卫生管理的资料或者文件。

3.《用人单位职业健康监护监督管理办法》

第十九条，用人单位应当为劳动者个人建立职业健康监护档案，并按照有关规定妥善保存。职业健康监护档案包括下列内容：

（一）劳动者姓名、性别、年龄、籍贯、婚姻、文化程度、嗜好等情况；

（二）劳动者职业史、既往病史和职业病危害接触史；

（三）历次职业健康检查结果及处理情况；

（四）职业病诊疗资料；

（五）需要存入职业健康监护档案的其他有关资料。

4.《建设项目职业病防护设施"三同时"监督管理办法》

第四条第一款，建设单位对可能产生职业病危害的建设项目，应当依照本办法进行职业病危害预评价、职业病防护设施设计、职业病危害控制效果评价及相应的评审，组织职业病防护设施验收，建立健全建设项目职业卫生管理制度与档案。

三、建立和完善职业卫生档案的意义

建立和完善职业卫生档案，有利于用人单位系统、动态追踪和掌握国家对于职业病防治的要求；有利于用人单位系统记录所开展的职业卫生工作，积累资料；有利于用人单位接受卫生行政部门监督，受到法律保护；有利于解决用人单位和劳动者可能发生的法律纠纷；有利于用人单位加强自身职业卫生管理，提高职业病防治水平；有利于用人单位节约生产成本。

第二节 职业卫生档案内容及填写注意事项

一、职业卫生档案的内容

为提高用人单位(煤矿除外)的职业卫生管理水平,规范职业卫生档案管理,原国家安全生产监督管理总局根据《中华人民共和国职业病防治法》《工作场所职业卫生监督管理规定》《用人单位职业健康监护监督管理办法》等法律法规的要求,制定了《职业卫生档案管理规范》来指导规范用人单位职业卫生档案的建立和管理。该规范将职业卫生档案归为七类,与《工作场所职业卫生管理规定》《用人单位职业健康监护监督管理办法》不完全一致,按照同一部门制定的规章(含规范性文件)后优于先,特别规定优于一般规定的原则,执行《职业卫生档案管理规范》规定的七类档案内容,根据法规修订情况,职业卫生档案内容具体如下。

(一)建设项目职业卫生"三同时"档案

包括建设项目批准文件,职业病危害预评价委托书与预评价报告;建设项目职业病防护设施设计专篇;职业病危害控制效果评价委托书与控制效果评价报告;建设单位对职业病危害预评价报告、职业病防护设施设计专篇、职业病防护设施控制效果评价报告的评审意见及工作过程形成的书面报告,建设项目竣工验收方案,严重职业病危害职业病防护设施验收的验收报告,公示/公布存档情况,建设项目职业病危害防治法律责任承诺书,全套竣工图纸,验收报告,竣工总结,工程改建、扩建及维修、使用中变更的图纸及有关材料。

注意,根据法律法规修改和职责调整情况,行政部门对职业病危害预评价、职业病危害防护设施设计专篇和职业病危害控制效果评价及防护设施验收的(预评价)批复情况,不应再纳入该档案管理要求。同时,根据《建设项目职业病防护设施"三同时"监督管理办法》要求,将过程报告、验收方案、验收报告和公示情况等存档。

（二）职业卫生管理档案

包括职业病防治法律、行政法规、规章、标准、文件；职业病防治领导机构及职业卫生管理机构成立文件；职业病防治年度计划及实施方案（附年度职业病防治计划实施检查表）；职业卫生管理制度及重点岗位职业卫生操作规程；职业病危害项目申报表及回执（职业病危害因素申报基本情况表）；职业病防治经费；职业病防护设施一览表；职业病防护设施维护和检修记录；个人防护用品的购买、发放、使用记录；警示标识与职业病危害告知（附工作场所警示标识一览表；职业病危害告知内容包括规章制度、操作规程、劳动过程中可能产生的职业病危害及其后果、职业病防护措施和待遇、作业场所职业病危害因素检测评价结果、职业健康检查和职业病诊断结果等的告知凭证）；职业病危害事故应急救援预案；用人单位职业卫生检查和处理记录；职业卫生监管意见和落实情况资料（包括卫生监督意见书、行政处罚决定书、奖励等资料及整改报告等）。

职业卫生管理档案中的职业卫生管理制度又是《工作场所职业卫生管理制度》要求的十二种制度，除小微企业外，不能用一个制度代替，具体要求见相关章节内容。《工作场所职业卫生管理制度》规定的第十三种制度是法律法规规章规定的其他制度，这里主要是指非医用放射危害因素，除了遵守十二种制度外，还要建立个人剂量监测等放射防护制度。

（三）职业卫生宣传培训档案

包括用人单位职业卫生培训计划；用人单位主要负责人、职业卫生管理人员职业卫生培训证明；劳动者职业卫生宣传培训；年度职业卫生宣传培训一览表（培训通知、培训教材、培训记录、考试试卷、签到簿、宣传图片等纸质和摄录像资料）；年度职业卫生培训工作总结等。注意，培训记录要标明培训时间和培训内容，并符合《国家卫生健康委办公厅关于进一步加强用人单位职业健康培训工作的通知》（国卫办职健函〔2022〕441号）和《用人单位职业病危害告知和警示标识管理规范》第九条等相关文件关于培训时间和内容的要求。

《国家卫生健康委办公厅关于进一步加强用人单位职业健康培训工作的通

知》(国卫办职健函〔2022〕441号)规定,职业健康培训档案应包括年度培训计划,主要负责人、职业健康管理人员和劳动者培训相关记录材料等。记录材料应包括培训时间、培训签到表、培训内容、培训合格材料,以及培训照片与视频材料等。

(四)职业病危害因素监测与检测评价档案

包括生产工艺流程;职业病危害因素检测点分布示意图;可能产生职业病危害的设备、材料和化学品一览表(化学品安全中文说明书、标签、标识及产品检验报告等);接触职业病危害因素汇总表;职业病危害因素日常监测季报汇总表;职业卫生技术服务机构资质证书;职业病危害因素检测评价合同书;职业病危害检测与评价报告书;职业病危害因素检测与评价结果报告;职业病危害因素监测结果处置、处理生成的相关档案。

(五)用人单位职业健康监护管理档案

包括职业健康检查机构备案证明;职业健康检查结果汇总表;职业健康检查异常结果登记表(职业健康监护结果评价报告);职业病患者、疑似职业病患者一览表(职业病诊断证明书、职业病诊断鉴定书等);职业病和疑似职业病人的报告回执(在接到体检结果、诊断结果5日内报告);职业病危害事故报告和处理记录;职业健康监护档案汇总表;职业健康检查结果处置生成的相关档案。

注意,职业健康检查结果处置相关资料一定要归档。例如,职业健康检查结果为复查的,需要附复查报告;职业健康检查结果为职业禁忌证的,需要附调岗证明,并注明新岗位不含该劳动者所禁忌的职业病危害因素。

(六)劳动者个人职业健康监护档案

具体包括劳动者个人信息卡;工作场所职业病危害因素检测结果;历次职业健康检查结果及处理情况;历次职业健康检查报告、职业病诊疗等资料。劳动者个人信息卡职业史填报应从劳动者从各级各类学校毕业第一次参加工作开始登记,并由劳动者签名确认。

（七）法律、行政法规、规章要求的其他资料文件

以上七类档案涉及的档案表格详见《职业卫生档案管理规范》附件部分。

二、建立职业卫生档案有关要求

根据《国家安全监管总局办公厅关于印发职业卫生档案管理规范的通知》（安监总厅安健〔2013〕171号）及相关法规文件，用人单位建立健全职业卫生档案应当遵循以下要求。

1. 凡存在职业危害因素的单位，均应建立职业卫生档案；用人单位可根据工作实际对职业卫生档案的样表作适当调整，但主要内容不能删减。

2. 用人单位应设立档案室或指定专门的区域存放职业卫生档案，并指定专门机构和专（兼）职人员负责管理。档案管理人员应根据有关规定对档案进行管理。例如，简明扼要地写明案卷标题，包括文件制发机关、内容、文种三个部分；填写卷内目录、备考表及案卷皮、编号、装订成卷。职业卫生档案中某项档案材料较多或者与其他档案交叉的，可在档案中注明其保存地点。

3. 对于涉及劳动者个人其他健康资料的，用人单位应当履行保密义务。

4. 职业卫生档案一般为永久保存。用人单位应做好职业卫生档案的归档工作，按年度或建设项目进行案卷归档，及时编号登记，入库保管。用人单位要严格职业卫生档案的日常管理，防止出现遗失。用人单位发生分立、合并、解散、破产等情形的，职业卫生档案应按照国家档案管理的有关规定移交保管。

5. 劳动者的职业健康监护资料只能用于劳动者本人或以群体健康为目的的活动，应注意保护劳动者的隐私权。劳动者有权复印自己的健康监护资料，用人单位应无偿提供，并在所提供的复印件上签章。

6. 接触职业病危害因素个人健康监护袋，一人一袋，如本人调出本公司，健康监护袋随人事档案同时移交，并作好交接记录。

7. 职业卫生监管部门查阅或者复制职业卫生档案材料时，用人单位必须如实提供。

8.本规范印发前用人单位已建立职业卫生档案的,应当按本规范的要求进行完善,分类归档。各地区可以根据工作实际,对本规范的要求进行适当调整。

各类档案要齐全,填写完整,档案内容真实。档案真实性包括各类签名是否为劳动者本人填写等。

三、典型案例

(一)"用人单位未健全职业卫生培训档案"案

某市职业卫生监督员到某化工企业进行监督检查,该企业出示了职业卫生档案,其中职业卫生培训档案中仅有职业卫生培训签到表和职业卫生考核试卷,无职业卫生培训计划、培训通知、培训内容、培训学时等相关内容。该行为违反了《中华人民共和国职业病防治法》第二十条第四项,依据《中华人民共和国职业病防治法》第七十条第二项,对该化工企业给予警告的行政处罚。

(二)"用人单位未健全职业健康监护管理档案"案

某市职业卫生监督员到某建材企业进行监督检查,该企业出示了职业卫生档案,其中职业健康监护管理档案中,有2019年该企业劳动者的职业健康检查结果报告书,显示王某、刘某接触噪声,检查结果为:双耳高频听阈≥40dB(A),脱离噪声作业48h后复查。该企业解释,已安排王某、刘某进行了复查,但复查结果直接给了王某、刘某,没有进行资料归档。该行为违反了《中华人民共和国职业病防治法》第二十条第四项(或三十六条),依据《中华人民共和国职业病防治法》第七十一条第四项对该企业进行了处罚。

第六章 职业卫生培训管理

职业卫生培训对于提高用人单位主要负责人、职业卫生管理人员和劳动者的职业卫生知识水平、职业病防护意识和能力、预防和控制职业病危害的自觉性具有十分重要的作用。根据相关调查资料，多数职业病与劳动者对职业危害缺乏必要的了解、自我保护意识薄弱有关，也与用人单位主要负责人和管理人员自身对职业卫生知识知之甚少，从而导致其对职业卫生和职业病防治工作重视不足，缺乏对劳动者的职业健康采取保护措施的意识和自觉性有关。职业卫生培训工作，是坚守发展决不能以牺牲人的生命为代价这一安全红线的内在要求，是增强用人单位主要负责人和职业卫生管理人员的法律意识，提高用人单位职业病防治水平和劳动者自我防护能力的重要途径，是督促用人单位自觉履行职业病防治主体责任，预防和控制职业病危害，保障劳动者职业安全健康的源头性、基础性举措。因此对劳动者和用人单位主要负责人、职业卫生管理人员进行职业卫生培训是很有必要的，同时这也是劳动者实现职业卫生知情权的保障措施之一。为了保障职业卫生知识培训措施的落实，《中华人民共和国职业病防治法》等相关法律对职业卫生培训作出了明确规定。

一、职业卫生培训的相关法律规定

1.《中华人民共和国职业病防治法》

第三十四条，用人单位的主要负责人和职业卫生管理人员应当接受职业卫生培训，遵守职业病防治法律、法规，依法组织本单位的职业病防治工作。

用人单位应当对劳动者进行上岗前的职业卫生培训和在岗期间的定期职业卫生培训，普及职业卫生知识，督促劳动者遵守职业病防治法律、法规、规章和操作规程，指导劳动者正确使用职业病防护设备和个人使用的职业病防护用品。

劳动者应当学习和掌握相关的职业卫生知识，增强职业病防范意识，遵守职业病防治法律、法规、规章和操作规程，正确使用、维护职业病防护设备和个人使用的职业病防护用品，发现职业病危害事故隐患应当及时报告。

劳动者不履行前款规定义务的，用人单位应当对其进行教育。

2.《使用有毒物品作业场所劳动保护条例》

第十九条，用人单位有关管理人员应当熟悉有关职业病防治的法律、法规以及确保劳动者安全使用有毒物品作业的知识。

用人单位应当对劳动者进行上岗前的职业卫生培训和在岗期间的定期职业卫生培训，普及有关职业卫生知识，督促劳动者遵守有关法律、法规和操作规程，指导劳动者正确使用职业中毒危害防护设备和个人使用的职业中毒危害防护用品。

劳动者经培训考核合格方可上岗作业。

3.《工作场所职业卫生管理规定》

第九条，用人单位的主要负责人和职业卫生管理人员应当具备与本单位所从事的生产经营活动相适应的职业卫生知识和管理能力，并接受职业卫生培训。

用人单位主要负责人、职业卫生管理人员的职业卫生培训应当包括下列主要内容：

（一）职业卫生相关法律、法规、规章和国家职业卫生标准；

（二）职业病危害预防和控制的基本知识；

（三）职业卫生管理相关知识；

（四）原国家安全生产监督管理总局规定的其他内容。

第十条，用人单位应当对劳动者进行上岗前的职业卫生培训和在岗期间的定期职业卫生培训，普及职业卫生知识，督促劳动者遵守职业病防治的法律、法规、规章、国家职业卫生标准和操作规程。

用人单位应当对职业病危害严重的岗位的劳动者进行专门的职业卫生培训，经培训合格后方可上岗作业。

4.《用人单位职业病危害告知与警示标识管理规范》

第九条，用人单位应对劳动者进行上岗前的职业卫生培训和在岗期间的定期职业卫生培训，使劳动者知悉工作场所存在的职业病危害，掌握有关职业病防治的规章制度、操作规程、应急救援措施、职业病防护设施和个人防护用品的正确使用维护方法及相关警示标识的含义，并经书面和实际操作考试合格后方可上岗作业。

二、职业卫生培训的目的及意义

职业健康培训是提高用人单位职业病防治水平和劳动者职业健康素养的重要手段，是预防职业病危害、保障劳动者职业健康权益的重要举措，也是实现健康中国战略目标的重要基础性工作。

（一）对用人单位主要负责人和管理人员的培训

用人单位应当为劳动者提供符合职业卫生要求的作业环境和工作场所，切实保障劳动者的健康权益，其责任主要在用人单位主要负责人。用人单位主要负责人在职业病防治中承担全面责任。用人单位主要负责人应当接受职业卫生培训，并且要自觉遵守职业病防治法律、法规，这是用人单位主要负责人的法定义务，用人单位主要负责人应当切实履行。同时用人单位的负责人还承担依法组织本单位的职业病防治工作的责任。用人单位管理人员具体组织实施用人单位的规章制度，其对职业病防治知识的理解掌握直接影响用人单位职业卫生管理水平。实践发现，部分合资企业的主要负责人多数时间不在国内，且多数语言不通，原国家安全生产监督管理总局在对全国职业卫生管理情况进行技术评估时，提出总经理、分管厂长、经理、总工程师等培训后可替代主要负责人进行培训。新版职业病危害申报系统相关指标解释中也指出，主要负责人是外国人的，由于语言不通等原因，可由授权的国内第一负责人代替主要负责人进行培训，用人单位应注意要有任命文件分工及相关培训证明资料。

（二）对劳动者的职业卫生知识培训

对劳动者进行职业卫生知识培训的目的是提高广大劳动者的自我保护意

识，自觉抵制违反职业病防治法律、法规的行为，这也是劳动者健康权益得以实现的措施之一。对劳动者的培训包括上岗前职业卫生培训和在岗期间定期职业卫生培训。用人单位对新录用的新劳动者、变更工作岗位或工作内容的劳动者应当进行上岗前的职业卫生知识培训，未经培训的一律不得安排上岗。劳动者上岗后用人单位还应当按照有关的规定组织在岗期间的定期职业卫生培训，普及职业卫生知识。同时,用人单位应当督促劳动者遵守职业病防治法律、法规、规章和操作规程,指导劳动者正确使用职业卫生防护设备和个人职业病防护用品。用人单位不得疏于管理、督促和指导。

三、劳动者不接受职业卫生知识培训的处理

接受职业卫生知识培训既是劳动者的权利，也是劳动者的义务。劳动者有义务学习和掌握相关的职业卫生知识，有义务遵守职业病防治法律、法规、规章和操作规程，正确使用、维护职业病防护设备和个人职业病防护用品，发现职业病危害事故隐患应当及时报告。

当劳动者不履行义务时，用人单位应当对劳动者进行批评、教育。这就要求用人单位建立完善的管理规章制度，督促劳动者履行义务。对劳动者不履行义务的行为，用人单位可以按照规章制度进行必要的处理。如果劳动者因不履行义务造成职业伤害的,不免除用人单位的赔偿责任。原因是按照民事法律规定，用人单位承担无过错责任，但是根据《最高人民法院关于审理人身损害赔偿案件适用法律若干问题的解释》第二条(受害人对同一损害的发生或者扩大有故意、过失的，依照民法通则第一百三十一条的规定，可以减轻或者免除赔偿义务人的赔偿责任。但侵权人因故意或者重大过失致人损害，受害人只有一般过失的，不减轻赔偿义务人的赔偿责任。适用民法通则第一百零六条第三款规定确定赔偿义务人的赔偿责任时,受害人有重大过失的,可以减轻赔偿义务人的赔偿责任）和《中华人民共和国民法通则》第一百三十一条（受害人对于损害的发生也有过错的，可以减轻侵害人的民事责任）规定，用人单位能够有证据证明劳动者拒不接受培训、拒不使用个人职业病防护用品或违章操作导致职业病的，用人

单位的赔偿责任可以减轻或免除。

四、职业卫生知识培训的时间及内容

《国家卫生健康委办公厅关于进一步加强用人单位职业健康培训工作的通知》（国卫办职健函〔2022〕441号）作为对《中华人民共和国职业病防治法》等法律、法规实施的具体规定，对不同人员培训的时间规定是，用人单位主要负责人、职业健康管理人员和劳动者应按时接受职业健康培训。主要负责人和职业健康管理人员应当在任职后3个月内接受职业健康培训，初次培训不得少于16学时，之后每年接受一次继续教育，继续教育不得少于8学时。劳动者上岗前应接受职业健康培训，上岗前培训不得少于8学时，之后每年接受一次在岗培训，在岗培训不得少于4学时。用人单位主要负责人主要培训内容是：国家职业病防治法律、行政法规和规章，职业病危害防治基础知识，结合行业特点的职业卫生管理要求和措施等。

用人单位应当按照本单位的培训制度及年度培训计划组织开展劳动者上岗前和在岗期间职业健康培训，提高劳动者职业健康素养和技能。因变更工艺、技术、设备、材料或者岗位调整导致劳动者接触的职业病危害因素发生变化的，用人单位应当重新对劳动者进行上岗前职业健康培训。用人单位可以自行组织开展劳动者职业健康培训，无培训能力的用人单位也可委托职业健康培训机构组织开展。放射工作人员培训内容及学时根据《放射工作人员职业健康管理办法》等相关规定执行。对主要负责人、职业健康管理人员的培训，用人单位可以根据本单位情况及卫生健康行政部门的要求，聘请相关专家进行培训，或参加职业健康培训机构开展的培训。用人单位应当加强对存在矽尘、石棉粉尘、高毒物品等严重职业病危害因素岗位劳动者的职业健康培训，经培训考核合格后方可安排劳动者上岗作业。

三类人员继续教育的周期为一年。用人单位应用新工艺、新技术、新材料、新设备，或者转岗导致劳动者接触职业病危害因素发生变化时，要对劳动者重新进行职业卫生培训，视作继续教育。上述培训内容及要求可简单描述为"三类人员、内容不同、学时不同（初次16，再次减半，劳动者都减半，周期一年）"。

使用劳务派遣劳动者的用人单位应当将被派遣劳动者纳入本单位职业健康培训对象统一管理。外包单位应当对劳动者进行必要的职业健康教育和培训。接收在校学生实习的用人单位应当对实习学生进行上岗前职业健康培训，提供必要的职业病防护用品；对实习期超过一年的实习学生进行在岗期间职业健康培训。用人单位要根据行业和岗位特点，制订培训计划，确定培训内容和培训学时，确保培训取得实效。没有能力组织职业卫生培训的用人单位，可以委托培训机构开展职业卫生培训。

五、用人单位职业健康培训大纲

用人单位职业健康培训大纲详见表6-1至表6-6。

表6-1 主要负责人初次培训大纲

序号	类别	培训内容	学时	要求	性质
1	形势与政策	我国职业健康形势	1	了解	必修
2		职业健康相关法律、法规、规章及主要职业卫生标准	2	掌握	
3		用人单位主要负责人职业病防治责任	2	掌握	
4	职业健康基础知识	所属行业职业病危害因素及其防护措施	1	熟悉	
5		用人单位职业病防治机构和规章制度建设	1	熟悉	
6	职业健康管理知识	用人单位职业病防治计划和实施方案制定	1	熟悉	
7		职业病危害事故应急救援	1	熟悉	
8	案例分析	常见职业病防治违法违规案例分析	2	了解	选修
9	职业健康相关工作	健康企业建设	2	了解	选修
10		职业病危害专项治理	2	了解	
11		职业病危害综合风险评估	1	了解	
12		工作场所职业健康促进	1	了解	
13		工作相关疾病预防控制措施	1	了解	
14		劳动者职业健康素养、"职业健康达人"基本标准与评选	1	了解	
15		传染病预防控制措施	1	了解	
		学时要求	16		

表6-2 主要负责人继续教育培训大纲

序号	培训内容	学时	要求	性质
1	职业健康相关法律、法规、规章、文件及主要职业卫生标准解读	2	掌握	必修
2	职业病危害事故应急救援	1	熟悉	必修
3	健康企业建设优秀案例分析	2	了解	选修
4	职业病危害专项治理典型经验分析	2	了解	选修
5	常见职业病防治违法违规案例分析	2	了解	选修
6	工作相关疾病预防控制措施	1	了解	选修
7	传染病预防控制措施	1	了解	选修
	学时要求	8		

表6-3 职业健康管理人员初次培训大纲

序号	类别		培训内容	学时	要求	性质
1	形势与政策		职业健康相关法律、法规、规章及主要职业卫生标准	2	掌握	必修
2	职业健康基础知识		所属行业职业病危害因素及其防护措施	1	熟悉	必修
3	职业健康管理知识	责任体系构建	用人单位职业病防治机构和规章制度建设	0.5	掌握	必修
4		责任体系构建	用人单位职业病防治计划和实施方案制定	0.5	掌握	必修
5		前期预防管理	职业病危害项目申报	1	掌握	必修
6		前期预防管理	建设项目职业病防护设施"三同时"	1	掌握	必修
7		劳动过程中的防护与管理	职业病危害警示和告知	0.5	掌握	必修
8		劳动过程中的防护与管理	职业病危害因素检测	1	掌握	必修
9		劳动过程中的防护与管理	职业病防护设施运行与维护	1	掌握	必修
10		劳动过程中的防护与管理	职业病防护用品选用与管理	0.5	掌握	必修
11		劳动过程中的防护与管理	职业健康培训管理	0.5	掌握	必修
12		劳动过程中的防护与管理	职业健康档案管理	0.5	掌握	必修
13		劳动过程中的防护与管理	职业健康监护	1	掌握	必修
14		劳动过程中的防护与管理	职业病危害事故应急救援	1	掌握	必修
15		劳动过程中的防护与管理	职业病危害综合风险评估	1	熟悉	必修
16	案例分析		常见职业病防治违法违规案例分析	2	了解	选修

(续表)

序号	类别	培训内容	学时	要求	性质
17	职业健康相关工作	健康企业建设	2	熟悉	选修
18		职业病危害专项治理	2	熟悉	
19		工作场所职业健康促进	1	熟悉	
20		工作相关疾病预防控制措施	1	熟悉	
21		劳动者职业健康素养、"职业健康达人"基本标准与评选	1	了解	
22		传染病预防控制措施	1	了解	
		学时要求	16		

表6-4　职业健康管理人员继续教育培训大纲

序号	培训内容	学时	要求	性质
1	职业健康相关法律、法规、规章、文件及主要职业卫生标准解读	2	掌握	必修
2	所属行业职业病危害因素及其防护措施	1	熟悉	
3	职业病危害事故应急救援	1	掌握	
4	健康企业建设优秀案例分析	2	熟悉	选修
5	职业病危害专项治理典型经验分析	2	熟悉	
6	常见职业病防治违法违规案例分析	2	熟悉	
7	职业健康促进优秀经验分析	1	熟悉	
8	工作相关疾病预防控制案例分析	1	熟悉	
9	传染病预防控制措施	1	了解	
	学时要求	8		

表6-5　劳动者上岗前培训大纲

序号	类别	培训内容	学时	要求	性质
1	法律法规	职业健康相关法律法规	1	了解	必修
2	管理制度	单位职业健康管理制度和操作规程	2	掌握	
3	职业病危害防治基础知识	职业健康基础知识、劳动者职业卫生权利与义务	1	熟悉	
4		所在岗位职业病危害因素的识别、健康损害与控制★	1	掌握	
5		职业病防护设施与职业病防护用品的使用和维护★	1	掌握	
6	职业健康管理知识	职业病危害事故应急处置知识和技能	1	掌握	
7		职业病防护用品佩戴实操★	2	掌握	选修

（续表）

序号	类别	培训内容	学时	要求	性质
8	职业健康相关工作	工作相关疾病与传染病防控措施	1	了解	选修
9		常见职业病防治违法违规案例分析	1	了解	
10		劳动者职业健康素养、"职业健康达人"基本标准与评选	2	了解	
11		职业病危害综合风险评估	1	了解	
		学时要求	8		

注：标"★"为要针对劳动者实际接触的职业病危害因素开展培训课程。

表6-6 劳动者在岗培训大纲

序号	培训内容	学时	要求	性质
1	单位职业健康管理制度和操作规程	1	掌握	必修
2	所在岗位职业病防护设施的使用与职业病防护用品的佩戴	1	掌握	
3	职业病危害事故应急处置知识和技能	1	掌握	
4	工作相关疾病与传染病防控措施	1	了解	选修
5	劳动者职业健康素养、"职业健康达人"基本标准与评选	1	了解	
6	学时要求	4		

上述使用大纲有关说明：各省级卫生健康委可根据辖区内用人单位情况对培训大纲内容进行调整；大纲中的学时为最低要求，可根据工作实际增加；大纲中所列选修课程为推荐性课程，用人单位可根据工作实际进行增加或调整；大纲的学习要求中，"了解"内容只要求培训对象知悉，"熟悉"内容要求培训对象对培训内容有一定程度的认识，"掌握"内容要求培训对象对培训内容有深入的理解并能够熟练掌握，是培训的重点内容；大纲中所列合计学时数为本类人员培训所需的最少学时数，1学时为45分钟。

第七章　职业病危害合同管理与合同告知

第一节　劳动合同管理

劳动合同是劳动者与用人单位确立劳动关系、明确双方权利和义务的协议，是规范劳动关系最基本的法律形式，《中华人民共和国劳动合同法》规定，订立劳动合同，应当遵循合法、公平、平等自愿、协商一致、诚实信用的原则。签订劳动合同时，用人单位应当将有关情况如实告知劳动者，不得隐瞒和欺骗。劳动合同是双方自愿协商一致签订的，不得随意终止或解除。

一、接触职业病危害的劳动者劳动合同解除的规定

1.《中华人民共和国职业病防治法》

第三十五条第二款，对未进行离岗前职业健康检查的劳动者不得解除或者终止与其订立的劳动合同。

第五十五条第二款，用人单位应当及时安排对疑似职业病病人进行诊断；在疑似职业病病人诊断或者医学观察期间，不得解除或者终止与其订立的劳动合同。

2.《使用有毒物品作业场所劳动保护条例》

第三十三条，用人单位应当对从事使用有毒物品作业的劳动者进行离岗时的职业健康检查；对离岗时未进行职业健康检查的劳动者，不得解除或者终止与其订立的劳动合同。

第六十八条，用人单位违反本条例的规定，有下列行为之一的，由卫生行

政部门给予警告，责令限期改正，处 2 万元以上 5 万元以下的罚款；逾期不改正的，责令停止使用有毒物品作业，或者提请有关人民政府按照国务院规定的权限予以关闭：（四）对未进行离岗职业健康检查的劳动者，解除或者终止与其订立的劳动合同的。

3.《中华人民共和国劳动合同法》

第三十六条，用人单位与劳动者协商一致，可以解除劳动合同。

第四十二条，劳动者有下列情形之一的，用人单位不得依照本法第四十条、第四十一条的规定解除劳动合同：（一）从事接触职业病危害作业的劳动者未进行离岗前职业健康检查，或者疑似职业病病人在诊断或者医学观察期间的；（二）在本单位患职业病或者因工负伤并被确认丧失或者部分丧失劳动能力的。

解除劳动合同，是指在劳动合同终止之前，劳动合同一方或者双方当事人使劳动合同效力停止，不再履行的法律行为。协商一致解除劳动合同，可以是劳动者提出动议，也可以是用人单位提出动议。不论劳动合同当事人提出解除劳动合同动议的原因是什么，只要双方经过协商达成一致意见，都可以解除劳动合同。只要双方不违反法律、法规和国家有关规定，可以自主决定是否继续履行劳动合同。如果一方当事人采取暴力、威胁等手段强制对方同意解除劳动合同，则劳动合同的解除无效。

对于未经离岗时职业健康检查和疑似职业病患者与用人单位协商一致解除或终止了劳动合同，符合《中华人民共和国劳动合同法》第三十六条规定，实践中应该是劳动者动议，自愿解除合同，自愿放弃离岗时职业健康检查或患疑似职业病后观察治疗的权利，在协议中明示。《中华人民共和国职业病防治法》和《中华人民共和国劳动合同法》禁止的是用人单位单方提出的终止劳动合同，且未明确为劳动者自愿放弃权利的情形。《最高人民法院公报》2017 年第 5 期刊载《张传杰诉上海敬豪劳务服务有限公司等劳动合同纠纷案》裁判观点为，从事接触职业病危害的作业的劳动者未进行离岗前职业健康检查的，用人单位不得解除或终止与其订立的劳动合同。即使用人单位与劳动者已协商一致解除劳动合同的，解除协议也应认定无效。用人单位安排从事接触职业病危害的作业的劳动者进行离岗前职业健康检查是其法定义务,该项义务并不因劳动者与用人单位协商一致解除劳动合同而当然免除。依据是,该案中双方签订的《协商解除劳动合同协议书》并未明确劳动者已经知晓并放弃了进行离岗前职业健康检查的权利,且该案劳动者于事后亦通过各种途径积极要求公司为其安排离岗职业健康检查。

二、劳动关系的确立方法

《中华人民共和国劳动法》第十六条规定,建立劳动关系应当订立劳动合同。但是,鉴于我国企业和职工之间大量存在不签劳动合同的情况,原劳动部1995年8月4日发布的《关于贯彻执行〈中华人民共和国劳动法〉若干问题的意见》的第二条规定:"中国境内的企业、个体经济组织与劳动者之间,只要形成劳动关系,即劳动者事实上已成为企业、个体经济组织的成员,并为其提供有偿劳动,适用本法。"该条文规定,只要劳动关系的双方事实上已经形成,就受到我国劳动法的保护,也就是说双方的劳动关系依法成立。因此,目前的劳动关系,一是劳动合同确立的劳动关系,二是事实劳动关系。事实劳动关系的确立主要依据原劳动保障部《关于确立劳动关系有关事项的通知》(劳社部发〔2005〕12号)来确定。

1. 用人单位招用劳动者未订立书面劳动合同,但同时具备下列情形的,劳动关系成立:①用人单位和劳动者符合法律、法规规定的主体资格;②用人单位依法制定的各项劳动规章制度适用于劳动者,劳动者受用人单位的劳动管理,从事用人单位安排的有报酬的劳动;③劳动者提供的劳动是用人单位业务的组成部分。

2. 用人单位未与劳动者签订劳动合同,认定双方存在劳动关系时可参照下列凭证:①工资支付凭证或记录(职工工资发放花名册)、缴纳各项社会保险费的记录;②用人单位向劳动者发放的"工作证""服务证"等能够证明身份的证件;③劳动者填写的用人单位招工招聘"登记表""报名表"等招用记录;④考勤记录;⑤其他劳动者的证言等。

其中，①③④项的有关凭证由用人单位负举证责任。

3.建筑施工、矿山企业等用人单位将工程（业务）或经营权发包给不具备用工主体资格的组织或自然人，对该组织或自然人招用的劳动者，由具备用工主体资格的发包方承担用工主体责任。

劳务派遣及职业病诊断中涉及对劳动关系争议的，由劳动人事争议仲裁委员会受理裁定劳动关系。

三、劳动合同的履行

用人单位与劳动者应当按照劳动合同的约定，全面履行各自的义务。劳动者拒绝用人单位管理人员违章指挥、强令冒险作业的，不视为违反劳动合同。劳动者对危害生命安全和身体健康的劳动条件，有权对用人单位提出批评、检举和控告。

用人单位变更名称、法定代表人、主要负责人或者投资人等事项，不影响劳动合同的履行。用人单位发生合并或者分立等情况，原劳动合同继续有效，劳动合同由承继其权利和义务的用人单位继续履行。

四、特殊用工管理

（一）非全日制用工

非全日制用工，是指以小时计酬为主，劳动者在同一用人单位一般平均每日工作时间不超过四小时，每周工作时间累计不超过二十四小时的用工形式。非全日制用工双方当事人可以订立口头协议。

从事非全日制用工的劳动者可以与一个或者一个以上用人单位订立劳动合同，但是后订立的劳动合同不得影响先订立的劳动合同的履行。非全日制用工双方当事人任何一方都可以随时通知对方终止用工，用人单位无须向劳动者支付经济补偿。非全日制用工劳动报酬结算支付周期最长不得超过十五日。

（二）职业学校实习学生

学生参加跟岗实习、顶岗实习前，职业学校、实习单位、学生三方应签订实习协议。协议文本由当事方各执一份。未按规定签订实习协议的，不得安排学生实习。实习协议应明确各方的责任、权利和义务，协议约定的内容不得违反相关法律法规。

实习协议应包括但不限于以下内容：①各方基本信息；②实习的时间、地点、内容、要求与条件保障；③实习期间的食宿和休假安排；④实习期间劳动保护和劳动安全、卫生、职业病危害防护条件；⑤责任保险与伤亡事故处理办法，对不属于保险赔付范围或者超出保险赔付额度部分的约定责任；⑥实习考核方式；⑦违约责任；⑧其他事项。顶岗实习的实习协议内容还应当包括实习报酬及支付方式。

用人单位接收实习学生前，一定要核实参加实习学生的年龄。用人单位不得接收未满16周岁的学生参加跟岗实习和顶岗实习，不得安排未成年工（指年满16周岁，未满18周岁的劳动者）从事接触职业病危害因素的作业。

五、典型案例

（一）签订"生死合同"是否有效

孙某与C公司签订了一份劳动合同，该公司在合同中约定有发生伤亡事故本公司概不负责的条款。孙某因急需赚钱养家，在合同上签了字。三个月后，孙某发生中暑（热射病），经医院抢救无效后死亡。家属申请职业病诊断，最终诊断为职业性中暑。该公司以劳动合同中有"发生伤亡事故本公司概不负责"的条款为由，拒绝向死者家属赔偿。死者家属提起劳动仲裁。仲裁机构认为发生职业病、安全生产事故等伤亡，是用人单位对劳动者的一种特殊侵害，而法律规定用人单位对此负有赔偿责任。该劳动合同中约定的"发生伤亡事故本公司概不负责"的条款，明显违反法律规定，不具法律效力，要求该公司依法赔偿死者家属。

（二）非全日制用工人员发生职业病怎么办

吴某进入E电子厂工作，双方约定吴某为非全日制工，每日工作半天，每周工作不超过 24 小时，并约定工资标准为 25 元 / 小时。吴某在工作中因接触三氯乙烯导致患上了药疹样皮炎，引起严重的肝脏损害，经抢救才脱离了生命危险。吴某被诊断为职业病，随后进行了工伤认定。但 E 电子厂未为吴某缴纳工伤保险，双方因工伤待遇产生争议，吴某向仲裁委提请仲裁，仲裁支持了吴某的要求。

用人单位必须与对待全日制的劳动者一样，为非全日制的劳动者缴纳工伤保险。非全日制职工在两个或两个以上用人单位同时就业的，各用人单位应当分别为职工缴纳工伤保险费。职工发生工伤，由职工受到伤害时其工作的单位依法承担工伤保险责任。

第二节 接触职业病危害岗位劳务派遣工管理

劳动合同用工是我国企业的基本用工形式，劳务派遣用工是补充形式，只能在临时性、辅助性或者替代性的工作岗位上实施。许多用工单位长期大量使用被派遣劳动者，有的用工单位甚至把劳务派遣作为用工主渠道，被派遣劳动者合法权益也得不到有效保障，同工不同酬、不同保障待遇问题较突出。

劳务派遣用工除劳动者外，还涉及两方，一方是劳务派遣单位，即经营劳务派遣业务的单位，应取得《劳务派遣经营许可证》；另一方是用工单位，即使用被派遣劳动者的单位。以承揽、外包等名义，按劳务派遣用工形式使用劳动者的，按照劳务派遣的规定处理。

一、用工范围和用工比例

用工单位只能在临时性、辅助性或者替代性的工作岗位上使用被派遣劳动者。临时性工作岗位是指存续时间不超过 6 个月的岗位；辅助性工作岗位是指为主营业务岗位提供服务的非主营业务岗位；替代性工作岗位是指用工单位的劳动者因脱产学习、休假等原因无法工作的一定期间内，可以由其他劳动者替代工作的岗位。

用工单位决定使用被派遣劳动者的辅助性岗位，应当经职工代表大会或者全体职工讨论，提出方案和意见，与工会或者职工代表平等协商确定，并在用工单位内公示。

用工单位应当严格控制劳务派遣用工数量，使用的被派遣劳动者数量不得超过其用工总量的10%。其中用工总量是指用工单位订立劳动合同人数与使用的被派遣劳动者人数之和，如某公司订立劳动合同的人员为900人，则使用劳务派遣用工的数量不得超过100人。

二、劳动合同、劳务派遣协议的订立、履行和解除

（一）被派遣劳动者的劳动合同

劳务派遣单位应当依法与被派遣劳动者订立2年以上的固定期限书面劳动合同，应当载明被派遣劳动者的用工单位以及派遣期限、工作岗位等情况。劳务派遣单位按月支付劳动报酬，被派遣劳动者在无工作期间，劳务派遣单位应当按照所在地人民政府规定的最低工资标准，向其按月支付报酬。

（二）劳务派遣协议

劳务派遣单位应当与用工单位订立劳务派遣协议，劳务派遣协议应当载明下列内容：

1. 派遣的工作岗位名称和岗位性质；
2. 工作地点；
3. 派遣人员数量和派遣期限；
4. 按照同工同酬原则确定的劳动报酬数额和支付方式；
5. 社会保险费的数额和支付方式；
6. 工作时间和休息休假事项；
7. 被派遣劳动者工伤、生育或者患病期间的相关待遇；
8. 劳动安全卫生以及培训事项；
9. 经济补偿等费用；

10. 劳务派遣协议期限；

11. 劳务派遣服务费的支付方式和标准；

12. 违反劳务派遣协议的责任；

13. 法律、法规、规章规定应当纳入劳务派遣协议的其他事项。

（三）劳动合同的解除和终止

被派遣劳动者提前 30 日以书面形式通知劳务派遣单位，可以解除劳动合同。被派遣劳动者在试用期内提前 3 日通知劳务派遣单位，可以解除劳动合同。劳务派遣单位应当将被派遣劳动者通知解除劳动合同的情况及时告知用工单位。

三、被派遣劳动者发生职业病的处理

《中华人民共和国职业病防治法》第八十六条第二款规定，劳务派遣用工单位应当履行本法规定的用人单位的义务。《劳务派遣暂行规定》第十条，被派遣劳动者在用工单位因工作遭受事故伤害的，劳务派遣单位应当依法申请工伤认定，用工单位应当协助工伤认定的调查核实工作。劳务派遣单位承担工伤保险责任，但可以与用工单位约定补偿办法。被派遣劳动者在申请进行职业病诊断、鉴定时，用工单位应当负责处理职业病诊断、鉴定事宜，并如实提供职业病诊断、鉴定所需的劳动者职业史和职业危害接触史、工作场所职业病危害因素检测结果等资料，劳务派遣单位应当提供被派遣劳动者职业病诊断、鉴定所需的其他材料。

四、典型案例

未做离岗职业健康检查，用工单位可否将劳动者退回派遣单位

张某于 2014 年经某劳务派遣公司派遣到 D 机械公司，从事铸件清理工作，接触职业病危害，派遣期限为 2014 年 1 月至 2017 年 1 月。2016 年 3 月，机械公司以生产经营发生严重困难为由，对张某等 20 名员工做出退工处理，并以书面形式告知了劳务派遣公司。劳务派遣公司与张某协商解除劳动合同，并同意支付经济补偿。

张某认为，因本人在机械公司的工作为职业病危害作业，被退回前机械公司和劳务派遣公司应为其安排离岗前职业健康检查，而不应该直接解除劳动关系，双方就此未达成一致意见，于是张某提请仲裁。仲裁委员会裁决张某与某机械公司恢复劳务派遣关系，由劳务派遣公司和机械公司共同为张某做离岗前职业健康检查。

从事接触职业病危害作业的劳动者未进行离岗前职业健康检查是用人单位不得解除劳动合同的法定情形，同样适用于劳务派遣劳动者。因此，劳务派遣期间从事接触职业病危害作业的劳动者离岗前未进行职业健康检查的，用工单位不得将劳动者退回劳务派遣单位。

第三节 外包作业的职业卫生管理

产生职业病危害的用人单位的工作场所应当有与职业病危害防护相适应的设施，用人单位还应当建立一套职业病防治的管理措施，并且要为劳动者提供个人使用的职业病防护用品等。如果没有一系列的职业病防护措施，不具备职业病防护条件，劳动者的身体健康就得不到保护。所以，没有职业病防护条件的单位和个人，不得从事产生职业病危害的作业。目前一些企业将本来局限于本企业内部的职业病危害，通过多层次的外包、转包等形式，广泛转移到其他企业和劳动者个人，劳动者在从事有毒有害作业时，往往得不到应有的防护条件和个人防护用品，造成职业病危害从职业人群向社会人群广泛扩散。因此，《中华人民共和国职业病防治法》第三十一条规定，任何单位和个人不得将产生职业病危害的作业转移给不具备职业病防护条件的单位和个人。不具备职业病防护条件的单位和个人不得接受产生职业病危害的作业。该条用来规范职业病危害作业的外包转嫁。

一、外包作业的民法基础知识

劳务外包服务协议约定的是完成的"工作量"，结算方式是以"工作量"

来衡量，而劳务派遣协议是以人数来结算；服务外包单位员工接受承包单位的管理，而劳务派遣中被派遣人员是接受用工单位的管理。劳务外包协议合同双方的主体均为商事主体，适用合同法，更多尊重当事人的意思自治，一旦发生纠纷，则完全按照合同约定进行处理。一份良好的外包协议能够基本上将企业的风险降到最低。法院在认定用人单位以承揽、外包等名义，按劳务派遣用工形式使用劳动者和外包劳动者时，主要审查的对象为以下三点。

1. 工作结算方式。若用人单位按照员工的人数、工作时间等来结算，则可能被认定为劳务派遣，若按完成工作的"工作量"来整体结算，则被认定为劳务外包。

2. 管理主体。若由用工单位直接管理相关员工，或用工单位的规章制度直接适用于该部分员工，将被认定为劳务派遣（核心区别）。

3. 员工人数、岗位是否固定且长期，员工人数、岗位是否由用工单位明确规定。若用工单位对所使用的员工数量、岗位有明确规定，且所使用员工人数是固定的、长期性的，并非协议相对方根据业务情况自主安排、独立完成，则将可能被认定为劳务派遣。

劳务外包中，承包人招用劳动者的用工风险与发包人无关，发包人与承包人自行承担各自的用工风险，各自的用工风险完全隔离。劳务外包中的核心要素是工作成果，发包人关注的是承包人交付的工作成果，至于承包人如何完成工作，发包人并不关心，承包人只有在工作成果符合约定时才能获得相应的外包费用，从事外包劳务劳动者的劳动风险与发包人无关。但是一旦外包协议违反法律、法规规定，对劳动者造成损害的可能承担连带责任。《最高人民法院关于审理人身损害赔偿案件适用法律若干问题的解释》第十一条第二款规定，雇员在从事雇佣活动中因安全生产事故遭受人身损害，发包人、分包人知道或者应当知道接受发包或者分包业务的雇主没有相应资质或者安全生产条件的，应当与雇主承担连带赔偿责任。因此，用人单位将职业病危害作业转移给不具备职业病防治条件的单位和个人，对劳动者造成职业病的，应该与承包人承担连带责任。

二、外包作业的相应资质要求

《中华人民共和国职业病防治法释义》(2011版)指出：按照《中华人民共和国职业病防治法》规定，产生职业病危害的用人单位的工作场所应当有与职业病危害防护相适应的设施；用人单位还应当建立一套职业病防治的管理措施，并且要为劳动者提供个人使用的职业病防护用品等。如果没有一系列的职业病防护措施，不具备职业病防护条件，劳动者的身体健康就得不到保护。所以，没有职业病防护条件的单位和个人，不得从事产生职业病危害的作业。将产生职业病危害的作业转移给其他单位和个人承包时，应当在转移协议上载明职业卫生专项要求，包括工序、存在职业病危害因素种类、防护设施、个人防护用品使用、职业病危害因素定期检测和作业人员定期职业健康查体等内容，发包方没有审核承包方上述制度和执行情况，承包方未落实上述制度和协议的，应当按照第七十五条第（五）项对承包单位（个人）和发包方实行双罚制。也就是说，外包作业主要审查以下资料，承包商具备以下条件的，可以视为具备相应的职业病防治条件。

1. 应有职业卫生管理组织机构、人员及相关文件、制度。

2. 应有所承包业务范围内可能涉及的职业病危害的识别、风险评价及风险控制措施。

3. 应有急性职业中毒事件应急救援预案。

4. 应有职业卫生培训计划，监督管理人员及作业人员的职业卫生培训计划、内容和相关会议纪要。

5. 应有个人职业防护器具的目录和有效检验证书，并为员工配备符合要求的个人职业病防护用品。

6. 应定期进行职业健康体检，并提供职业健康体检资料。

7. 应有急性职业中毒事件调查和处理管理规定。

8. 其他国家要求的与职业卫生管理有关的资料。

三、典型案例

随意转移产生职业病危害的作业，这家用人单位和当事人被处罚

2022年，某县卫健局行政执法人员在对某铸造公司进行职业卫生执法检查时，发现该公司造型、清砂敲冒口、抛丸、打磨等作业岗位存在矽尘或噪声等职业病危害因素，从用人单位提供的检测结果发现噪声超标，同时还发现该公司未按规定组织打磨岗位的劳动者进行职业健康检查。某县卫健局对该公司存在的以上违法行为进行了立案调查。调查发现，该公司其他岗位劳动者均按规定进行了职业健康体检，唯独遗漏了打磨岗位的劳动者。经进一步调查核实，该公司于2018年3月与刘某个人签订了《打磨承包合同》，将打磨作业工段外包给刘某个人，通过计重向刘某支付打磨费用。刘某根据打磨工作量，自行招录3~5名劳动者开展打磨作业。该公司在将打磨工段外包的过程中，明知该作业场所存在砂轮磨尘和噪声等职业病危害因素，且噪声检测结果超标的情况下，未对承包人是否具备职业病防护条件进行检查核实，未要求承包人组织打磨工人进行职业健康检查，就将打磨作业外包给了不具备职业病防护条件的刘某个人。当事人刘某在不具备职业病防护条件的情况下，接受了产生职业病危害的打磨作业，也未按照相关规定组织从事接触粉尘、噪声危害作业的劳动者进行职业健康检查。

该公司工作场所职业病危害因素的强度或者浓度不符合国家职业卫生标准、将产生职业病危害的作业转移给不具备职业病防护条件的个人的违法行为，违反了《中华人民共和国职业病防治法》第十五条第（一）项、第三十一条规定，依据本法第七十二条第（一）项、第七十五条第（五）项之规定，对当事人作出警告并处罚款人民币六万元的行政处罚。

当事人刘某不具备职业病防护条件，违法接受产生职业病危害的打磨作业，未按照规定组织劳动者进行职业健康检查的违法行为，违反了《中华人民共和国职业病防治法》第三十一条、第三十五条第（一）项的规定，依据本法第七十五条第（五）项、第七十一条第（四）项之规定，对当事人作出警告并处罚款人民币五万元整的行政处罚。

第四节　接触职业病危害劳动者劳动合同告知

《中华人民共和国职业病防治法》规定，劳动者有知情权，有权了解工作场所产生或者可能产生的职业病危害因素、危害后果以及应当采取的职业病防护措施和待遇。职业病危害知情权与劳动者的生命健康权关系密切，是保护劳动者生命健康权的重要前提。劳动者职业病危害知情权，主要是通过与用人单位签订劳动合同时书面告知实现的。劳动者了解职业病危害后，更愿意主动获得职业病防治知识，配合单位做好职业卫生培训，自觉佩戴个人防护用品，才能真正保护自身健康。

一、法律规定

1.《中华人民共和国劳动合同法》

第八条，用人单位招用劳动者时，应当如实告知劳动者工作内容、工作条件、工作地点、职业危害、安全生产状况、劳动报酬，以及劳动者要求了解的其他情况；用人单位有权了解劳动者与劳动合同直接相关的基本情况，劳动者应当如实说明。

2.《中华人民共和国职业病防治法》

第三十三条，用人单位与劳动者订立劳动合同（含聘用合同，下同）时，应当将工作过程中可能产生的职业病危害及其后果、职业病防护措施和待遇等如实告知劳动者，并在劳动合同中写明，不得隐瞒或者欺骗。

劳动者在已订立劳动合同期间因工作岗位或者工作内容变更，从事与所订立劳动合同中未告知的存在职业病危害的作业时，用人单位应当依照前款规定，向劳动者履行如实告知的义务，并协商变更原劳动合同相关条款。

3.《工作场所职业卫生管理规定》

第二十九条，用人单位与劳动者订立劳动合同（含聘用合同，下同）时，应当将工作过程中可能产生的职业病危害及其后果、职业病防护措施和待遇等如实告知劳动者,并在劳动合同中写明,不得隐瞒或者欺骗。

劳动者在履行劳动合同期间因工作岗位或者工作内容变更,从事与所订立劳动合同中未告知的存在职业病危害的作业时,用人单位应当依照前款规定,向劳动者履行如实告知的义务,并协商变更原劳动合同相关条款。

用人单位违反本条规定的,劳动者有权拒绝从事存在职业病危害的作业,用人单位不得因此解除与劳动者所订立的劳动合同。

4.《用人单位职业病危害告知与警示标识管理规范》

第七条,用人单位与劳动者订立劳动合同(含聘用合同,下同)时,应当在劳动合同中写明工作过程可能产生的职业病危害及其后果、职业病危害防护措施和待遇(岗位津贴、工伤保险等)等内容。同时,以书面形式告知劳务派遣人员。

格式合同文本内容不完善的,应以合同附件形式签署职业病危害告知书。

第八条,劳动者在履行劳动合同期间因工作岗位或者工作内容变更,从事与所订立劳动合同中未告知的存在职业病危害的作业时,用人单位应当依照本规范第七条的规定,向劳动者履行如实告知的义务,并协商变更原劳动合同相关条款。

二、告知的内容

《中华人民共和国职业病防治法》规定了用人单位的合同告知义务,把职业病危害告知作为劳动合同的必备条款,其主要内容包括劳动过程中可能接触的职业病危害因素的种类、危害程度,危害后果,提供的职业病防护设施和个人使用的职业病防护用品,工资待遇、岗位津贴和工伤社会保险待遇,等等。

(一)工作过程中可能产生的职业病危害及其后果

这是用人单位在劳动合同中必须履行的一项告知义务,是劳动者享有的一项非常重要的权利。其意义在于,劳动者只有了解劳动过程中可能产生的职业病危害及其后果,才能根据自己的身体状况加以选择是否在该用人单位从事劳动,在此基础上,才能考虑该用人单位所给予的待遇是否适当,等等。实践当中,劳动者从事有毒有害作业时,有的在上岗前就知道存在职业病危害,但如果用人单位不主动告知,相当多的劳动者并不知道岗位存在职业病危害。另外,个别用人单位为了吸引工人、降低工资,故意隐瞒工作场所职业病危害真相,在与劳动者签订劳动合同时不履行职业病危害告知义务。因此,法律对此作出了强制性规定。

（二）职业病防护措施

虽然用人单位工作场所有产生职业病危害的可能,但是如果有相应的职业病防护措施,劳动者仍然可以选择在此从事劳动,因而这也是劳动合同中必不可少的内容。职业病防护措施包括向劳动者提供职业病防护设施、个人使用的职业病防护用品等。

（三）待遇

包括劳动者享有的保险福利待遇以及患职业病后应享有的职业病人的待遇,尤其是要明确岗位津贴、工伤保险等待遇。

无论是订立劳动合同（含聘用合同）,还是变更劳动合同,都需要告知劳动者职业病危害。劳动者在已订立劳动合同期间因工作岗位或者工作内容变换,从事与所订立劳动合同中未告知的存在职业病危害的作业时,用人单位应当与劳动者协商变更原劳动合同相关条款。面对新的职业病危害,劳动者仍然有选择权。

三、劳动合同告知的形式

用人单位应当以书面形式如实告知劳动者存在的职业病危害,不得隐瞒或者欺骗。劳动合同告知可采用劳动合同告知书的形式。

（一）写入劳动合同

劳动合同文本中写明工作过程中可能产生的职业病危害及其后果、职业病危害防护措施和待遇（岗位津贴、工伤保险等）等内容。

(二) 签订职业病危害告知书

劳动合同是格式合同，文本内容不完善的，用人单位应以合同附件形式签署职业病危害告知书，告知书与劳动合同具有同等效力。

《用人单位职业病危害告知与警示标识管理规范》附件给出了劳动合同告知的示例。应注意，该示例范本适用于2015年后签订的合同。实践中，个别用人单位使用该范本补签劳动合同告知内容，签订日期写在《用人单位职业病危害告知与警示标识管理规范》出台前，显然是不恰当的。职业病危害后果即其职业禁忌证或所导致的职业病可查询《职业健康监护技术规范》（GBZ188—2014）《职业病分类和目录》《职业病危害因素分类和目录》和相应职业病诊断标准。同时根据《女职工劳动保护特别规定》第四条，用人单位应当遵守女职工禁忌从事的劳动范围的规定。因此，在合同告知示例的禁忌中，用人单位还应当按照《女职工劳动保护特别规定》附件中《女职工禁忌从事的劳动范围》中对孕妇或哺乳期妇女的临时禁忌要求，将本单位属于女职工禁忌从事的劳动范围的岗位书面告知女职工。

1. 职业病危害告知书示例

根据《中华人民共和国职业病防治法》第三十三条的规定，用人单位（甲方）在与劳动者（乙方）订立劳动合同时应告知工作过程中可能产生的职业病危害及其后果、职业病防护措施和待遇等内容。

（一）所在工作岗位、可能产生的职业病危害、后果及职业病防护措施：

所在部门及岗位名称	职业病危害因素	职业禁忌证	可能导致的职业病危害	职业病防护措施
例：铸造车间铸造工	粉尘	活动性肺结核病 慢性阻塞性肺病 慢性间质性肺病 伴肺功能损害的疾病	尘肺病	除尘装置 防尘口罩

（二）甲方应依照《中华人民共和国职业病防治法》及《职业健康监护技术规范》（GBZ188）的要求，做好乙方上岗前、在岗期间、离岗时的职业健康检查和应急检查。一旦发生职业病，甲方必须按照国家有关法律、法规的要求，为乙方如实提供职业病诊断、鉴定所需的劳动者职业史和职业病危害接触史、

工作场所职业病危害因素检测结果等资料及相应待遇。

（三）乙方应自觉遵守甲方的职业卫生管理制度和操作规程，正确使用维护职业病防护设施和个人职业病防护用品，积极参加职业卫生知识培训，按要求参加上岗前、在岗期间和离岗时的职业健康检查。若被检查出职业禁忌证或发现与所从事的职业相关的健康损害的，必须服从甲方为保护乙方职业健康而将乙方调离原岗位并妥善安置的工作安排。

（四）当乙方工作岗位或者工作内容发生变更，从事告知书中未告知的存在职业病危害的作业时，甲方应与其协商变更告知书相关内容，重新签订职业病危害告知书。

（五）甲方未履行职业病危害告知义务，乙方有权拒绝从事存在职业病危害的作业，甲方不得因此解除与乙方所订立的劳动合同。

（六）职业病危害告知书作为甲方与乙方签订劳动合同的附件，具有同等的法律效力。

甲方（签章）　　　　　　　　乙方（签字）

年　月　日　　　　　　　　　年　月　日

2.常见职业病危害职业禁忌证

常见职业病危害职业禁忌证见表7-1。

表7-1　常见职业病危害职业禁忌证

序号	职业病危害因素	职业禁忌证	可能导致的职业病危害
1	铅及其无机化合物	1.中度贫血 2.卟啉病 3.多发性周围神经病	职业性慢性铅中毒
2	四乙基铅	1.中枢神经系统器质性疾病 2.已确诊并仍需要医学监护的精神障碍性疾病	职业性急性四乙基铅中毒
3	汞及其无机化合物	1.中枢神经系统器质性疾病 2.已确诊并仍需要医学监护的精神障碍性疾病 3.慢性肾脏疾病	1.职业性慢性汞中毒 2.职业性急性汞中毒

（续表）

序号	职业病危害因素	职业禁忌证	可能导致的职业病危害
4	锰及其无机化合物	1. 中枢神经系统器质性疾病 2. 已确诊并仍需要医学监护的精神障碍性疾病	职业性慢性锰中毒
5	镉及其无机化合物	1. 慢性肾脏疾病 2. 骨质疏松症	1. 职业性慢性镉中毒 2. 职业性急性镉中毒 3. 金属烟热
6	铬及其无机化合物	1. 慢性皮肤溃疡 2. 萎缩性鼻炎	1. 职业性铬鼻病 2. 职业性铬溃疡 3. 职业性铬所致皮炎 4. 职业性铬酸盐制造业工人肺癌
7	氧化锌	未控制的甲状腺功能亢进症	金属烟热
8	砷	1. 慢性肝病 2. 多发性周围神经病 3. 严重慢性皮肤疾病	1. 职业性慢性砷中毒 2. 职业性砷所致肺癌、皮肤癌
9	磷及其无机化合物	1. 牙本质病变（不包括龋齿） 2. 下颌骨疾病 3. 慢性肝病	1. 职业性慢性磷中毒 2. 职业性急性磷中毒 3. 职业性黄磷皮肤灼伤
10	磷化氢	1. 中枢神经系统器质性疾病 2. 支气管哮喘 3. 慢性间质性肺病	职业性急性磷化氢中毒
11	氟及其无机化合物	1. 地方性氟病 2. 骨关节疾病	工业性氟病
12	苯（接触工业甲苯、二甲苯参照执行）	1. 血常规检出有如下异常者： ① 白细胞计数低于 4.5×10^9/L 或中性粒细胞低于 2×10^9/L ② 血小板计数低于 8×10^{10}/L 2. 造血系统疾病	1. 职业性慢性苯中毒 2. 职业性苯所致白血病 3. 职业性急性苯中毒
13	二硫化碳	1. 中枢神经系统器质性疾病 2. 多发性周围神经病 3. 视网膜病变	职业性慢性二硫化碳中毒
14	四氯化碳	慢性肝病	1. 职业性慢性中毒性肝病 2. 职业性急性四氯化碳中毒
15	甲醇	1. 视网膜及视神经病 2. 中枢神经系统器质性疾病	职业性急性甲醇中毒
16	汽油	1. 严重慢性皮肤疾患 2. 多发性周围神经病	1. 职业性慢性溶剂汽油中毒 2. 汽油致职业性皮肤病 3. 职业性急性溶剂汽油中毒
17	溴甲烷	中枢神经系统器质性疾病	职业性急性溴甲烷中毒
18	1,2—二氯乙烷	1. 中枢神经系统器质性疾病 2. 慢性肝病	职业性急性1,2—二氯乙烷中毒

（续表）

序号	职业病危害因素	职业禁忌证	可能导致的职业病危害
19	正己烷	多发性周围神经病	职业性慢性正己烷中毒
20	苯的氨基与硝基化合物	慢性肝病	职业性急性苯的氨基或硝基化合物中毒
21	三硝基甲苯	1. 慢性肝病 2. 白内障	1. 职业性慢性三硝基甲苯中毒 2. 职业性三硝基甲苯致白内障
22	联苯胺	尿脱落细胞检查巴氏分级国际标准Ⅳ级及以上	1. 联苯胺所致膀胱癌 2. 职业性接触性皮炎
23	氯气	1. 慢性阻塞性肺病 2. 支气管哮喘 3. 慢性间质性肺病	1. 职业性刺激性化学物慢性阻塞性肺疾病 2. 职业性急性氯气中毒 3. 职业性化学性眼灼伤 4. 职业性化学性皮肤灼伤
24	二氧化硫	1. 慢性阻塞性肺病 2. 支气管哮喘 3. 慢性间质性肺病	1. 职业性刺激性化学物慢性阻塞性肺疾病 2. 职业性急性二氧化硫中毒 3. 职业性化学性眼灼伤 4. 职业性化学性皮肤灼伤
25	氮氧化物	1. 慢性阻塞性肺病 2. 支气管哮喘 3. 慢性间质性肺病	1. 职业性刺激性化学物慢性阻塞性肺疾病 2. 职业性急性氮氧化物中毒 3. 职业性化学性眼灼伤 4. 职业性化学性皮肤灼伤
26	氨	1. 慢性阻塞性肺病 2. 支气管哮喘 3. 慢性间质性肺病	1. 职业性刺激性化学物慢性阻塞性肺疾病 2. 职业性急性氨中毒 3. 职业性化学性眼灼伤 4. 职业性化学性皮肤灼伤
27	光气	1. 慢性阻塞性肺病 2. 支气管哮喘 3. 慢性间质性肺病	1. 职业性急性光气中毒 2. 职业性化学性眼灼伤
28	甲醛	1. 慢性阻塞性肺病 2. 支气管哮喘 3. 慢性间质性肺病 4. 伴有气道高反应的过敏性鼻炎	1. 职业性哮喘 2. 甲醛致职业病皮肤病 3. 职业性刺激性化学物慢性阻塞性肺疾病 4. 职业性急性甲醛中毒 5. 职业性化学性眼灼伤 6. 甲醛致职业性皮肤病
29	一氧化碳	中枢神经系统器质性疾病	职业性急性一氧化碳中毒
30	硫化氢	中枢神经系统器质性疾病	职业性急性硫化氢中毒

（续表）

序号	职业病危害因素	职业禁忌证	可能导致的职业病危害
31	氯乙烯	1. 慢性肝病 2. 类风湿关节炎	1. 职业性慢性氯乙烯中毒 2. 氯乙烯所致肝血管肉瘤 3. 职业性急性氯乙烯中毒
32	三氯乙烯	1. 慢性肝病 2. 过敏性皮肤病 3. 中枢神经系统器质性疾病	1. 职业性急性三氯乙烯中毒 2. 职业性三氯乙烯药疹样皮炎
33	氯丙烯	多发性周围神经病	职业性慢性氯丙烯中毒
34	氯丁二烯	慢性肝病	1. 职业性慢性氯丁二烯中毒 2. 职业性急性氯丁二烯中毒
35	有机氟	慢性阻塞性肺病	职业性急性有机氟中毒
36	二异氰酸甲苯酯	1. 支气管哮喘 2. 慢性阻塞性肺病 3. 慢性间质性肺病 4. 伴有气道高反应的过敏性鼻炎	职业性哮喘
37	二甲基甲酰胺	慢性肝病	职业性急性二甲基甲酰胺中毒
38	氰及腈类化合物	中枢神经系统器质性疾病	1. 职业性急性氰化物中毒 2. 职业性急性腈类化合物中毒
39	酚（酚类化合物如甲酚、邻苯二酚、间苯二酚、对苯二酚等参照执行）	1. 慢性肾脏疾病 2. 严重的皮肤疾病	1. 职业性急性酚中毒 2. 职业性酚皮肤灼伤
40	五氯酚	未控制的甲状腺功能亢进症	职业性急性五氯酚中毒
41	丙烯酰胺	多发性周围神经病	职业性慢性丙烯酰胺中毒
42	偏二甲基肼	中枢神经系统器质性疾病	职业性急性偏二甲基肼中毒
43	硫酸二甲酯	1. 慢性阻塞性肺病 2. 支气管哮喘	1. 职业性急性硫酸二甲酯中毒 2. 职业性化学性皮肤灼伤 3. 职业性化学性眼灼伤
44	有机磷杀虫剂	1. 全血胆碱酯酶活性明显低于正常者 2. 严重的皮肤疾病	职业性急性有机磷杀虫剂中毒
45	氨基甲酸酯类杀虫剂	1. 严重的皮肤疾病 2. 全血胆碱酯酶活性明显低于正常者	职业性急性氨基甲酸酯类杀虫剂中毒
46	拟除虫菊酯类	严重的皮肤疾病	1. 职业性急性拟除虫菊酯中毒 2. 职业性化学性眼灼伤

（续表）

序号	职业病危害因素	职业禁忌证	可能导致的职业病危害
47	酸雾或酸酐	1. 牙酸蚀病 2. 慢性阻塞性肺病 3. 支气管哮喘	1. 职业性牙酸蚀病 2. 职业性接触性皮炎 3. 职业性哮喘 4. 职业性化学性眼灼伤 5. 职业性皮肤灼伤 6. 职业性急性化学物中毒性呼吸系统疾病
48	致喘物： 1. 异氰酸酯类：甲苯二异氰酸酯（TDI）、二苯亚甲基二异氰酸酯（MDI）、1,6亚己基二异氰酸酯（HDI）、萘二异氰酸酯（NDI）等； 2. 苯酐类：邻苯二甲酸酐（PA）、1,2,4苯三酸酐（TMA）、四氯苯二酸酐（TCPA）等；3. 多胺固化剂：乙烯二胺（EDA乙二胺）、二乙烯三胺（二乙撑三胺）、三乙烯四胺(三乙撑四胺)等；4. 铂复合盐；5. 剑麻；6. β-内酰胺类抗生素中的含6-氨基青霉烷酸（6-APA）结构的青霉素类和含7-氨基头孢霉烷酸（7-ACA）结构的头孢菌素类；7. 甲醛；8. 过硫酸盐：过硫酸钾、过硫酸钠、过硫酸铵等	1. 支气管哮喘 2. 慢性阻塞性肺病 3. 慢性间质性肺病 4. 伴有气道高反应的过敏性鼻炎	职业性哮喘

（续表）

序号	职业病危害因素	职业禁忌证	可能导致的职业病危害
49	游离二氧化硅粉尘〔结晶型二氧化硅粉尘，又称矽尘（游离二氧化硅含量≥10%的无机性粉尘）〕	1.活动性肺结核病 2.慢性阻塞性肺病 3.慢性间质性肺病 4.伴肺功能损害的疾病	硅肺
50	煤尘	1.活动性肺结核病 2.慢性阻塞性肺病 3.慢性间质性肺病 4.伴肺功能损害的疾病	煤工尘肺
51	石棉粉尘	1.活动性肺结核病 2.慢性阻塞性肺病 3.慢性间质性肺病 4.伴肺功能损害的疾病	1.石棉肺 2.石棉所致肺癌、间皮瘤
52	其他致尘肺病的无机粉尘〔根据职业病目录，系指炭黑粉尘、石墨粉尘、滑石粉尘、云母粉尘、水泥粉尘、铸造粉尘、陶瓷粉尘、铝尘（铝、铝矾土、氧化铝）、电焊烟尘等粉尘〕	1.活动性肺结核病 2.慢性阻塞性肺病 3.慢性间质性肺病 4.伴肺功能损害的疾病	炭黑尘肺、石墨尘肺、滑石尘肺、云母尘肺、水泥尘肺、铸工尘肺、陶工尘肺、铝尘肺、电焊工尘肺
53	棉尘（包括亚麻、软大麻、黄麻粉尘）	1.活动性肺结核病 2.慢性阻塞性肺病 3.慢性间质性肺病 4.伴肺功能损害的疾病	棉尘病
54	有机粉尘〔如动物性粉尘（动物蛋白、皮毛、排泄物），植物性粉尘（燕麦、谷物、木材、纸浆、咖啡、烟草粉尘等），生物因素如霉菌属类、霉菌孢子、嗜热放线杆菌、枯草杆菌等形成的气溶胶〕	1.致喘物过敏和支气管哮喘 2.慢性阻塞性肺病 3.慢性间质性肺病 4.伴肺功能损害的心血管系统疾病	1.职业性哮喘 2.职业性急性变应性肺泡炎

（续表）

序号	职业病危害因素	职业禁忌证	可能导致的职业病危害
55	噪声	1. 各种原因引起永久性感音神经性听力损失（500Hz、1000Hz 和 2000Hz 中任一频率的纯音气导听阈 ≥25dB） 2. 高频段 3000Hz，4000Hz，6000Hz 平均听阈 ≥40dB 3. 任一耳传导性耳聋，平均语频听力损失 ≥41dB	1. 职业性噪声聋 2. 职业性震爆聋
56	手传振动	1. 多发性周围神经病 2. 雷诺病	职业性手臂振动病
57	高温	1. 未控制的高血压 2. 慢性肾炎 3. 未控制的甲状腺功能亢进症 4. 未控制的糖尿病 5. 全身瘢痕面积 ≥20% 以上（工伤标准的八级） 6. 癫痫	职业性中暑
58	紫外辐射(紫外线)	1. 活动性角膜疾病 2. 白内障 3. 面、手背和前臂等暴露部位严重的皮肤病 4. 白化病	1. 职业性电光性皮炎 2. 职业性白内障 3. 职业性急性电光性眼炎（紫外线角膜结膜炎） 4. 职业性急性电光性皮炎

四、典型案例

（一）劳动者，你有权提前知道职业危害

某混凝土公司存在噪声、粉尘、锰及其化合物、二氧化氮、一氧化碳、臭氧、紫外线辐射等职业病危害因素，与职工订立劳动合同时，未告知 3 名劳动者职业病危害真实情况。企业企图"瞒天过海"无视职工身体健康的行为，违反了《中华人民共和国职业病防治法》的相关规定，被给予警告，并罚款人民币 9 万元的行政处罚。

根据《中华人民共和国职业病防治法》规定，订立或者变更劳动合同时，未告知劳动者职业病危害真实情况的，由卫生行政部门责令限期改正，给予警告，可以并处五万元以上十万元以下的罚款。

（二）单位隐瞒职业病危害，劳动者可解除合同并索赔

某化工厂招聘技术工人，杨某应聘后被安排从事橡胶生产，双方签订了三年期的劳动合同。杨某上班后，每天接触粉尘、丁二烯、正己烷等，直到半年后才知道这些东西对人体健康有很大危害。由于公司在招聘时没有向杨某说明该岗位存在的职业病危害，而且在劳动合同中也没有写明，杨某找到单位负责人提出调整工作岗位。该负责人不同意他的要求，称如果杨某不服从安排，只能解除劳动合同。

劳动者享有知情权。杨某工作所接触的粉尘、丁二烯、正己烷等已被国家列入职业病危害因素分类目录，公司在招聘时却未履行告知义务，也未在劳动合同中写明，显然违法。用人单位未履行告知义务的，劳动者有权拒绝从事存在职业病危害的作业，用人单位不得因此解除与劳动者所订立的劳动合同。依照该规定，在杨某拒绝继续从事该岗位工作而又不愿辞职的情况下，公司应当为其调整工作岗位，无权单方解除劳动合同。如果杨某想解除合同，可以主张该劳动合同无效，并要求该公司承担赔偿损失和支付补偿金的责任。

第八章 职业病危害告知与警示管理

职业病危害警示是指用人单位在工作场所设置的可以使劳动者产生警觉并采取相应防护措施的图形、线条、相关文字、信号、报警装置及通信报警装置等。其中图形、线条和相关文字统称警示标识。各种警示标识的正确设置，可以对劳动者和其他人员产生警示作用，使劳动者和其他人员看到相应警示标识时，能自觉使用各种有效防护用品或避免误入有毒有害场所，对预防各种职业病和其他意外伤害具有重要意义。因此，用人单位主要负责人应当接受工作场所职业病危害警示规定的培训，了解其设置和使用方法，并组织劳动者进行相关知识培训，识别警示标识的含义和应对措施，在工作场所中教育劳动者严格按照告知和警示提示进行防护。

一、用人单位职业病危害告知与警示设置的依据

1.《中华人民共和国职业病防治法》

第二十四条，产生职业病危害的用人单位，应当在醒目位置设置公告栏，公布有关职业病防治的规章制度、操作规程、职业病危害事故应急救援措施和工作场所职业病危害因素检测结果。

对产生严重职业病危害的作业岗位，应当在其醒目位置，设置警示标识和中文警示说明。警示说明应当载明产生职业病危害的种类、后果、预防以及应急救治措施等内容。

第三十三条，用人单位与劳动者订立劳动合同（含聘用合同，下同）时，应当将工作过程中可能产生的职业病危害及其后果、职业病防护措施和待遇等

如实告知劳动者,并在劳动合同中写明,不得隐瞒或者欺骗。

劳动者在已订立劳动合同期间因工作岗位或者工作内容变更,从事与所订立劳动合同中未告知的存在职业病危害的作业时,用人单位应当依照前款规定,向劳动者履行如实告知的义务,并协商变更原劳动合同相关条款。

2.《使用有毒物品作业场所劳动保护条例》

第十二条,使用有毒物品作业场所应当设置黄色区域警示线、警示标识和中文警示说明。警示说明应当载明产生职业中毒危害的种类、后果、预防以及应急救治措施等内容。

高毒作业场所应当设置红色区域警示线、警示标识和中文警示说明,并设置通信报警设备。用人单位应依据职业病危害因素的特性,选用并设置相应的防护标识。

3.《工作场所职业卫生管理规定》

第十五条,产生职业病危害的用人单位,应当在醒目位置设置公告栏,公布有关职业病防治的规章制度、操作规程、职业病危害事故应急救援措施和工作场所职业病危害因素检测结果。

存在或者产生职业病危害的工作场所、作业岗位、设备、设施,应当按照《工作场所职业病危害警示标识》(GBZ158)的规定,在醒目位置设置图形、警示线、警示语句等警示标识和中文警示说明。警示说明应当载明产生职业病危害的种类、后果、预防和应急处置措施等内容。

存在或产生高毒物品的作业岗位,应当按照《高毒物品作业岗位职业病危害告知规范》(GBZ/T203)的规定,在醒目位置设置高毒物品告知卡,告知卡应当载明高毒物品的名称、理化特性、健康危害、防护措施及应急处理等告知内容与警示标识。

4.《用人单位职业病危害告知与警示标识管理规范》

第四条,用人单位应将工作场所可能产生的职业病危害如实告知劳动者,在醒目位置设置职业病防治公告栏,并在可能产生严重职业病危害的作业岗位以及产生职业病危害的设备、材料、贮存场所等设置警示标识。

5.《工作场所职业病危害警示标识》(GBZ158—2003)

6.《高毒物品作业岗位职业病危害告知规范》(GBZ/T203—2007)

7.《高毒物品作业岗位职业病危害信息指南》(GBZ/T204—2007)

二、职业病危害告知

职业病危害告知是指用人单位通过与劳动者签订劳动合同、公告、培训等方式，使劳动者知晓工作场所产生或存在的职业病危害因素、防护措施、对健康的影响及健康检查结果等的行为。这对提高劳动者自我保护意识，提升用人单位职业卫生管理水平具有重要作用。常见的告知方式有合同告知、培训告知、公告栏告知、告知卡告知、中文警示标识告知、原材料危害告知（警示说明告知）、体检结果告知和检测结果告知等。

公告栏告知根据《用人单位职业病危害告知与警示标识管理规范》要求，产生职业病危害的用人单位应当设置公告栏，公布本单位职业病防治的规章制度等内容的规定。公告栏包括两个部位及内容不同的公告栏（两个公告栏，位置不同，内容不同），设置在办公区域的公告栏，主要公布本单位的职业卫生管理制度和操作规程等；设置在工作场所的公告栏，主要公布存在的职业病危害因素及岗位、健康危害、接触限值、应急救援措施，以及工作场所职业病危害因素检测结果、检测日期、检测机构名称等。公告栏应设置在用人单位办公区域、工作场所入口处等方便劳动者观看的醒目位置。

三、警示标识和中文警示说明设置要求

职业病危害警示标识是指在工作场所中设置的可以提醒劳动者对职业病危害产生警觉并采取相应防护措施的图形标识、警示线、警示语句和文字说明以及组合使用的标识等。其设置要求如下。

（一）警示标识设置

用人单位应在产生或存在职业病危害因素的工作场所、作业岗位、设备、

材料（产品）包装、贮存场所设置相应的警示标识。产生职业病危害的工作场所，应当在工作场所入口处及产生职业病危害的作业岗位或设备附近的醒目位置设置警示标识。

1. 产生粉尘的工作场所设置"注意防尘""戴防尘口罩""注意通风"等警示标识，对皮肤有刺激性或经皮肤吸收的粉尘工作场所还应设置"穿防护服""戴防护手套""戴防护眼镜"等警示标识，产生含有有毒物质的混合性粉（烟）尘的工作场所应设置"戴防尘毒口罩"等警示标识。

2. 放射工作场所设置"当心电离辐射"等警示标识，在开放性同位素工作场所设置"当心裂变物质"等警示标识。

3. 有毒物品工作场所设置"禁止入内""当心中毒""当心有毒气体""必须洗手""穿防护服""戴防毒面具""戴防护手套""戴防护眼镜""注意通风"等警示标识，并标明"紧急出口""救援电话"等警示标识。

4. 能引起职业性灼伤或腐蚀的化学品工作场所，设置"当心腐蚀""腐蚀性""遇湿具有腐蚀性""当心灼伤""穿防护服""戴防护手套""穿防护鞋""戴防护眼镜""戴防毒口罩"等警示标识。

5. 产生噪声的工作场所设置"噪声有害""戴护耳器"等警示标识。

6. 高温工作场所设置"当心中暑""注意高温""注意通风"等警示标识。

7. 能引起电光性眼炎的工作场所设置"当心弧光""戴防护镜"等警示标识。

8. 生物因素所致职业病的工作场所设置"当心感染"等警示标识。

9. 存在低温作业的工作场所设置"注意低温""当心冻伤"等警示标识。

10. 密闭空间作业场所出入口设置"密闭空间作业危险""进入需许可"等警示标识。

11. 产生手传振动的工作场所设置"振动有害""使用设备时必须戴防振手套"等警示标识。

12. 能引起其他职业病危害的工作场所设置"注意××危害"等警示标识。

13. 贮存可能产生职业病危害的化学品、放射性同位素和含有放射性物质材料的场所，应当在入口处和存放处设置"当心中毒""当心电离辐射""非工作人员禁止入内"等警示标识。

14. 高毒、剧毒物品工作场所应急撤离通道设置"紧急出口",泄险区启用时应设置"禁止入内""禁止停留"等警示标识。

15. 维护和检修装置时产生或可能产生职业病危害的,应在工作区域设置相应的职业病危害警示标识。

警示标识设置要根据上述规定,做到两个部位(出入口和产生职业病危害的岗位)、成双成对(如"注意防尘""戴防尘口罩"配对出现)和符合实际(如露天作业的不再设置"注意通风"等)。

(二)警示线设置

生产、使用有毒物品工作场所应当设置黄色区域警示线。生产、使用高毒、剧毒物品工作场所应当设置红色区域警示线。警示线设在生产、使用有毒物品的车间周围外缘不少于30厘米处,警示线宽度不少于10厘米。开放性放射工作场所监督区设置黄色区域警示线,控制区设置红色区域警示线;室外、野外放射工作场所及室外、野外放射性同位素及其贮存场所应设置相应警示线。在职业病危害事故现场,根据实际情况,设置临时警示线,划分出不同功能区。红色警示线设在紧邻事故危害源周边,将危害源与其外的区域分割开来,限佩戴相应防护用具的专业人员进入此区域;黄色警示线设在危害区域的周边,其内外分别是危害区和洁净区,此区域内的人员要佩戴适当的防护用具,出入此区域的人员必须进行洗消处理;绿色警示线设在救援区域周边,将救援人员与公众隔离开来,患者的抢救治疗、指挥机构设在此区内。

(三)告知卡设置

对产生严重职业病危害的作业岗位[存在矽尘或石棉粉尘的作业岗位;存在"致癌""致畸"等有害物质或者可能导致急性职业性中毒的作业岗位;放射性危害作业岗位(严重放射职业病危害因素的岗位)],应当在其醒目位置设置职业病危害告知卡。告知卡应当标明职业病危害因素名称、理化特性、健康危害、接触限值、防护措施、应急处理及急救电话、职业病危害因素检测结果及检测时间等。

告知卡应设置在产生或存在严重职业病危害的作业岗位附近的醒目位置。

(四)警示说明设置

使用可能产生职业病危害的化学品、放射性同位素和含有放射性物质的材料的,必须在使用岗位设置醒目的警示标识和中文警示说明。警示说明应当载明产品特性、主要成分、存在的有害因素、可能产生的危害后果、安全使用注意事项、职业病防护以及应急救治措施等内容。使用可能产生职业病危害的设备的,应当在设备醒目位置设置中文警示说明。警示说明应当载明设备性能、可能产生的职业病危害、安全操作和维护注意事项、职业病防护以及应急救治措施等内容。

四、用人单位职业病危害告知与警示设置的注意事项

公告栏和告知卡应使用坚固材料制成,尺寸大小应满足内容需要,高度应适合劳动者阅读,内容应字迹清楚、颜色醒目。警示标识(不包括警示线)采用坚固耐用、不易变形变质、阻燃的材料制作,有触电危险的工作场所使用绝缘材料。可能产生职业病危害的设备及化学品、放射性同位素和含放射性物质的材料(产品)包装上,可直接粘贴、印刷或者喷涂警示标识。警示标识设置的位置应具有良好的照明条件。井下警示标识应用反光材料制作。

用人单位多处场所都涉及同一职业病危害因素的,应在各工作场所入口处均设置相应的警示标识。工作场所内存在多个产生相同职业病危害因素的作业岗位的,邻近的作业岗位可以共用警示标识、中文警示说明和告知卡。公告栏、告知卡和警示标识不应设在门窗或可移动的物体上,其前面不得放置妨碍认读的障碍物。多个警示标识在一起设置时,应按禁止、警告、指令、提示类型的顺序,先左后右、先上后下排列。

公告栏中公告内容发生变动后应及时更新,职业病危害因素检测结果应在

收到检测报告之日起 7 日内更新。生产工艺发生变更时，应在工艺变更完成后 7 日内补充完善相应的公告内容与警示标识。告知卡和警示标识应至少每半年检查一次，发现有破损、变形、变色、图形符号脱落、亮度老化等影响使用的问题时应及时修整或更换。

五、职业病危害告知、警示标识和中文警示说明自查

对警示标识和中文警示说明的自查，一是查看单位职业卫生档案中警示标识和中文警示说明部分，查看设置位置、数量；二是现场进行查看，查看警示标识是否与存在的危害因素一致，数量、大小、位置是否符合标准要求，位置是否明显，是否有破损，严重岗位是否设置告知卡等。

常见问题是警示标识不能保证两个位置都有，不能保证成双成对（随意要求增加告知卡，如一般粉尘、噪声、高温等）；设置位置比较分散，位置不明显，大小不合适（随便打印），破损不更换（半年一次检查，没有进行），样式不是国标（如噪声、乱加英文）和乱加监制单位等。

表 8-1　常见图形警示标识

编号	名称及图形符号	编号	名称及图形符号	编号	名称及图形符号
1	禁止入内	11	当心有毒气体	21	左行紧急出口
2	禁止停留	12	噪声有害	22	右行紧急出口
3	禁止启动	13	戴防护眼镜	23	直行紧急出口

（续表）

4	当心中毒	14	戴防毒面具	24	急救站
5	当心腐蚀	15	戴防尘口罩	25	救援电话
6	当心感染	16	戴护耳器	26	红色警示线
7	当心弧光	17	戴防护手套	27	黄色警示线
8	当心电离辐射	18	穿防护鞋	28	绿色警示线
9	注意防尘	19	穿防护服		
10	注意高温	20	注意通风		

表 8-2 警示标识牌的尺寸（单位：m）

型号	观察距离 L	圆形标识的外直径	三角形标识外边长	正方形标识外边长	长方形组合标识长和宽
1	0<L≤2.5	0.070	0.088	0.063	0.126×0.063
2	2.5<L≤4.0	0.110	0.140	0.100	0.200×0.100
3	4.0<L≤6.3	0.175	0.220	0.160	0.320×0.160
4	6.3<L≤10.0	0.280	0.350	0.250	0.500×0.250
5	10.0<L≤16.0	0.450	0.560	0.400	0.800×0.400
6	16.0<L≤25.0	0.700	0.880	0.630	1.260×0.630
7	25.0<L≤40.0	1.110	1.400	1.000	2.000×1.000

注：允许有3%的误差。在特殊情况下，警示标识牌的尺寸可按规定比例适当扩大或缩小。

表 8-3 常用警示语句

编号	语句内容	编号	语句内容	编号	语句内容
1	禁止入内	20	注意通风	39	接触可引起伤害
2	禁止停留	21	右行紧急出口	40	皮肤接触可对健康产生危害
3	禁止启动	22	左行紧急出口	41	对健康有害
4	当心中毒	23	直行紧急出口	42	接触可引起伤害和死亡
5	当心腐蚀	24	急救站	43	麻醉作用
6	当心感染	25	救援电话	44	当心眼损伤
7	当心弧光	26	刺激眼睛	45	当心灼伤
8	当心辐射	27	遇湿具有刺激性	46	强氧化性
9	注意防尘	28	刺激性	47	当心中暑
10	注意高温	29	刺激皮肤	48	佩戴呼吸防护器
11	有毒气体	30	腐蚀性	49	戴防护面具
12	噪声有害	31	遇湿具有腐蚀性	50	戴防溅面具
13	戴防护镜	32	窒息性	51	佩戴射线防护用品
14	戴防毒面具	33	剧毒	52	未经许可，不许入内
15	戴防尘口罩	34	高毒	53	不得靠近

（续表）

编号	语句内容	编号	语句内容	编号	语句内容
16	戴护耳器	35	有毒	54	不得越过此线
17	戴防护手套	36	有毒有害	55	泄险区
18	穿防护鞋	37	遇湿分解放出有毒气体	56	不得触摸
19	穿防护服	38	当心有毒气体		

表8-4 中文警示说明示例

	甲醛分子式：HCHO 分子量 30.03
理化特性	常温为无色、有刺激性气味的气体，沸点为 -19.5 ℃，能溶于水、醇、醚，水溶液称福尔马林，杀菌能力极强。15 ℃以下易聚合，置空气中氧化为甲酸。
可能产生的危害后果	低浓度甲醛蒸气对眼、上呼吸道黏膜有强烈刺激作用，高浓度甲醛蒸气对中枢神经系统有毒性作用，可引起中毒性肺水肿。 主要症状：眼痛流泪、喉痒及胸闷、咳嗽、呼吸困难、口腔糜烂、上腹痛、吐血、眩晕、恐慌不安、步态不稳甚至昏迷。皮肤接触可引起皮炎，有红斑、丘疹、瘙痒、组织坏死等。
职业病危害防护措施	1. 使用甲醛设备应密闭，不能密闭的应加强通风排毒。 2. 注意个人防护，穿戴防护用品。 3. 严格遵守安全操作规程。
应急救治措施	1. 撤离现场，移至新鲜空气处，吸氧。 2. 皮肤黏膜损伤，立即用2%的碳酸氢钠（NaHCO$_3$）溶液或大量清水冲洗。 3. 立即与医疗急救单位联系抢救。

表 8-5 告知卡示例

工作场所存在硫化氢，对人体有损害，请注意防护		
	理化特性	健康危害
硫化氢 hydrogen sulfide	无色气体，有臭鸡蛋气味。溶于水，与空气混合可发生爆炸。与浓硝酸或其他强氧化剂剧烈反应。对金属有强腐蚀性。	可经呼吸道进入人体。主要损害中枢神经、呼吸系统，刺激黏膜。表现为流泪、畏光、眼刺痛、咽喉部灼伤感、咳嗽、胸闷、头痛、头晕、恶心、呕吐、乏力，重者抽搐、呼吸困难。吸入高浓度可立即昏迷，可致猝死。
当心中毒	应急处理	
	抢救人员穿戴防护用具，加强通风。速将患者移至空气新鲜处，去除污染衣物；注意保暖、安静；皮肤或眼污染后用流动清水各冲洗至少 20 分钟；呼吸困难给氧，必要时用合适的呼吸器进行人工呼吸；心脏骤停，必须现场进行心肺复苏术，立即与医疗急救单位联系抢救。	
	防护措施	
	工作场所空气中最高容许浓度（MAC）不超过 10 mg/m^3。IDLH（立即威胁生命和健康浓度）浓度为 430 mg/m^3，属酸性气体，由于能引起嗅觉疲劳，警示性低。密闭空间做好局部排风、呼吸防护。禁止明火、火花、高热，使用防爆电器和照明设备。工作场所禁止饮食、吸烟。	
	穿防护服　戴防护手套　戴防毒面具　戴防护镜　注意通风	

标准限值：10 mg/m^3　（MAC）检测数据：

检测单位：　　　　　检测日期：　　年　　月　　日—　　日

急救电话：120　消防电话：119　职业卫生咨询电话：

第九章　个人职业病防护用品管理

劳动者个人使用的职业病防护用品，是指劳动者在劳动过程中使用的可以防止职业病危害因素，有效地保护劳动者身体健康的个人用品，如隔热工作衣物、防毒口罩等。用人单位应当为劳动者提供个人使用的职业病防护用品，以保证劳动者的身体健康。

用人单位作业场所情况复杂、工艺条件多样，有些作业场所难以采取工程控制技术措施，有些虽然采取了工业通风、除尘等措施进行危害控制，但作业场所职业病危害因素的浓度或强度依然不符合国家职业卫生标准的要求。此时，为预防从业人员遭受职业病危害因素侵害，保护从业人员的身体健康，必须为从业人员提供有效的个体防护用品，并指导其合理佩戴与使用。

个体防护用品（personal protective equipment，PPE）的作用原理是使用一定的屏蔽体、过滤体，采取阻隔、封闭、吸收等手段，保护人员免受外来因素的侵害。工作环境不能消除或有效减轻职业有害因素和事故因素时，个体防护用品只是劳动者防护的最后一道防线。个体防护用品的配备和使用，不能替代作业环境和劳动条件的根本性改善措施（如材料、工艺的改进、工程技术措施、管理措施等），不能成为逃避采取根本性措施或降低根本性措施实施力度的借口或依靠。

关于劳动者个人防护用品的管理制度，早在中华人民共和国成立初期就已经建立。个人防护用品是保护劳动者在劳动过程中的健康所必需的一种预防性装备。《中华人民共和国职业病防治法》第二十二条规定，用人单位必须采用有效的职业病防护设施，并为劳动者提供个人使用的职业病防护用品。用人单位为劳动者个人提供的职业病防护用品必须符合防治职业病的要求；不符合要求

第九章 个人职业病防护用品管理

的，不得使用。按照有关规定，对从事有吸入有毒气体危险的工种的劳动者应当发给防毒面具；对从事粉尘作业的工种的劳动者应当发给防尘口罩等。用人单位为劳动者个人提供的职业病防护用品必须符合防治职业病的要求，即提供的职业病防护用品首先必须符合有关的标准，其次必须能够真正起到防治职业病的作用。不符合要求的，即不能防治职业病的，不得提供给劳动者使用。实践当中，有些用人单位不给劳动者配备职业病防护用品或者配备的防护用品难以起到防护作用的情况较多，如对接触粉尘作业的劳动者，只配发普通的纱布口罩，不起防护作用，由此对劳动者造成危害。为正确使用个人职业病防护用品，《中华人民共和国职业病防治法》第二十五条第三款规定，对职业病防护设备、应急救援设施和个人使用的职业病防护用品，用人单位应当进行经常性的维护、检修，定期检测其性能和效果，确保其处于正常状态，不得擅自拆除或者停止使用；第三十四条第二款、第三款规定，用人单位应当对劳动者进行上岗前的职业卫生培训和在岗期间的定期职业卫生培训，普及职业卫生知识，督促劳动者遵守职业病防治法律、法规、规章和操作规程，指导劳动者正确使用职业病防护设备和个人使用的职业病防护用品。劳动者应当学习和掌握相关的职业卫生知识，增强职业病防范意识，遵守职业病防治法律、法规、规章和操作规程，正确使用、维护职业病防护设备和个人使用的职业病防护用品，发现职业病危害事故隐患应当及时报告。《工作场所职业卫生管理规定》第十六条规定，用人单位应当为劳动者提供符合国家职业卫生标准的职业病防护用品，并督促、指导劳动者按照使用规则正确佩戴、使用，不得发放钱物替代发放职业病防护用品。用人单位应当对职业病防护用品进行经常性的维护、保养，确保防护用品有效，不得使用不符合国家职业卫生标准或者已经失效的职业病防护用品。

《用人单位劳动防护用品管理规范》（安监总厅安健〔2018〕3号）规定，劳动防护用品是由用人单位提供的，保障劳动者安全与健康的辅助性、预防性措施，不得以劳动防护用品替代工程防护设施和其他技术、管理措施。因此，用人单位对职业病危害因素应首先采取工程控制措施，在使用所有可行的工艺、设备以及专项控制后仍不能达到职业卫生标准要求时，应采取个体防护措施。

第一节 个人职业病防护用品种类

个体防护用品的种类很多，可分为安全防护用品和职业卫生专用防护用品两大类。安全防护用品是为了防止工伤事故的，有防坠落用品（安全带、安全网等）、防冲击用品（安全帽、安全防砸马甲、防冲击护目镜等）、防电用品、防机械外伤用品（防刺、绞、割、碾、磨损及脏污等的服装、手套、鞋等）、防酸防碱和防油用品、防水用品、涉水作业用品、高空作业用品等。职业卫生专用防护用品是用来预防职业病的，有防尘用品（防尘、防微粒口罩等）、防毒用品（防毒面具、防毒衣等）、防高温用品、防寒用品、防噪声用品、防放射用品、防辐射用品等。但这种分类是相对的，多种防护用品同时具备防止工伤和预防职业病的用途。

个体防护用品可依据防护功能或者防护部位分为十大类：头部防护用品、呼吸防护用品、眼（面）部防护用品、听力防护用品、手部防护用品、足部防护用品、躯干防护用品、护肤用品、防坠落用品及其他防护用品。其中，与职业卫生相关的个体防护用品主要有：头部防护用品，防尘帽、防寒帽、防高温帽、防电磁辐射帽等；呼吸器官防护用品，防尘口罩和防毒口罩（面具）；眼（面）部防护用品，防尘、防高温、防电磁辐射、防射线、防化学飞溅、防强光用品等；听力防护用品，耳塞、耳罩和防噪声耳帽等；手部防护用品，防寒手套、防毒手套、防高温手套、防X射线手套、防酸碱手套、防振手套多种；足部防护用品，防寒鞋、防高温鞋、防酸碱鞋、防振鞋等；躯干防护用品，防寒服、防毒服、防高温服、防电磁辐射服、耐酸碱服等。

一、防护头盔、眼镜、面罩、防护服和防护鞋

（一）防护头盔（安全帽）

在生产现场，为防止被意外重物坠落击伤、生产中不慎撞伤头部，工人应佩戴安全防护头盔，俗称安全帽。防护头盔多用合成树脂类制成。我国国家标

准 GB2811—2007 对安全头盔的形式、颜色、耐冲击、耐燃烧、耐低温、绝缘性、佩戴尺寸等技术性能有专门规定。标准中明确规定：垂直间距是指安全帽在佩戴时，头顶最高点与帽壳内表之间的轴向距离（不包括顶筋的空间），要求是 25~50 毫米。水平间距是指帽箍与帽壳之间在水平面上的径向距离，要求是 5~20 毫米。佩戴高度是指安全帽侧面帽箍底边至头顶最高点的轴向距离，要求是 80~90 毫米。标准还要求在保证安全性能的前提下，安全帽的重量越轻越好（可以减少作业人员长时间佩戴引起的颈部疲劳）。普通安全帽的重量不超过 430 克。

根据用途，防护头盔可分为单纯式和组合式两类。单纯式一般是建筑工人、煤矿工人佩戴的帽盔，用于防重物坠落砸伤头部。组合式的有：①电焊工安全防护帽，防护帽和电焊工用面罩连为一体，起到保护头部和眼睛的作用；②矿用安全防尘帽，由滤尘帽盔和口鼻罩及其附件组成（防尘帽盔包括外盔、内帽和帽衬，外盔和内帽间为间距 4~14 毫米的夹层空间，其中安置有半球状高效过滤层，将夹层空间分隔为过滤外腔和过滤内腔。帽盔前端设进气孔，连通外腔，内腔设出气孔，于帽盔两侧与橡胶导气管连接，再通往口鼻罩。口鼻罩按一般人面型设计，接面严密，并设呼气阀。每当吸气时，含尘空气通过外盔上的进气孔进入过滤外腔，透过高效过滤层净化后进入过滤内腔，净化后的空气再经出气孔、橡胶导气管、口鼻罩进入呼吸道，呼出气体出呼气阀排出）；③防尘防噪声安全帽，为安全防尘帽上加上防噪声耳罩。

在使用防护头盔过程中应注意以下几个问题。

1.使用前检查：应检查外观是否有碰伤裂痕、磨损，帽衬结构是否正常，如其性能受影响应及时报废，以免影响防护作用。

2.禁止损伤、更改安全帽：不得随意损伤、拆卸安全帽或添加附件、碰撞安全帽，不得调节帽衬的尺寸或将其当板凳坐，以免影响其强度和安全防护性能。

3.正确佩戴安全帽：佩戴者在使用时一定要系紧下腭带，将安全帽戴正、戴牢，不能晃动。

4.合理存放安全帽：安全帽不能在有酸、碱或化学试剂污染的环境以及高温、日晒或潮湿的场所中存放，以防止其老化变质。

5.报废受过冲击或做过试验的安全帽：经受过一次冲击或做过试验的安全帽应报废，不能再次使用。

6.在有效期内使用安全帽：应注意安全帽的使用期限，超过有效期的安全帽应报废。

（二）防护眼镜和防护面罩

防护眼镜和防护面罩主要防护眼睛和面部免受紫外线、红外线和微波等电磁波的辐射，粉尘、烟尘、金属和砂石碎屑以及化学溶液溅射的损伤。

1.防护眼镜。一般用于各种焊接、切割、炉前工、微波、激光工作人员防御有害辐射线的危害。根据防护镜片的作用原理，分为反射性、吸收性及复合性防护三类。

（1）反射性防护镜片：在玻璃镜片上涂布光亮的金属薄膜，如铬、镍、银等，在一般情况下，可反射的辐射线范围较宽（包括红外线、紫外线、微波等），反射率可达95%，适用于多种非电离辐射作业。另外还有一种涂布二氧化亚锡薄膜的防微波镜片，反射微波效果良好。

（2）吸收性防护镜片：根据选择吸收光线的原理，用带有色泽的玻璃制成，例如接触红外辐射应佩戴绿色镜片，接触紫外辐射佩戴深绿色镜片，还有一种加入氧化亚铁的镜片能较全面地吸收辐射线。此外，防激光镜片有其特殊性，多用高分子合成材料制成，针对不同波长的激光，采用不同的镜片，镜片具有不同的颜色，并注明所防激光的光密度值和波长，不得错用。使用一定时间后，须交有关检测机构校验，不能长期戴用。

（3）复合性防护镜片：将一种或多种染料加到基体中，再在其上蒸镀多层介质反射膜层。这种防护镜将吸收性防护镜和反射性防护镜的优点结合在一起，在一定程度上改善了防护效果。

还有一种防冲击镜片（防冲击眼护具），主要用于防止高速粒子对眼部的冲击伤害。镜片使用高强度的CR-39光学塑料或强化玻璃片。防冲击眼护具的各项指标，尤其是镜片、镜架的抗冲击性能及强度应符合《防冲击眼护具》

(GB5890—86)的要求，使之具有可靠的防护作用。

2.防护面罩。防护面罩是用来保护面部和颈部免受飞来的金属碎屑、有害气体、液体喷溅、金属和高温溶剂飞沫伤害的用具，主要有焊接面罩、防冲击面罩、防辐射面罩、防烟尘毒气面罩和隔热面罩等。

（1）防固体屑末和化学溶液面罩：用轻质透明塑料或聚碳酸酯塑料制作，面罩两侧和下端分别向两耳和下颏下端及颈部延伸，使面罩能全面地覆盖面部，增强防护效果。

（2）防热面罩：除与铝箔防热服相配套的铝箔面罩外，还有用镀铬或镍的双层金属网制成的防热面罩，反射热和隔热作用良好，并能防微波辐射。

（3）电焊工用面罩：用制作电焊工防护眼镜的深绿色玻璃，周边配以厚硬纸纤维制成的面罩，防热效果较好，并具有一定的电绝缘性。

（三）防护服

防护服（protective clothing）系指用于防止或减轻热辐射、微波辐射、X射线以及化学物污染人体而为作业者配备的职业安全防护用品。防护服由帽、衣、裤、围裙、套袖、手套、套裤、鞋（靴）、罩等组成。常见的防护服有防毒服、防尘服、防机械外伤服、防静电服、带电作业服、防酸碱服、阻燃耐高温服、防水服、水上救生服、潜水服、放射性防护服、防微波服、防寒服及高温工作服等。

1.防热服：防热服应具有隔热、阻燃、牢固的性能，但又应透气，穿着舒适，便于穿脱，可分为非调节和空气调节式两种。

（1）非调节防热服：①阻燃防热服是用经阻燃剂处理的棉布制成，不仅保持了天然棉布的舒适、耐用和耐洗性，而且不会聚集静电，在直接接触火焰或炽热物体后，能延缓火焰蔓延，使衣物炭化形成隔离层，不仅有隔热作用，而且不会由于衣料燃烧或暗燃而产生继发性灾害，适用于有明火、散发火花或在熔融金属附近操作以及在易燃物质有发火危险的场所工作时穿着。②铝箔防热服能反射绝大部分热辐射而起到隔热作用，缺点是透气性差。可在防热服内穿一件由细小竹段或芦苇编织的帘子背心,以利通风透气和增强汗液蒸发。③白帆布防热服经济耐用,但防热辐射作用远比不上前两种。④新型热防护服是由新型高技术耐热纤维如 Nomex(诺迈柯斯)、PBI(聚苯并咪唑)、Kermel(克梅尔)、P84(聚酰亚胺)、预氧化 Pan(聚丙烯腈)纤维以及经防火后整理的棉和混纺纤维制成。

(2)空气调节防热服:可分为通风服和制冷服两种。①通风服是将冷却空气用空气压缩机压入防热服内,吸收热量后从排气阀排出。通风服需很长的风管,只适用于固定的作业。还有一种装有微型风扇的通风服,直接向服间层送风,增加其透气性而起到隔热作用。②制冷服又可分为液体制冷服、干冰降温服和冷冻服,基本原理一致,不同处是防热服内分别装有低温无毒盐溶液、干冰、冰块的袋子或容器。最实用者为装有冰袋的冷冻服,在一般情况下,这种冷冻服装有 5 kg 左右的冰块,可连续工作 3 小时左右,用后冷冻服可在制冷环境中重新结冰备用。

2. 化学防护服:用于防护化学物质对人体伤害的服装。从业人员在作业场所及应急救援工作中可能接触有毒有害化学物质,从而对人体造成急性或慢性伤害。为了减少或隔绝此类伤害,相关人员应根据危害程度穿着不同类型和等级的化学防护服,同时佩戴其他必需的个体防护装备。依据《防护服装化学防护服的选择、使用和维护》(GB/T24536—2009),化学防护服可分为如下四大类。

(1)气密型化学防护服 -ET(gas-tight protective ensembles for emergency response team):应急救援工作中作业人员所需的带有头罩、视窗和手足部防护的,为穿着者提供对气态、液态和固态有毒有害化学物质防护的单件化学防护服类型。使用时应配置自携带式呼吸器或长管式呼吸器。

(2)非气密型化学防护服 -ET(non-gas-tight protective ensembles for emergency response team):应急救援工作中作业人员所需要的,戴有头罩、视窗、手部足部防护的,为穿着者提供对液态和固态有毒有害化学物质防护的单件化学防护服类型。使用时应配置自携带式呼吸器或长管式呼吸器。

(3)液密型化学防护服(liquid tight protective clothing):防护液态化学物质

的防护服，又分为以下两种。①喷射液密型化学防护服：防护具有较高压力液态化学物质的防护服；②泼溅液密型化学防护服：防护具有较低压力或者无压力液态化学物质的防护服。

（4）颗粒物防护服（particle tight protective clothing）：防护散布在作业环境中细小颗粒的防护服，一般用较致密的棉布、麻布或帆布制作。须具有良好的透气性和防尘性，式样有连身式和分身式两种，袖口、裤口均须扎紧，用双层扣，即扣外再缝上盖布加扣，以防粉尘进入。

3.辐射防护服：将金属纤维配合织物一起织成布料，做成衣服，金属网可以起到吸收、屏蔽电磁波的作用，主要有微波辐射防护服、防射线防护服等。

（1）微波辐射防护服：亦称电磁屏蔽服，内含金属材料，可衰减或消除作用于人体的电磁能量，现主要有两类。①金属丝布微波屏蔽服是用柞蚕丝、铜丝（直径0.05毫米）拼捻制成，具有反射屏蔽作用；②镀金属布微波屏蔽服以化学镀铜（镍）导电布为屏蔽层，衣服外层为有一定介电绝缘性能的涤棉布，内层为真丝薄绸衬里。这种屏蔽服具有镀层不易脱落、比较柔软舒适、重量轻等特点，是目前较新、效果较好的一种防微波屏蔽服，主要用在通信、航空、医疗、雷达、高压变电等大功率雷达和类似电磁辐射作业场所。

（2）射线防护服：射线的防护需要特殊的共聚物涂层，如核工厂、高压电线或电子设备以及X射线的环境中常用高密度聚乙烯合成纸（Tyvek）。防氚防护服是在涤纶材料的两面涂以CEP/EVA/PVDC/EVA共聚物。日本采用聚乙烯涂层硼纤维来生产射线防护服，也可以在纤维中加入铅芯提高防护水平，用于X射线防护。

（3）中子辐射防护服：由面料、功能防护内衬及里料三层组成。内衬采用防中子辐射纤维经非织造加工而成，主要用于原子能、医疗卫生、石油测井、地质勘探等存在中子辐射的场所。

4.医用防护服：阻隔带有微生物、细菌等病毒的血液、体液、分泌物向医务人员传播，是紧急救援、进入隔离区的医务人员、转移医疗废弃物时常穿着的服装。

(四)防护鞋(靴)

防护鞋(靴)(protective shoes)用于防止劳动过程中足部、小腿部受各种因素伤害,主要有下述品种。

1. 防静电鞋和导电鞋:防静电鞋和导电鞋用于防止人体带静电而可能引起事故的场所,其中导电鞋只能用于电击危险性不大的场所,为保证消除人体静电的效果,鞋的底部不得粘有绝缘性杂质,且不宜穿高绝缘的袜子。

2. 绝缘鞋(靴):用于保护电气作业人员,防止在一定电压范围内的触电事故;在保证电气线路的绝缘性的前提下,绝缘鞋只能作为辅助安全防护用品,机械性能要求良好。

3. 防砸鞋:主要功能是防坠落物砸伤脚部,鞋的前包头由抗冲击材料制成,常用薄钢板。

4. 防酸碱鞋(靴):用于地面有酸碱及其他腐蚀液或有酸碱液飞溅的作业场所,防酸碱鞋(靴)的底和面料应有良好的耐酸碱性能和抗渗透性能。

5. 炼钢鞋:能抗一定静压力和耐高温、不易燃,主要功能是防烧烫、耐刺割。

6. 雷电防护鞋:由纳米改性橡胶做成的雷电防护皮鞋,根据被保护物电阻愈大,雷击概率就愈小,电阻愈小,雷击概率愈大的原理,利用纳米改性橡胶高电阻性能制成。人穿上这种雷电防护鞋,能大大减少由于电流流入大地后形成的跨步电压的伤害,常用于野外施工人员。

二、呼吸防护器

呼吸防护用品是指为了防御缺氧空气和空气污染物进入呼吸器官对人体造成伤害而制作的职业安全防护用品。空气污染物指正常空气中本不存在的,或浓度超过其在正常空气中浓度范围的任何气态或颗粒状物质。按呼吸防护器的作用原理,可将其分为过滤式和隔绝式两大类。

(一)过滤式呼吸防护器

通过净化部件的吸附、吸收、催化或过滤等作用将空气中有害物质予以过滤净化，主要由面罩和过滤元件组成。按照过滤动力来源分为自吸过滤式呼吸防护器和送风过滤式呼吸器。

1. 自吸过滤式呼吸防护器：是以佩戴者自身呼吸为动力，防御有毒、有害气体或蒸汽、颗粒物等危害其呼吸系统或眼面部的净气时的防护用品。面罩按结构分为随弃式面罩、可更换式半面罩和全面罩三类；过滤元件是可滤除空气中有害物质的过滤材料或过滤组件，如滤毒盒、滤尘盒等。根据过滤效率水平，过滤元件的级别分90、95、100（即最低过滤效率不低于90%、95%、99.97%）三级。自吸过滤式呼吸防护器适用于空气中有害物质浓度不很高，且空气中含氧量不低于18%的场所，有自吸过滤式防颗粒物呼吸器和自吸过滤式防毒面具两种。

（1）自吸过滤式防颗粒物呼吸器：主要为防御各种粉尘和烟雾等质点较大的固体有害物质的防颗粒物呼吸器。其过滤净化全靠多孔性滤料的机械式阻挡作用，又可分为简式和复式两种：简式直接将滤料做成口鼻罩，结构简单，但效果较差，如一般纱布口罩；复式将吸气与呼气分为两个通路，分别由两个阀门控制。性能好的滤料能滤掉细尘，通气性好，阻力小。呼气阀门气密性好，防止含颗粒物空气进入。在使用一段时间后，因颗粒物阻塞滤料孔隙，吸气阻力增大，应更换滤料或将滤料处理后再用。《呼吸防护用品自吸过滤式防颗粒物呼吸器》（GB2626—2006）依据过滤元件的过滤性能分为KN和KP两类，KN类只适用于过滤非油性颗粒物，KP类同时适用于过滤油性和非油性颗粒物；将自吸过滤式防颗粒物呼吸器的阻尘率（过滤效率）规定为半面罩90%、95%、99.97%，全面罩95%、99.97%，并规定了其适用范围。

（2）自吸过滤式防毒面具：由薄橡皮制的面罩、短皮管、药罐三部分组成，或在面罩上直接连接一个或两个药盒。如某些有害物质并不刺激皮肤或黏膜，就不用面罩，只用一个连接储药盒的口罩（也称半面罩）。无论面罩还是口罩，其吸入和呼出通路都是分开的。面罩或口罩与面部之间的空隙不应太大，以免其中二氧化碳太多，影响吸气成分。防毒面罩（口罩）应达到以下卫生要求：①滤毒性能好，滤料的种类依毒物的性质、浓度和防护时间而定（见表9–1）。我国现产的滤毒罐，各种型号涂有不同颜色，并有适用范围和滤料的有效期，一定要避免使用滤料失效的呼吸防护器。②面罩和呼气阀的气密性好。③呼吸阻力小。④不妨碍视野，重量轻。

按照面罩与过滤件的连接方式可分为导管式防毒面具和直接式防毒面具。面罩按结构分为全面罩和半面罩。过滤件包括：A型，用于防护有机气体或蒸汽；B型，用于防护无机气体或蒸汽；E型，用于防护二氧化硫和其他酸性气体或蒸汽；K型，用于防护氨及氨的有机衍生物；CO型，用于防护一氧化碳气体；Hg型，用于防护汞蒸汽；S型，用于防护硫化氢气体。其标色分别为橘、灰、黄、绿、白、红、蓝。过滤件按照防护时间的不同分为四级：1级，一般能力的防护时间；2级，中等能力的防护时间；3级，高等能力的防护时间；4级，特等能力的防护时间。综合过滤件的滤烟性能，按照滤烟效率不同分为：P1，一般能力过滤效率；P2，中等能力过滤效率；P3，高等能力过滤效率。1~4级适合有毒气体或蒸汽的防护，P1~P3适合毒性颗粒物的防护。

表9-1 常用防毒滤料及其防护对象

防护对象	滤料名称
有机化合物蒸汽	活性炭
酸雾	钠碳
氨	硫酸铜
一氧化碳	"霍布卡"
汞	含碘活性炭

（3）复合式：现在也有将以上两种做在一起的呼吸防护器，其滤料既能阻挡粉尘颗粒，又能阻挡有毒物质，称为防毒防尘口罩。

2.动力送风过滤式呼吸防护器：靠电动风机提供气流克服部件阻力的过滤式呼吸器。具体内容请参照《呼吸防护用品动力送风过滤式呼吸器》(GB30864—2014)。

（二）隔绝式呼吸防护器

经此类呼吸防护器吸入的空气并非经净化的现场空气，而是另行供给。按其供气方式又可分为携气式与供气式两类。

1.携气式：由面罩、短导气管、供气调节阀和供气罐组成。供气罐应耐压，固定于工人背部或前胸，其呼吸通路与外界隔绝。常用的有两种供气形式。

（1）压缩氧气：罐内盛压缩氧气（空气）供吸入，呼出的二氧化碳由呼吸通路中的滤料（钠石灰等）除去，再循环吸入，例如常用的两小时氧气呼吸器（AHG-2型）。

（2）氧化物（如过氧化钠、过氧化钾）：罐中盛过氧化物（如过氧化钠、过氧化钾）及小量铜盐作触媒，借呼出的水蒸气及二氧化碳发生化学反应，产生氧气供吸入。此类防护器可维持30分钟至2小时，主要用于意外事故时或密不通风且有害物质浓度极高而又缺氧的工作环境。但使用过氧化物作为供气源时，要注意防止其供气罐损漏而引起事故。现国产氧供气呼吸防护器装有应急补给装置，当发现氧供应量不足时，用手指猛按应急装置按钮，可放出氧气供2~3分钟内应急使用，便于佩戴者立即逃离现场。

2.供气式：常用的有蛇管面具和送气口罩、头盔有两种。

（1）蛇管面具：由面罩和面罩相接的长蛇管组成，蛇管固置于皮腰带上的供气调节阀上，蛇管末端接一油水尘屑分离器，其后再接输气的压缩空气机或鼓风机，冬季还需在分离器前加空气预热器，用鼓风机时蛇管长度不宜超过50米，用压缩空气机时蛇管可长达100~200米；还有一种将蛇管末端置于空气清洁处，使用者自身吸气时输入空气，长度不宜超过8米。

（2）送气口罩、头盔：送气口罩为一吸入与呼出通道分开的口罩，连一段短蛇管，管尾接于皮腰带上的供气阀，送气头盔为能罩住头部并延伸至肩部的特殊头罩，以小橡皮管一端伸入盔内供气，另一端也固定于皮腰带上的供气阀上，送气口罩和头盔所需供呼吸的空气，可经由安装在附近墙上的空气管路，通过小橡皮管输入。

三、防噪声用具

（一）耳塞

为插入外耳道内或置于外耳道口的一种栓，常用材料为塑料和橡胶。按结构外形和材料分为圆锥形塑料耳塞、蘑菇形橡胶耳塞、伞形提篮形塑料耳塞、圆柱形泡沫塑料耳塞、可塑性变形塑料耳塞、硅橡胶成型耳塞、外包多孔塑料纸的超细纤维玻璃棉耳塞和棉纱耳塞。耳塞应有不同规格以适合于各人外耳道的构型，隔声性能好，佩戴舒适，易佩戴和取出，又不易滑脱，易清洗、消毒，不变形等。

（二）耳罩

常以塑料制成呈矩形杯碗状，内具泡沫或海绵垫层，覆盖于双耳，两杯碗间连以富有弹性的头架适度紧夹于头部，可调节，无明显压痛，舒适。其隔音性能要好，耳罩壳体的低限共振率愈低，防声效果愈好。

（三）防噪声帽盔

能覆盖大部分头部，以防强烈噪声经骨传导而达内耳，有软式和硬式两种。软式质轻，导热系数小，声衰减量为 24 dB。缺点是不通风。硬式为塑料硬壳，声衰减量可达 30~50 dB。

对防噪声用具的选用，应考虑作业环境中噪声的强度和性质，以及各种防噪声用具衰减噪声的性能。各种防噪声用具都有适用范围，选用时应认真按照说明书使用，以达到最佳防护效果。

四、皮肤防护用品

（一）防护手套

防护手套品种繁多，对不同有害物质防护效果各异，可根据所接触的有害物质种类和作业情况选用。现国内质量较好的一种采用新型橡胶体聚氨酯甲酸酯塑料浸塑而成，不仅能防苯类溶剂，且耐多种油类、漆类和有机溶剂，并具有良好的耐热、耐寒性能。我国目前防护手套产品的国家标准为《手部防护防护手套的选择、使用和维护指南》（GB/T29512—2013），不同作业类别的防护手套还有各自的标准。常见的防护手套如下所述。

1. 耐酸碱手套：一般应具有耐酸碱腐蚀、防酸碱渗透、耐老化作用，并具有一定强力性能，用于手接触酸碱液的防护。

（1）橡胶耐酸碱手套：用耐酸碱橡胶模压硫化成型，分透明和不透明2种。

（2）乳胶耐酸碱手套：用天然胶乳添加酸稳定剂浸模固化成型。

（3）塑料耐酸碱手套：用聚乙烯浸模成型，分纯塑料和针织布胎浸塑2种。

2. 电焊工手套：多采用猪（牛）绒面革制成，配以防火布长袖，用以防止弧光贴身和飞溅金属溶渣对手的伤害。

3. 防寒手套：有棉、皮毛、电热等几类，外形分为连指、分指、长筒、短筒等。

4. 机械危害防护手套：防切割、摩擦、穿刺等机械危害。

（二）防护油膏

在戴手套感到妨碍操作的情况下，常用膏膜防护皮肤污染。干酪素防护膏对有机溶剂、油漆和染料等有良好的防护作用。接触酸碱等水溶液时，可涂布由聚甲基丙烯酸丁酯制成的胶状膜液，但洗脱时需用乙酸乙酯等溶剂。防护膏膜不适于有较强摩擦力的操作。

五、复合防护用品

对于有些全身都暴露于有害因素，尤其是放射性物质的职业，例如介入手术医生，应佩戴能防护全身的由铅胶板制作的复合防护用品。考虑到医生工作的特殊性，防护用品不仅要有可靠的防护效果，还要轻便、舒适、方便使用。这种防护用品由防护帽、防护颈套、防护眼镜、全身整体防护服或分体防护服组成，眼晶体、甲状腺、女性乳腺、性腺等敏感部位的铅胶板厚度应加大。

第二节　个人职业病防护用品选用规则

用人单位应按照识别、评价、选择的程序，结合劳动者作业方式和工作条件，并考虑其个人特点及劳动强度，选择防护功能和效果适用的劳动防护用品。

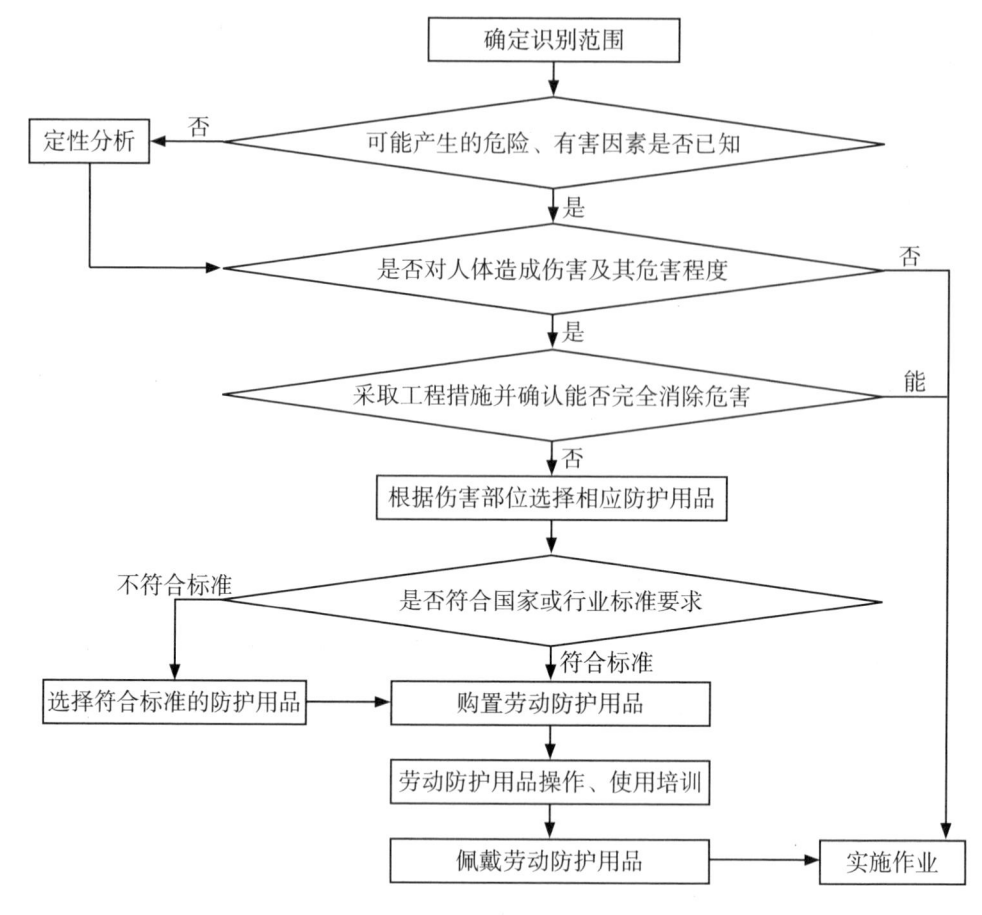

```
                  ┌──────────────┐
                  │  确定识别范围  │
                  └──────┬───────┘
                         ↓
 ┌──────┐   否   ╱可能产生的危险、╲
 │定性分析│←─────╲有害因素是否已知╱
 └──┬───┘        ╲      ╱
    │             │是
    │             ↓
    │       ╱是否对人体造成╲   否
    └──────╲伤害及其危害程度╱─────┐
            ╲    ╱                │
             │是                  │
             ↓                    │
       ╱采取工程措施并确认╲   能   │
       ╲能否完全消除危害  ╱───────┤
             ╲   ╱                │
              │否                 │
              ↓                   │
      ┌──────────────┐            │
      │根据伤害部位选择│            │
      │  相应防护用品  │            │
      └──────┬───────┘            │
  不符合标准   ↓                   │
 ┌──────────╱是否符合国家╲         │
 │选择符合标准╲或行业标准要求╱      │
 │ 的防护用品 │   ╲  ╱             │
 └─────┬────┘    │符合标准         │
       │         ↓                │
       │  ┌──────────────┐        │
       └→│  购置劳动防护用品│        │
          └──────┬───────┘        │
                 ↓                │
          ┌──────────────┐        │
          │劳动防护用品操作│        │
          │   、使用培训   │        │
          └──────┬───────┘        │
                 ↓                ↓
          ┌──────────────┐  ┌────────┐
          │ 佩戴劳动防护用品│→│ 实施作业│
          └──────────────┘  └────────┘
```

图 9-1　劳动防护用品选择程序

接触粉尘、有毒、有害物质的劳动者应当根据不同粉尘种类、粉尘浓度及游离二氧化硅含量和毒物的种类及浓度配备相应的呼吸器、防护服、防护手套和防护鞋等。具体可参照《呼吸防护用品自吸过滤式防颗粒物呼吸器》（GB2626）、《呼吸防护用品的选择、使用及维护》（GB/T18664）、《防护服装化学防护服的选择、使用与维护》（GB/T24536）、《手部防护防护手套的选择、使用和维护指南》（GB/T29512）和《个体防护装备足部防护鞋（靴）的选择、使用和维护指南》（GB/T28409）等标准。

接触噪声的劳动者，当暴露于 80 dB ≤ LEX，8 h < 85 dB 的工作场所时，用人单位应当根据劳动者需求为其配备适用的护听器；当暴露于 LEX，8 h≥85 dB的工作场所时，用人单位必须为劳动者配备适用的护听器，并指导劳动者正确佩戴和使用。具体可参照《护听器的选择指南》（GB/T23466）。

工作场所中存在电离辐射危害的，经危害评价确认劳动者需佩戴劳动防护用品的，用人单位可参照电离辐射的相关标准及《个体防护装备配备基本要求》（GB/T29510）为劳动者配备劳动防护用品，并指导劳动者正确佩戴和使用。

同一工作地点存在不同种类的危险、有害因素的，应当为劳动者同时提供防御各类危害的劳动防护用品。需要同时配备的劳动防护用品，还应考虑其可兼容性。劳动者在不同地点工作，并接触不同的危险、有害因素，或接触不同的危害程度的有害因素的，为其选配的劳动防护用品应满足不同工作地点的防护需求。

一、按作业类别和工种选用

《个体防护装备配备规范第1部分：总则》（GB39800.1—2020）要求应根据确定识别的作业场所危害因素和危害评估结果，结合个体防护装备的防护部位、防护功能、适用范围及防护装备对作业环境和使用者的适合性，选择合适的个体防护装备。《个体防护装备选用规范》（GB/T11651—2008）规定了石油、化工、天然气、冶金、有色、非煤矿山行业个体防护装备的选择原则。呼吸防护用品的选择与使用可参见《呼吸防护用品的选择、使用与维护》（GB/T18664—2002），听力防护用品的选择可参见《护听器的选择指南》（GB/T23466—2009），足部防护用品的选择与使用可参见《个体防护装备足部防护鞋（靴）的选择、使用和维护指南》（GB/T28409—2012），手部防护用品的选择与使用可参见《手部防护防护手套的选择、使用和维护指南》（GB/T29512—2013），头部防护用品的选择可参见《头部防护安全帽选用规范》（GB/T30041—2013），防护服装的选择与使用可参见《防护服装化学防护服的选择、使用和维护》（GB/T24536—2009），坠落防护用品的选用可参见《坠落防护装备安全使用规范》（GB/T23468—2009）。具体选用情况如下所述。

1.存在物体坠落撞击的作业砌筑工应该配备的防护装备有防寒服、防尘口罩。

2. 有碎屑飞溅的作业木工应该配备的防护装备有防尘口罩。

3. 操作转动机械作业挡车工、石棉纺织工应该配备的防护装备有防尘口罩。

4. 接触使用锋利器具作业玻璃切裁工、带锯工应该配备的防护装备有防尘口罩。

5. 手持振动机械作业开挖钻工应该配备的防护装备有劳动防护手套、耳塞（耳罩）、防尘口罩。

6. 高温作业铸造工应该配备的防护装备有阻燃防护服，防尘口罩，防强光、紫外线、红外线护目镜或面罩，防热阻燃鞋；炉前工和强光作业中应该配备的防护装备有防寒服、防尘口罩；砖瓦成型工应该配备的防护装备有普通防护服、普通工作帽、劳动防护手套、防寒服、防尘口罩。

7. 可燃性粉尘作业场所采煤工应该配备的防护装备有防冲击护目镜、防尘口罩。

8. 高处作业机舱拆卸工应该配备的防护装备有防尘口罩。

9. 井下作业采煤工应该配备的防护装备有防尘口罩、自救器。

10. 地下作业隧道工应该配备的防护装备有耳塞（耳罩）、防尘口罩、自救器。

11. 吸入性气相毒物作业机械煤气发生炉工应该配备的防护装备有普通工作帽、劳动防护手套、防寒服、过滤式防毒面具；化工操作工应该配备的防护装备有耐酸碱皮鞋、耐酸碱胶鞋、防酸工作服、防尘口罩、过滤式防毒面具、耐酸碱手套。

12. 密闭场所作业下水道工应该配备的防护装备有耳塞（耳罩）、过滤式防毒面具、空气呼吸器。

13. 吸入性气溶胶毒物作业喷砂工应该配备的防护装备有劳动防护手套、防尘口罩；制铅粉工应该配备的防护装备有耐酸碱皮鞋、防酸工作服、防尘口罩、过滤式防毒面具；研磨工、钨铜粉末制造工应该配备的防护装备有劳动防护手套、防尘口罩。

14. 沾染性毒物作业电镀工应该配备的防护装备有耐酸碱皮鞋、耐酸碱胶鞋、胶面防砸安全靴、防酸工作服、过滤式防毒面具、防酸碱手套、防腐蚀液护目镜；油漆工应该配备的防护装备有劳动防护手套、过滤式防毒面具、防腐蚀液护目镜；合成药化学操作工应该配备的防护装备有劳动防护手套、防尘口罩、防腐蚀液护目镜。

15. 生物性毒物作业尸体防腐工应该配备的防护装备有过滤式防毒面具。

16. 噪声作业泵站操作工应该配备的防护装备有防噪耳塞或耳罩。

17. 强光作业电焊工应该配备的防护装备有劳动防护手套、焊接面罩、过滤式防毒面具。

18. 激光作业电视机调适工应该配备的防护装备有普通防护服、防激光护目镜。

19. 微波作业超声探伤工应该配备的防护装备有耳塞（耳罩）、防尘口罩；无线电导航发射工应该配备的防护装备有普通防护微波护目镜、带电作业屏蔽服。

20. 腐蚀性作业酸洗工应该配备的防护装备有耐酸碱皮鞋、耐酸碱胶鞋、防酸工作服、过滤式防毒面具、防腐蚀液护目镜、防酸碱手套；电解工应该配备的防护装备有耐酸碱皮鞋、防酸工作服、防尘口罩、防腐蚀液护目镜、防酸碱手套。

21. 易污作业道路清扫工应该配备的防护装备有防寒服、防尘口罩；成衫染色工应该配备的防护装备有耐酸碱皮鞋、耐酸碱胶鞋、防酸工作服。

22. 恶味作业沥青加工应该配备的防护装备有防冲击护目镜、过滤式防毒面具、空气呼吸器、防水手套；炼胶工应该配备的防护装备有劳动防护手套、防寒服、防尘口罩。

二、根据作业场所有害因素选用

根据作业工人接触的职业病危害因素，选择相应的个体职业病防护用品。

1. 生产性粉尘：接触生产性粉尘的作业工人首先考虑呼吸防护，采用防颗粒物呼吸器（如一次性防尘口罩、防尘半面罩、动力送风呼吸器等），根据作业场所粉尘浓度的超标倍数和暴露时间等因素，选择相应防护等级的呼吸器。其次，根据粉尘发散特点和作业特点，选择防尘眼镜、防尘面屏、防尘服等，对于某些危害性较大（如具有"三致"和放射性的粉尘），可能达到或超过IDLH（立即威胁生命和健康）浓度的粉尘，应采用隔绝式呼吸器、防尘服、防尘手套，甚至某些具有防辐射功能的个体防护用品等。

2. 化学性有害因素：应根据毒物的存在形态、发散方式、侵入途径、超标水平等情况选择呼吸防护、躯体防护、手部防护、足部防护、眼面部防护、头部防护等针对毒物特性的防护类型，应以毒物释放剂量或超标水平的防护等级等选择防护用品。

3. 物理有害因素：针对噪声、高温、激光、局部振动、电离辐射等物理性有害因素的传播方式、暴露剂量及可能危害的身体部位，针对性地选用防护某危害因素、相应防护等级、保护易伤害身体部位的个体防护用品，如耳塞、耳罩、热防护服、防激光护目镜、防振手套、防放射性服等。

4. 生物性有害因素：接触皮毛、动物引起的炭疽杆菌感染、布鲁氏菌感染、森林采伐引起的脑炎病菌感染，医护人员接触患者引起细菌、病毒性感染，应根据经口、鼻、皮肤和伤口等侵入的特点，选择防护口罩、眼面防护器具、防护手套和全身性防护服装等个体防护用品。

三、根据作业现场职业病危害因素浓度或强度选用

用人单位可根据工作场所存在的职业病危害因素的浓度或强度选用个体职业病防护用品，根据《呼吸防护用品的选择、使用与维护》（GB/T18664）的要求选择呼吸防护用品，其中防颗粒物应符合《呼吸防护用品自吸过滤式防颗粒物呼吸器》（GB2626—2006）的要求，防有毒有害化学物质应符合《呼吸防护自吸过滤式防毒面具》（GB2890—2009）的要求，并在保证安全性、有效性的

前提下考虑劳动者的负荷及舒适性等问题。

（一）呼吸防护用品

1.选择步骤：按照《呼吸防护用品的选择、使用与维护》（GB/T18664—2002）要求进行。第一步，识别危害环境性质，判定危害程度；第二步，确定各类呼吸防护用品的防护级别；第三步，选择防护级别高于危害程度的呼吸防护用品。

危害程度用危害因数评价。危害因数是现场有害物浓度与职业卫生标准限值的比值，如果危害因数>1，表明现场有害物浓度超过国家职业接触限值，危害因数越大，说明危害水平越高。计算危害因数时，应同时计算 PC-TWA 和 PC-STEL 的危害因数，取其中较大值作为作业现场的危害因数。如果存在多种危害因素，则应分别计算，取其中最大值。

呼吸防护用品的防护级别用指定防护因数（APF）评价。指定防护因数是指某种呼吸器在适合使用者佩戴且正确使用的前提下，预期能将空气污染物浓度降低的比例。所选择的 APF 应高于危害因数，如果危害因数小于 10，可以选择半面罩；如果危害因数大于 10 小于 100，应选择全面罩；如果危害因数高于 100，应选择动力送风呼吸器、正压式长管呼吸器配送气头罩或其他指定防护因数高于 100 的呼吸防护产品。各类型呼吸器的指定防护因数值见表 9-2。

表 9-2 各类型呼吸器的指定防护因数值

呼吸防护用品类型	面罩类型	正压式	负压式
自吸过滤式	半面罩	不适用	10
	全面罩	不适用	100
送风过滤式	半面罩	50	不适用
	全面罩	>200~<1000	不适用
	开放式面罩	25	不适用
	送气头罩	>200~<1000	不适用

（续表）

呼吸防护用品类型	面罩类型	正压式	负压式
供气式	半面罩	50	10
	全面罩	1000	100
	开放性面罩	25	不适用
	送气头罩	1000	不适用
携气式	半面罩	>1000	10
	全面罩	>1000	100

对于大多数作业环境，可依据上述原理选择指定防护因数大于危害因数的呼吸防护用品。但是，对于IDLH环境，如含氧量低于19.5%的缺氧环境，危害物种类、性质及浓度等未知的环境，以及有害物浓度超过IDLH浓度的环境，进入该环境作业时，应选择配备全面罩的正压携气式呼吸器等高防护等级的呼吸器。

2.防颗粒物呼吸器：防颗粒物呼吸器主要由面罩和过滤元件组成。面罩按结构分为随弃式面罩、可更换式半面罩和全面罩三类；过滤元件按过滤性能分为KN和KP两类，KN类只适用于过滤非油性颗粒物，KP类同时适用于过滤油性和非油性颗粒物。根据过滤效率水平，过滤元件的级别分90、95、100（即最低过滤效率不低于90%、95%、99.97%）三级。防护油烟、沥青烟、柴油机尾气等油性颗粒物时应选择KP类滤料，防煤尘、水泥尘、金属烟等非油性颗粒物时应选择KN类滤料。对于过滤效率等级的选择，目前我国没有相关法规、标准要求，美国职业健康安全局（OSHA）对一些致癌物如无机砷、石棉、镉、焦炉逸散物、棉尘、铅等提出了必须配高效过滤元件（过滤效率100）的要求，其他国家对过滤效率选择的普遍要求是，过滤效率低于94%或95%的过滤元件仅适用于低毒性的粉尘，不适合烟和高毒的物质。随弃式防颗粒物口罩不能用于有毒有害气体、有机蒸汽的防护。

3.自吸过滤式防毒面具：自吸过滤式防毒面具按照面罩与过滤件的连接方式可分为导管式防毒面具和直接式防毒面具。面罩按结构分为全面罩和半面罩。过滤件包括：A型，用于防护有机气体或蒸汽（是指常温常压下为液态的有机物所发出的蒸汽，如苯系物、正己烷，不适合常温常压下为气态的有机物，如甲烷、丙烷、环氧乙烷或甲醛等）；B型，用于防护无机气体或蒸汽（如氯气、氰化氢、氯化氢等）；E型，用于防护二氧化硫和其他酸性气体或蒸汽（如氯化氢、氟化氢、硫化氢等）；K型，用于防护氨及氨的有机衍生物；CO型，用于防护一氧化碳气体；Hg型，用于防护汞蒸汽；S型，用于防护硫化氢气体。其标色分别为橘、灰、黄、绿、白、红、蓝。

过滤件按照防护时间的不同分为四级：1级，一般能力的防护时间；2级，中等能力的防护时间；3级，高等能力的防护时间；4级，特等能力的防护时间。

综合过滤件的滤烟性能，按照滤烟效率不同分为：P1，一般能力过滤效率（95%）；P2，中等能力过滤效率（99%）；P3，高等能力过滤效率（99.99%）。1~4级适合有毒气体或蒸气的防护，P1~P3适合毒性颗粒物的防护。

4.颗粒物及有毒有害化学物质综合防护：工作场所职业病危害因素比较复杂，往往会有颗粒物、有毒有害气体、有机蒸汽等多种污染物同时存在，典型的如喷漆作业。应对污染物存在状态及进入人体的主要途径加以识别，对呼吸防护而言，过滤式呼吸器应选择尘毒组合的过滤元件。

5.呼吸防护用品的佩戴规程：劳动者在进入有害环境前，应先检查呼吸防护产品是否完好，然后按使用说明正确佩戴。对于密合型面罩，使用者佩戴好后还要做气密性检查，以确认密合。在有害环境作业的人员应始终佩戴呼吸防护用品，工作结束后，离开有害环境到达安全区域后方可摘除。当使用呼吸防护用品过程中感到异味、咳嗽、刺激、恶心等不适症状时，应立即离开有害环境，并应检查呼吸防护用品，确定并排除故障后方可重新进入有害环境；若无故障存在，应更换有效的过滤元件。

（二）听力防护用品

对于听力防护用品的选择，首先要确定噪声作业环境下实现听力的有效防护所需要的护听器的SNR值（即单值噪声降低数），然后再根据作业条件和佩戴者的使用特点，选择具体式样的护听器。有两种根据噪声水平选择护听器

SNR 值的方法，分别介绍如下。

1. 依据 A 声级噪声选择：根据作业场所 A 声级噪声 LA 监测结果选择护听器，要求护听器的 SNR 值乘以 0.6 后应大于噪声超标值。

例如，某作业现场 8 h 噪声暴露为 95 dB（A），超标 10 dB（A），计算所需护听器的最小 SNR 值。

护听器最小 SNR 值 =（LA—85 dB）÷0.6 =（95 dB—85 dB）÷0.6 = 17 dB。

通常，使用者佩戴护听器后实际接触噪声值在 75~80 dB 最为理想，因此上述示例中最终可选择 SNR 值为 22~27 dB 的护听器。

2. 依据 C 声级噪声选择：根据现场 C 声级噪声 LC 监测结果选择护听器，即用 LC 减去护听器 SNR 值后应大于职业卫生接触限值标准 85 dB，并要求使用护听器后，接触噪声的最佳范围是 75~80 dB。

例如，某作业场所 8 h 的噪声暴露为 98 dB，C 声级噪声为 100 dB，则所选护听器的最佳 SNR 值为：

护听器最佳 SNR 值 = LC — 85 dB +（5~10）dB = 100 dB — 85 dB +（5~10）dB =（20~25）dB。

表 9-3　呼吸器和护听器的选用

危害因素	分类	要求
颗粒物	一般粉尘，如煤尘、水泥尘、木粉尘、云母尘、滑石尘及其他粉尘	过滤效率至少满足《呼吸防护用品自吸过滤式防颗粒物呼吸器》（GB2626）规定的 KN90 级别的防颗粒物呼吸器
	石棉	可更换式防颗粒物半面罩或全面罩，过滤效率至少满足 GB2626 规定的 KN95 级别的防颗粒物呼吸器
	矽尘、金属粉尘（如铅尘、镉尘）、砷尘、烟（如焊接烟、铸造烟）	过滤效率至少满足 GB2626 规定的 KN95 级别的防颗粒物呼吸器
	放射性颗粒物	过滤效率至少满足 GB2626 规定的 KN100 级别的防颗粒物呼吸器
	致癌性油性颗粒物（如焦炉烟、沥青烟等）	过滤效率至少满足 GB2626 规定的 KP95 级别的防颗粒物呼吸器

(续表)

危害因素	分类	要求
化学物质	窒息气体	隔绝式正压呼吸器
	无机气体、有机蒸汽	防毒面具 面罩类型：工作场所毒物浓度超标不大于10倍，使用送风或自吸过滤半面罩；工作场所毒物浓度超标不大于100倍，使用送风或自吸过滤全面罩；工作场所毒物浓度超标大于100倍，使用隔绝式或送风过滤式全面罩
	酸、碱性溶液、蒸汽	防酸碱面罩、防酸碱手套、防酸碱服、防酸碱鞋
噪声	劳动者暴露于工作场所 80 dB ≤ LEX, 8h < 85 dB 的	用人单位应根据劳动者需求为其配备适用的护听器
	劳动者暴露于工作场所 LEX, 8 h ≥ 85 dB 的	用人单位应为劳动者配备适用的护听器，并指导劳动者正确佩戴和使用。劳动者暴露于工作场所 LEX, 8h 为 85~95 dB 的应选用护听器 SNR 为 17~34 dB 的耳塞或耳罩；劳动者暴露于工作场所 LEX, 8 h ≥ 95 dB 的应选用护听器 SNR ≥ 34 dB 的耳塞、耳罩或者同时佩戴耳塞和耳罩，耳塞和耳罩组合使用时的声衰减值，可按二者中较高的声衰减值增加 5 dB 估算

四、选择防护用品需要考虑的其他因素

1. 针对有害物质可能会危害的不同部位或面积，选择相对应的防护用品。

2. 根据佩戴者身体尺寸或佩戴部位尺寸的大小，选择相应型号或尺寸的个体职业病防护用品。

3. 长时间佩戴的舒适性，以及对作业活动或身体健康的影响。

4. 需要对多个危害因素或多个身体部位进行防护时，需考虑不同防护用品之间的协调性、匹配性及集成性。

5. 防护用品的外形结构、尺寸、工作性能、材料等特性对作业环境及作业活动的适用性、安全性。

6. 防护用品购买、携带、维护和使用的方便性。

第三节　个人职业病防护用品管理注意问题

一、个体职业病防护用品使用期限和报废

（一）呼吸器的使用寿命及更换周期

1.用人单位管理人员根据作业场所职业性有害物质的性质、浓度、劳动者劳动强度、现场环境温度、湿度以及所购买防护用品的性能等有效评估过滤元件的使用寿命，并及时更换过滤元件。任何时候，防颗粒物和防毒的过滤元件都不允许水洗。可更换式防颗粒物或防毒半面罩、全面罩过滤元件可更换；面罩本体要每天清洁，呼气阀、吸气阀、头带等可更换部件坏损时要及时更换，面罩本体发生变形、裂纹或破裂迹象时要更换。防颗粒物过滤元件在正确选择的前提下，防颗粒物过滤元件长时间不更换，不会导致过滤效率降低，但会使劳动者吸气阻力增加，增加使用者的负荷，如果不能及时更换，劳动者为了呼吸顺畅，有可能会不坚持佩戴，或将头带调松，增加透气感，使呼吸器不能密合，这将会使防护能力急剧下降，不能实现保护劳动者健康的目的。因此，当使用者自己感觉阻力明显增加时，要更换过滤元件。

2.滤毒盒的使用寿命会受污染物的性质（同样浓度水平，对有些物质使用时间长一些，有些短一些）、污染物浓度（浓度越高，使用时间越短）、佩戴者劳动强度（劳动强度越大，呼吸频率越快，使用时间越短）、环境温度、湿度（湿度过高，活性炭会吸附水汽，从而降低吸附有机蒸汽的能力，使有机滤毒罐使用寿命下降）等多方面因素的影响。为有效制定出科学的更换时间周期表，就需要对各项危害因素进行科学、真实的测定，通过评估确定过滤元件的更换时间表，在失效前进行更换。需要注意的是，预测的使用时间是理论值，由于工作场所比较复杂，为安全起见，应对预测的使用时间加上一个保险系数（即对预测的使用时间打个折扣），这需要用人单位职业健康管理部门加以评估和判定。

（二）报废个体职业病防护用品的情况

所选用的个体职业病防护用品技术指标不符合国家相关标准或行业标准；所选用的个体职业病防护用品与所从事的作业类型不匹配；个体职业病防护用品产品标识不符合产品要求或国家法律、法规的要求；个体职业病防护用品在使用或保管储存期内遭到破损或超过有效使用期；所选用的个体职业病防护用品经定期检验和抽查不合格；当发生使用说明中规定的其他报废条件时，相关防护用品须报废。

二、用人单位个体职业病防护用品的管理

（一）用人单位劳动防护用品管理规范要求

为规范用人单位职业病等个体防护用品管理，原安全生产监督管理总局制定出台了《用人单位劳动防护用品管理规范》，该规范 2018 年进行了修订，修订后对个体职业病防护用品的管理提出了要求，具体如下：

1.用人单位使用的劳务派遣工、接纳的实习学生应当纳入本单位人员统一管理，并配备相应的劳动防护用品。对处于作业地点的其他外来人员，必须按照与进行作业的劳动者相同的标准，正确佩戴和使用劳动防护用品。

2.用人单位应当在可能发生急性职业损伤的有毒、有害工作场所配备应急劳动防护用品，放置于现场邻近位置并有醒目标识。用人单位应当为巡检等流动性作业的劳动者配备随身携带的个人应急防护用品。

3.用人单位应当根据劳动者工作场所中存在的危险、有害因素种类及危害程度、劳动环境条件、劳动防护用品有效使用时间制定适合本单位的劳动防护用品配备标准。

4.用人单位应当根据劳动防护用品配备标准制订采购计划，购买符合标准的合格产品。应当查验并保存劳动防护用品检验报告等质量证明文件的原件或复印件。

5.用人单位应当按照本单位制定的配备标准发放劳动防护用品，并做好登

记，登记必须有劳动者本人签字。

6.用人单位应当对劳动者进行劳动防护用品的使用、维护等专业知识的培训。应当督促劳动者在使用劳动防护用品前，对劳动防护用品进行检查，确保外观完好、部件齐全、功能正常。应当定期对劳动防护用品的使用情况进行检查，确保劳动者正确使用。

7.用人单位应当安排专项经费用于配备劳动防护用品，不得以货币或者其他物品替代。该项经费计入生产成本，据实列支。

8.用人单位应当为劳动者提供符合国家标准或者行业标准的劳动防护用品。使用进口的劳动防护用品，其防护性能不得低于我国相关标准。

9.劳动者在作业过程中，应当按照规章制度和劳动防护用品使用规则，正确佩戴和使用劳动防护用品。

（二）个体防护装备配备规范要求

《中华人民共和国职业病防治法》要求用人单位必须为劳动者提供个人使用的职业病防护用品，并进行经常性维护、检修，定期检测其性能和效果，确保其处于正常状态。劳动者应当学习和掌握相关的职业卫生知识，正确使用、维护个人使用的职业病防护用品，有权要求用人单位提供符合职业病防治要求的个人使用的职业病防护用品，改善工作条件。《个体防护装备配备规范第1部分：总则》（GB39800.1—2020）对个体防护装备配备进行了规定。

1.基本要求：用人单位应建立健全个体防护装备管理制度，至少应包括采购、验收、保管、选择、发放、使用、报废、培训等内容，并建立健全个体防护装备管理档案；用人单位应在入库前对个体防护装备进行进货验收，确定产品符合国家或行业标准，对国家规定需进行强检的个体防护装备，用人单位应委托具有检测资质的检验检测机构进行定期检验；在作业过程中发现存在其他危害因素，现有个体防护装备不能满足作业安全或卫生学需求、需要另外配备时，应立即停止相关作业，按相关标准和法规配齐相应的个体防护装备后，才可继续作业。

2.追踪溯源：用人单位应购置在最小贴码包装及运输包装上具有追踪溯源标识的个体防护装备，应能通过该标识实现全国性追踪溯源，追踪溯源信息应包括制造商信息、产品信息、由检验检测机构出具的该产品款号的检验检测报告信息、必要的经销商销售信息；用人单位在采购时可通过追溯源标识，核实产品实物信息和检验检测报告信息。

3.判废和更换：当出现个体防护装备经检验或检查被判定为不合格、超过有效期、功能已失效、使用说明书中规定的其他判废或更换条件等情况时，用人单位应给予判废和更换新品。被判废或更换的个体防护装备不得再次使用。

4.培训和使用：用人单位应制订培训计划和考核办法，并建立和保留培训和考核记录；用人单位应定期对作业人员进行培训，包括工作中存在的危害种类和法律法规、标准等规定的防护要求，本单位采取的控制措施，个体防护装备的选择、防护效果、使用方法、维护防护、保养方法和检查法；有新员工入职、员工转岗、个体防护装备配备发生变化、法律法规及标准发生变化等情况，用人单位应及时按需进行培训；未按规定佩戴和使用个体防护装备的作业人员不得上岗作业；作业人员应熟练掌握个体防护装备正确佩戴和使用方法，用人单位应监督作业人员个体防护装备的使用情况；在使用个体防护装备前，作业人员应对装备进行检查（如外观、适合性等），确保装备能够正常使用；用人单位应按照产品说明书的有关内容和要求，指导并监督使用人员对装备进行正确的日常维护和使用前检查，对须由专人负责的，应指定受过培训的合格人员负责日常检查和维护。

三、特种防护用品管理

我国对劳动防护用品的生产销售和使用过去适用两套制度，一个是原国家质检总局依据《工业品生产许可证管理办法》贯彻执行的特种劳动防护用品"工业产品生产许可制度"，由质检部门负责对生产和流通环节进行监督管理；另一个是原国家安全生产监督管理总局依据《劳动防护用品监督管理规定》（安监局令〔2005〕1号）贯彻执行的特种劳动防护用品"安全标志认证制度"，由安全生产监督管理部门对使用环节的用人单位进行监督。根据国家简政放权改革需要，原国家安全生产监督管理总局2015年5月29日以安全生产监督管理总局令〔2015〕80号废止了《劳动防护用品监督管理规定》（安监局令〔2005〕1号），因此，特种防护用品目前不再需要标注安全标志认证标志（LA标志）。2018年11月22日，国家市场监督管理总局公布了新修订的工业产品生产许可证实施通则及各工业产品生产许可证实施细则，其中新版《特种劳动防护用品产品生产许可证实施细则》于2018年12月1日起实施。此次修订将特种劳动防护用品原32大类产品单元减少为15大类，合并了产品品种，取消了规格型号。市场监督管理总局对特种防护用品发放质量安全标志，该标志下面的数字字母编号与该产品的工业产品生产许可证的编号一致。新版15类特种防护用品涉及职业病防治的防护用品具体见表9-4。

表9-4 特种劳动防护用品产品单元及说明（个人职业病防护用品部分）

序号	产品单元	产品品种	产品单元说明	备注
1	焊接眼面防护具	钢板纸面罩	包括手持式、头戴式、安全帽与面罩组合式	—
		塑料面罩		
		焊接工防护眼罩	遮光号：1.2#、1.4#、1.7#、2#、2.5#、3#、4#、5#、6#、7#、8#、9#、10#、11#、12#、13#、14#、15#、16#	
		滤光片		
		眼镜		
		自动变光焊接滤光镜	以明态遮光号/最亮的暗态遮光号—最暗的暗态遮光号	
2	防冲击眼护具	眼镜	包括L型、M型、H型	—
		眼罩		
		面罩		
3	防护服	酸碱类化学品防护服（织物）	包括一级、二级、三级	—
		酸碱类化学品防护服（非织物）		
4	足部防护用品	耐化学品的工业用橡胶靴	—	—
		耐化学品的工业用模压塑料靴	—	

第九章 个人职业病防护用品管理

（续表）

序号	产品单元	产品品种	产品单元说明	备注
5	防护手套	耐酸（碱）手套	包括橡胶、乳胶、塑料，分为耐磨性（1~4）级 + 抗切割性（1~5）级 + 抗撕裂性（1~4）级 + 抗穿刺性（1~4）级	耐酸碱手套覆盖耐酸手套和耐碱手套
6	自吸过滤式防毒面具	半面罩	包括塑料、橡胶、橡塑，分为直接式、导管式	—
		全面罩		
		过滤件（A型、B型、E型、K型、CO型、Hg型、H$_2$S型、可复合）	包括塑料过滤件和金属过滤件，过滤件按如下标记： 过滤件类型—防护气体类型—滤烟性能—防护级 过滤件类型为P、D、Z、T； 防护气体类型为A型、B型、E型、K型、CO型、Hg型、H$_2$S型，可复合，特殊过滤件根据实际防护气体类型填写； 滤烟性能为P1、P2、P3，无滤烟性能无此项； 防护级为1、2、3、4，特殊过滤件无此项	多种功能的过滤件可覆盖较少功能或单一功能的过滤件
7	长管呼吸器	—	包括自吸式、连续送风式、高压送风式	—
8	自给开路式压缩空气呼吸器	—	包括G—G—储气量、G—F—储气量	—
9	自吸过滤式防颗粒物呼吸器	随弃式面罩	包括KN90、KN95、KN100、KP90、KP95、KP100 注：全面罩无KN90和KP90级别	
		可更换式半面罩		
		全面罩		
10	动力送风过滤式呼吸器	密合型面罩（正压式/负压式）+ 防护气体类型	包括防护气体类型、颗粒物防护级别，或以上组合 注：防护气体类型为A1、A2、A3、B1、B2、B3、E1、E2、E3、K1、K2、K3、NO、Hg、CO、AX、SX，或以上组合 颗粒物防护级别：P95、P100	多种功能的防护气体类型可覆盖较少功能或单一功能的防护气体类型
		开放型面罩 + 防护气体类型		
		送气头罩 + 防护气体类型		

注：KN是防非油性的颗粒物，包括各种粉尘，如煤尘、岩尘、水泥尘、木粉尘，还包括油漆雾、酸雾、焊接烟尘等；KP是防非油性和油性颗粒物，典型的油性颗粒物如油烟、油雾、沥青雾、焦炉烟和柴油机尾气颗粒。90、95和100级别的过滤元件过滤效率分别为90%、95%和99.97%。

四、个体职业病防护用品管理要点

个体职业病防护用品管理要点包括：个体职业病防护用品管理制度建立情况，包括计划制订、购买、验收、使用、检查、培训、报废等环节责任部门及职责要求，以及企业个体防护用品配备标准等；个体职业病防护用品购买情况，包括购买计划、购买发票、验收登记等；个体防护用品发放情况，包括查看个体防护用品领用登记表，是否为每个劳动者签名，是否存在代签情况；个体职业病防护用品培训及督促情况，包括劳动者培训档案中是否包含个体防护用品使用管理内容；现场询问劳动者，防护用品配备和使用情况、培训情况等。

个体职业病防护用品佩戴方法举例如下：

（一）防噪声耳塞的佩戴

佩戴时，先把耳塞搓或捻细，快速把耳塞插入耳道，同时把耳朵向上提起如图所示，目的是把耳塞最大限度地插进去。耳塞佩戴好后，1/2~3/4 的耳塞应塞入耳道。具体见图 9-2，9-3。

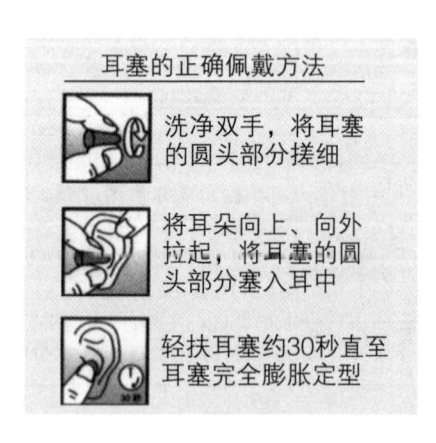

图 9-2 耳塞佩戴方法

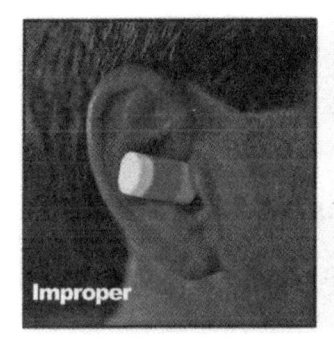

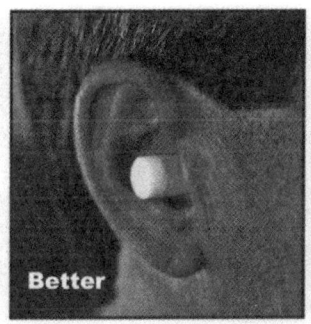

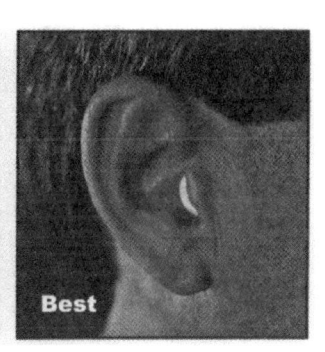

图 9-3 耳塞佩戴效果图

（二）防噪声耳罩的佩戴方法

防噪声耳罩是一种能明显降低噪声，对听力起到有效防护的产品。防噪声耳罩广泛适用于工厂、机场等有强噪声的场所。耳罩根据外形分为独立用防噪声耳罩与配安全帽用防噪声耳罩两种。

佩戴方法：向外拉开防噪声耳罩并跨过头部上方，将罩杯盖在双耳上，使耳罩的软垫完全罩住耳部并且紧密贴合头部。调节头带的同时，上下调整防噪声耳罩罩杯的位置，使头带与头顶部达到稳固和舒适的配合。头带应佩戴在头顶正上方。

为了取得出色的防护效果，防噪声耳罩的软垫应该紧密地贴合头部，任何影响佩戴紧密度的物体，如耳边的头发（尽量往后拨头发）、厚的或是不紧贴头部的眼镜架、放在耳朵上的铅笔，以及帽子等，都会使防噪声耳罩佩戴不紧进而降低防护性能。不要弯折及改变头带的形状，因为这会使头带松弛，导致声音泄漏。

（三）防尘口罩的佩戴

1.在佩戴未经使用的口罩前，先将头带每隔2~4厘米处拉松，将手穿过口罩头带，金属鼻位向前。

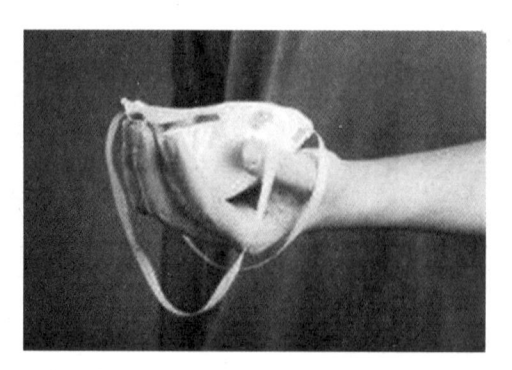

2. 戴上口罩并紧贴面部,将上端头带拉上,放于头后,然后将下端头带拉过头部,置于头后,并调校口罩至舒适位置。

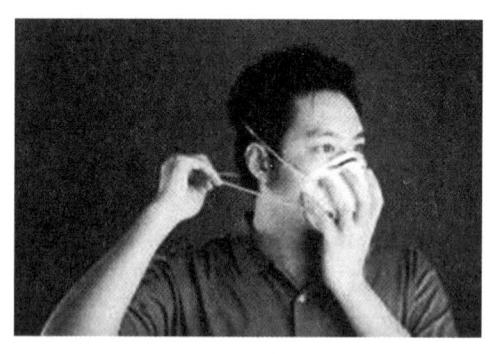

3. 将双手指尖沿着鼻梁金属条,由中间至两边,慢慢向内按压,直至紧贴鼻梁。

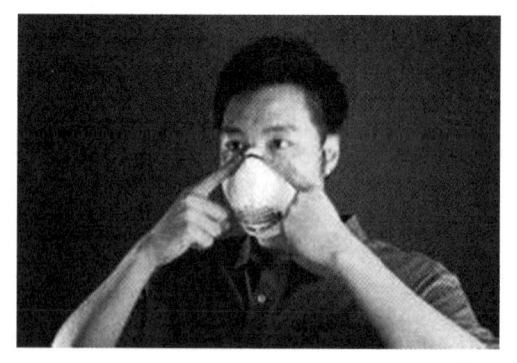

4. 双手尽量遮盖口罩并进行正压/负压测试。

正压测试：以双手遮住口罩，然后大力呼吸。如空气从口罩边缘溢出，表示佩戴不当，必须再次调校头带及鼻梁金属条。

负压测试：以双手遮住口罩，然后大力吸气，口罩中央会凹陷，如果有空气从口罩边缘进入，表示佩戴不当，必须再次调校头带及鼻梁金属条。在未将口罩调校至合适的位置前，切勿进入空气污染的地区。

个体防护用品使用情况检查包括个体防护用品检查维护记录档案，现场查看劳动者是否根据需要配备防护用品，配备的个体职业病防护用品是否与接触危害因素一致，根据检测结果，判断防护用品是否符合职业病防治标准要求等。检查个体防护用品管理档案建立情况，个人防护用品发放台账要求每个接触危害因素劳动者自己签名认领。

五、注意问题

能不能防治职业病，要研究《用人单位劳动防护用品管理规范》《有机溶剂作业场所个人职业病防护用品使用规范》《个体防护装备选用规范》《护听器的选择指南》《呼吸防护用品的选择、使用与维护》《中国石化劳动保护费用及个体劳动防护用品管理规定》《化工企业劳动防护用品选用及配备》《煤矿职业安全卫生个体防护用品配备标准》等标准规范，如《煤矿职业安全卫生个体防护用品配备标准》规定了煤矿作业场所耳塞耳罩的配备范围，同时规定了当戴耳塞（耳罩）影响安全时，禁止发放耳塞。因此，影响安全生产时，即使没有配备耳塞，没有使用防护用品，也不能进行处罚。再如，接触噪声的劳动者，当暴露于 80 dB ≤ LEX，8 h < 85 dB 的工作场所时，用人单位应当根据劳动者需求为其配备适用的护听器；当暴露于 LEX，8 h ≥ 85 dB 的工作场所时，用人单位必须为劳动者配备适用的护听器，并指导劳动者正确佩戴和使用，具体可参照《护听器的选择指南》（GB/T23466）。如作业场所 8 h 噪声检测值为 120 dB（A），配备了最大保护值为 30 dB（A）耳塞，根据《护听器的选择指南》，120 − 30×0.6（防护系数）=102 > 85，属于防护无效，就是不符合职业病防护要求的防护用品。

根据 GBZ2.1—2019 化学有害因素职业接触水平及其分类控制规定，当作业场所化学性危害因素浓度超过 OELs（职业接触限值）时，推荐的控制措施为一般危害告知、特殊危害告知、职业卫生监测、职业健康监护、作业管理、个体防护用品和工程、工艺控制，其基于的原理是职业接触限值的概念，即劳动者在职业活动过程中长期反复接触某种或多种职业性有害因素，不会引起绝大多数接触者不良健康效应的容许接触水平。对有害物质的易感性因人而异。即使接触水平在容许浓度以下，也有可能出现不适、当前的健康异常状况进一步恶化或者不能防止职业病发生等情况。因此，在观察到劳动者出现某些健康异常时，不能只以超过 OELs 作为职业病诊断与鉴定的唯一依据。

（一）经皮吸收

制定 OELs 的前提是假定劳动者的接触途径主要为吸入接触。但是，许多化学物质除通过吸入接触外，还可通过皮肤、黏膜和眼睛直接接触蒸汽、液体和固体，经完整的皮肤吸收而引起全身效应。对这些化学物质标注"皮"的标识（如有机磷酸酯类化合物，芳香胺，苯的硝基、氨基化合物等），旨在提示即使该化学有害因素的空气浓度 ≤ PC-TWA 值，劳动者仍有可能通过皮肤引起过量的接触。患有皮肤病或皮肤破损时可明显影响皮肤吸收。对于那些标有"皮"的标识且 OELs 较低的物质，在接触高浓度，特别是在皮肤大面积、长时间接触的情况下，须采取特殊的预防措施以避免或减少皮肤的直接接触。当难以准确定量其接触程度时，也必须采取措施预防皮肤的大量吸收。对化学物质标注

"皮"时，并未考虑该化学物质引起的刺激和致敏作用，对那些可引起刺激或腐蚀效应但没有全身毒性的化学物质原则上不标注"皮"的标识。

（二）致敏作用

对化学物质标注"敏"的标识，是指已有的人或动物资料证实该物质可能具有致敏作用，但并不表示确定该物质 PC-TWA 值大小依据的临界不良健康效应是致敏作用，也不表示致敏作用是制定其 PC-TWA 值的唯一依据。对化学物质标注"敏"的标识，旨在保护劳动者避免诱发致敏效应，但不保护那些已经致敏的劳动者。使用"敏"的标识不能明显区分所致敏的器官系统。避免接触致敏物及其结构类似物，可减少个体过敏反应的发生。接触致敏物，即使浓度很低，易感个体也可能产生疾病症状，对此敏感的个体，防止其特异性免疫反应的唯一方法是完全避免接触致敏物及其结构类似物，应通过工程控制措施和个人防护用品有效地减少或消除接触。

（三）致癌作用

致癌性标识按国际癌症组织（IARC）分级，并作为参考性资料。化学物质的致癌性证据来自流行病学、毒理学和机理研究。IARC 根据化学物对人致癌的证据，将潜在化学致癌性物质分类为对人致癌（G1）、对人可能致癌（G2A）、对人可疑致癌（G2B）、尚不能分类为对人致癌（G3）和可能对人无致癌性（G4）。根据实际情况，本部分采纳 IARC 的致癌性分级标识 G1、G2A、G2B 并在备注栏内分别标注，作为职业病危害预防控制的参考。对于标有致癌性标识以及有可能损伤基因的化学物质，应采取最先进的技术措施与个人防护，以减少接触机会，尽可能保持最低的接触水平。

综上，对于致癌、致敏和经皮吸收的化学物质，不管浓度大小，都应当使用相应的防护用品，对于其他化学性物质，一般超过职业接触限值才需要配备防护用品。

第十章 职业病防护设施的管理

职业病防护设施是指消除或者降低工作场所的职业病危害因素的浓度或者强度，预防和减少职业病危害因素对劳动者健康的损害或者影响，保护劳动者健康的设备、设施、装置、构（建）筑物等的总称。职业病防护设施正常运行，才能有效预防职业病发生。

一、职业病防护设施设置依据

1.《中华人民共和国职业病防治法》

第十八条第一款，建设项目的职业病防护设施所需费用应当纳入建设项目工程预算，并与主体工程同时设计，同时施工，同时投入生产和使用。

第二十二条第一款，用人单位必须采用有效的职业病防护设施，并为劳动者提供个人使用的职业病防护用品。

第二十五条第三款，对职业病防护设备、应急救援设施和个人使用的职业病防护用品，用人单位应当进行经常性的维护、检修，定期检测其性能和效果，确保其处于正常状态，不得擅自拆除或者停止使用。

2.《工作场所职业卫生管理规定》

第十二条，产生职业病危害的用人单位的工作场所应当符合下列基本要求：有与职业病防治工作相适应的有效防护设施。

第十八条，用人单位应当对职业病防护设备、应急救援设施进行经常性的维护、检修和保养，定期检测其性能和效果，确保其处于正常状态，不得擅自拆除或者停止使用。

二、常见职业病防护设施设置

职业病防护设施是职业病危害控制的关键环节,基于防护对象,防护设施包括防尘设施、防毒设施、防噪声设施、防高温设施、防非电离辐射设施、防电离辐射设施、防生物设施等。相关设施设置要求如下。

(一)生产性粉尘防护设施设置

1. 产生或存在生产性粉尘的作业场所应设置防护设施

(1)采用密闭管道输送、密闭自动(机械)称量、密闭设备加工,防止粉尘外逸。

(2)采用半密闭罩、隔离室等设施隔绝、减少粉尘的扩散。

(3)降低物料落差、适当降低溜槽倾斜度、隔绝气流、减少诱导空气量和设置空间(通道)等;皮带转运点采用导料槽或导向板。

(4)增湿、喷雾、喷蒸汽等湿式抑尘措施,减少物料在装卸、运输、破碎、筛分、混合和清扫等过程中粉尘的产生和扩散,加速作业场所飘尘的凝聚、降落。

(5)消除二次扬尘,尽量减少积尘平面,地面、墙壁应平整光滑,墙角呈圆角,便于清扫;负压清扫地面、墙壁、构件和设备上的粉尘,水冲洗的方法清理地面、墙壁、顶棚和构件积尘。

(6)全面机械通风,将车间空气中烟雾型粉尘浓度稀释并排到室外,局部通风除尘适用于尘源固定的作业场所。

(7)根据生产工艺和粉尘特性,采取局部通风除尘设施控制其扩散,使工作场所生产性粉尘的浓度达到《工作场所有害因素职业接触限值第1部分:化学有害因素》(GBZ2.1)要求。

(8)对移动的扬尘作业,应与主体工程同时设计移动式轻便防尘设备。

2. 局部通风除尘设施设置要求

在尘源处或其近旁设置吸尘罩,利用风机动力,将生产过程中产生的粉尘连同运载粉尘的气体吸入罩内,经风管送至除尘器净化后,再经风管排入大气。局部通风除尘系统通常由吸尘罩、风管、除尘器和风机组成。通风除尘设计必须遵循《工业建筑供暖通风与空气调节设计规范》（GB50019—2015）及相应的防尘技术规范和规程的要求。

（1）吸尘罩：形式有多种，根据其作用原理分为密闭罩、外部罩。密闭罩是将尘源局部或全部密闭起来的吸尘罩，分为局部密闭罩、整体密闭罩、大容积密闭罩、排风柜；外部罩是将罩子设在尘源附近，依靠罩口外的吸气气流将尘源散发的粉尘吸入罩内，分为上吸罩、下吸罩、侧吸罩等。局部吸尘（气）罩必须遵循形式适宜、位置正确、风量适中、强度足够、检修方便的设计原则，罩口风速或控制点风速应足以将发生源产生的尘、毒吸入罩内，并不致把物料带走。

（2）风管（风道）：风管布置力求简单、紧凑，少占用空间，不妨碍生产，便于安装和维修。风管应有良好的密封状态，管壁光滑，减少弯道；宜采用圆形截面风道，风管直径一般不小于100毫米；一个通风除尘系统的吸尘点不宜过多，一般不超过5~6个；按照粉尘类别不同，通风除尘管道内应保证达到最低经济流速，为便于除尘系统的测试，设计中应在除尘器的进出口处设测试孔，测试孔的位置应选在气流稳定的直管段；应设便于清扫的密闭清扫孔，一般设于异型管附近或者水平和倾斜管道的端部；风道最好垂直或倾斜布置，倾斜角应大于粉尘的自然安息角（45°或50°）；当条件所限，只能用较小坡度或水平敷设风道时，风道中必须有足够的风速，水平风道不宜过长；不同物料的吸风点，或容易凝结蒸汽和聚积粉尘的通风管道，几种物质混合能引起爆炸、燃烧或形成危害更大物质的通风管道应设单独通风系统，不得相互连通；风管材料应耐磨，可用1.5~2毫米的钢板、聚氯乙烯塑料板、砖及混凝土等；通风系统中含有可燃气体或可燃粉尘时，通风管道应考虑防爆；所输送气体需要保温时，要考虑管道保温措施；存在腐蚀性气体时，应考虑防腐；当易燃易爆的粉尘、纤维，含尘浓度大于或等于其爆炸下限的25%时，或通风净化后粉尘、有害气体浓度大于或等于其职业接触限值的30%时，或含有病原体、恶臭物质及有害物质浓度可能突然增高的工作场所不宜使用循环风。

（3）风机：是通风的基本动力，是通风除尘系统中的重要设备之一，分为离心式和轴流式风机,现多采用动力较大的离心式风机。为了防止通风机的磨损和腐蚀,风机应设在净化设备之后。

(4)除尘器:是指利用各种物理方式从含尘气体中分离出尘粒,并加以收集的设备。按作用原理,除尘器分为机械式除尘器、过滤式除尘器、湿式除尘器和静电除尘器。局部通风排尘装置排出的有害气体必须通过除尘设备处理后,才能排入大气。

(二)化学毒物的防护设施设置

1. 产生或存在化学毒物的作业场所应设置防护设施

(1)尽量选择生产过程中不产生或少产生有毒物质的工艺,或者以无毒、低毒物料代替有毒、高毒物料。

(2)生产装置密闭化、管道化,尽可能实现负压生产,防止有毒物质泄漏、外逸;生产过程机械化、程序化和自动控制,使操作人员不接触或少接触有毒物质。

(3)有害化学物浓度较低、散发点较分散或流动的工作场所,宜采用全面通风换气;当数种溶剂(苯及其同系物或醇类或醋酸酯类)蒸汽,或数种刺激性气体(三氧化硫及二氧化硫或氟化氢及其盐类等)同时放散于空气中时,全面通风换气量应按各种气体分别稀释至规定的接触限值所需要的空气量的总和计算。除上述有害物质的气体及蒸汽外,其他有害物质同时放散于空气中时,通风量应仅按需要全气量最大的有害物质计算。

(4)生产规模较大或有剧毒化学物质的工作场所应设置局部排风设施,将发散源产生的有毒化学物吸入排毒罩,利用风机动力,将其经风管送至净化器净化后排入大气。

(5)局部送风设施用于密闭空间作业,新鲜空气直接送到操作人员呼吸带。

(6)移动的逸散毒物的作业,与主体工程同时设置移动式轻便排毒设备。

(7)存在毒物或酸碱等强腐蚀性物质的工作场所,设冲洗设施,墙壁、顶棚和地面等应采用耐腐蚀、不吸收、不吸附毒物的材料。

（8）当采样介质中含有高毒、易挥发有毒化学物质时，应采用密闭采样。

（9）采用热风采暖、空气调节和机械通风装置的车间，其进风口应设置在室外空气清洁区并低于排风口，进气和排气装置应避免气流短路。集中空调系统换气量应满足稀释有毒有害气体需要量，新风量应足够，换气次数每小时不少于12次。通过天窗排放的，车间屋顶应避免设置进风口。

（10）产生剧毒物质车间的排风系统和一般车间的排风系统应分开；输送含有剧毒物质的正压风管，不得通过其他房间。

2. 局部通风排毒设施设置要求

局部排风是在产生有害物质的地点设置局部排风罩，利用局部排风气流捕集有害物质并排至室外，使有害物质不致扩散到作业人员的工作点，是排除有害物质最有效的方法。局部排风系统一般由排风罩、风管、除尘或净化设备、风机和烟囱组成。

（1）排风罩：根据其作用原理，分为密闭罩、柜式排风罩、外部罩、接受罩、吹吸罩等，排气罩应遵循"形式适宜、位置正确、风量适中、强度足够、检修方便"的原则，罩口风速或控制点风速应足以将发生源产生的有毒物质吸入罩内；排毒罩口与有毒有害物质的发生源之间的距离应尽量靠近并加设围挡；排毒罩口的形状和大小应与发生源的逸散区域和范围相适应；罩口应迎着有毒有害物质气流的方向；进风口与排风口位置必须保持一定的距离；有毒有害物质被吸入排毒罩口前不应通过操作者的呼吸带，排毒要求的控制风速在 0.25~3 m/s 之间，常用风速为 0.5~1.5 m/s。柜形排风罩内有热源存在时，应在排风罩上部排风。

（2）通风管道：通风管道布置与建筑结构配合，尽量少占有用空间，不影响生产操作，便于安装和维修；划分系统时要考虑排送气体性质，若管道水雾凝结、积尘混合后存在引爆、燃烧等因素，应设单独通风系统且不得相互连通；排气、除尘系统的吸气（尘）点不宜过多；风管应力求顺直，减少阻力；用作风管的材料有薄钢板、硬聚氯乙烯塑料板、胶合板、纤维板、矿渣石膏板、砖及混凝土等，需要经常移动的风管应采用柔性材料。管道风速采用 8~12 m/s。

工作场所存在两种或两种以上毒物，混合后具有协同作用时，应隔开进行生产，分别单独设置排风系统，不得将两者的排风系统连在一起。通过工作场所的排风管道必须保持负压。

（3）风机：风机是通风的基本动力，是通风排毒系统中的重要设备之一，为了防止通风机的磨损和腐蚀，风机应设在净化设备之后。

（4）气体净化器：是指对生产过程中产生的有毒有害气体进行收集净化，使其排放浓度符合国家规定标准的设备，其净化方法主要有燃烧法、冷凝法、吸收法、吸附法、膜分离法、生物法等。

（三）噪声的防护设施设置

产生或存在噪声的作业场所应设置防护设施如下：

1. 选用低噪声设备、低噪声材料、低噪声工艺。

2. 噪声较大的设备应尽量将噪声源与操作人员隔开；工艺允许远距离控制的，可设置隔声操作（控制）室。

3. 具有生产性噪声的车间和设备应尽量独立设置，远离其他非噪声作业车间、行政区和生活区。

4. 噪声与振动强度较大的生产设备应安装在单层厂房或多层厂房的底层。

5. 对振幅、功率大的设备，应设计减振基础，如可采取安装减振支架、减振垫层等。

6. 采用吸声材料装饰车间内表面（多孔吸声、薄板共振），悬挂吸声体等。

7. 高噪声设备工艺允许时设隔声罩。

8. 高噪声场所设隔声操作室、值班室、休息室等隔声室，隔声室的天棚、墙体、门窗均应符合隔声、吸声的要求。

9. 产生噪声的风道、排气管设消声器，采用阻尼材料减振。

（四）高温的防护设施设置

产生或存在高温的作业场所应设置防护设施如下：

1.应优先采用先进的生产工艺、技术和原材料,工艺流程的设计宜使操作人员远离热源,同时根据其具体条件采取必要的隔热、通风、降温等措施。

2.通过合理组织自然通风气流降低工作环境的温度。夏季自然通风用的进气窗,其下端距地面不应高于1.2米,以便空气直接吹向工作地点。冬季自然通风用的进气窗,其下端一般不低于4米。如低于4米时,应采取防止冷风吹向工作地点的有效措施。以自然通风为主的高温作业厂房应有足够的进、排风面积。产生大量热、湿气、有害气体的单层厂房的附属建筑物,占用该厂房外墙的长度不得超过外墙全长的30%,且不宜设在厂房的迎风面。

3.高温作业地点设置全面、局部送风装置或空调降低工作环境的温度。设置全面通风时,应合理组织通风气流。采用局部送风降温措施时,带有水雾的气流到达工作地点的风速应控制在3~5 m/s,雾滴直径应< 100 μm;不带水雾的气流到达工作地点的风速,劳动强度Ⅰ级应控制在2~3 m/s,劳动强度Ⅱ级应控制在3~5 m/s,劳动强度Ⅲ级应控制在4~6 m/s。设置空调时,工艺上以湿度为主要要求的空气调节车间,不同湿度条件下的空气温度应符合表10-1的规定。

表10-1 空气调节厂房内不同湿度下的温度要求(上限值)

相对湿度(%)	< 55	< 65	< 75	< 85	≥ 85
温度(℃)	30	29	28	27	26

高温作业车间应设有工间休息室。休息室应远离热源,采取通风、降温、隔热等措施,使温度≤ 30 ℃;设有空气调节的休息室室内气温应保持在24~28 ℃。

4.高温管道和设备设置高温包扎,常用的隔热材料有草灰、绳、泥土、土坯、青砖、石棉、矿渣棉等。

5.应根据工艺、供水和室内微小气候等条件采用有效的隔热措施,如水幕、隔热水箱或隔热屏等。工作人员经常停留或靠近的高温地面或高温壁板,其表面平均温度不应> 40 ℃,瞬间最高温度也不宜> 60 ℃。

6.应根据夏季主导风向设计高温作业厂房的朝向,使厂房能形成穿堂风或能增加自然通风的风压。高温作业厂房平面布置呈"L"型、"Π"型或"Ⅲ"型的,其开口部分宜位于夏季主导风向的迎风面。产生大量热或逸出有害物质的车间,在平面布置上应以其最长边作为外墙,若四周均为内墙时,应采取向室内送入清洁空气的措施。高温、热加工、有特殊要求和人员较多的建筑物应避免西晒。

7. 热源应尽量布置在车间外面;采用热压为主的自然通风时,热源应尽量布置在天窗的下方;采用穿堂风为主的自然通风时,热源应尽量布置在夏季主导风向的下风侧;热源布置应便于采用各种有效的隔热及降温措施。车间内发热设备设置应按车间气流具体情况确定,一般宜在操作岗位夏季主导风向的下风侧、车间天窗下方的部位。

8. 特殊高温作业,如高温车间桥式起重机驾驶室,车间内的监控室、操作室,炼焦车间拦焦车驾驶室等应有良好的隔热措施,热辐射强度应 < 700 W/m², 室内气温不应 > 28 ℃。

9. 当作业地点日最高气温 ≥ 35 ℃时,应采取局部降温和综合防暑措施,并应减少高温作业时间。

(五)低温的防护设施设置

产生或存在低温的作业场所应设置防护设施如下:

1. 近十年每年最冷月平均气温 ≤ 8 ℃的月数 ≥ 3 个月的地区应设集中采暖设施,< 2 个月的地区应设局部采暖设施(工作地点、辅助用室温度要求)。当工作地点不固定,需要持续低温作业时,应在工作场所附近设置取暖室。

2. 冬季采暖室外计算温度 ≤ −20 ℃的地区,为防止车间大门长时间或频繁开放而受冷空气的侵袭,应根据具体情况设置门斗、外室或热空气幕。

3. 设计热风采暖时,应防止强烈气流直接对人产生不良影响,送风的最高温度不得超过 70 ℃,送风宜避免直接面向人,室内气流一般应为 0.1~0.3 m/s。

4. 产生较多或大量湿气的车间,应设计必要的除湿排水防潮设施。

5. 车间围护结构应防止雨水渗透,冬季需要采暖的车间,围护结构内表面(不包括门窗)应防止凝结水汽,特殊潮湿车间工艺上允许在墙上凝结水汽的除外。

6. 实现自动化、机械化作业,避免或减少低温作业和冷水作业。

（六）非电离辐射（射频辐射）的防护设施设置

产生或存在非电离辐射的作业场所应设置防护设施如下：

1. 生产工艺过程有可能产生微波或高频电磁场的设备，应采取有效防止电磁辐射能的泄漏措施。

2. 产生非电离辐射的设备，应有良好的屏蔽措施。

（七）工频超高压电场的防护设施设置

产生或存在工频电场作业场所应设置防护设施如下：

1. 产生工频超高压电场的设备安装地址（位置）的选择应与居住区、学校、医院、幼儿园等生活、工作区保持一定的距离，使上述区域电场强度容许接触水平控制在 4 kV/m 以下。

2. 对有可能危及电力设施安全的建筑物、构筑物进行设计时，不得将其设计在高压线两侧边线向外水平延伸 10~20 米的范围内。

3. 从事工频高压电作业场所的电场强度不应超过 5 kV/m。

4. 超高压输电设备，在人通常不去的地方，应当用屏蔽网、罩等设备遮挡起来。

（八）电离辐射的防护设施设置

1. 工业 X 射线探伤室探伤的放射防护

（1）操作室应与探伤室分开并尽量避开有用线束照射的方向，探伤室墙壁和入口处应有可靠的辐射屏蔽，屏蔽材料可选铅板材料，辐射屏蔽应同时满足人员在关注点的周剂量参考控制水平，对职业工作人员不大于 100 μSv/周，对公众不大于 5 μSv/周，关注点最高周围剂量当量率参考控制水平不大于 2.5 μSv/h。

（2）探伤室顶的辐射屏蔽应满足探伤室上方已建、拟建建筑物或探伤室旁邻近建筑物在自辐射源点到探伤室顶内表面边缘所张立体角区域内时，探伤室顶的辐射屏蔽要求同（1）；对不需要人员到达的探伤室顶，探伤室顶外表面 30

厘米处的剂量率参考控制水平通常可取为 100 μSv/h。

（3）探伤室应设置门—机联锁装置，并保证在门关闭后X射线装置才能进行探伤作业，门—机联锁装置的设置应方便探伤室内部的人员在紧急情况下离开探伤室。

（4）探伤室门口和内部应设有显示"预备"和"照射"状态的指示灯和声音提示装置，同时指示装置应与X射线探伤装置联锁。

（5）探伤室内应安装紧急停机按钮或拉绳，按钮或拉绳的安装应使人员处在探伤室内任何位置时都不需要穿过主射线束就能够使用且有标签，标明使用方法。

（6）探伤室应设置机械通风装置，排风管道外口避免朝向人员活动密集区，每小时有效通风换气次数应不小于3次。

2. 工业X射线现场探伤的放射防护

（1）探伤作业时，应对工作场所实行分区管理，一般应将作业场所中周围剂量当量率大于 15 μSv/h 的范围内划为控制区。

（2）控制区边界应悬挂清晰可见的"禁止进入X射线区"警告牌，探伤作业人员在控制区边界外操作，否则应采取专门的防护措施。

（3）现场探伤作业工作过程中，控制区内不应同时进行其他工作。为了使控制区的范围尽量小，X射线探伤机应用准直器，视情况采用局部屏蔽措施（如铅板）。

（4）控制区的边界尽可能设定实体屏障，包括利用现有结构（如墙体）、临时屏障或临时拉起警戒线（绳）等。

（5）应将控制区边界外、作业时周围剂量当量率大于 2.5 μSv/h 的范围划为监督区，并在其边界上悬挂清晰可见的"无关人员禁止入内"警告牌，必要时设专人警戒。

（6）现场探伤工作在多楼层的工厂或工地实施时，应防止现场探伤工作区上层或下层的人员通过楼梯进入控制区。

（7）探伤机控制台应设置在合适位置或设有延时开机装置，以便尽可能降低操作人员的受照剂量。

3.对源容器的放射防护

（1）用于支持和容纳密封源的部件应做到既能牢固、可靠地固定密封源，又便于密封源的装拆。

（2）在不同的使用条件下，检测仪表中源容器的安全性能应符合GB14052的相应要求。

（3）源容器应有能防止未经授权的人员进行密封源安装与拆卸操作的结构与部件，例如具有由外表不可直接视见的隐式组装结构，或具有使用特殊的专用工具时才能组装、拆卸源容器的零部件、安全锁等。

（4）当源容器设有限束器、源闸时，应满足下列要求：①当透射式检测仪表探测器处于距密封源最远使用位置时，以密封源为中心的有用线束不应超出无屏蔽体探测器或探测器的屏蔽体；②源闸在"开""关"状态的相应位置应可分别锁定,并有明显的"开""关"状态指示；③如果源闸为遥控或伺服控制的，则遥控电路或伺服控制电路发生故障时，源闸应自动关闭；④安装在物料传送带旁侧的源容器的源闸，在传送带运行时应自动开启，在传送带停止运行时应自动关闭；⑤上述③④两项，当源闸自动关闭意外故障时，应有手动关闭源闸的设施。

（5）邻近密封源的部件应选用散射线、韧致辐射少且耐辐照的材料。

（6）源容器的生产厂家应给出容器中可装载密封源的核素和最大活度。

（7）源容器外表面有半固的标牌并清晰地标明下列内容：①符合GB187规定的电离辐射标志；②制造厂家、出厂日期、产品型号和系列号；③核素的化学符号和质量数、密封源的活度及活度的测量日期；④符合GB45规定的检测仪表的类别和安全性能等级的代号。

第二节　职业病防护设施的检查与维护

《中华人民共和国职业病防治法》第二十五条第三款规定，对职业病防护设备、应急救援设施和个人使用的职业病防护用品，用人单位应当进行经常性的维护、检修，定期检测其性能和效果，确保其处于正常状态，不得擅自拆除或者停止使用。为此，用人单位应当对工作场所存在的防尘、防毒、防噪、减振、防高温、防辐射等各类职业病防护设施的设置种类、数量、设置地点、防护设计能力及运行维护等情况建立台账，并且按照制度定期对职业病防护设施进行检查维护，检查维护情况存入职业卫生管理档案。

表10-2　职业病防护设施一览表

防护设施名称	型号	使用车间和岗位	防护用途	生产及安装单位	验收日期（年月日）

编制：　　编制日期：　　年　月　日　　审核（签字）：

表10-3　职业病防护设施检修、维护记录表

车间名称		车间负责人	
防护设备名称		检修时间	
检修、维护情况（包括检修的原因、检修部门、检修费用、检修效果等）。			
验收意见：	负责人（签名）： 日期：　年　月　日		

第十一章 职业病危害因素检测与评价

职业病危害因素检测与评价是用人单位发现作业场所职业病危害情况、了解职业卫生管理水平所存在的问题，及时进行危害因素消除或降低的重要手段，也是用人单位开展职业健康监护和职业卫生申报工作的重要依据之一。职业病危害因素检测与评价主要是利用现场（和/或实验室）采样设备和检测仪器，依照《中华人民共和国职业病防治法》以及国家职业卫生领域的现行法律、法规、标准、规范的要求，对生产过程中产生的职业病危害因素进行识别、检测与分析或鉴定，掌握工作场所中产生或存在的职业病危害因素的性质、浓度或强度，以及工作场所职业病危害因素的时空分布情况，评价工作场所作业环境和劳动条件是否符合职业卫生标准的要求，为进一步制定职业病危害因素防护对策和措施，改变（改善）不良劳动条件，预防控制职业病，保障广大人民群众职业健康提供基础数据和科学依据。

第一节 职业病危害因素检测

用人单位对工作场所职业病危害因素进行经常和定期检测，可以及时了解有害因素产生、扩散、变化的规律，鉴定防护设施的效果，并为采取防护措施提供依据。对职业病危害因素的监测，主要是监测职业病危害因素的浓度或者强度是否符合国家职业卫生标准。为此，《中华人民共和国职业病防治法》规定，用人单位应当实施由专人负责的职业病危害因素日常监测，并确保监测系统处于正常运行状态。用人单位应当按照国务院卫生行政部门的规定，定期对工作场所进行职业病危害因素检测、评价。检测、评价结果存入用人单位职业卫生档案，定期向所在地卫生行政部门报告并向劳动者公布。发现工作场所职业病危害因素不符合国家职业卫生标准和卫生要求时，用人单位应当立即采取相应治理措施，治理后仍然达不到国家职业卫生标准和卫生要求的，必须停止存在职业病危害因素的作业；职业病危害因素经治理后，符合国家职业卫生标准和卫生要求的，方可重新作业。同时《工作场所职业卫生管理规定》第二十条规定，职业病危害严重的用人单位，应当委托具有相应资质的职业卫生技术服务机构，每年至少进行一次职业病危害因素检测，每三年至少进行一次职业病危害现状评价；职业病危害一般的用人单位，应当委托具有相应资质的职业卫生技术服务机构，每三年至少进行一次职业病危害因素检测。职业病危害严重的用人单位，是指建设项目职业病危害风险分类管理目录中所列职业病危害严重行业的用人单位。建设项目职业病危害风险分类管理目录由国家卫生健康委公布。各省级卫生健康主管部门可以根据本地区实际情况，对分类管理目录作出补充规定。从上述法规分类，职业病危害检测包括日常监测、定期检测和现状评价。

一、职业病危害日常监测

职业病危害日常监测是用人单位自己进行的检测，是用人单位自身职业病防治管理义务之一，用人单位应当依据国务院卫生行政部门制定的规范，根据工作场所职业病危害因素的类别，确定日常监测点、监测项目、监测方法、监测频率（次），建立监测系统，建立监测仪器设备使用管理制度和监测结果统计公布报告制度等，设立专人负责监测的实施和管理，对主要职业病危害因素进行动态观察，及时发现、处理职业病危害隐患。用人单位应当切实落实有关监测管理制度，确保监测系统时刻处于正常运行状态。用人单位对工作场所存在的职业病危害因素进行检测，不对外出具数据，不必进行计量认证，为保证数据可信度，建议检测设备定期进行校准，检测结果供用人单位改进时参考。当然，用人单位也可委托取得资质的职业卫生技术服务机构进行检测，以落实法律要求的日常监测义务。《中华人民共和国职业病防治法》规定，用人单位应当实施由专人负责的职业病危害因素日常监测，并确保监测系统处于正常运行状态。目前，国家除《煤矿安全规程》《化工企业安全卫生设计规范》《火力发电厂职业安全卫生设计规程》《耐火材料企业防尘规程》《陶瓷生产防尘技术规程》《铸造防尘技术规程》等行业标准外，没有出台相关设备配备标准和检测规范。按照法无规定不可为的原则，建议除上述行业外，其他行业目前可以不开展日常监测。

二、职业病危害因素定期检测

用人单位应当定期对工作场所的职业病危害因素进行检测、评价。至于检测、评价的时间，检测、评价的内容以及如何进行检测、评价，则应当按照国务院卫生行政部门的规定进行。检测、评价的结果应当存入用人单位的职业卫生档案，以备监督检查时查询。用人单位还应当将检测、评价的结果定期向用人单位所在地的卫生行政部门报告，以便卫生行政部门能够及时掌握用人单位职业病危害因素的情况，必要时可以对该单位加强监督检查，增加监督检查的次数。职业病危害因素的检测、评价结果也应当向劳动者公布，使劳动者对该单位的职业病危害因素的情况有所了解，从而加强自我保护。用人单位可以在用人单位的公告栏上予以公布。为了规范用人单位定期检测，原国家安监总局出台了《用人单位职业病危害因素定期检测规范》。该规范的主要内容如下。

（一）检测范围和周期

职业病危害因素定期检测是指用人单位定期委托具备资质的职业卫生技术服务机构对其产生职业病危害的工作场所进行的检测。用人单位存在《职业病危害因素分类目录》中所列危害因素以及国家职业卫生标准中有职业接触限值及检测方法的危害因素时，应当每年至少委托具备资质的职业卫生技术服务机构对其存在职业病危害因素的工作场所进行一次全面检测。定期检测范围应当包含用人单位产生职业病危害的全部工作场所和有职业接触限值和检测方法的全部危害因素，即用人单位应当按照"全岗位、全要素"的要求进行全面检测。

根据国家放管服改革要求，进一步减轻企业负担，2020年12月31日修改公布的《工作场所职业卫生管理规定》规定，职业病危害严重的用人单位，应当委托具有相应资质的职业卫生技术服务机构，每年至少进行一次职业病危害因素检测，每三年至少进行一次职业病危害现状评价；职业病危害一般的用人单位，应当委托具有相应资质的职业卫生技术服务机构，每三年至少进行一次职业病危害因素检测。

（二）定期检测规范要求

1. 用人单位应当建立职业病危害因素定期检测档案，并纳入其职业卫生档案体系。用人单位在与职业卫生技术服务机构签订定期检测合同前，应当对职业卫生技术服务机构的资质、计量认证范围等事项进行核对，并将相关资质证书复印存档。用人单位与职业卫生技术服务机构签订委托协议后，应将其生产工艺流程、产生职业病危害的原辅材料和设备、职业病防护设施、劳动工作制度等与检测有关的情况告知职业卫生技术服务机构。

2. 职业卫生技术服务机构在进行现场采样检测时，用人单位应当保证生产过程处于正常状态，不得故意减少生产负荷或停产、停机。用人单位因故需要停产、停机或减负运行的，应当及时通知技术服务机构变更现场采样和检测计划。用人单位应当对技术服务机构现场采样检测过程进行拍照或摄像留证。

3. 采样检测基本要求：采用定点采样时，选择空气中有害物质浓度最高、劳动者接触时间最长的工作地点采样；采用个体采样时，选择接触有害物质浓度最高和接触时间最长的劳动者采样；空气中有害物质浓度随季节发生变化的工作场所，选择空气中有害物质浓度最高的时节为重点采样时段；同时风速、风向、温度、湿度等气象条件应满足采样要求；在工作周内，应当将有害物质浓度最高的工作日选择为重点采样日；在工作日内，应当将有害物质浓度最高的时段选择为重点采样时段；高温测量时，对于常年从事接触高温作业的，测量夏季最热月份湿球黑球温度；不定期接触高温作业的，测量工期内最热月份湿球黑球温度；从事室外作业的，测量夏季最热月份晴天有太阳辐射时湿球黑球温度。

4. 定期检测的禁止性规定：用人单位在委托职业卫生技术服务机构进行定期检测过程中不得委托不具备相应资质的职业卫生技术服务机构检测；不得隐

175

瞒生产所使用的原辅材料成分及用量、生产工艺与布局等有关情况；不得要求职业卫生技术服务机构在异常气象条件、减少生产负荷、开工时间不足等不能反映真实结果的状态下进行采样检测；不得要求职业卫生技术服务机构更改采样检测数据；不得要求职业卫生技术服务机构对指定地点或指定职业病危害因素进行采样检测；不得以拒付少付检测费用等不正当手段干扰职业卫生技术服务机构正常采样检测工作；不得有妨碍正常采样检测工作，影响检测结果真实性的其他行为。

三、职业病危害现状评价

职业病危害严重的用人单位，应当委托具有相应资质的职业卫生技术服务机构，每三年至少进行一次职业病危害现状评价。职业病危害现状评价是指对用人单位工作场所职业病危害因素及其接触水平、职业病防护设施及其他职业病防护措施与效果、职业病危害因素对劳动者的健康影响情况等进行的综合评价。职业病危害现状评价属于检测评价的范畴，必须由取得资质认证的职业卫生技术服务机构进行编制，用人单位自行编制或委托未取得资质的单位和个人出具的职业病危害现状评价报告无效。为规范用人单位现状评价，有关部门出台了《用人单位职业病危害现状评价技术导则》（WS/T751—2015）。

四、职业病危害因素检测结果的应用及注意事项

职业卫生技术服务机构出具的检测结果应当满足以下要求：①应当按照标准规范进行数值转换，并记录转换过程。②应当采用法定计量单位，按照标准规范进行数值修约。③职业接触限值为整数的，检测结果原则上应保留到小数点后1位；职业接触限值为非整数的，检测结果应比职业接触限值数值小数点后多保留1位。当样品未检出时，检测结果表示为小于最低检出浓度，最低检出浓度至少保留1位有效数字。当空白对照样品未检出时，检测结果表示为未检出。不得随意剔除有关数据、人为干预检测结果。当出现可疑数据需舍弃时，应分析原因并说明理由。如同一岗位连续检测了6个数据，其中只有1个数据

超标，其他均不超标，除非有合理的解释（如化工反应釜，5个数据为正常生产，1个数据为敞口投料），否则可能属于检测错误。

职业卫生检测评价结果要与其他相关法规标准相衔接，如粉尘职业健康监护检查周期根据粉尘分级来确定，噪声职业健康检查周期根据个体噪声来确定，女职工怀孕期职业禁忌证有高温、噪声分级要求。再如噪声、高温检测结果根据相应的检测标准，要求结果为平均值，很多机构出具数据为测量范围或最大值，用人单位利用该结果进行职业病防治管理（如职业健康检查、警示标识设置、培训、个体职业病防护用品配备等），由于依据不合法，导致无所适从。因此，用人单位应对职业卫生技术服务机构检测提出要求，要求其必须出具粉尘、噪声、高温等分级报告，个体噪声报告，平均值报告等。

五、职业病危害检测管理要点

用人单位对职业危害因素检测管理中，一是查看检查检测档案情况，日常监测的数据报告和原始记录，查看检测周期和项目是否与相关行业标准一致；定期检测报告是否包括全部应检测的岗位和危害因素，检测结果是否收到后一个月内向当地卫生行政部门进行了报告；现状评价报告查看是否包含了评价导则的内容，评价结论是否明确，对存在的问题是否进行了整改，对检测不合格的岗位是否进行了治理。二是现场核实检测数据、检测岗位是否属实，岗位和危害因素是否齐全，以及问题整改情况。

第二节 职业病危害因素的识别与分析

工作场所职业病危害识别是职业病危害控制的重要前提。由于用人单位和劳动者常常忽略他们的生产工艺和原材料的危害特性，因此仍会发生职业病。无论是未知职业病危害的工作场所，还是已知职业病危害的工作场所，都有可能出现健康损害后果。如果不掌握职业病危害因素特性，控制措施就不可能有目的性，甚至是一句空话。职业病危害因素识别是根据人群证据和实验数据，通过科学方法辨别和认定职业活动中可能对职业人群健康、安全和作业能力造成不良影响的因素或条件。职业病危害因素识别是职业卫生工作的基础，预防和控制作业场所中职业病危害因素的前提是对职业活动中存在的或可能存在的职业病危害因素进行识别。职业病危害因素的识别包括两方面含义，一方面是对职业活动中的各种因素或条件是否具有危害性的识别，发现、确定未知、新的职业病危害因素；另一方面是对职业活动中是否存在职业病危害因素的识别，辨别、找出已知、确认的职业病危害因素。

一、职业病危害因素识别的基本原理

识别和鉴定某一因素是否是职业病危害因素在于判定该因素是否在职业活动中对职业人群健康、安全和作业能力造成不良影响。职业病危害因素是因，健康损害是果。职业病危害因素引发、加重、加速职业病的发生发展，两者之间存在因果联系，因而判定职业病危害因素的方法原理来自流行病学研究的因果关系判断。

识别和筛选某一具体的职业环境中是否存在职业病危害因素并明晰其作用特点，其基本原理是利用事物内部或事物之间的规律性、相似性、相关性及系统性等基本特征，以系统观点为指导，利用事物运动和变化中的惯性，认识事物之间联系的必然性，发现事物性质、运动变化规律之间的相似性，明确事物发展过程中各因素之间存在的依存关系和因果关系，采用系统分析方法进行职业病危害因素的识别。事物的规律性是筛选职业病危害因素的基本前提，事物的相似性是进行类比推理的依据，事物变化的依存关系是工程分析的理论基础。通常以由生产装置、物料、人员等集合组成的系统为识别对象，找出系统中各要素之间的空间结构、排列顺序、时间顺序、数量关系、环境因素、工艺参数、信息传递、操作工艺及组织形式等相关关系，借鉴历史、同类情况的数据、典型案例等，推测评价职业病危害状况，从而科学、准确、全面地将一个具体职业环境的各种职业病危害因素识别和筛选出来。

二、职业病危害因素识别的基本方法

《中华人民共和国职业病防治法》的调整对象主要为产生职业病危害的用人单位。因此,用人单位依据《中华人民共和国职业病防治法》进行管理时,首先要确定本企业是否存在职业病危害因素,也就是首先要进行职业病危害因素识别。

(一)未知职业病危害因素的识别和鉴定方法

判定某一因素是否为职业病危害因素的方法和依据有临床病例观察、实验研究和职业流行病学研究三个方面。

1. 临床病例观察

从职业人群的特定病例或一系列发病集丛(cluster)中分析找出职业与疾病的联系,作为职业病危害因素识别和判定的起点和线索。最初接触和发现职业病的是临床医生,对职业相关疾病的细致观察和科学分析,是分析和探索职业病危害因素的传统方法。

2. 实验研究

从体内动物实验和体外测试(器官水平、细胞水平、分子水平)阳性结果中寻找线索,是识别和判定职业病危害因素的有效手段。但动物实验在模拟人接触职业病危害因素时,存在种属差异、剂量推导差异以及接触方式、环境差别等局限性,在利用其结果外推及人时应持谨慎态度。

3. 职业流行病学研究

以职业人群为研究对象,运用有关流行病学的理论和方法研究职业与健康的关系,探究职业病危害因素及其对健康影响在人群、时间及空间的分布,分析接触与职业性损害的联系,可提供识别和判定职业病危害因素最有力的证据。

(二)已知职业病危害因素的识别和筛选方法

1. 职业病危害识别的方法

生产过程中所包含的职业病危害因素繁多而庞杂,且每一种职业病危害因素依其本身危害性大小、在原辅料和成品中的含量以及所采用的生产设备和工艺过程等不同,对人体健康的危害程度也不同。因此,识别和筛选某一具体的职业环境中是否存在职业病危害因素并明晰其作用特点,应遵循全面识别、重点突出、主次分明、定性和定量相结合原则,从了解、掌握职业活动全过程着手,查明各种因素存在的形式和强度,广泛查阅、检索有关的资料和信息后综合分析,才能科学、准确、全面地识别筛选各种职业病危害因素。常用的定性方法有工程分析法、检查表法、经验法,定量方法有类比法、检验检测法等。在实际工作过程中,通常要根据实际情况综合运用。

(1)工程分析法。工程分析法是对生产工艺流程、生产设备布局、化学反应原理、所选原辅材料及其所含有毒杂质的名称、含量等进行分析,推测可能存在的职业病危害因素的方法。应用新技术、新工艺的建设项目,找不到类比对象与类比资料时,通常利用工程分析法来识别职业病危害因素。

(2)检查表法。检查表法是一种基础、简单、应用广泛的识别方法。针对工厂、车间、工段或装置、设备以及生产环境和劳动过程中产生的职业病危害因素,事先将要检查的内容以提问方式编制成表,随后进行系统检查,识别可能存在职业病危害因素的方法。

(3)经验法。经验法是依据识别人员实际工作经验和掌握的相关专业知识,借助自身职业卫生工作经验和判断能力对工作场所可能存在的职业病危害因素进行识别的方法。该方法主要适用于一些传统行业中采用成熟工艺的工作场所的识别。经验法的优点是简便易行,但有时会存在很多局限,如经验也可作为危害评估的参考依据,像气味、可视标识、产品参数和其他已知信息等均可作为评估的依据。然而,凭经验作出评估需要至少5~10年的职业卫生专业工作经历,或者掌握所有设施的情况。如眼睛不能看见浓度为 0.1 mg/m^3 的石英粉尘颗粒;鼻子不能嗅出浓度为 0.02 mg/m^3 的异氰酸酯蒸汽,更不能分辨有机溶剂混合蒸汽的浓度;耳朵不能判断连续性噪声或脉冲噪声的综合强度。因此,运用适当的评价工具往往是必不可少的。

(4)类比法。类比法是利用相同或相似作业条件工程的职业卫生调查结果,工作场所职业病危害因素检测数据以及统计资料进行类推的识别方法。采用此法时，应重点关注识别对象与类比对象之间的相似性，主要考虑生产规模、生产工艺、生产设备、工程技术、职业病危害防护设施、环境特征（主要包括气象条件、地理条件等）的相似性。

（5）检验检测法。检验检测法是对工作场所可能存在的职业病危害因素进行现场采样，通过仪器设备进行测定分析的方法。该方法有利于职业病危害因素的定量识别。

此外还可结合工作需要采用理论推算、文献检索、专家论证等方法进行职业病危害因素的识别。

2. 职业病危害因素识别的重点环节

职业环境中可能存在和产生的职业病危害因素主要来源于生产工艺过程、劳动过程和生产环境中，其中最主要的是生产工艺过程中所产生的。因而，识别和筛选职业病危害因素的关键在于对原辅材料、产品副产品和中间产品、生产工艺、生产设备、劳动方式等可能存在和产生职业病危害因素的各个环节进行综合分析，辨识出职业病危害因素的种类、分布、产生的原因和危害程度。

（1）毒物和粉尘的识别

毒物和粉尘是作业环境中最主要的职业病危害因素，分布行业广泛，大多数生产过程都伴随各种有毒有害物质和（或）粉尘的产生。

毒物的识别。生产性毒物主要来源于生产过程中所涉及的各种原料、辅助原料、中间产品（中间体）、成品、副产品、夹杂物或废弃物，有时也可来自加热分解产物及反应产物。因而，毒物识别的关键环节在于生产物料的确认掌握和生产工艺过程的调查分析。

粉尘的识别。生产性粉尘是在生产过程中形成的，且其理化特性不同，对人体的危害性质和程度也不同。因而，粉尘识别的关键环节是通过了解基本生产过程，分析存在或产生粉尘的主要环节。

（2）物理性有害因素的识别

作业场所中的物理性有害因素一般有明确的来源，通常与生产设备、辅助装置、公用设施的运行有关,当设备、装置、设施处于工作状态时,其产生的物理因素可能造成健康危害,且危害程度取决于每一种物理因素所具有的特定物理参数,其中主要是物理因素的强度。但是,作业场所空间中物理因素的强度多以发生源为中心向四周散播,随距离的增加呈指数关系衰减。因而,物理性有害因素识别的关键环节是物理因素发生源的识别以及物理参数的分析。

噪声和振动的识别:噪声的识别主要包括对声源、噪声强度、噪声频率分布、噪声暴露时间特性等的识别。识别噪声特性的方法,主要依赖于对噪声的检测以及对现场其他所有信息的综合分析。振动的识别主要是识别生产过程中接触振动的作业和振动源。接触局部振动常见的作业是使用风动工具铆接和钻孔、清砂、锻压、凿岩、割锯、捣固以及表面加工研磨、抛光等。

高温作业的识别:高温作业的识别关键在于对生产性热源以及作业场所微小气候的辨识和检测。根据作业场所的气象条件特点,一般高温作业分为三种类型:①高温强辐射作业,常发生在冶金工业的炼焦、炼铁、炼钢、轧钢等车间,机械制造工业的铸造、锻造、热处理等车间,建筑材料行业的陶瓷、玻璃、搪瓷、砖瓦等使用工业炉窑的车间和作业场所,火力发电厂和轮船上的锅炉间等场所。②高温高湿作业,常发生在印染、缫丝、造纸等工业中对液体加热或蒸煮时。潮湿的深矿井内气温可达30℃以上,相对湿度也可达到95%以上,如通风不良就形成高温、高湿和低气流的不良气象条件,即湿热环境。③夏季露天作业,也是一类常见高温作业,如农业、建筑、搬运等露天劳动的高温和热辐射主要来源是太阳辐射及地表被加热后形成的二次热辐射源。

非电离辐射与电离辐射的识别:非电离辐射中紫外线、可见光、红外线、射频辐射、激光都属于电磁辐射谱中的特定波段。紫外线波长范围是100~400 nm,凡温度达1200 ℃以上的物体,都有紫外线辐射;红外线波长范围是1mm~760 nm,凡温度在 −273 ℃以上的物体,都有红外线辐射;射频辐射是电磁辐射谱中量子能量最小、波长最长的频段,波长范围是1 毫米 ~3 km。因而,非电离辐射识别的关键环节在于详细了解生产设备运行时的电磁辐射状况,充分考虑作业工人的接触情况,通过对不同频率、不同波长电磁辐射的辐射强度测定,进一步识别非电离辐射。

3.职业病危害识别的注意事项

职业病危害因素的类别应当在原国家卫生计生委等部门发布的《职业病危害因素分类目录》所列范围内。《职业病危害因素分类目录》中职业病危害因素的遴选必须满足以下条件：

（1）能够引起《职业病分类和目录》所列职业病；

（2）在已发布的职业病诊断标准中涉及的致病因素，或已制定职业接触限值及相应检测方法；

（3）具有一定数量的接触人群；

（4）优先考虑暴露频率较高或危害较重的因素。

职业病危害因素识别时应全面关注存在或产生于生产工艺过程以及劳动过程和生产环境中的各种危害因素，应遵循三项原则。一是遵循全面识别原则。从建设项目工程内容、工艺流程、物料流程、设备配置等工程分析入手全面分析，不仅要识别正常生产操作过程中可能产生的职业病危害因素，还应分析特殊生产状况下如开车、停车、检维修、装卸车、有限空间作业及事故等情况下可能产生的偶发性职业病危害因素；不仅关注主反应，还要识别副反应过程中可能产生或存在的危害因素；不要忽略原辅材料杂质、中间品、废弃品中的有害因素，不要遗漏公辅设施、外包作业的职业病危害因素。二是遵循重点分析、主次分明原则。在全面识别的基础上，确定主要职业病危害因素进行重点分析及监督。三是遵循定性与定量相结合的原则。应重点考虑用量大、挥发性高、毒性高、危害性大、出现概率多、浓度或强度高、接触人员多、机会多的职业病危害因素。

第三节 工作场所职业病危害因素接触限值标准

工作场所有害因素职业接触限值是用人单位监测工作场所环境污染情况，评价工作场所卫生状况和劳动条件以及劳动者接触化学因素的程度的重要技术依据，也可用于评估生产装置泄漏情况，评价防护措施效果等。工作场所有害因素职业接触限值也是职业卫生管理部门实施职业卫生监督检查、职业卫生技术服务机构开展职业病危害评价的重要技术法规依据。

职业接触限值（occupational exposure limits，OELs）是我国职业卫生标准中对于限值的一个总称。职业接触限值是为保护作业人员健康而规定的工作场所有害因素的接触限量值，它属于卫生标准的一个主要组成部分。

职业接触限值指劳动者在职业活动过程中长期反复接触某种或多种职业性有害因素，不会引起绝大多数接触者不良健康效应的容许接触水平（permissible concentration，PC）。不同国家、机构或团体所采用的职业接触限值名称与含义不尽相同。现行《工作场所有害因素职业接触限值》（GBZ2），包含《工作场所有害因素职业接触限值第1部分：化学有害因素》（GBZ2.1—2019）和《工作场所有害因素职业接触限值第2部分：物理因素》（GBZ2.2—2007）两部分。GBZ2.1—2019制定了工作场所空气中358种毒物、49种粉尘、3种生物因素的职业接触限值及接触28种化学因素的生物监测指标及职业接触生物限值；GBZ2.2—2007制定了9项物理因素的职业接触限值。

一、职业病危害因素接触限值

（一）工作场所空气中化学有害因素职业接触限值

工作场所空气中化学有害因素的职业接触限值包括时间加权平均容许浓度、短时间接触容许浓度和最高容许浓度三类。在实施职业卫生监督检查，评价工作场所职业卫生状况或个人接触状况时，应正确运用时间加权平均容许浓度、短时间接触容许浓度或最高容许浓度的职业接触限值，并按照有关标准的规定，进行空气采样、监测，以正确地评价工作场所有害因素的污染状况和劳动者接触水平。

1.时间加权平均容许浓度（permissible concentration—time weighted average，PC—TWA），以时间为权数规定的8小时工作日、40小时工作周的平均容许接触浓度。8小时时间加权平均容许浓度（PC—TWA）是评价工作场所环境卫生状况和劳动者接触水平的主要指标。职业病危害控制效果评价，如建设项目竣工验收、定期危害评价、系统接触评估，因生产工艺、原材料、设备等发生改变需要对工作环境影响重新进行评价时，尤应着重进行 TWA 的检测、评价。

个体检测是测定 TWA 比较理想的方法，尤其适用于评价劳动者实际接触状况，是工作场所有害因素职业接触限值的主体性限值。定点检测也是测定 TWA 的一种方法，要求采集一个工作日内某一工作地点各时段的样品，按各时段的持续接触时间与其相应浓度乘积之和除以 8，得出 8 小时工作日的时间加权平均浓度（TWA）。定点检测除了反映个体接触水平，也适用于评价工作场所环境的卫生状况。对有害物质浓度波动较大的工作场所还要测量短时间接触容许浓度，而且短时间接触浓度在职业接触限值以下，才符合要求。

定点检测可按公式 11-1 计算出时间加权平均浓度：

$$C_{TWA} = (C_1T_1 + C_2T_2 + \cdots\cdots + C_nT_n)/8 \qquad (11-1)$$

式中：

C_{TWA}——8 小时工作日接触化学有害因素的时间加权平均浓度（mg/m³）；

8——一个工作日的工作时间（h），工作时间不足或者超过 8 小时者，均以 8 小时计；

C_1、C_2……C_n——T_1、T_2……T_n 时间段接触的相应浓度；

T_1、T_2……T_n——C_1、C_2……C_n 浓度下相应的持续接触时间。

[例1]乙酸乙酯的 PC—TWA 为 200 mg/m³，劳动者接触状况为：400 mg/m³，接触 3 小时；160 mg/m³，接触 2 小时；120 mg/m³，接触 3 小时。代入上述公式，$C_{TWA} = (400 \times 3 + 160 \times 2 + 120 \times 3)$ mg/m³ ÷ 8 = 235 mg/m³。此结果 > 200 mg/m³，超过该物质的 PC-TWA。

[例2]同样是乙酸乙酯，若劳动者接触状况为：300 mg/m³，接触 2 小时；200 mg/m³，接触 2 小时；180 mg/m³，接触 2 小时；不接触，2 小时。代入上述

公式，$C_{TWA} = (300 \times 2 + 200 \times 2 + 180 \times 2 + 0 \times 2) \text{mg/m}^3 \div 8 = 170 \text{mg/m}^3$，结果 < 200 mg/m³，则未超过该物质的 PC—TWA。

2. 短时间接触容许浓度（permissible concentration — short term exposure limit，PC-STEL），在实际测得的 8 小时工作日、40 小时工作周平均接触浓度遵守 PC-TWA 的前提下，容许劳动者短时间（15 分钟）接触的加权平均浓度。短时间接触容许浓度只用于短时间接触较高浓度可导致刺激、窒息、中枢神经抑制等急性作用及其慢性不可逆性组织损伤的化学物质，旨在防止劳动者接触过高的波动浓度，避免引起刺激、急性作用或有害健康影响。

（1）PC-STEL 的监测评价：PC-STEL 是与 PC-TWA 相配套的短时间接触限值，可视为对 PC-TWA 的补充。要求在监测时间加权平均容许浓度的同时，对浓度变化较大的工作地点，进行监测评价（一般采集接触 15 分钟的空气样品；接触时间短于 15 分钟时，以 15 分钟的时间加权平均浓度计算）。

（2）化学物质 STEL 采样要求：对制定有 PC-STEL 的化学物质进行监测和评价时，应了解现场浓度波动情况，在浓度最高的时段按采样规范和标准检测方法进行采样和检测。对同一岗位同时进行 TWA 和 STEL 的采样检测，STEL 的检测结果不应小于 TWA 的检测结果，若测得的 STEL 的结果小于 TWA 的结果，说明进行 STEL 检测采样时未捕捉到有害物质浓度最高的时段，不能反映工人接触的真正的 STEL 浓度值，该数据应判断为无效。

（3）化学物质检测结果 STEL 的评价：即使当日的 TWA 符合要求，短时间接触浓度也不应超过 PC STEL，即 C_{TWA} 与 C_{STEL} 结果均不大于 PC-TWA 和 PC-STEL 为符合职业接触限值的要求。当 C_{TWA} 与 C_{STEL} 任一项超过 PC-TWA 和/或 PC-STEL 均为不符合职业接触限值的要求。当接触浓度超过 PC-TWA，接近 PC-STEL 水平时，一次持续接触时间不应超过 15 分钟，每个工作日接触次数不应超过 4 次，相继接触的间隔时间不应短于 60 分钟。

（4）峰接触浓度：一次大量接触有害物质可能增加某些疾病的风险，仅依靠长时间平均接触的监测数据，可能会掩盖峰的漂移值，为了控制这种健康效应，对于具有 PC-TWA 的物质尚未制定 PC-STEL 的化学有害因素，使用峰接触浓度控制短时间的最大接触，目的是防止在一个工作日内在 PC-TWA 若干倍时的瞬时高水平接触导致的快速发生的急性不良健康效应。

峰接触浓度与 PC-STEL 相似，都反映 15 分钟的接触。对于那些制定有 PC-TWA 但尚未制定 PC-STEL 的化学有害因素，劳动者当日实际测得的 C_{TWA} 水平应控制在 PC-TWA 范围以内；同时，劳动者接触水平瞬时超出 PC-TWA 值 3 倍的接触每次不得超过 15 分钟，一个工作日期间不得超过 4 次，相继间隔不短于 1 小时，且在任何情况下都不能超过 PC-TWA 值的 5 倍。

3. 最高容许浓度（maximum allowable concentration，MAC），在一个工作日内、任何时间、工作地点的化学有害因素均不应超过的浓度。MAC 主要是针对具有明显刺激、窒息或中枢神经系统抑制作用，可导致严重急性损害的化学物质而制定的不应超过的最高容许接触限值，即任何情况都不容许超过的限值。

最高浓度的检测应在了解生产工艺过程的基础上，根据不同工种和操作地点采集能够代表最高瞬间浓度的空气样品再进行检测。最高容许浓度的采样时间应短，不能超过 15 分钟。但必须注意，在如此短的时间内采样检测，如何能采样检测到空气中待测物的最高浓度，是非常重要的。对同一岗位或接触人员进行多次检测时，检测结果应取最大值。当最大值 CMAC ＜ MAC 时，为符合职业接触限值的要求。

4. 应用 OELs 时需要注意的事项

（1）对 OELs 的科学理解：工作场所化学有害因素 OELs 是基于科学性和可行性制定的工作场所职业病危害控制指南，是健康劳动者在特定时间内容许接触某种浓度的危害物且风险很小的容许剂量，所规定的限值不能理解为安全与不安全的精确界限。

（2）生物监测：生物材料中的化学物或其代谢产物或生物效应是反映个体可能吸收某种化学物的指标之一，通过生物监测可间接反映劳动者接触化学物的量，有助于检测和测量化学物通过呼吸道以及经皮肤或消化道的吸收、评估机体负荷、在缺乏其他接触测量数据时推断既往的接触、检测劳动者的非职业性接触、测试个人防护用品和工程控制效果以及监测作业实施状况。对于通过其他途径（通常经过皮肤）进入机体并有可能造成明显吸收的化学物质尤应运用生物监测。但在应用生物监测结果评价劳动者潜在健康危害时，应综合分析工作场所职业性有害因素接触水平、防护状况以及劳动者个体健康状况，不能仅凭是否超过 OELs 就评价劳动者的不良健康影响或诊断职业病。

（二）物理性有害因素的职业接触限值

用于监督、监测工作场所及工作人员物理因素职业危害状况、生产装置泄漏情况、评价工作场所卫生状况的重要依据，目的在于保护劳动者免受物理性职业性有害因素危害，预防职业病。《工作场所有害因素职业接触限值第 2 部分：物理因素》（GBZ2.2—2007）标准规定的接触限值为上限值，主要包括超高频辐射、高频电磁场、工频电场、微波、激光、紫外辐射、高温、噪声及手传振动 9 种物理因素的工作场所职业接触限值，涉及电场强度（kV/m 或 V/m）、功率密度（$\mu W/cm^2$ 或 mW/cm^2）、磁场强度（A/m）、辐照度（W/cm^2）、摄氏度（℃）、声级 dB（A）、等能量频率计权振动加速度（m/s^2）等指标。

（三）职业接触生物限值

职业接触生物限值（occupational exposure biological limit value）又称为生物接触指数（biological exposure indices，BEIs）或生物限值（biological limit values，BLVs），是针对劳动者生物材料中的化学物质或其代谢产物或引起的生物效应等推荐的最高容许量值，也是评估生物监测结果的指导值。每周 5 天工作、每天 8 小时接触，当生物监测值在其推荐值范围以内时，绝大多数的劳动者将不会受到不良的健康影响。它是衡量有毒物质接触程度或健康效应的一个尺度，当属卫生标准范畴。

目前世界上只有为数不多的国家公布了生物接触限值，以 ACGIH（美国政府工业卫生师协会）和 DFG（德国联合研究会）公布的数量最多，前者称为生物接触指数（BEI），后者称为工业物质生物耐受限值（BAT）。按照 ACGIH 的解释，

BEI代表工人经呼吸道吸入处在阈限值浓度的毒物,其体内可监测到的内剂量水平,它并不表示有害与无害接触的界限。德国BAT指接触者体内某化学物或其代谢产物的最高容许量,或偏离正常指标的最大容许值;该容许值一般可保证工人长期反复地接触,健康不受损害。BAT既考虑化学物的健康效应,又考虑适宜的安全界限,而制定健康个体的上限值,制定BAT的目的在于保护健康。总之,生物接触限值是依据生物材料检测值与工作环境空气中毒物浓度相关关系以及生物材料中毒物或其代谢产物含量与生物效应的相关关系而提出的。

研制生物接触限值与研制车间空气中有害物质接触限值一样,除了要考虑其科学性外,也要兼顾其可行性。从保护水平看,生物接触限值也是为了保护绝大多数工人的健康不受损害,不能保证每个个体都不出现有损于健康的反应。

生产环境中可能接触到的有毒物质并非都能制定生物接触限值,而需具备下述条件:有毒物质本身或其代谢产物可出现在生物材料中;可使某些机体组成成分在种类和数量上发生变动;能使生物学上有重要意义的酶的活性发生变动;能使容易定量测定的某些生理功能发生变动。我国在生物监测与生物接触限值方面已取得不少成就和经验,2019版《工作场所有害因素职业接触限值第1部分:化学有害因素》(GBZ2.1)已颁布了28种毒物的生物接触限值。

二、职业接触限值制定依据

我国职业接触限值一般是以下列资料为依据制定的:①有害物质的物理和化学特性资料;②动物实验和人体毒理学资料;③现场职业卫生学调查资料;④流行病学调查资料。

制定有害物质的接触限值时,需要注意以下事项:①应在充分复习文献资料的基础上进行。②一般先从毒理实验着手,由于职业接触的特点,最好采用吸入染毒。按一般规律,毒物的毒作用取决于剂量。③要强调剂量-反应(效应)关系,应努力寻找所谓的未观察到有害作用水平(no-observed adverse effect level,NOAEL)。在确定NOAEL后,再选择一定的安全系数,提出相应的接触限值,有害物质的接触限值一般应比NOAEL低。④接触限值并非一成不变,而是根据现场职业卫生调查和健康状况动态观察的结果对其安全性和可行性加以验证，甚至修订。⑤对于职业环境出现的新有害物质，在没有现场和职业健康资料可供利用的条件下，此时可根据有害物质的理化特性，进行必要的毒性和动物实验研究，以确定其初步的毒作用，据此提出接触限值的建议，先行试用。⑥对于已经生产和使用较久的化学物质，则应主要根据已有的毒理学和流行病学调查资料制定接触限值。一般认为，现场职业卫生学和流行病学调查资料比动物实验资料更为重要，它是制定接触限值的主要依据。⑦要抓住有害物质的接触—反应关系（exposure-response relationship）特性。研究空气中有害物质接触限值，其核心就是从质和量两个方面深入研究该有害物质与机体之间的相互关系，最终目的是确定一个合理而安全的界限。也就是在充分掌握有害物质作用性质的基础上，阐明其作用量与机体反应性质、程度和受损害个体在特定群体中所占比例之间的关系，即接触—反应关系。在进行现场职业卫生调查与流行病学调查时，必须紧紧抓住这一环节，才能使得到的资料为制定接触限值提供有力的依据。⑧关于保护水平，在相当长的历史时期内，由于技术和经济水平的原因，有害物质接触限值并不能保护所有（100%）的接触者，即只能提供一定的（虽然是最大程度的）保护水平，也就是"容许"存在损害健康的一定程度危险度。

三、制定原则

我国制定职业接触限值的原则，是"在保障健康的前提下，做到经济合理，技术可行"，即安全性与可行性相结合。经济合理和技术可行均属于可行性问题。技术上的可行性（technological feasibility）指现有的技术发展水平能否达到；经济上的可行性（economic feasibility）则意味着执行该标准的工业企业在经济上是否负担得起。

制定车间空气中有害物质接触限值，要围绕有害物质的接触水平（剂量、浓度）与反应关系这一核心问题。在具体工作中，首先要做好文献复习工作，广泛收集与制定接触限值有关的国内外资料，特别是不同国家的接触限值及其制定依据。在毒理学研究方面，应尽量避免重复国外已有研究报告的实验。应切实掌握我国实际情况,包括有关的生产、使用情况,接触该有害物质的人数、危害情况、病例报告、尸检资料及现场调查报告等。在全面整理现有资料的基础上,有针对性地补充必要的现场调查或实验研究工作,经综合分析,提出适合我国实际情况的接触限值。我国从现场获得制定、验证、修订标准的依据资料,具有很多有利条件,应予特别重视。

第四节 职业病危害因素检测计划的制定与实施

职业病危害因素检测与评价是《中华人民共和国职业病防治法》的强制性要求,是每个用人单位必须依法履行的法律义务。《工作场所职业卫生管理规定》(国家卫生健康委令第5号)以及《国家安全监管总局办公厅关于印发用人单位职业病危害因素定期检测管理规范的通知》(安监总厅安健〔2015〕16号)均提出"每年或每三年至少委托具备资质的职业卫生技术服务机构对其存在职业病危害因素的工作场所进行一次全面检测"的要求,因此用人单位必须严格依照法律、法规的要求,对本单位职业病危害因素检测与评价的实施进行周密的计划并付诸实施。根据用人单位实施职业病危害因素检测与评价的阶段不同,用人单位职业病危害因素检测与评价可分为计划阶段、委托阶段、实施阶段和完善阶段4个不同的阶段。

一、计划阶段

《国家安全监管总局办公厅关于印发用人单位职业病危害因素定期检测管理规范的通知》(安监总厅安健〔2015〕16号)中明确提出,用人单位应当建立职业病危害因素定期检测制度;应当将职业病危害因素定期检测工作纳入年度职业病防治计划和实施方案,明确责任部门或责任人,所需检测费用纳入年度经费预算予以保障;应当建立职业病危害因素定期检测档案,并纳入其职业卫生档案体系。

用人单位在进行职业病危害因素检测前,必须依法建立职业病危害因素定期检测制度,明确本单位职业病危害风险类别,并在上年度结束前或本年度开始之初,明确本年度定期检测的开展计划,如实填写《年度职业病防治计划实施检查表》[《国家安全监管总局办公厅关于印发职业卫生档案管理规范的通知》(安监总厅安健〔2013〕171号)]。计划应当包括定期检测的开展时间、由哪个部门负责组织、具体责任人是谁、后续档案归纳整理谁来负责、检测经费的具体额度以及检测保障措施,确保落实到位。

二、委托阶段

用人单位依照本单位所制定的检测计划,于检测日期到达之前,结合本单位自身情况,酌定日期进入职业病危害因素定期检测的委托阶段。委托阶段的主要任务如下:

1.明确本年度承担职业病危害因素定期检测的技术服务机构,并签署技术服务协议,明确双方权利和义务。用人单位应当对职业卫生技术服务机构的资质等事项进行核对,并将相关资质证书复印存档。除上述材料外,用人单位也可根据自身技术需求,要求职业卫生技术服务机构提供其他的技术能力证明材料,并对相关材料进行逐一核实,同时进行存档。应当与经过遴选的职业卫生技术服务机构签署技术服务合同,明确双方权利和义务,确定技术服务的具体要求和验收标准,并存入用人单位职业病危害因素监测与检测评价档案。

2.明确职业病危害因素定期检测的检测范围和内容。《国家安全监管总局办公厅关于印发用人单位职业病危害因素定期检测管理规范的通知》(安监总厅安健〔2015〕16号)中明确要求,定期检测范围应当包含用人单位产生职业病危害的全部工作场所,用人单位不得要求职业卫生技术服务机构仅对部分职业病危害因素或部分工作场所进行指定检测,同时对职业病危害因素检测的内容确定为《职业病危害因素分类目录》中所列危害因素以及国家职业卫生标准中有职业接触限值及检测方法的危害因素。检测范围按"全岗位、全要素"管理,即全部产生职业病危害的岗位,全部有限值、有方法的危害因素都要进行定期检测。

用人单位与职业卫生技术服务机构签署技术服务合同后，应将其生产工艺流程、产生职业病危害的原辅材料和设备、职业病防护设施、劳动工作制度等与检测有关的情况如实告知职业卫生技术服务机构，并应当在确保正常生产的状况下，配合职业卫生技术服务机构做好采样前的现场调查和工作日写实工作。

调查写实工作结束后，由陪同人员在技术服务机构现场记录表上签字确认。职业卫生技术服务机构依据现场调查及翔实记录的材料，结合用人单位提供的技术资料，制定现场采样和检测计划，用人单位主要负责人按照国家有关采样规范以及本单位职业病危害因素分布具体情况确认无误后，应当在现场采样和检测计划上签字。

确定检测范围及检测内容是委托阶段的重要环节，用人单位不得隐瞒生产所使用的原辅材料成分及用量、生产工艺与布局等有关情况，或提供失实的技术资料，以混淆技术服务机构的现场调查和写实工作。

三、实施阶段

计划阶段结束后，职业卫生技术服务机构形成现场采样计划和检测计划，并经由用人单位主要负责人认真确认后，转入职业病危害因素检测与评价的实施阶段，进行职业病危害因素的现场采样和检测。

职业卫生技术服务机构在进行现场采样检测时，用人单位应当保证生产过程处于正常状态，不得故意减少生产负荷或停产、停机，更不得以拒付或少付检测费用等不正当手段干扰职业卫生技术服务机构的正常采样检测工作。用人单位在陪同职业卫生技术服务机构采样的过程中，应当对技术服务机构现场采样检测过程进行拍照或摄像留证，同时对现场采样过程中的采样记录资料进行细致核实，并签字确认。

职业卫生技术服务机构与用人单位应当互相监督，确保定期检测现场采样严格按照《工作场所空气中有害物质监测的采样规范》（GBZ159—2004）的要求开展。现场采样技术要求应当符合表11-1所示。

表 11-1 职业病危害因素定期检测现场采样技术要求

序号	采样内容	要求
1	点位选择要求	采用定点采样时，选择空气中有害物质浓度最高、劳动者接触时间最长的工作地点采样；采用个体采样时，选择接触有害物质浓度最高和接触时间最长的劳动者采样
2	季节采样要求	空气中有害物质浓度随季节发生变化的工作场所，选择空气中有害物质浓度最高的时节为重点采样时段；同时风速、风向、温度、湿度等气象条件应满足采样要求
3	采样时机要求	在工作周内，应当将有害物质浓度最高的工作日选择为重点采样日；在工作日内，应当将有害物质浓度最高的时段选择为重点采样时段
4	高温测量要求	高温测量时，对于常年从事接触高温作业的，测量夏季最热月份湿球黑球温度；不定期接触高温作业的，测量工期内最热月份湿球黑球温度；从事室外作业的，测量夏季最热月份晴天有太阳辐射时湿球黑球温度

现场采样结束后，由职业卫生技术服务机构组织对采集样品进行实验室理化检验分析，并编制用人单位《职业病危害因素定期检测报告》，审核盖章后提交用人单位。用人单位应当秉承公平公正的态度，不得以任何方式要求职业卫生技术服务机构更改采样检测数据，影响职业病危害因素检测的公正性。

四、完善阶段

用人单位职业病危害因素定期检测报告书须经用人单位主要负责人审阅签字后方可归档。用人单位接收检测报告书后，需对检测报告书进行细致核实，对检测报告书存在质疑的，须在检测报告书质疑期内，向职业卫生技术服务机构提起异议，并进行核实。对无异议的职业病危害因素定期检测报告应当继续完成以下内容：

（一）对定期检测报告书的检测结果进行分析汇总，发现问题，落实建议

用人单位接收定期检测报告书后，应当对定期检测报告书的检测数据进行细致分析。对定期检测报告书中职业病危害因素浓度或强度超过职业接触限值的，应当依照职业卫生技术服务机构提出的意见，制定整改计划，并依据整改计划，结合用人单位作业场所实际情况，通过加强排风除尘、除毒、隔音降噪

等方式，降低作业场所职业病危害因素的浓度和强度，并委托职业卫生技术服务机构及时进行复检，确定整改效果。对通过一系列整改措施仍无法达到国家标准要求的，应当及时停止有害作业，避免劳动者接触职业病危害因素超过国家标准。

（二）对职业病危害因素定期检测报告进行整理并归档

用人单位接收职业病危害因素定期检测报告，经主要负责人阅读并签字后，可将职业病危害因素定期检测报告归入用人单位《职业病危害因素监测与检测评价档案》。如用人单位依据定期检测报告进行现场整改，应当将整改的实施计划和过程材料一并归入档案。

依据《国家安全监管总局办公厅关于印发职业卫生档案管理规范的通知》（安监总厅安健〔2013〕171号）的要求，《职业病危害因素监测与检测评价档案》的归档内容详见表11-2所示。

表11-2 《职业病危害因素监测与检测评价档案》材料清单

序号	材料名称
1	生产工艺流程
2	职业病危害因素检测点分布示意图
3	可能产生职业病危害设备、材料和化学品一览表
4	接触职业病危害因素汇总表
5	职业病危害因素日常监测季报汇总表
6	职业卫生技术服务机构资质证书
7	职业病危害因素检测评价合同书
8	职业病危害检测与评价报告书
9	职业病危害因素检测与评价结果报告

（三）完善职业病危害申报事宜

《中华人民共和国职业病防治法》规定"国家建立职业病危害项目申报制度"，要求用人单位工作场所存在职业病目录所列职业病的危害因素的，应当及时、如实向职业卫生监督管理部门进行申报，并接受监督。

《职业病危害项目申报办法》（原国家安全生产监督管理总局令第48号）

明确要求，经过职业病危害因素检测、评价，发现原申报内容发生变化的，自收到有关检测、评价结果之日起15日内进行申报。用人单位取得定期检测报告后，应当依照法律要求，在15日内如期进行申报，并且取得申报回执，归入《年度职业卫生管理档案》。

（四）完善职业病危害公示事宜

《中华人民共和国职业病防治法》第二十五条规定，产生职业病危害的用人单位，应当在醒目位置设置公告栏，公布有关职业病防治的规章制度、操作规程、职业病危害事故应急救援措施和工作场所职业病危害因素检测结果。

用人单位在取得定期检测报告书后，应当及时在工作场所公告栏向劳动者公布定期检测结果和相应的防护措施。

（五）职业病危害因素检测结果上报

《用人单位职业病危害因素定期检测规范》第十四条第二款规定，用人单位在收到定期检测报告后一个月之内，应当将定期检测结果向所在地安全生产监督管理部门报告。因此，用人单位应当在收到定期检测报告后一个月内上报当地卫生监督机构或卫生健康行政部门。

（六）开展职业健康检查

用人单位应当在取得定期检测报告后，及时委托具备条件的职业健康检查机构，提交定期检测报告，开展接触职业病危害的劳动者的职业健康监护工作。

第五节　工作场所职业病危害作业分级

根据《职业健康监护技术规范》，粉尘分级Ⅰ级以上才可进行在岗期间职业健康检查，同时，《女职工劳动保护特别规定》规定高温和噪声三级、四级作业属于孕期禁忌证。因此有必要对职业病危害因素进行分级。国家也先后出台了相关分级标准。

一、生产性粉尘职业病危害作业分级

《工作场所职业病危害作业分级第 1 部分：生产性粉尘》（GBZ/T229.1—2010）规定了工作场所生产性粉尘作业的分级及其管理原则，适用于各类存在生产性粉尘作业的工作场所分级管理，目的在于评价工作场所生产性粉尘作业的卫生状况，区分该作业对接触者危害程度的大小，确定粉尘作业健康检查周期。

（一）分级原则

应在综合评估生产性粉尘的健康危害、劳动者接触程度的基础上进行分级。劳动者接触粉尘的程度应根据工作场所空气中粉尘的浓度、劳动者接触粉尘的作业时间和劳动者的劳动强度综合判定。生产工艺及原料无改变，连续 3 次监测（每次间隔 1 个月以上），测定粉尘浓度未超过职业接触限值且无尘肺患者报告的作业可以直接确定为相对无害作业。

（二）分级依据及分级

生产性粉尘作业分级的依据包括粉尘中游离二氧化硅含量、工作场所空气中粉尘的职业接触比值和劳动者的体力劳动强度等要素的权重数。根据分级指数，生产性粉尘按危害程度分为四级：相对无害作业（0级）、轻度危害作业（Ⅰ级）、中度危害作业（Ⅱ级）和重度危害作业（Ⅲ级）。

（三）分级管理原则

应根据分级结果对生产性粉尘作业采取适当的控制措施，一旦作业方式或防护效果发生变化，应重新分级。

0级（相对无害作业）：在目前的作业条件下，对劳动者健康不会产生明显影响，应继续保持目前的作业方式和防护措施。

Ⅰ级（轻度危害作业）：在目前的作业条件下，可能对劳动者健康存在不良影响，应改善工作环境，降低劳动者实际粉尘接触水平，并设置粉尘危害及防护标识，对劳动者进行职业卫生培训，采取职业健康监护，定期作业场所监测等行动。

Ⅱ级（中度危害作业）：在目前的作业条件下，很可能引起劳动者的健康危害。应在采取上述措施的同时，及时采取纠正和管理行动，降低劳动者实际粉尘接触水平。

Ⅲ级（重度危害作业）：在目前的作业条件下，极有可能造成劳动者严重健康损害。应立即采取整改措施，作业点设置粉尘危害和防护的明确标识，劳动者应使用个人防护用品，使劳动者实际接触水平达到职业卫生标准的要求。对劳动者及时进行健康检查。整改完成后，应重新对作业场所进行职业卫生评价。

二、化学物职业病危害作业分级

《工作场所职业病危害作业分级第2部分：化学物》（GBZ/T229.2—2010）规定了从事有毒作业危害条件分级的技术规则，适用于用人单位职业性接触毒物作业的危害程度分级以及有毒作业场所的职业卫生监督，目的在于评价工作场所生产性毒物作业的卫生状况，区分该作业对接触者危害程度的大小。

（一）分级原则

应在全面掌握化学物的毒性资料及毒性分级、劳动者接触生产性毒物水平和工作场所职业防护效果等要素的基础上进行分级，同时应考虑技术的可行性和分级管理的差异性。劳动者接触生产性毒物的水平由工作场所空气中毒物浓度、劳动者接触生产性毒物的时间和劳动者的劳动强度决定。

（二）分级依据及分级

有毒作业分级的依据包括化学物的危害程度、化学物的职业接触比值和劳动者的体力劳动强度三个要素的权数。应根据化学物的毒作用类型进行分级。以慢性毒性作用为主同时具有急性毒性作用的物质，应根据时间加权平均浓度、短时间接触容许浓度进行分级，只有急性毒性作用的物质可根据最高容许浓度进行分级。根据分级指数，有毒作业按危害程度分为四级：相对无害作业（0级）、轻度危害作业（Ⅰ级）、中度危害作业（Ⅱ级）和重度危害作业（Ⅲ级）。

（三）分级管理原则

对于有毒作业，应根据分级采取相应的控制措施。

0级（相对无害作业）：在目前的作业条件下，对劳动者健康不会产生明显影响，应继续保持目前的作业方式和防护措施。一旦作业方式或防护效果发生变化，应重新分级。

Ⅰ级（轻度危害作业）：在目前的作业条件下，可能对劳动者健康存在不良影响，应改善工作环境，降低劳动者实际接触水平，并设置警告及防护标识，强化劳动者的安全操作，进行职业卫生培训，采取定期作业场所监测、职业健康监护等行动。

Ⅱ级（中度危害作业）：在目前的作业条件下，很可能引起劳动者的健康危害，应及时采取纠正和管理行动，限期完成整改措施。劳动者必须使用防护用品，使劳动者实际接触水平达到职业卫生标准的要求。

Ⅲ级（重度危害作业）：在目前的作业条件下，极有可能造成劳动者严重健康损害的作业，应在作业点明确标识，立即采取整改措施，劳动者必须使用个人防护用品，保证劳动者实际接触水平达到职业卫生标准的要求。对劳动者进行健康体检。整改完成后，应重新对作业场所进行职业卫生评价。

三、高温职业病危害作业分级

《工作场所职业病危害作业分级第3部分：高温》（GBZ/T229.3—2010）规定了工作场所高温作业的分级及其管理原则，适用于各类存在高温作业的工作场所分级管理，不适用于每个劳动日累计高温暴露不足1小时的作业。

（一）分级原则

应在对高温作业的健康危害、环境热强度、接触高温时间、劳动强度和工作服装阻热性能等全面评价基础上进行分级。

（二）分级依据及分级

高温作业分级的依据包括劳动强度、接触高温作业时间、湿球黑球温度

（WBGT）指数和服装的阻热性。体力劳动强度分级按《工作场所物理因素测量第10部分：体力劳动强度分级》（GBZT189.10—2007）执行，WBGT指数的测定按《工作场所物理因素测量第7部分：高温》（GBZ/T189.7—2007）执行。高温作业按危害程度分为四级：轻度危害作业（Ⅰ级）、中度危害作业（Ⅱ级）、重度危害作业（Ⅲ级）和极重度危害作业（Ⅳ级）。

（三）分级管理原则

轻度危害作业（Ⅰ级）：在目前的劳动条件下，可能对劳动者的健康产生不良影响，应改善工作环境，对劳动者进行职业卫生培训，采取职业健康监护和防暑降温防护措施，保持劳动者的热平衡。

中度危害作业（Ⅱ级）：在目前的劳动条件下，可能引起劳动者的健康危害，应在采取上述措施的同时，强化职业健康监护和防暑降温等防护措施，调整高温作业劳动—休息制度，降低劳动者热应激反应及接触热环境的单位时间比率。

重度危害作业（Ⅲ级）：在目前的劳动条件下，很可能引起劳动者的健康危害，产生热损伤。在采取上述措施的同时，强调进行热应激监测，通过调整高温作业劳动—休息制度，进一步降低劳动者接触热环境的单位时间比率。

极重度危害作业（Ⅳ级）：在目前的劳动条件下，极有可能引起劳动者的健康危害、产生严重的热损伤。在采取上述措施的同时，严格进行热应激监测和热损伤防护措施，通过调整高温作业劳动—休息制度，严格限制劳动者接触热环境的时间比率。

四、噪声职业病危害作业分级

《工作场所职业病危害作业分级第4部分：噪声》（GBZ/T229.4—2012）规定了工作场所噪声作业的分级原则、分级方法，适用于各类存在生产性噪声作业的工作场所分级管理。噪声作业分级是对噪声暴露危害程度的评价，也为控制噪声危害进行量化管理、风险评估提供重要依据。

（一）分级原则

以国家职业卫生标准接触限值及测量方法为基础进行分级。应通过现场巡查，识别工作场所生产性噪声的来源、分布范围、劳动者接触噪声情况及采取的控制措施，收集既往的听力损伤资料，确定需要进行分级的作业。

（二）分级依据及分级

根据劳动者接触噪声水平和接触时间对噪声作业进行分级。对于稳态和非稳态连续噪声，按照《工作场所物理因素测量第8部分：噪声》（GBZ/T189.8—2007）的要求进行声作业测量，依据声暴露情况计算8小时等效声级或40小时等效声级后，根据噪声作业级别，共分四级：轻度危害作业（Ⅰ级）、中度危害作业（Ⅱ级）、重度危害作业（Ⅲ级）和极重度危害作业（Ⅳ级）。对于脉冲噪声，按照GBZ/T189.8—2007的要求测量脉冲噪声声压级峰值（dB）和工作日内脉冲次数，脉冲噪声作业级别共分为四级：轻度危害作业（Ⅰ级）、中度危害作业（Ⅱ级）、重度危害作业（Ⅲ级）和极重度危害作业（Ⅳ级）。

（三）分级管理原则

对于每天8小时或每周40小时噪声暴露等效声级≥80 dB但<85 dB的作业人员，在目前的作业方式和防护措施不变的情况下，应进行健康监护，一旦作业方式或控制效果发生变化，应重新分级。

轻度危害作业（Ⅰ级）：在目前的作业条件下，可能对劳动者的听力产生不良影响，应改善工作环境，降低劳动者实际接触水平，设置噪声危害及防护标识，佩戴噪声防护用品，对劳动者进行职业卫生培训，采取职业健康监护，定期作业场所监测等措施。

中度危害作业（Ⅱ级）：在目前的作业条件下，很可能对劳动者的听力产生不良影响。针对企业特点，在采取上述措施的同时，采取纠正和管理行动，降低劳动者实际接触水平。

重度危害作业（Ⅲ级）：在目前的作业条件下，会对劳动者的健康产生不良影响。除了上述措施外，应尽可能采取工程技术措施进行相应的整改。整改完成后，重新对作业场所进行职业卫生评价及噪声分级。

极重度危害作业（Ⅳ级）：在目前的作业条件下，会对劳动者的健康产生不良影响。除了上述措施外，应及时采取相应的工程技术措施进行整改。整改完成后，对控制及防护效果进行卫生评价及噪声分级。

《噪声职业病危害风险管理指南》（WS/T754—2016）详细规定了噪声的职业病危害风险评估及风险管理程序、方法、内容等原则，给出了噪声的职业病危害风险管理指南。该指南适用于产生生产性噪声的各类工作场所噪声职业暴露的风险评价及风险管理，适用于劳动者噪声暴露的危害程度及噪声防护措施效果的监测、评价、管理等。

五、基于职业接触限值的化学有害因素分类控制

工作场所化学有害因素职业接触限值是用人单位评价工作场所卫生状况、劳动者接触化学有害因素程度以及防护措施控制效果的重要技术依据，是实施职业健康风险评估、风险管理及风险交流的重要工具。《工作场所有害因素职业接触限值第1部分：化学有害因素》（GBZ2.1—2019）规定了化学有害因素职业接触水平及其分类控制，见表11-3。

表11-3　职业接触水平及其分类控制

接触等级	等级描述	推荐的控制措施
0（≤1%OEL）	无接触	不需采取行动
Ⅰ（>1%，≤10% OEL）	接触极低，根据已有信息无相关效应	一般危害告知，标签、SDS、培训等
Ⅱ（>10%，≤50% OEL）	有接触但无明显效应	一般危害告知，针对特定因素的特殊危害告知
Ⅲ（>50%，≤OEL）	显著接触，需采取行动限制活动	一般危害告知、特殊危害告知、职业卫生监测、职业健康监护、作业管理
Ⅳ（>OEL）	超过OELs	一般危害告知、特殊危害告知、职业卫生监测、职业健康监护、作业管理、个体防护用品和工程、工艺控制

注：一般危害告知是指通过包括标签和其他警示形式、安全数据表以及培训等措施进行的综合的危害信息交流；特殊危害告知则是对某一具体化学有害因素特定危害所进行的告知。作业管理包括对作业方法、作业时间等制定作业标准，使其标准化；改善作业方法；对作业人员进行指导培训以及改善作业条件或工作场所环境等。

第十二章　职业病危害事故应急救援管理

职业病危害事故（急性风险）是指生产工艺过程、生产环境和劳动过程中存在的可导致急性中毒、窒息、化学灼伤、高温中暑、急性放射病等急性、突发性职业健康危害事故。该类事故是劳动者由于接触某种职业病危害因素，在几小时或几天内就发生明显损伤（一般为24小时之内）。职业病危害事故应急救援措施包括应急救援预案和应急救援设施。

第一节　职业病危害事故应急救援预案与演练

一、职业病危害事故应急目标的确认

职业病危害事故应急目标的确认是正确设置应急救援设施和建立健全应急救援预案的前提。确认应急目标一般从用人单位存在的职业病危害因素中找出可导致急性中毒、窒息、化学灼伤、高温中暑、急性放射病等急性风险的危害因素作为应急目标的职业病危害因素，同时将这些应急职业病危害因素可能存在的部位和可能产生的环节列为应急目标点。在确认应急目标时要注意，一是全面识别不能遗漏，凡是可能导致急性职业病危害事故的职业病危害因素都要识别；二是不管安全生产危害因素，如火灾爆炸、机械伤害、触电等，不列为职业病危害事故的应急目标；三是要有量的概念，某种职业病危害因素虽然有毒，但是存在场所使用的量达不到急性中毒的浓度所需的量，不做职业病危害事故应急目标，如喷码油墨含苯极少，不可能导致急性中毒；四是应急目标可能产生的环节包括检修维修、密闭空间、跑冒滴漏等。

二、应急预案

应急预案是指为有效预防和控制可能发生的事故,最大程度减少事故及其造成的损害而预先制定的工作方案。《生产安全事故应急预案管理办法》和《生产经营单位生产安全事故应急预案编制导则》将生产经营单位应急预案分为综合应急预案、专项应急预案和现场处置方案。

1. 综合应急预案是指生产经营单位为应对各种生产安全事故而制定的综合性工作方案,是本单位应对生产安全事故的总体工作程序、措施和应急预案体系的总纲。综合应急预案主要从总体上阐述事故的应急工作原则,包括生产经营单位的应急组织机构及职责、应急预案体系、事故风险描述、预警及信息报告、应急响应、保障措施、应急预案管理等内容。

2. 专项应急预案是指生产经营单位为应对某一种或者多种类型生产安全事故,或者针对重要生产设施、重大危险源、重大活动防止生产安全事故而制定的专项性工作方案。专项应急预案主要包括事故风险分析、应急指挥机构及职责、处置程序和措施等内容。

3. 现场处置方案是指生产经营单位根据不同生产安全事故类型,针对具体场所、装置或者设施所制定的应急处置措施,主要包括事故风险分析、应急工作职责、应急处置和注意事项等内容。生产经营单位应根据风险评估、岗位操作规程以及危险性控制措施,组织本单位现场作业人员及安全管理等专业人员共同编制现场处置方案。应急处置主要包括事故应急处置程序,即根据可能发生的事故及现场情况,明确事故报警、各项应急措施启动、应急救护人员的引导、事故扩大及同生产经营单位应急预案的衔接的程序;现场应急处置措施,即针对可能发生的危险化学品泄漏等,从人员救护、工艺操作、事故控制、消防、现场恢复等方面制定明确的应急处置措施;明确报警负责人以及报警电话及上级管理部门、相关应急救援单位联络方式和联系人员,事故报告基本要求和内容。现场处置注意事项主要包括佩戴个人防护器具,使用抢险救援器材,采取救援对策或措施,现场自救和互救,现场应急处置能力确认和人员安全防护等事项,应急救援结束后的注意事项和其他需要特别警示的事项。

三、应急预案演练

根据职业病防治相关法律法规要求，生产经营单位应当制订本单位的应急预案演练计划，根据本单位的事故风险特点，每年至少组织一次综合应急预案演练或者专项应急预案演练，每半年至少组织一次现场处置方案演练。应急预案演练结束后，应急预案演练组织单位应当对应急预案演练效果进行评估，撰写应急预案演练评估报告，分析存在的问题，并对应急预案提出修订意见。生产经营单位应当按照应急预案的规定，落实应急指挥体系、应急救援队伍、应急物资及装备，建立应急物资、装备配备及其使用档案，并对应急物资、装备进行定期检测和维护，使其处于适用状态。

此处注意，对于高温中暑预案或现场处置方案的演练，除高炉冶炼车间等常年高温场所外，季节性高温每年暑期来临前进行一次演练即可。

四、职业病危害事故调查处理步骤

发生急性职业病危害事故时，用人单位应当采取以下措施：①立即采取应急救援措施和控制措施，控制住危害事故的发生，不使这种危害扩散。对于尚未发生，但有可能发生的事故，也要积极地采取措施，避免危害事故的发生。应急救援措施一般是指发生职业病危害事故时，对遭受职业病危害的劳动者进行抢救和采取援助措施。②在采取应急救援和控制措施的同时，用人单位还应当及时地向用人单位所在地的人民政府卫生行政部门和有关部门报告，以便卫生行政部门和有关部门及时地了解发生事故的情况，指导用人单位采取有效的措施，有关部门包括应急管理部门。按照本条规定，接到报告的卫生行政部门，应当及时会同有关部门尽快到达事故现场，调查、分析事故原因，并对事故进行处理，不能拖延。这是卫生行政部门一项责任。如果有必要，卫生行政部门可以采取临时控制职业病危害事故的措施。

根据《国家安全监管总局办公厅关于职业危害事故调查处理有关问题的复

函》(安监总厅安健函〔2011〕47号)规定,对于由职业病危害因素引起的慢性群发性职业病以及导致的死亡事件,可以根据《中华人民共和国职业病防治法》等法规的有关规定,开展职业危害事故查处工作。对于由急性工业中毒导致的伤亡事件,应按照《安全生产法》《生产安全事故报告和调查处理条例》的有关规定进行调查处理,急性职业病危害事故应急作为安全生产事故的一部分,应当按照该办法和其他法规标准建立健全相关预案。职业病危害事故处理步骤一般按下列程序进行。

1. 启动预案、准备物资、赶赴现场。卫生行政部门或应急管理部门接到职业病危害事故报告后,首先核实、确认报告的信息。按照职业病危害事故的可控性、严重程度和影响范围,启动应急响应程序,成立应急救援现场指挥机构,组织专家制定施救方案,并安排、联系相关施救人员配备安全防护用品(防毒面具、防护服等)进行救援。

2. 现场分区、隔离、疏散。应急救援队伍迅速进入现场,根据职业病危害事故的性质,设立不同功能的卫生防护分区,包括保护区、隔离区、污染区、缓冲区、净化区等;对不同区域实施不同的现场处理,包括清除能产生污染伤害的垃圾、食物、污染源,中和有毒有害物质,屏蔽物理创伤源;开展健康教育工作,改善个人防护知识,提高群众自身保护能力。

3. 现场调查、检伤分类、控制处理。迅速进入现场,尽快确定突发事件的性质和类别,确定调查处理方向;开展调查和检查,迅速掌握受累人群和发病、伤害人数;果断采取措施,保证受累人群脱离伤害区,并设立警戒防护,控制伤害源;迅速采取针对性措施,对症、对因治疗病人,并有效隔离危害源;了解卫生防疫资源损失情况。

4. 调查采样、确定原因。开展现场职业卫生学调查和流行病学调查,查找时间原因和危险因素;根据流行病学危险因素调查线索,进行现场检测,并采集环境样品和病人生物样本;及时进行理化、生物或其他类型有害因素的实验室检验分析和分离鉴定。

5. 总结评估。突发事件危害源和相关危险因素得到有效控制,无同源性新发病例出现，多数伤病人病情得到基本控制，突发中毒事件卫生应急响应结束。承担应急响应工作的卫生行政部门应当组织有关人员对突发事件卫生应急工作进行评估，及时总结卫生应急工作中的经验、教训。评估报告上报本级人民政府和上一级卫生行政部门。

职业病危害事故的控制和预防工作应做到居安思危，预防为主、常抓不懈。要加强高危行业重点企业的管理工作，职业卫生工作人员要担当起此项重任，积极控制和消除职业病危害因素，把职业病危害事故造成的损失降至最低程度。职业病危害事故的应急管理是应对职业病危害事故的关键环节。建立科学的应急管理体系，就是要实现职业病危害事故发生前的监测、防范和预警；事件发生时的快速、准确、科学决策，协调、调度和指挥，为企业和劳动者提供紧急救援信息和服务；事件发生后进行科学的评估，合理、有针对性地开展职业卫生控制工作，从而纳入经常化、制度化、法治化的轨道，使职业病危害事故的应急管理工作成为国家公共卫生安全科技支持体系中的重要组成部分。

第二节 应急救援设施的设置

应急救援设施是指在工作场所设置的报警装置、辐射剂量测量设备、个人剂量监测设备、现场急救用品、洗眼器、喷淋装置等冲洗设备和强制通风设备，以及应急救援使用的通信、运输设备等。

一、职业病危害事故应急救援设施相关依据

1.《中华人民共和国职业病防治法》

第二十五条，对可能发生急性职业损伤的有毒、有害工作场所，用人单位应当设置报警装置，配置现场急救用品、冲洗设备、应急撤离通道和必要的泄险区。对放射工作场所和放射性同位素的运输、贮存，用人单位必须配置防护设备和报警装置，保证接触放射线的工作人员佩戴个人剂量计。

对职业病防护设备、应急救援设施和个人使用的职业病防护用品，用人单

位应当进行经常性的维护、检修,定期检测其性能和效果,确保其处于正常状态,不得擅自拆除或者停止使用。

第三十七条,发生或者可能发生急性职业病危害事故时,用人单位应当立即采取应急救援和控制措施,并及时报告所在地卫生行政部门和有关部门。卫生行政部门接到报告后,应当及时会同有关部门组织调查处理;必要时,可以采取临时控制措施。卫生行政部门应当组织做好医疗救治工作。

2.《使用有毒物品作业场所劳动保护条例》

第十六条,从事使用高毒物品作业的用人单位,应当配备应急救援人员和必要的应急救援器材、设备,制定事故应急救援预案,并根据实际情况变化对应急救援预案适时进行修订,定期组织演练。事故应急救援预案和演练记录应当报当地卫生行政部门、安全生产监督管理部门和公安部门备案。

3.《工作场所职业卫生管理规定》

第十七条,在可能发生急性职业损伤的有毒、有害工作场所,用人单位应当设置报警装置,配置现场急救用品、冲洗设备、应急撤离通道和必要的泄险区。

现场急救用品、冲洗设备等应当设在可能发生急性职业损伤的工作场所或者邻近地点,并在醒目位置设置清晰的标识。

在可能突然泄漏或者逸出大量有害物质的密闭或者半密闭工作场所,除遵守本条第一款、第二款规定外,用人单位还应当安装事故通风装置以及与事故排风系统相联锁的泄漏报警装置。

生产、销售、使用、贮存放射性同位素和射线装置的场所,应当按照国家有关规定设置明显的放射性标志,其入口处应当按照国家有关安全和防护标准的要求,设置安全和防护设施以及必要的防护安全联锁、报警装置或者工作信号。放射性装置的生产调试和使用场所,应当具有防止误操作、防止工作人员受到意外照射的安全措施。用人单位必须配备与辐射类型和辐射水平相适应的防护用品和监测仪器,包括个人剂量测量报警、固定式和便携式辐射监测、表面污染监测、流出物监测等设备,并保证可能接触放射线的工作人员佩戴个人剂量计。

第十八条,用人单位应当对职业病防护设备、应急救援设施进行经常性的维护、检修和保养，定期检测其性能和效果，确保其处于正常状态，不得擅自拆除或者停止使用。

其他还有《中华人民共和国突发事件应对法》（中华人民共和国主席令〔2007〕第69号）、《生产安全事故应急预案管理办法》（应急管理部令〔2019〕第2号）、《生产经营单位安全生产事故应急预案编制导则》（GB/T29639—2013）、《危险化学品事故应急救援预案编制导则（单位版）》（安监管危化字〔2004〕43号）、《防暑降温措施管理办法》（安监总安健〔2012〕89号）等。

二、常见急性职业病危害事故应急救援设施设置

《建设项目职业病危害预评价报告编制要求》（ZW JB 2014 004）对应急救援设施的评价，要求针对生产工艺过程、生产环境和劳动过程中存在的可导致急性职业病危害的职业病危害因素及其特点、可能发生泄漏（逸出）或聚积的工作场所，调查各类应急救援设施的种类、数量、设置地点及运行维护状况等。常见应急救援设施包括事故报警检测器、联锁自动控制、事故通风、应急通道、泄险沟、围堰、冲淋洗眼器、风向标、急救药品、应急个人防护设备、气防站、气防柜、通讯、运输设备、医务室、最近的救援医院等。《工业企业设计卫生标准》（GBZ1—2010）也明确要求工业企业在有可能发生化学性灼伤及经皮肤黏膜吸收引起急性中毒的工作地点或车间，应根据可能产生或存在的职业病危害因素及其危害特点，在工作地点就近设置现场应急处理设施。急救设施应包括不断水的冲淋、洗眼设施，气体防护柜，个人防护用品，急救包或急救箱以及急救药品，转运病人的担架和装置，急救处理的设施以及应急救援通讯设备等。常见应急救援设施设置要求如下。

（一）有毒气体检测报警装置的设置

有毒气体检测报警装置是指用于检测和/或报警工作场所空气中有毒气体的装置和仪器，由探测器和报警控制器组成，具有有毒气体自动检测与报警功能，常用的有固定式、移动式和便携式检测报警仪。对于有毒气体报警，一般按照

《工作场所有毒气体检测报警装置设置规范》（GBZ/T223—2009）和《石油化工可燃气体和有毒气体检测报警设计标准》（GB/T50493—2019）等标准规范要求进行设置。

1. 设置原则

（1）存在或使用、生产有毒气体，并可能导致劳动者发生急性职业中毒的工作场所，主要指可能释放高毒、剧毒气体的工作场所，或可能大量释放或易于聚集的其他有毒气体的工作场所，应设立有毒气体检测报警点。

（2）检测报警点应设在以下几处地方：一是可能释放有毒气体的释放点附近，如输送泵、压缩机、阀门、法兰、加料口、采样口、储运设备的排水口、有毒液体装卸口或可能溢出口、有毒气体填充口以及有毒物质设备易损害部位等处；二是与有毒气体释放源场所相关联并有人员活动的沟道、排污口以及易聚集有毒气体的死角、坑道；三是工作场所虽无有毒气体释放点，但临近释放点一旦释放有毒气体，可能扩散并导致人员急性职业损伤的，应设检测报警点，检测报警点设在有毒气体可能的入口处或人员经常活动处。

（3）确定检测报警点时要考虑被检测物质的理化特性、毒性、易燃易爆性、气象条件、生产条件、职业卫生状况及可能造成事故的严重程度等，实现有效报警。

（4）在生产中可能突然逸出大量有害物质或易造成急性中毒或易燃易爆的化学物质的室内作业场所，应设置与事故排风系统相联锁的泄漏报警装置。

（5）应设置有毒气体检测报警仪的工作地点，宜采用固定式，当不具备设置固定式的条件时，应配置便携式检测报警仪。

（6）可燃气体与有毒气体同存时应遵循的原则，一是可燃气体或其中含有毒气体，一旦泄漏，可燃气体可能达到25%LEL，但有毒气体不能达到最高容许浓度时，应设置可燃气体检测报警仪；二是有毒气体或其中含有可燃气体，一旦泄漏，有毒气体可能达到最高容许浓度，但可燃气体不能达到25%LEL时，应设置有毒气体检测报警仪；三是既属可燃气体又属有毒气体，只设有毒气体检测报警仪；四是可燃气体与有毒气体同时存在的场所，应同时设置可燃气体和有毒气体检测报警仪。

2.设置方法

（1）"室内"检测报警点设在与有毒气体释放点距离1米以内，若有毒气体的密度大于空气密度时，检测报警点的位置应低于释放点，反之应高于释放点。

（2）"室外"检测报警点设在与有毒气体释放点距离2米以内，检测报警点一般设在常年主导风向下风向的位置；若有毒气体的密度大于空气密度时，检测报警点的位置应低于释放点，反之应高于释放点。

（3）"室内"或"室外"的同一场所有多个距离较近的释放点时，一个检测报警点可同时覆盖两个以上的同种气体的释放点。

（4）有效覆盖水平与距离可燃气体检测器的有效覆盖水平平面半径，室内宜为7.5米，室外宜为15米，在有效覆盖面积内，可设一台检测器。

（5）安装高度检测比重大于空气的可燃气体或有毒气体检（探）测器，其安装高度应距地坪（或楼地板）0.3~0.6米；检测比重小于空气的可燃气体或有毒气体的检（探）测器，其安装高度应高出释放源0.5~2米。

3.有毒气体报警值的设定

（1）毒物报警值应根据有毒气体毒性和现场实际情况至少设警报值和高报值两级，或者设置预报值和警报值两级。

（2）预报值为MAC或PC—STEL的1/2，无PC—STEL的化学物质，预报值可设在相应超限倍数值的1/2；警报值为MAC或PC—STEL值，无PC—STEL的化学物质，警报值可设在相应的超限倍数值；高报值应综合考虑有毒气体毒性、作业人员情况、事故后果、工艺设备等各种因素后设定。

（二）事故通风装置（又称强制通风设施）的设置

事故通风装置适用于有毒气体、易挥发性溶剂等发生逸散、泄漏等的工作场所，为避免有害气体等的积聚而造成进一步人员伤害，所设置的与有害物质逸散或泄漏等相关联的事故通风设备设施。因此，事故通风装置一般应当有围护结构，否则露天无围护结构的场所无法设置排风，事故通风装置设置要求为：

1.事故通风宜由经常使用的通风系统和事故通风系统共同保证，但在发生事故时，必须保证能提供足够的通风量。事故通风的风量宜根据工艺设计要求通过计算确定，但换气次数不宜< 12次/时。

2. 事故通风通风机的控制开关应分别设置在室内、室外便于操作的地点。

3. 事故排风的进风口，应设在有害气体或有爆炸危险的物质放散量可能最大或聚集最多的地点。对事故排风的死角处，应采取导流措施。

4. 事故排风装置排风口的设置应尽可能避免对人员的影响。

（1）事故排风装置的排风口应设在安全处，远离门、窗及进风口和人员经常停留或经常通行的地点。

（2）排风口不得朝向室外空气动力阴影区和正压区；此外，对于放散有爆炸危险的可燃气体、粉尘或气溶胶等物质的工作场所，应设置防爆通风系统或事故排风系统。

5. 事故通风设施的检查与维护

（1）当车间有毒气体通过天窗排出时，则该车间屋顶应避免设置机械通风进风口。

（2）可能突然产生大量有害物质的作业场所，应设置事故排风装置，事故排风宜由经常使用的排风系统和事故排风的排风系统共同保证。事故排风的排风量应根据工艺资料计算确定。当缺乏上述资料时，换气次数不得小于12次/小时。

（3）事故排风的通风机，应分别在室内外便于操作的地点设置开关，其供电系统的可靠性等级，应由工艺设计确定，并应符合国家现行《工业与民用供电系统设计规范》以及其他有关规范的要求。

（4）事故排风的吸风口，应设在有害气体散发量可能最大的地点。当发生事故向室内放散密度比空气大的气体和蒸汽时，吸风口应设在地面以上0.3~1米处；放散密度比空气小的气体和蒸汽时，吸风口应设在上部地带，且对于可燃气体和蒸汽，吸风口应尽量紧贴顶棚布置，其上缘距顶棚不得大于0.4米。

（5）事故排风的排风口，不应布置在人员经常停留或经常通行的地点。排风口应高于20米范围内最高建筑物的屋面3米以上，当其与机械送风系统进风口的水平距离小于 20 米时，尚应高于进风口 6 米以上。

（6）散发有毒有害气体设备的尾气必须经净化设备处理，达到国家排放标准后方可排入大气。若直接排入大气时，应引至屋顶以上 3 米高处放空，若邻近建筑物高于本车间时，应加高排放口高度。

（三）现场紧急处置设施的设置

现场紧急处置设施主要是指用于处置喷溅于劳动者皮肤黏膜上的有毒、有害物质，避免急性职业损伤进一步加剧的设备设施，常见的有喷淋装置和洗眼器等冲洗用设备设施。《事故淋浴器及洗眼器通用设计规定》（SDEP—SPT—SH2003—2006）规定，喷淋洗眼器设置原则为：生产过程中接触强酸、强碱和易经皮肤吸收的毒物的场所，应设置喷淋洗眼器；喷淋洗眼器设置位置应满足使用者以正常步伐不超过 10 秒能够顺畅到达的地方，且距离危险源不超过 15 米，并在一个水平面上，中间不应有障碍物。喷淋洗眼器的给水及排水管道，在寒冷地区应采取防冻措施；当采用电热防冻时，应有可靠的接地设计及保温措施。《化工企业安全卫生设计规范》（HG20571—2014）也规定，在液体毒性危害严重的作业场所，应设计洗眼器、淋洗器等安全防护措施，淋洗器、洗眼器的服务半径应不大于 15 米。具有化学灼伤危险的作业场所，应设计洗眼器、淋洗器等安全防护措施，淋洗器、洗眼器的服务半径应不大于 15 米。淋洗器、洗眼器的冲洗水上水水质应符合现行国家标准《生活饮用水卫生标准》（GB5749）的规定，并应为不间断供水；淋洗器、洗眼器的排水应纳入工厂污水管网，并在装置区安全位置设置救护箱。

（四）围堰的设置

依据《储罐区防火堤设计规范》（GB50351—2005）等标准要求，围堰设置按照下列原则设置：

1.储存有毒、具有腐蚀性或易燃易爆危险性的液体，应在储罐区周围设置围堰，腐蚀性物料储罐区围堰上应铺砌防蚀地面。

2.不同类别的储罐不宜共用一个围堰区,如果储罐相邻难以隔开分别设置围堰时,储罐之间必须设置隔堤。

3.围堰的高度不应小于0.15米。围堰区域的范围一般按设备最大外形再向外延伸0.8米。

4.如果储罐泄漏出的物料需要收集时,所做的围堰厚度至少150毫米,其容积足以容纳围堰内最大的常压贮槽的容量,围堰最小高度不小于450毫米。围堰内积水坑便于集中回收,或者有管道连接到防爆耐腐蚀泵。各储罐使用部门负责确定收集的泄漏物料存储设备,并配备足够数量临时管路备用。

5.固定顶危险化学品储罐区,防火堤的有效容量不应小于一个最大罐体的容量。浮顶或内浮顶危险化学品储罐区,防火堤的有效容量不应小于一个最大罐体的容量的一半。当固定顶和浮顶或内浮顶危险化学品储罐同时布置,防火堤的有效容量应取最大值。

6.液化气体储罐储存介质相对蒸汽密度(空气=1)>1的危险化学品储罐区应设置防火堤或围堰,防火堤或围堰的有效容积不应小于储罐区内1个最大储罐的容积。无毒不燃气体储罐区可不设置围堤。

7.腐蚀性液体储罐区内的地面应采取防渗漏和防腐蚀措施。储罐区应设置围堤,围堤的有效容积不应小于罐组内1个最大储罐的容积。

(五)急救或损伤紧急处置用品的设置

急救或损伤紧急处置用品是指劳动者发生急性职业损伤后,用于急救的药品或紧急处置劳动者伤口、损伤的皮肤黏膜等的用品以及急救用药品等,包括针对某一类型特定化学物中毒的急救药品,剪刀、镊子、胶带、纱布、棉签、创可贴、生理盐水、医用酒精等紧急处置用品,用于中和酸碱的常用弱酸碱性药液等。急救箱应当设置在便于劳动者取用的地点,根据《用人单位职业病防治指南》推荐要求,原则上应急药箱在应急情况下不超过10秒能够获得。药箱应有清晰的标识,由专人负责定期检查和更新,不得存有过期药品;应急药箱的设置一定要结合现场存在的危害因素,不是所有用人单位都设置千篇一律的应急药箱。如用人单位不使用酸碱，就不必配置酸碱中和剂。还有急救药品中的特效解毒药，目前已知的可用于解毒的急性职业病危害事故涉及的药物如硫化氢中毒所用胺碘酮，氰化物（包括含氰基的如丙烯腈）中毒所用硫代硫酸钠、苯的氨基硝基化物（亚甲蓝）、有机磷（阿托品、解磷定、氯磷定）以及酸碱中和剂、刺激性气体减轻化学性肺水肿、减少渗出的激素类等。其他有毒物质不能随便要求应急药箱配备特效解毒药，如不能确定有无，建议去查询相关毒物的诊断标准。

应急物品配备内容可根据工业企业规模、职业病危害性质、接触人数等实际需要参照表12-1确定。

表12-1 急救药箱配置参考清单

药品名称	储存数量	用途	保质（使用）期限
医用酒精	1瓶	消毒伤口	
新洁而尔酊	1瓶	消毒伤口	
过氧化氢溶液	1瓶	清洗伤口	
0.9%的生理盐水	1瓶	清洗伤口	
2%碳酸氢钠	1瓶	处置酸灼伤	
2%醋酸或3%硼酸	1瓶	处置碱灼伤	
解毒药品	按实际需要	职业中毒处置	有效期内
脱脂棉花、棉签	2包、5包	清洗伤口	
脱脂棉签	5包	清洗伤口	
中号胶布	2卷	粘贴绷带	
绷带	2卷	包扎伤口	
剪刀	1个	急救	
镊子	1个	急救	
医用手套、口罩	按实际需要	防止施救者被感染	
烫伤软膏	2支	消肿/烫伤	
保鲜纸	2包	包裹烧伤、烫伤部位	
创可贴	8个	止血护创	
伤湿止痛膏	2个	瘀伤、扭伤	

（续表）

药品名称	储存数量	用途	保质（使用）期限
冰袋	1个	瘀伤、肌肉拉伤或关节扭伤	
止血带	2个	止血	
三角巾	2包	受伤的上肢、固定敷料或骨折处等	
高分子急救夹板	1个	骨折处理	
眼药膏	2支	处理眼睛	有效期内
洗眼液	2支	处理眼睛	有效期内
防暑降温药品	5盒	夏季防暑降温	有效期内
体温计	2支	测体温	
急救、呼吸气囊	1个	人工呼吸	
雾化吸入器	1个	应急处置	
急救毯	1个	急救	
手电筒	2个	急救	
急救使用说明	1个		

（六）气防站和气防柜的设置

1.生产或使用剧毒或高毒物质的高风险工业企业应设置紧急救援站或有毒气体防护站。应急救援机构（站）可设在厂区内的医务所或卫生所内，设在厂区外的应考虑应急救援机构（站）与工业企业的距离及最佳响应时间。应急救援组织机构急救人员的人数宜根据工作场所的规模、职业病危害因素的特点、劳动者人数，按照0.1%~5%的比例配备，有条件的企业，每个工作班至少应安排1名急救人员。工业园区内设置的应急救援机构（站）应统筹考虑园区内各企业的特点，满足各企业应急救援的需要。

2.生产或使用剧毒或高毒物质的高风险工业企业应设置紧急救援站或有毒气体防护站，其使用面积应按：职工人数＜300人，最小使用面积为20米^2；300~1000人为30米^2；1001~2000人为60米^2；2001~3500人为100米^2；3501~10000人为120米^2；＞10000人为200米^2。有毒气体防护站的装备应根据职业病危害性质、企业规模和实际需要确定，可参考表12-2配置。

表 12-2　有毒气体防护站装备参考配置表

装备名称	数量	备注
万能校验器	2~3 台	
空气或氧气充装泵	1~2 台	
天平	1~2 台	
采样器、胶管	按需要配备	
快速检测分析仪器（包括测爆仪、测氧仪和毒气监测仪）	按需要配备	
器材维修工具（包括台钳、钳工工具）	1 套	
电话	2 部	
录音电话	1 部	
生产调度电话	1 部	
对讲机	2 对	
事故警铃	1 只	
气体防护作业（救护）车	1~2 辆	设有声光报警器，备有空气呼吸器、苏生器、安全帽、安全带、全身防毒衣、防酸碱胶皮衣裤、绝缘棒、绝缘靴、手套、被褥、担架、防爆照明等抢救用的器具
空气呼吸器	根据技术防护人员及驾驶员人数确定	
过滤式防毒面具	每人 1 套	

3.应根据车间（岗位）毒害情况配备防毒器具，设置防毒器具存放柜。防毒器具在专用存放柜内铅封存放，设置明显标识，并定期维护与检查，确保应急使用需要。

4.站内采暖、通风、空调、给水排水、电器、照明等配套设备应按相应国家标准、规范配置。

（七）其他应急设备设施设置

1.个体防护用品。应急救援用个体防护用品是用于可能发生急性中毒等急性职业损伤时，从事现场救助的人员必须佩戴的个体防护用具，主要是过滤式呼吸器、隔绝式呼吸器等，常存放于有毒有害工作场所专用的气体防护柜内。过滤式呼吸器用于逃生，隔绝式呼吸器（正压式空气呼吸器）用于救援。

2. 正压式空气呼吸器是抢险救援人员进入浓烟、毒气、粉尘或缺氧的环境中进行救援作业时使用的一种呼吸系统防护装备，应具双人及以上配置。配备和管理可参照《工业空气呼吸器安全使用维护管理规范》（AQ/T6110—2012）。

（1）使用前准备：空气呼吸器使用前要按程序进行检查，检查空气呼吸器各组部件是否齐全，有无缺损，接头、管路阀体连接是否完好。检查空气呼吸器供气系统气密性和气源压力数值。打开瓶阀开关后，气瓶储气压力不低于额定工作压力90%时才能使用。从供气阀的旁路阀缓慢地放气，报警器发出响亮报警声响时的压力值应在5~6米pa的范围内。关闭供气阀的旁路阀，然后打开瓶阀开关，将全面罩正确地戴在头部深吸一口气，供气阀的阀门应能自动开启并供气。检查气瓶是否固定牢固。

（2）使用后的维护：空气呼吸器使用后，应对呼吸器进行初步清洗，去除污染物。将空气呼吸器恢复到使用前状态，将气瓶充气至30 MPa并与减压阀连接好，用气瓶绑带固定好。将使用后维修维护结果记录在相应表格。

（3）使用时的注意事项：使用时必须先检查气瓶内压力，一般气瓶内压力不低于28 MPa；使用前检查务必保证空气呼吸器完整，无配件缺失；空气呼吸器使用过程中若发现供气不足，可打开供气阀的旁路阀，然后尽快撤离危险区域；空气呼吸器的供气管路发生橡胶龟裂时，要立即更换，以保证使用安全；佩戴空气呼吸器时如果在人体呼气和屏气时，供气阀仍然供气，往往是全面罩佩戴不正确造成的。如果确认全面罩已正确佩戴，供气阀仍然在人体呼气和屏气时连续供气，要立即修理全面罩或供气阀；供气阀和全面罩连接后要仔细检查连接的牢固性和正确性；佩戴呼吸器工作时，要注意观察压力表，当压力表示值为5~6 MPa时，无论报警器是否报警均要撤离危险区域；向气瓶充装的空气务必保证清洁及干燥，符合人体呼吸标准；清洗呼吸器时务必注意相关接口清洁；空气呼吸器最好是专人使用；未经过专业培训前不得擅自拆卸减压阀、供气阀。在危险性工作场所中根据有毒有害物质危害程度、可能达到的最高浓度配备足够的空气呼吸器并考虑以下原则：在缺氧工作场所，应按作业岗位额定人数每人配备一套，轮换作业可按实际作业人数每人配备一套；工作场所存在风险且距离较远不便携带，应在该工作场所配备；多个工作场所存在风险但相距较近，应选择便于取用的地点集中配置；在设定的逃生通道处设置存放点；考虑使用频次、气源容量和备用气源数量。建立健全空气呼吸器技术档案，内容包括出厂合格证或质量证明文件，空气呼吸器技术性能登记表，空气呼吸器基本性能核查记录，日常使用、检查和维护的记录，空气呼吸器的定期技术检测证书，气瓶的定期技术检验证书，等等。

（4）佩戴步骤

①检查气瓶的压力表：指针应在绿色格之内，呼吸器各部件完好，按要求佩戴好呼吸器，面具完全贴合在面部，调整好头带。

②面具测漏检查：将手掌贴在面具的接气口机构上，吸气然后屏住呼吸几秒钟，面具应该贴在脸上不动并保持一段时间，证明没有泄漏；如果面罩滑动说明有泄漏，调整面具头带后，重新测漏直至不漏为止。

③呼吸测压：打开气瓶的阀门，确定胸前压力表指针在绿色格子之内。将供气阀从腰部固定器中取出塞入面具上的结构内，听到"咔嗒"声表示供气阀连接面具到位。做急促的深呼吸去启动打开呼吸阀。反复呼吸12次检查空气流量，快速转动红色圆钮，打开时你会感觉空气的气流有所增加。

以上检测完全通过，就可放心使用了。

（5）使用方法

①打开气瓶阀，检查气瓶气压（压力应大24MPa），然后关闭阀门，放尽余气。

②气瓶阀门和背托朝上，利用过肩式或交叉穿衣式背上呼吸器，适当调整肩带的上下位置和松紧，直到感觉舒适为止。

③插入腰带插头，然后将腰带一侧的伸缩带向后拉紧扣牢。

④撑开面罩头网，由上向下将面罩戴在头上，调整面罩位置。用手按住面罩进气口，通过吸气检查面罩密封是否良好，否则再收紧面罩紧固带，或重新

戴面罩。

⑤打开气瓶开关及供气阀。

⑥将供气阀接口与面罩接口吻合，然后握住面罩吸气根部，左手把供气阀向里按，当听到"咔嚓"声即安装完毕。

⑦应呼吸若干次检查供气阀性能。吸气和呼气都应舒畅，无不适感觉。

3. 通信设备、设施。通信设备、设施用于发生急性职业损伤事故时指挥人员、救援人员等之间的紧急联络。

4. 运输设备、设施。运输设备、设施用于进行人员输运的设备设施，例如担架等，设置应符合 GBZ1 的要求。

5. 风向标。在厂区高处明显位置设置风向标，风向标设置在可能存在有毒气体或挥发性液体泄漏的企业，引导发生事故时劳动者向上风向应急逃离。

三、职业病危害事故应急救援设施管理内容

应急救援设施的日常检查，一是查看职业卫生档案，掌握应急救援设施设置的位置、数量、参数、时间、维护保养记录、检测检验记录、强制鉴定记录，如报警设施鉴定报告等；二是进行现场检查核实，通过现场检查和询问相关人员，核实应急设施设置的位置、数量、种类是否满足要求，核查应急设施的相关参数设置是否合理。例如报警值的设置是否正确；事故通风的通风换气次数是否符合、是否与报警联锁；喷淋洗眼设施是否完好，有无保温措施，设置位置周围有无障碍物、现场检查是否出水，出水压力是否合适、接水和出水是否符合生活饮用水标准（很多质量不合格的管道，出水很长时间有铁锈污染导致水质感官性状不符合）；围堰高度能否满足要求；空气呼吸器数量、存放位置是否合理；请现场作业工人演示佩戴过程，检查其使用流程的规范性和穿戴使用熟练程度，检查其压力测定记录，了解其维护和保养情况；逃生用防毒面具配置种类是否合理，滤毒盒是否在有效期内；风向标的设置位置是否醒目；应急预案是否与现场应急救援目标一致，演练情况是否规范，是否有相应的演练记录等。

第十三章 职业健康监护

第一节 职业健康检查的种类和内容

职业健康监护是职业病预防与控制的一项重要内容,在保护劳动者健康权益、防止和早期发现职业健康损害方面发挥着重要的作用。用人单位是职业健康监护工作的责任主体,其主要负责人对本单位职业健康监护工作全面负责。

一、基本概念

1. 职业健康监护(occupational health surveillance)是以预防为目的,根据劳动者的职业接触史,通过定期或不定期的医学健康检查和健康相关资料的收集,连续性地监测劳动者的健康状况,分析劳动者健康变化与所接触的职业病危害因素的关系,并及时地将健康检查和资料分析结果报告给用人单位和劳动者本人,以便及时采取干预措施,保护劳动者健康。

2. 职业健康检查(occupational medical examination)是指通过医学手段和方法,针对劳动者所接触的职业病危害因素可能产生的健康影响和健康损害进行临床医学检查,了解受检者健康状况,早期发现职业病、职业禁忌证和可能的其他疾病和健康损害的医疗行为。职业健康检查是职业健康监护的重要内容和主要的资料来源。职业健康检查包括上岗前、在岗期间、离岗时职业健康检查。

3. 职业禁忌证(occupational contraindication)是指劳动者从事特定职业或者接触特定职业病危害因素时,比一般职业人群更易于遭受职业病危害和罹患职业病或者可能导致原有自身疾病病情加重,或者在作业过程中诱发可能导致对他人生命健康构成危险的疾病的个人特殊生理或病理状态。

二、职业健康监护的目的

职业健康监护的目的主要是早期发现职业病、职业健康损害和职业禁忌证；跟踪观察职业病及职业健康损害的发生、发展规律及分布情况；评价职业健康损害与作业环境中职业病危害因素的关系及危害程度；识别新的职业病危害因素和高危人群；进行目标干预，包括改善作业环境条件，改革生产工艺，采用有效的防护设施和个人防护用品，对职业病患者及疑似职业病和有职业禁忌人员的处理与安置等；通过分析评价劳动者健康变化与职业病危害因素的关系及危害程度，为职业病危害治理、职业病危害控制效果评价和行政执法提供依据；分析评价预防和干预措施的效果；为制定或修订卫生政策和职业病防治对策服务。

三、职业健康检查的分类

《中华人民共和国职业病防治法》第三十五条对用人单位的职业健康检查工作做了明确规定："对从事接触职业病危害的作业的劳动者，用人单位应当按照国务院卫生行政部门的规定组织上岗前、在岗期间和离岗时的职业健康检查。"《职业健康监护技术规范》（GBZ188—2014）规定的职业健康检查包括上岗前、在岗期间和离岗时的职业健康检查，将职业健康检查与应急健康检查及离岗后医学随访并列，注意与日常习惯所述职业健康检查的区别。

（一）职业健康检查

1.上岗前职业健康检查指用人单位安排将从事某种或某些职业病危害作业的人员，包括新招工进厂准备从事职业病危害作业的人员，从无害岗位准备到有害岗位的人员，从甲种有害作业准备到乙种有害作业的人员即从事某些特殊作业的人员在上岗前进行的职业健康检查。其目的是发现职业禁忌证，为劳动者安排合适的工作岗位提供科学依据。同时，掌握劳动者上岗前的健康状况及有关健康基础资料，分清责任，为劳资双方健康损害纠纷提供证据。上岗前健康检查均为强制性职业健康检查，应在开始从事有害作业前完成，即上岗前职业健康检查时间点一定是在接触职业病危害因素之前。只要存在并接触GBZ188—2014和GBZ98—2020的职业病危害，就需要上岗前职业健康检查，没有量的概念（噪声除外，必须属于噪声作业）。

2.在岗期间的职业健康检查。长期从事规定中需要开展健康监护的职业病危害因素作业的劳动者，应进行在岗期间的定期职业健康检查。定期职业健康检查的目的主要是早期发现职业病病人或疑似职业病病人或劳动者的其他健康异常改变，及时发现有职业禁忌的劳动者，通过动态观察劳动者群体健康变化，评价工作场所职业病危害因素的控制效果。定期职业健康检查的周期应根据不同职业病危害因素的性质、工作场所有害因素的浓度或强度、目标疾病的潜伏期和防护措施等因素决定。在岗期间职业健康检查需要包含工作岗位存在的所有职业病危害因素类别，职业健康检查项目的内容也要根据《职业健康监护技术规范》（GBZ188）来确定。当劳动者接触的两种职业病危害因素的体检周期不一致时，可按照体检周期分别进行职业健康检查。例如，劳动者在工作中同时接触苯、紫外辐射两种职业病危害因素，苯在岗期间职业健康检查周期是1年，紫外辐射职业健康检查周期是2年，劳动者于2019年10月进行了上述两种因素的上岗前职业健康检查，则可以在2020年10月进行苯系物在岗期间职业健康检查，在2021年10月进行苯系物和紫外辐射的在岗期间职业健康检查。

在岗期间职业健康检查与上岗前职业健康检查不同，不能互相替代。上岗前职业健康检查的目标疾病是职业禁忌证，在岗期间的目标疾病是职业病和职业禁忌证，在部分体检职业病危害因素中职业健康检查的项目内容也不同。以最常见的噪声为例，上岗前职业健康检查的实验室必查项目有血常规、尿常规、心电图、血清ALT、纯音听阈测试，而在岗期间职业健康检查的实验室必查项目为纯音气导听阈测试、心电图。用人单位在组织职工进行职业健康检查过程中要认真区分劳动者的职业健康检查类型，有针对性开展工作。

《职业健康监护技术规范》中，27种化学物质没有离岗时体检项目设置，因为目前没有证据证明可导致慢性中毒，也就没有其相关的慢性中毒诊断标准。这些化学物质存在的时候可导致急性中毒，脱离接触损害就不存在了，也就不再要求在岗期间定期职业健康检查。

3.离岗时职业健康检查指从事接触职业病危害作业的工人在准备脱离接触职业病危害因素作业或岗位，或者解除或终止劳动合同的劳动者（包括离职、退休、调离的人员）进行的职业健康检查，其目的是了解劳动者的健康状况，评价劳动者的健康变化是否与职业病危害因素有关，明确诊断，对职业病患者依照国家有关规定给予待遇或赔偿，同时为日后纠纷提供证据，便于分清健康损害责任。如最后一次在岗期间的健康检查是在离岗前的90天内，可视为离岗时职业健康检查。

《用人单位职业健康监护监督管理办法》第十五条也规定，对准备脱离所从事的职业病危害作业或者岗位的劳动者，用人单位应当在劳动者离岗前30日内组织劳动者进行离岗时的职业健康检查。劳动者离岗前90日内的职业健康检查可以视为离岗时的职业健康检查。

（二）应急健康检查

应急健康检查是指当生产过程中发生急性职业病危害事故时，遭受或可能遭受急性职业病危害因素的人员（包括在事故现场工作的直接或间接接触了职业病危害因素的劳动者或参与应急救援者），应当进行的健康检查。其目的是了解、确定事故是否造成健康损害，及时救治急性职业病人或观察对象，同时评价事故的后果。依据检查结果和现场劳动卫生学调查，确定危害因素，为急救和治疗提供依据，控制职业病危害的继续蔓延和发展。应急健康检查应在事故发生后立即开始。凡是有急性毒性诊断标准的物质都有应急体检项目。

从事可能产生职业性传染病作业的劳动者，在疫情流行期或近期密切接触传染源者，应及时开展应急健康检查，随时监测疫情动态。

（三）离岗后健康检查

某些职业病危害因素影响健康的效应是远期的，对人体的健康损害和病理进程也是缓慢的，对这些劳动者需要进行离岗后的医学随访，目的是了解离岗后的健康状况及健康损害有无进展。随访对象主要包括以下三类：

1.一些存在慢性危害的职业病危害因素，在劳动者脱离岗位后仍可能发生健康损害的，如接触苯作业者，离岗后仍可能发生再生障碍性贫血、白血病等。

2.接触粉尘作业的劳动者。

3.接触已确定为人类致癌物的劳动者，在脱离作业后仍应进行医学随访。

离岗后健康检查时间的长短应根据有害因素致病的流行病学及临床特点、劳动者从事该作业的时间长短、工作场所有害因素的浓度等因素综合考虑确定。

四、职业健康检查的目标疾病

为有效地开展职业健康监护，每个健康监护项目应根据劳动者所接触（或拟从事接触）的职业病危害因素的种类和所从事的工作性质，规定监护的目标疾病。《职业健康监护技术规范》规定职业健康监护目标疾病分为职业病和职业禁忌证。在确定职业禁忌证时，应注意以为劳动者提供充分就业机会为原则。从这个意义上讲，应强调有职业禁忌的人员在从事接触特定职业病危害因素作业会更易导致健康损害的必然性。患有致劳动能力永久丧失的疾病，《职业健康监护技术规范》不将其列为职业禁忌证。确定健康监护目标疾病应遵循以下原则：

1.目标疾病如果是职业禁忌证，应确定监护的职业病危害因素和所规定的职业禁忌证的关系及相关程度。

2.目标疾病如果是职业病，应是国家《职业病分类和目录》中规定的疾病，应和健康监护的职业病危害因素有明确的因果关系，并要有一定的发病率。

3.有确定的监护手段和医学检查方法，能够做到早期发现目标疾病。

4.早期发现后采取干预措施能对目标疾病的转归产生有利的影响。

五、职业健康监护人群的界定原则

1.接触需要开展强制性健康监护的职业病危害因素的人群，都应接受职业健康监护。

2.接触需要开展推荐性健康监护的职业病危害因素的人群，原则上应根据用人单位的安排接受健康监护。

3.虽不是直接从事接触需要开展职业健康监护的职业病危害因素作业，但在工作中受到与直接接触人员同样的或几乎同样的接触，应视同职业性接触，须和直接接触人员一样接受健康监护。

4.根据不同职业病危害因素暴露和发病的特点及剂量—效应关系，应确定暴露人群或个体需要接受健康监护的最低暴露水平，其主要根据是工作场所有害因素的浓度或强度以及个体累计暴露的时间。

六、开展职业健康监护的职业病危害因素的界定原则

1.职业病危害因素是指在职业活动中产生和（或）存在的、可能对职业人群健康、安全和作业能力造成不良影响的因素或条件，包括化学、物理、生物等因素。《职业健康监护技术规范》将在岗期间定期职业健康检查分为强制性和推荐性两种，除将各种职业病危害因素相应的项目标明为推荐性健康检查外，其余均为强制性健康检查。

2.国家颁布的职业病危害因素分类目录中的危害因素，符合以下条件者应实行强制性职业健康监护：

（1）该危害因素有确定的慢性毒性作用，并能引起慢性职业病或慢性健康损害；或有确定的致癌性，在暴露人群中所引起的职业性癌症有一定的发病率。

（2）该因素对人的慢性毒性作用和健康损害或致癌作用尚不能肯定，但有动物实验或流行病学调查的证据，有可靠的技术方法，通过系统的健康监护可以提供进一步明确的证据。

（3）有一定数量的暴露人群。

3.国家颁布的职业病危害因素分类目录中的危害因素，只有急性毒性作用的以及对人体只有急性健康损害但有确定的职业禁忌证的，上岗前执行强制性健康监护，在岗期间执行推荐性健康监护。

4.如需对《职业健康监护技术规范》未包括的其他职业病危害因素开展健康监护，须通过专家评估后确定，评估内容包括：

（1）这种物质在国内正在使用或准备使用，且有一定量的暴露人群。

（2）有文献资料，主要是毒理学研究资料，确定其是否符合国家规定的有害化学物质的分类标准及其对健康损害的特点和类型。

（3）查阅流行病学资料及临床资料，有证据表明其存在损害劳动者健康的可能性或有理由怀疑在预期的使用情况下会损害劳动者健康。

（4）对这种物质可能引起的健康损害，是否有开展健康监护的正确、有效、可信的方法，需要确定其敏感性、特异性和阳性预计值。

（5）健康监护能够对个体或群体的健康产生有利的结果。对个体可早期发现健康损害并采取有效的预防或治疗措施；对群体健康状况的评价可以预测危害程度和发展趋势，采取有效的干预措施。

（6）健康检查的方法是劳动者可以接受的，检查结果有明确的解释。

（7）符合医学伦理道德规范。

七、职业健康检查应当提交的资料

职业健康检查的质量保证需要用人单位提供相关资料，职业健康检查机构根据用人单位提供的资料结合《职业健康监护技术规范》和《放射工作人员职业健康监护技术规范》确定职业健康检查的项目、周期。实践中，由于各种原因，用人单位不提供相关资料，职业健康检查机构对劳动者接触的职业病危害因素凭主观进行判断，导致开展的职业健康检查的危害因素与劳动者实际接触的职业病危害因素不一致，丧失了职业健康检查的意义。为此，《用人单位职业健康监护监督管理办法》和《职业健康检查管理办法》都明确规定，用人单位在委托职业健康检查机构对从事接触职业病危害作业的劳动者进行职业健康检查时，应当如实提供下列文件、资料：

1. 用人单位的基本情况。

2. 工作场所职业病危害因素种类及其接触人员名册、岗位（或工种）、接触时间。

3. 工作场所职业病危害因素定期检测等相关资料。

表 13-1　用人单位基本信息表

单位全称		法人代表	
详细地址			
联系人		联系方式（E-mail）	
联系电话		统一社会机构代码	
经济类型		行业类型	
企业规模		所属地区	
职工总人数		生产工人数/女职工人数	
职业病危害因素		人数 接触人数	
生产工艺及主要原料、辅料及用量			

填表人：

填表日期：

表 13-2　职业健康检查劳动者信息表

用人单位名称：　　　　　通讯地址：　　　　　邮编：

联系人：　　　　　职务：　　　　　联系电话：

序号	姓名	性别	年龄（岁）	身份证号码	工种	车间	接触职业病危害因素	接害起止时间	接害工龄（年）	总工龄（年）	联系电话	体检类别
1												
2												
3												
4												
5												
6												
7												
8												
9												
10												

注：1.岗前体检人在本单位的"接害起止时间"填"0"；2.体检类别填写上岗前、在岗期间或离岗时。

八、个体职业健康检查结论的含义

据职业健康检查结果，对劳动者个体的健康状况结论可分为 5 种：

1. 目前未见异常。本次职业健康检查各项检查指标均在正常范围内。

2. 复查。检查时发现单项或多项异常，需要复查确定者，应明确复查的内容和时间。

3. 疑似职业病。检查发现疑似职业病或可能患有职业病，需要提交职业病诊断机构进一步诊断。

4. 职业禁忌证。检查发现有职业禁忌证的患者，须写明具体疾病名称。

5. 其他疾病或异常。除目标疾病之外的其他疾病或某些检查指标的异常。

复查是指检查时发现与目标疾病（职业病、职业禁忌证）相关的单项或多项异常，需要复查确定。注意是与目标疾病有关的，如某位劳动者通过职业健康检查发现白细胞偏低，从事接触无机粉尘作业，这个白细胞低不是无机粉尘的目标疾病，即使需要复查，也不能算入 5 个结论中"复查"类别，而是应当列到其他疾病和异常。复查应要求规定时间内来复查，一般 15 天内完成。所有复查活动原则上应当到原职业健康检查机构进行，复查项目应当按照《职业健康监护技术规范》（GBZ188—2014）和《放射工作人员健康要求及监护规范》（GBZ98—2020）相应的规范要求确定。疑似职业病到诊断机构去诊断，职业禁忌证要调离，其他疾病和异常到综合医院诊治。复查结果资料不论正常与否均应纳入劳动者个人健康监护档案。

《中华人民共和国职业病防治法》第三十五条规定，对从事接触职业病危害的作业的劳动者，用人单位应当按照国务院卫生行政部门的规定组织上岗前、在岗期间和离岗时的职业健康检查，并将检查结果书面告知劳动者。《职业健康检查管理办法》第十七条规定，职业健康检查机构应当在职业健康检查结束之日起 30 个工作日内将职业健康检查结果，包括劳动者个人职业健康检查报告和用人单位职业健康检查总结报告，书面告知用人单位，用人单位应当将劳动者个人职业健康检查结果及职业健康检查机构的建议等情况书面告知劳动者。法律和规章均规定用人单位应当将职业健康检查结果书面告知劳动者。此处可看出，不论职业健康检查结论正常与否，用人单位均应履行告知义务，同时该告知义务必须是通过书面形式落实。《职业卫生档案管理规范》规定的用人单位职业健康监护管理档案，要求劳动者书面签订职业健康检查结果告知单，由于涉及患者隐私，且需要重复抄写职业健康检查结果，增加职业卫生管理人员负担，根据执法实践，建议用人单位在职业卫生告知制度或职业健康监护制度中明确书面告知的形式，如让劳动者在职业健康检查表的结论处签名确认，落实书面告知义务。

九、职业健康检查结果的处理

《用人单位职业健康监护监督管理办法》等相关法规规定，用人单位应当及时将职业健康检查结果及职业健康检查机构的建议以书面形式如实告知劳动者。用人单位应当根据职业健康检查报告，采取下列措施：

1. 对有职业禁忌的劳动者，调离或者使之暂时脱离原工作岗位。

2. 对健康损害可能与所从事的职业相关的劳动者，进行妥善安置。

3. 对需要复查的劳动者，按照职业健康检查机构要求的时间安排复查和医学观察。

4. 对疑似职业病病人，按照职业健康检查机构的建议安排其进行医学观察或者职业病诊断。

5. 对存在职业病危害的岗位，立即改善劳动条件，完善职业病防护设施，为劳动者配备符合国家标准的职业病危害防护用品。

十、疑似职业病处理

疑似职业病是指经健康检查机构检查发现，怀疑患有职业病，但尚未经职业病诊断机构明确诊断的特定时间段的疾病状态。下列情况可确定为疑似职业病：

1. 所患疾病或健康损害表现与其接触的职业病危害因素的关系不能排除。

2. 在同一工作环境中，同时或短时间内发生两例或两例以上健康损害表现相同或相似病例，病因不明，同时又不能以常见病、传染病、地方病等群体性疾病解释的疾病或健康损害。

3. 同一工作环境中已发现职业病病人，其他劳动者出现相似的健康损害。

4. 职业健康检查机构、职业病诊断机构依据职业病诊断标准，认为需要做进一步的检查、医学观察或诊断性治疗以明确诊断的疾病或健康损害。

发现疑似病人，职业健康检查机构应及时报告用人单位及劳动者本人。发现疑似职业病的医疗机构（15日内）和用人单位应（5日内）当及时报告卫生行政部门。

十一、职业健康检查注意事项

职业性健康检查非常必要，绝不能用一般性的招工体检代替。一般健康体检是指通过医学手段和方法对受检者进行身体检查，了解受检者健康状况、早期发现疾病线索和健康隐患的诊疗行为。一般健康体检在工作场所健康促进、健康管理方面起着重要的作用。职业健康检查的适用对象是用人单位从事接触职业病危害因素作业的劳动者，主要目的在于发现职业病、疑似职业病及职业禁忌证，两者具有本质的区别。

职业性健康检查由省级卫生行政部门备案的医疗机构承担，其费用由用人单位承担。这里的费用由用人单位承担，主要是指初次职业健康检查和结论为"复查"者；对于结论为"其他疾病和异常"到综合医院诊治的费用由职工医保解决，用人单位不再承担。医疗卫生机构开展职业健康检查应当与用人单位签订委托协议书，由用人单位统一组织劳动者进行职业健康检查，也可以由劳动者持单位介绍信进行职业健康检查。

职业健康检查按照职业病危害因素全（上述规范中规定强制查体的职业病危害因素）、职业健康检查项目全（上述规范中规定的危害因素对应的必查项目）、职业健康检查人数全（包括全部接害人员，需要复查人员应按职业健康检查机构规定的时间和项目复查全）的"三全原则"进行，任何一项不全，都可以认定为不按规定进行在岗期间的职业健康检查。如接触矽尘的劳动者，未进行高千伏或 DR 胸片检查，可以按照未按规定进行职业健康检查进行处罚。

同时注意时间周期适当，如高温就要在高温季节来临之前查，不在高温季节前进行职业健康检查或其他危害因素超过职业健康检查周期，也是未按规定进行职业健康检查。对于高温季节，习惯上是指夏季高温季节。具体何为高温季节，应当依据《防暑降温措施管理办法》确定。

《防暑降温措施管理办法》第二条规定，本办法适用于存在高温作业及在高温天气期间安排劳动者作业的企业、事业单位和个体经济组织等用人单位。第三条规定，高温作业是指有高气温或有强烈的热辐射或伴有高气湿（相对湿度 ≥ 80%RH）相结合的异常作业条件、湿球黑球温度指数（WBGT）超过规定限值的作业。高温天气是指地市级以上气象主管部门所属气象台站向公众发布的日最高气温 35℃ 以上的天气。高温天气作业是指用人单位在高温天气期间安排劳动者在高温自然气象环境下进行的作业。第八条规定，在高温天气期间，用人单位应当按照规定，根据生产特点和具体条件，采取合理安排工作时间、轮换作业、适当增加高温工作环境下劳动者的休息时间和减轻劳动强度、减少高温时段室外作业等措施；在高温天气来临之前，用人单位应当对高温天气作业的劳动者进行健康检查，对患有心、肺、脑血管性疾病、肺结核、中枢神经系统疾病及其他身体状况不适合高温作业环境的劳动者，应当调整作业岗位。

在岗期间的职业健康检查，要注意剂量—效应关系。GBZ188—2014 规定，根据不同职业病危害因素暴露和发病的特点及剂量—效应关系，主要根据工作场所有害因素的浓度或强度以及个体累计暴露的时间长度和工种，确定需要开展健康监护的人群，可参考 GBZ/T229 等标准。在具体项目中如矽尘、煤尘等在岗期间的查体周期是根据工作场所粉尘分级结果进行确定；噪声要求作业场所噪声 8 小时等效声级 ≥ 85 dB，1 年 1 次；作业场所噪声 8 小时等效声级 ≥ 80 dB，< 85 dB，2 年 1 次。因此，对辖区职业卫生技术服务机构，应当要求其对工作场所职业病危害因素进行分级，按标准要求对数据进行处理（如个体噪声是平均值不是范围，也不是最大值）。

第十三章 职业健康监护

对于当地职业卫生技术服务机构出具检测报告没有分级的，卫生监督机构可以依据相关标准进行分级，理由是 GBZ188—2014 规定，本规范中对某些职业病危害因素，根据工作场所职业病危害作业分级规定了不同的健康监护周期。工作场所职业病危害作业分级应根据有关标准，由负责作业场所的职业卫生监督机构做出。

同时结合 2020 年 4 月 1 日实施的《工作场所有害因素职业接触限值 第 1 部分：化学有害因素》（GBZ2.1—2019）提出的行动水平的概念，行动水平是指劳动者实际接触化学有害因素的水平已经达到需要用人单位采取职业接触监测、职业健康监护、职业卫生培训、职业病危害告知等控制措施或行动的水平，也称为管理水平或管理浓度。化学有害因素的行动水平，根据工作场所环境、接触的有害因素的不同而有所不同，一般为该因素容许浓度的一半。该定义原为推荐性标准《职业卫生名词术语》（GBZ/T224—2010），现成为强制性标准（GBZ2.1—2019）的概念，实施行政处罚时取证应注意取证化学因素的浓度值超过该因素容许浓度的一半的证据。同样，对于噪声，根据《职业卫生名词术语》和《职业性噪声聋诊断标准》，只有 8 小时工作日或 40 小时工作周噪声值 ≥ 80dB（A）属于噪声作业，因此，对噪声危害因素职业健康检查，必须有检测数据。

对于标有致癌性标识以及有可能损伤基因的化学物质，应采取最先进的技术措施与个人防护，以减少接触机会，尽可能保持最低的接触水平。

对化学物质标注"敏"的标识，是指已有的人或动物资料证实该物质可能具有致敏作用，旨在保护劳动者避免诱发致敏效应。避免接触致敏物及其结构类似物，可减少个体过敏反应的发生。接触致敏物，即使浓度很低，易感个体也可能产生疾病症状，对此敏感的个体，防止其特异性免疫反应的唯一方法是完全避免接触致敏物及其结构类似物，应通过工程控制措施和个人防护用品有效地减少或消除接触。应通过上岗前职业健康检查，筛检出易感人群。对工作中接触已知致敏物的劳动者，应进行教育和培训（如检查潜在的健康效应、安全操作规程及应急知识），定期进行职业健康监护，尽早发现特异易感者，并及时调离接触。

为此，对于GBZ2.1—2019标注致癌的物质或致敏的物质不应受行动水平的限制。

有人认为当前行动水平问题不宜执行，理由是目前绝大部分用人单位没有按规定"实施由专人负责的职业病危害因素日常监测"系统，单凭第三方的一年甚至几年一次的定期检测是难以客观反映真实情况的，如果采用行动水平的概念，不利于保护劳动者健康权益。其实，根据职业接触限值的概念，劳动者在职业活动过程中长期反复接触某种或多种职业性有害因素，不会达到引起绝大多数接触者不良健康效应的容许接触水平，也就是统计学概念，发生致病的概率是小概率事件。建议考虑行动水平的概念，咨询当地司法部门后实施。

关于查体周期，《卫生部关于〈从业人员每年必须进行一次健康体检〉时限概念问题的复函》规定，《中华人民共和国食品卫生法》第二十六条第一款和《公共场所卫生管理条例实施细则》第五条第（一）项中所称"每年"，系每一周年之意。食品生产经营人员、公共场所直接为顾客服务人员的健康合格证明自卫生监督机构签发之日起有效期限为一年。拟在有效期届满之后继续从事该行业工作的，必须在届满之前根据上述法律、法规及《预防性健康检查管理办法》的有关规定，再次进行预防性健康检查并取得健康合格证明。本解释适用于卫生法律、法规、规章规定从业人员每年必须进行健康检查的内容。根据该规定，职业健康检查的周期是点对点的，即周期年。

第二节　职业健康检查计划的制定和实施

用人单位应当依照《用人单位职业健康监护监督管理办法》以及《职业健康监护技术规范》（GBZ188—2014）、《放射工作人员职业健康监护技术规范》（GBZ235—2011）等国家职业卫生标准的要求，制定、落实本单位职业健康检查年度计划，并保证所需要的专项经费。用人单位负责组织劳动者进行职业健康检查，承担职业健康检查费用。劳动者接受职业健康检查应当视同正常出勤。

一、确定职业健康检查人员

组织本单位职业健康检查工作，首先要确认需进行职业健康检查人员，具体包括以下五类：

1. 接触需要开展强制性健康监护的职业病危害因素的人群，都应接受职业健康监护。

2. 接触需要开展推荐性健康监护的职业病危害因素的人群，原则上应根据用人单位的安排接受健康监护。

3. 虽不是直接从事接触，但在工作中受到与直接接触人员同样的或几乎同样的接触，应视同职业性接触，一样要接受健康监护。

4. 根据工作场所有害因素的浓度或强度以及个体累计暴露的时间，确定暴露人群或个体需要接受健康监护的最低暴露水平。

5. 离岗后健康监护的随访时间，主要根据个体累积暴露量和职业病危害因素所致健康损害的流行病学和临床的特点决定。

根据上述原则和用人单位职业病危害因素检测结果，用人单位梳理应进行职业健康检查岗位、岗位人员名单，收集职业健康检查人员个人基本情况、接害工龄等信息，形成职业健康检查人员情况一览表，样表见表13-2。

接触职业病危害因素的劳务派遣工和外包工也应依法进行职业健康监护工作，《中华人民共和国职业病防治法》规定，"劳务派遣用工单位应当履行本法规定的用人单位的义务"，劳务派遣用工与用人单位职工享有同等的职业病防护的权利。

《中华人民共和国职业病防治法》规定，"任何单位和个人不得将产生职业病危害的作业转移给不具备职业病防护条件的单位和个人。不具备职业病防护条件的单位和个人不得接受产生职业病危害的作业"。而在外包过程中，用人单位应当明确外包单位是否具备职业病防护条件，其中也包括督促劳务承包单位落实包括职业健康监护在内的各项职业病防护工作。

二、选择职业健康检查机构

职业健康检查工作应由取得《职业健康检查机构备案证书》或者进行了职业健康检查机构备案的医疗机构开展。

无《医疗机构执业许可证》不得擅自开展职业健康检查工作。职业健康检查机构资质批准和备案都规定了可以开展职业健康检查类别及项目，不能超出范围开展工作。

职业健康检查机构可以在执业登记机关管辖区域内或者省级卫生健康主管部门指定区域内开展外出职业健康检查。外出职业健康检查进行医学影像学检查和实验室检测，必须保证检查质量并满足放射防护和生物安全的管理要求，应当具有相应的职业健康检查仪器、设备、专用车辆等条件。

用人单位在选择职业健康检查机构的时候应当核对职业健康检查机构的项目类别能否满足用人单位的需要。例如，某单位存在职业病危害因素种类有粉尘、噪声，如果职业健康检查机构A备案的职业健康检查类别和项目仅包含接触物理因素类，A机构的职业健康检查资质就不能满足该单位的需要，无法为单位提供符合国家法律法规要求的职业健康检查报告。

三、签订职业健康检查机构委托协议书

用人单位应当统一组织劳动者进行职业健康检查，与职业健康检查机构签订委托协议书，如实向职业健康检查机构提供以下相关资料：①用人单位的基本情况；②工作场所职业病危害因素种类及其接触人员名册、岗位（或工种）、接触时间；③工作场所职业病危害因素定期检测报告，等等。

职业健康检查机构按照《职业健康监护技术规范》（GBZ188—2014）《放射工作人员职业健康监护技术规范》（GBZ235—2011）等技术规范，结合用人单位提交的资料，明确用人单位应当检查的项目和周期。

用人单位与职业健康检查机构就职业健康检查工作协商一致后签订委托协议书，具体内容包括：体检类别、接触职业病危害因素种类、体检时间、体检

人员等基本内容及其他约定事项。

四、职业健康检查介绍信

在岗期间职业健康检查一般由企业集中时间统一组织。上岗前和在岗期间职业健康检查人员分散不便统一组织时，劳动者应持单位介绍信进行职业健康检查，介绍信应包括劳动者基本信息、接触职业病危害因素的种类和职业健康检查的类型。范例如表13-3所示。

表13-3　用人单位职业健康检查介绍信

姓名	性别	身份证号	工种	接害工种	体检类别（上岗前/在岗期间/离岗时）	接触（拟接触）职业病危害因素	职业史	联系电话

备注：

查体单位：

查体地点：

乘车路线：

温馨提示：请于工作日时间上午（8：30上班）携带身份证原件，空腹到体检中心进行职业健康检查。

用人单位联系人：

联系电话：

用人单位（盖章）：
日　　期：

五、职业健康检查现场的实施要点

1. 用人单位应提前核实劳动者本人填写的职业体检表中个人职业史、接触职业病危害因素种类和名称等信息并加盖用人单位印章确认。

2. 组织劳动者携带本人身份证件，并配合职业健康检查机构的身份验证工作，避免出现冒名顶替者。

3. 做好职业健康检查的宣传培训工作，应进行职业健康检查人员须按规定项目完成职业健康检查。人员漏检缺项均影响企业职业健康检查工作的落实。

第三节　职业健康检查结果的汇总分析与处置

职业健康检查机构应当在职业健康检查结束之日起30个工作日内将职业健康检查结果，包括劳动者个人职业健康检查报告和用人单位职业健康检查总结报告书面告知用人单位，用人单位应当将劳动者个人职业健康检查结果及职业健康检查机构的建议等情况书面告知劳动者。

一、职业健康检查个体报告

职业健康检查个体报告就是每个受检对象的体检表，应由主检医师审阅后填写体检结论并签名。体检发现有疑似职业病、职业禁忌证，需要复查者和有其他疾病的劳动者，出具体检结果报告，包括受检者姓名、性别、接触有害因素名称、检查异常所见、结论、建议等。

职业健康检查个体报告包含劳动者职业健康检查的原始资料和数据，作为职业健康监护档案的重要组成部分，用人单位应按规定妥善保存。

二、职业健康检查总结报告

用人单位职业健康检查总结报告是对本次体检的全面总结和一般分析，内容应包括：受检单位、职业健康检查种类、应检人数、受检人数、检查时间和地点、体检工作的实施情况、发现的疑似职业病、职业禁忌证和其他疾病的人数和汇总名单、处理意见等。个体体检结果可以一览表的形式列出花名册。

通过职业健康检查总结报告，用人单位工作人员能较为系统地了解单位整体的职业健康检查结果。用人单位应根据收到的职业健康检查报告进行汇总分析并采取相应的措施。

三、职业健康检查结果汇总及相应的管理措施

（一）告知劳动者健康检查结果

用人单位收到职业健康检查报告后，应当及时将职业健康检查结果及职业健康检查机构的建议以书面形式如实告知劳动者。书面告知可以采取多种形式：①劳动者阅读本人职业健康检查个体报告后，在职业健康检查结论栏签名签日期；②劳动者在个人职业健康监护档案规范表格中签名签日期（劳动者个人职业健康监护档案模板在第四节将进行详细介绍）；③制作职业健康检查结果告知书，书面告知模板如下。

职业健康检查结果告知书
（单位留存页）

_____员工：

____年__月__日，依据《中华人民共和国职业病防治法》，我单位组织了（□上岗前、□在岗期间、□离岗时）职业健康检查，经医院按照《职业健康监护技术规范》的要求，对你进行了接触职业病危害因素的职业健康检查，现将有关职业健康检查结果告知你：

1. □目前未见异常。

2. □复查，请于____年__月__日按职业健康检查个体报告要求到医院进行复查。

3. □职业禁忌证，疾病名称_____，不宜从事接触职业病危害因素，于__月__日起调离至_____岗位。

4. □疑似职业病，疾病名称_____，请于____年__月__日到（诊断机构名称）进行复查。

5. □其他疾病或异常____。

被检查人：（签名＆手印）　　　　　　　　　　××公司（盖章）

　　　　年　月　日　　　　　　　　　　　　　　　年　月　日

············盖骑缝章············

职业健康检查结果告知书

（个人留存页）

_____员工

____年__月__日，依据《中华人民共和国职业病防治法》，我单位组织了（□上岗前、□在岗期间、□离岗时）职业健康检查，经医院按照《职业健康监护技术规范》的要求，对你进行了接触职业病危害因素的职业健康检查，现将有关职业健康检查结果告知你：

1. □目前未见异常。

2. □复查，请于____年__月__日按职业健康检查个体报告要求到医院进行复查。

3. □职业禁忌证，疾病名称_____，不宜从事接触职业病危害因素，于__月__日起调离_____岗位。

4. □疑似职业病，疾病名称_____，请于____年__月__日到（诊断机构名称）进行复查。

5. □其他疾病或异常____。

××公司（盖章）

年　月　日

（二）采取职业卫生管理措施

用人单位应当根据职业健康检查报告，采取下列措施：

1. 对有职业禁忌的劳动者，调离或者暂时脱离原工作岗位。

2. 对健康损害可能与所从事的职业相关的劳动者，进行妥善安置。

3. 对需要复查的劳动者，按照职业健康检查机构要求的时间安排复查和医学观察；有些指标需要开展多次复查，应按照体检机构要求的时间、频次组织职工做好复查。

4. 对疑似职业病病人，按照职业健康检查机构的建议安排其进行医学观察或者职业病诊断。

5. 对存在职业病危害的岗位，立即改善劳动条件，完善职业病防护设施，为劳动者配备符合国家标准的职业病危害防护用品。

6. 职业健康监护中出现疑似职业病（职业中毒）的，用人单位应当及时报告。按照原安监总局《关于印发职业卫生档案管理规范的通知》（安监总厅安健〔2013〕171号）附件5所列要求，用人单位在接到体检结果、诊断结果5日内向所在地卫生行政部门报告。

第四节　职业健康监护档案管理

为提高用人单位的职业卫生管理水平，规范职业卫生档案管理，根据相关法律法规，原国家安监总局分别制定了用人单位职业健康监护管理档案和劳动者个人职业健康监护档案内容要求等详细档案模板，分别记录用人单位职业健康监护的总体情况及劳动者个体职业健康监护情况，个体职业健康监护档案每人一档。

一、用人单位职业健康监护管理内容

用人单位职业健康监护管理主要包括下列内容：

1. 职业健康检查结果、检查异常结果情况。
2. 职业病患者、疑似职业病患者及相关诊断鉴定资料。
3. 职业病和疑似职业病病人的报告。
4. 职业病危害事故报告和处理情况。
5. 用人单位职业健康监护档案汇总情况。

二、劳动者个体职业健康监护内容

职业健康监护档案应当包括劳动者的职业史、职业病危害接触史、职业健康检查结果和职业病诊疗等有关个人健康资料，具体包括下列内容：

1. 劳动者姓名、性别、年龄、籍贯、婚姻、文化程度、嗜好等情况。

2. 劳动者职业史、既往病史和职业病危害接触史。

3. 历次职业健康检查结果及处理情况。

4. 职业病诊疗资料。

5. 需要存入职业健康监护档案的其他有关资料,例如放射工作人员的个人剂量监测报告。

三、职业健康监护档案的保管与查阅

用人单位应当按照规定的期限保管好职业健康检查结果的原件。卫生健康行政执法人员、劳动者或者其近亲属、劳动者委托的代理人有权查阅、复印劳动者的职业健康监护档案。劳动者离开用人单位时,有权索取本人职业健康监护档案复印件,用人单位应当如实、无偿提供,并在所提供的复印件上签章。

用人单位发生分立、合并、解散、破产等情形时,应当对劳动者进行职业健康检查,并依照国家有关规定妥善安置职业病病人,其职业健康监护档案应当依照国家有关规定实施移交保管。

劳动者进行职业病诊断,职业病诊断机构进行职业病诊断时,应当书面通知劳动者所在的用人单位提供包括劳动者职业史和职业病危害接触史(包括在岗时间、工种、岗位、接触的职业病危害因素名称等)、劳动者职业健康检查结果等;职业性放射性疾病诊断还需要个人剂量监测档案等资料在内的职业健康监护档案。用人单位应当在接到通知后的十日内如实提供。

第十四章　用人单位职业病患者管理

第一节　职业病患者待遇处理

《中华人民共和国职业病防治法》规定，用人单位应当承担职业病诊断、鉴定费用，并保障职业病病人依法享受国家规定的职业病待遇，包括按照国家有关规定，安排职业病病人进行治疗、康复和定期检查；对不适宜继续从事原工作的职业病病人，调离原岗位并妥善安置。

一、职业病的工伤认定

《工伤保险条例》将职业病纳入工伤保险范畴。要落实职业病病人的待遇，首先要进行工伤认定。职工患职业病的，用人单位和劳动者均无异议的，自接到职业病诊断证明书30日内申请工伤认定；如有异议，自接到职业病最终职业病鉴定证明书后30日内申请。工伤申请由用人单位提出，如用人单位拒绝提出的或在规定的时限内未提出的，可由职业病患者或直系近亲属自职业病诊断、鉴定之日起1年内直接向劳动保障部门申请认定工伤。用人单位未在规定的时限内为劳动者提交工伤认定申请的，在此期间发生符合工伤待遇等有关费用由该用人单位承担。

提交职业病工伤认定申请的材料包括申请书、劳动关系证明资料和职业病诊断或鉴定证明书。对依法取得的职业病诊断或鉴定证明书，劳动保障部门不再进行调查核实，直接认定工伤。

二、职业病人的工伤保险待遇

《最高人民法院关于审理人身损害赔偿案件适用法律若干问题的解释》规定，依法应当参加工伤保险统筹的用人单位的劳动者，因工伤事故遭受人身损害，劳动者或者其近亲属请求用人单位承担民事赔偿责任的，按《工伤保险条例》的规定处理。《工伤保险条例》仅适用于中华人民共和国境内的各类企业、有雇工的个体工商户，不包括国家机关和社会团体的工作人员，后者患职业病的相关费用由所在单位承担。劳动者被诊断患有职业病，但用人单位没有依法参加工伤社会保险的，其医疗和生活保障由最后的用人单位承担；最后的用人单位有证据证明该职业病是先前用人单位的职业病危害造成的，由先前的用人单位承担。同时，《中华人民共和国职业病防治法》第五十八条规定，职业病病人除依法享有工伤社会保险外，依照有关民事法律，尚有获得赔偿的权利的，有权向用人单位提出赔偿要求，即职业病患者除享受工伤保险待遇外，尚有获得民事赔偿的权利。

（一）患职业病的劳动者的工伤待遇

1.职业病医疗待遇，根据《工伤保险条例》规定，职工因患职业病进行治疗，享受工伤医疗待遇，具体如下：

（1）医疗费：符合工伤报销目录的医疗费；康复费；职业病护理费。

（2）职业病津贴：住院期间享受因公出差70%的伙食补助费。

（3）辅助器具费。

2.停工留薪期待遇，根据《工伤保险条例》规定，职工因患职业病需要暂停工作接受工伤医疗的，享受职业病停工留薪期待遇，具体如下：

（1）停工留薪期内，原工资福利待遇不变，由所在单位按月支付。

（2）停工留薪期一般不超过12个月。伤情严重或者情况特殊，经设区的市级劳动能力鉴定委员会确认，可以适当延长，但延长不得超过12个月。工伤职工评定伤残等级后，停发原待遇，按照有关规定享受伤残待遇。工伤职工在停工留薪期满后仍需治疗的，继续享受工伤医疗待遇。

（3）生活不能自理的工伤职工在停工留薪期需要护理的，由所在单位负责。

（二）职业病伤残待遇

1.职工因工致残被鉴定为一级至四级伤残的，保留劳动关系，退出工作岗位，享受以下待遇：

（1）从工伤保险基金按伤残等级支付一次性伤残补助金，标准为：一级伤残为27个月的本人工资，二级伤残为25个月的本人工资，三级伤残为23个月的本人工资，四级伤残为21个月的本人工资。

（2）从工伤保险基金按月支付伤残津贴，标准为：一级伤残为本人工资的90%，二级伤残为本人工资的85%，三级伤残为本人工资的80%，四级伤残为本人工资的75%。伤残津贴实际金额低于当地最低工资标准的，由工伤保险基金补足差额。

（3）工伤职工达到退休年龄并办理退休手续后，停发伤残津贴，按照国家有关规定享受基本养老保险待遇。基本养老保险待遇低于伤残津贴的，由工伤保险基金补足差额。

职工因工致残被鉴定为一级至四级伤残的，由用人单位和职工个人以伤残津贴为基数，缴纳基本医疗保险费。

2.职工因工致残被鉴定为五级、六级伤残的，享受以下待遇：

（1）从工伤保险基金按伤残等级支付一次性伤残补助金，标准为：五级伤残为18个月的本人工资，六级伤残为16个月的本人工资。

（2）保留与用人单位的劳动关系，由用人单位安排适当工作。难以安排工作的，由用人单位按月发给伤残津贴，标准为：五级伤残为本人工资的70%，六级伤残为本人工资的60%，并由用人单位按照规定为其缴纳应缴纳的各项社会保险费。伤残津贴实际金额低于当地最低工资标准的，由用人单位补足差额。

经工伤职工本人提出，该职工可以与用人单位解除或者终止劳动关系，由工伤保险基金支付一次性工伤医疗补助金，由用人单位支付一次性伤残就业补助金。一次性工伤医疗补助金和一次性伤残就业补助金的具体标准由省、自治区、直辖市人民政府规定。

3.职工因工致残被鉴定为七级至十级伤残的，享受以下待遇：

（1）从工伤保险基金按伤残等级支付一次性伤残补助金，标准为：七级伤残为13个月的本人工资，八级伤残为11个月的本人工资，九级伤残为9个月的本人工资，十级伤残为7个月的本人工资。

（2）劳动、聘用合同期满终止，或者职工本人提出解除劳动、聘用合同的，由工伤保险基金支付一次性工伤医疗补助金，由用人单位支付一次性伤残就业补助金。一次性工伤医疗补助金和一次性伤残就业补助金的具体标准由省、自治区、直辖市人民政府规定。

依据《中华人民共和国社会保险法》的规定，职工患职业病，无论用人单位是否参加工伤保险，依法都应由用人单位支付的费用有：治疗工伤期间的工资福利；五级、六级伤残职工按月领取的伤残津贴；终止或者解除劳动合同时，应当享受的一次性伤残就业补助金。参加工伤保险的用人单位职工患职业病，且经工伤认定的，享受工伤保险待遇。劳动者被诊断患有职业病，但用人单位没有依法参加工伤保险的，其医疗和生活保障由该用人单位承担。用人单位不支付的，从工伤保险基金中先行支付。从工伤保险基金中先行支付的工伤保险待遇应当由用人单位偿还。用人单位不偿还的，社会保险经办机构可以依法追偿。

三、几种特殊情况职业病患者待遇

1.用人单位使用童工，发生伤害事故或者患职业病的处理。用人单位使用童工属于非法用工的行为，非法使用童工发生伤害事故或者患职业病的，单位必须依法向伤残或死亡童工的直系亲属给予一次性赔偿。一次性赔偿包括受到事故伤害或患职业病的童工在治疗期间的费用和一次性赔偿金两部分，一次性赔偿金数额应当在受到事故伤害或患职业病的童工死亡或者经劳动能力鉴定后确定。赔偿标准不得低于《工伤保险条例》规定的工伤保险待遇。

2.无营业执照或者未经依法登记、备案的单位（非法用工单位）的职工受到事故伤害或者患职业病的处理。无营业执照或者未经依法登记、备案的单位以及被依法吊销营业执照或者撤销登记、备案的单位的职工受到事故伤害或者患职业病的，由该单位向伤残职工或者死亡职工的直系亲属给予一次性赔偿，赔偿标准不得低于《工伤保险条例》规定的工伤保险待遇。

3. 职工退休后被诊断为职业病，其工伤保险待遇问题处理。根据《国务院法制办公室对〈四川省人民政府法制办公室关于职工退休后被诊断为职业病应如何解决工伤待遇有关问题的请示〉的复函》（国法秘函〔2005〕312号）精神，鉴于职业病的形成具有长期性和潜伏性，在退休后经劳动能力鉴定被确诊为职业病的，可以按照《工伤保险条例》的有关规定享受工伤保险待遇，具体由地方人民政府根据本地实际情况处理。

4. 终止或解除劳动合同后在失业期间发现患职业病的待遇。根据《职业病范围和职业病患者处理办法的规定》，劳动合同制工人、临时工终止或解除劳动合同后，在待业期间新发现的职业病与上一个劳动合同期工作有关时，其职业病待遇由原终止或解除劳动合同的单位负责；如原单位已与其他单位合并，由合并后的单位负责；如原单位已撤销，应由原单位的上级主管机关负责。

5. 变换单位的职业病待遇。根据《中华人民共和国职业病防治法》和《职业病范围和职业病患者处理办法的规定》规定，职业病病人变动工作单位，其依法享有的待遇不变。患有职业病的职工变动工作单位时，其职业病待遇应由原单位负责或两个单位协商处理，双方商妥后方可办理调转手续，并将其健康档案、职业病诊断证明及职业病处理情况等材料全部移交新单位。劳动者被诊断患有职业病，但用人单位没有依法参加工伤社会保险的，其医疗和生活保障由最后的用人单位承担；最后的用人单位有证据证明该职业病是先前用人单位的职业病危害造成的，由先前的用人单位承担。

6. 企业合并破产后的职业病待遇。用人单位发生分立、合并、解散、破产等情形的，应当对从事接触职业病危害的作业的劳动者进行健康检查，并按照国家有关规定妥善安置职业病病人。

7. 社会救助。用人单位已经不存在或者无法确认劳动关系的职业病病人，可以向地方人民政府医疗保障、民政部门申请医疗救助和生活等方面的救助。

地方各级人民政府根据本地区的实际情况，采取其他措施，使上述职业病病人获得医疗救治。

第二节　职业病报告

当职业病危害因素作用于人体的强度与时间超过一定限度时，人体不能代偿其所造成的功能性或器质性病理改变，从而出现相应的临床征象，影响劳动能力，这类疾病通称职业病，医学上所称的职业病泛指职业病危害因素所引起的疾病。但从立法意义上讲，职业病却有其特定的范围，即指政府所规定的法定职业病。职业病患者需要进行赔偿，考虑到目前我国经济发展水平，《中华人民共和国职业病防治法》做了限制性规定：职业病是指企业、事业单位和个体经济组织等用人单位的劳动者在职业活动中因接触粉尘、放射性物质和其他有毒、有害因素引起的疾病。2013年国家卫生计生委、人力资源和社会保障部和国家安全生产监督管理总局公布的《职业病分类和目录》，根据疾病的危害性，国家的经济、生产和技术条件等，将法定职业病共分为10大类132种。因此，构成职业病必须具备四个要件：①患病的主体必须是企业、事业单位或个体经济组织等用人单位的劳动者；②必须是在从事职业活动过程中产生的；③必须是在接触粉尘、放射性物质和其他有毒、有害因素引起的；④必须是国家公布的职业病分类和目录所列的职业病。在上述四个要件中，缺少任何一个要件，都不属于法定职业病。我国职业病防治法律、法规规定，确诊的法定职业病必须向当地卫生行政部门和劳动保障行政部门报告。

一、职业病报告

为掌握职业病的发病情况，制定防治措施，保护劳动者的健康，《中华人民共和国职业病防治法》规定，用人单位和医疗卫生机构发现职业病病人或者疑似职业病病人时，应当及时向所在地卫生行政部门报告。确诊为职业病的，用人单位还应当向所在地劳动保障行政部门报告。接到报告的部门应当依法作出处理。县级以上地方人民政府卫生行政部门负责本行政区域内的职业病统计报告的管理工作，并按照规定上报。

《职业卫生档案管理规范》中用人单位职业健康监护管理档案部分，对职业病和疑似职业病报告做出规定，要求用人单位在接到职业健康检查报告或职业病诊断证明书5日内报告，如不报告，依法对用人单位进行处理。

表 14-1　职业病和疑似职业病人报告

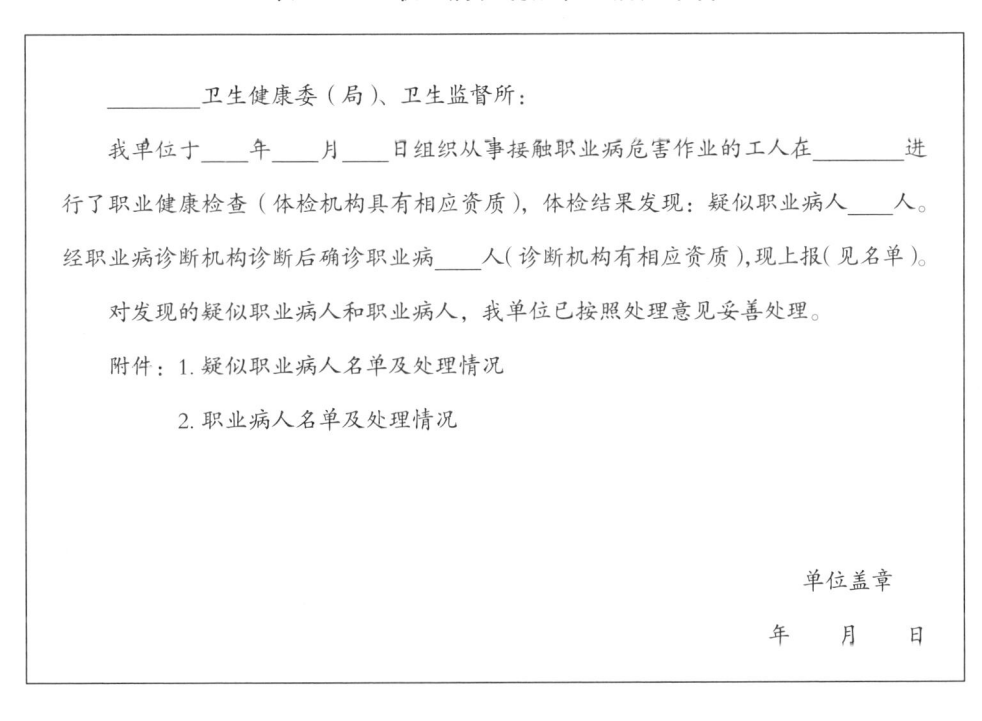

　　　　　　　卫生健康委（局）、卫生监督所：

　　我单位于＿＿＿年＿＿＿月＿＿＿日组织从事接触职业病危害作业的工人在＿＿＿＿进行了职业健康检查（体检机构具有相应资质），体检结果发现：疑似职业病人＿＿＿人。经职业病诊断机构诊断后确诊职业病＿＿＿人（诊断机构有相应资质），现上报（见名单）。

　　对发现的疑似职业病人和职业病人，我单位已按照处理意见妥善处理。

　　附件：1. 疑似职业病人名单及处理情况
　　　　　2. 职业病人名单及处理情况

单位盖章
年　　月　　日

职业病报告工作是国家统计工作的一部分，各级负责职业病报告工作的单位和人员，必须树立法治观念，不得虚报、漏报、拒报、迟报、伪造和篡改。任何单位和个人不得以任何借口干扰职业病报告人员依法执行任务。

二、职业病报告的管理

1. 管理组织与制度：用人单位职业卫生管理机构是否明确承担职业病报告工作，是否建立职业病报告和登记制度，等等。

2.用人单位职业健康监护管理档案,检查职业病、疑似职业病报告登记:是否有向卫生、劳动保障部门报告和疑似职业病告知(告知劳动者)的记录;是否有职业病漏报、迟报、误报、虚报等。

第三节 职业病纠纷预防及处置

《中华人民共和国职业病防治法》规定,用人单位应当依法履行职业病诊断、鉴定工作,有责任安排职业病病人、疑似职业病病人进行诊治;如实提供职业病诊断、鉴定所需的资料;承担职业病诊断、鉴定的费用;报告职业病和疑似职业病。实践中,劳动者和用人单位之间往往会因职业病诊断、鉴定资料和费用发生纠纷。

一、职业病诊断地的选择

《中华人民共和国职业病防治法》第四十四条规定,劳动者可以在用人单位所在地、本人户籍所在地或者经常居住地依法承担职业病诊断的医疗卫生机构进行职业病诊断。实践中,个别用人单位强制安排劳动者到某职业病诊断机构进行诊断,劳动者不服,引起纠纷。这里是法律授权劳动者有选择权,而不是用人单位选择。用人单位所在地是指用人单位营业执照注册地;本人户籍所在地为居民身份证或户口簿记载的地址;经常居住地是公民离开住所地最后连续居住一年以上的地方,但住医院治病的除外。公民由其户籍所在地迁出后至迁入另一地之前,无经常居住地的,仍以其原户籍所在地为住所。经常居住地的认定由租房合同或居民委员会、物业出具证明来证实,连续居住时间超过一年。根据原卫生部相关答复,同一地区有多家诊断机构的,劳动者可选择其中任何一家进行诊断,其诊断效力相同,而无单位性质属于省或市级的效力差别。

二、职业病诊断鉴定所需资料和现场调查

《中华人民共和国职业病防治法》第四十七条规定,用人单位应当如实提

供职业病诊断、鉴定所需的劳动者职业史和职业病危害接触史、工作场所职业病危害因素检测结果等资料；卫生行政部门应当监督检查和督促用人单位提供上述资料；劳动者和有关机构也应当提供与职业病诊断、鉴定有关的资料。职业病诊断、鉴定机构需要了解工作场所职业病危害因素情况时，可以对工作场所进行现场调查，也可以向卫生行政部门提出，卫生行政部门应当在十日内组织现场调查。用人单位不得拒绝、阻挠。

三、诊断所需资料

申请职业病诊断时应当提供以下资料：

1. 劳动者职业史和职业病危害接触史（包括在岗时间、工种、岗位、接触的职业病危害因素名称等）。

2. 劳动者职业健康检查结果。

3. 工作场所职业病危害因素检测结果。

4. 职业性放射性疾病诊断还需要个人剂量监测档案等资料。

5. 与诊断有关的其他资料。

用人单位和有关机构应当按照诊断机构的要求，如实提供必要的资料。

职业病诊断机构进行职业病诊断时，应当书面通知劳动者所在的用人单位提供其掌握的上述职业病诊断资料，用人单位应当在接到通知后的10日内如实提供。用人单位未在规定时间内提供职业病诊断所需要资料的，职业病诊断机构可以依法提请卫生主管部门督促用人单位提供。

劳动者提供的资料中，急性中毒和高温中暑，可能缺乏现场检测资料，急性中毒根据泄漏事实和临床表现可以做出诊断。高温中暑根据高温现场或当日高温气象条件（当地发布高温预警或查询既往天气属于高温天气），结合临床表现做出诊断。

与诊断有关的其他资料，要注意省级以上卫生行政部门应当及时向社会公布，未经公布不应作为职业病诊断的必须提供资料让当事人提交。

四、用人单位不提供或劳动者对用人单位提供资料有异议的处理

《中华人民共和国职业病防治法》第四十八条规定，职业病诊断、鉴定过程中，用人单位不提供工作场所职业病危害因素检测结果等资料的，诊断、鉴定机构应当结合劳动者的临床表现、辅助检查结果和劳动者的职业史、职业病危害接触史，并参考劳动者的自述、卫生行政部门提供的日常监督检查信息等，做出职业病诊断、鉴定结论。

劳动者对用人单位提供的工作场所职业病危害因素检测结果等资料有异议，或者因劳动者的用人单位解散、破产，无用人单位提供上述资料的，诊断、鉴定机构应当提请卫生行政部门进行调查，卫生行政部门应当自接到申请之日起30日内对存在异议的资料或者工作场所职业病危害因素情况做出判定；有关部门应当配合。

《职业病诊断与鉴定管理办法》规定，劳动者对用人单位提供的工作场所职业病危害因素检测结果等资料有异议，或者因劳动者的用人单位解散、破产，无用人单位提供上述资料的，职业病诊断机构应当依法提请用人单位所在地卫生健康主管部门进行调查。

卫生健康主管部门应当自接到申请之日起30日内对存在异议的资料或者工作场所职业病危害因素情况做出判定。

职业病诊断机构在卫生健康主管部门做出调查结论或者判定前应当中止职业病诊断。

五、劳动关系、工种、工作岗位或者在岗时间争议的处理

《中华人民共和国职业病防治法》第四十九条规定，职业病诊断、鉴定过程中，在确认劳动者职业史、职业病危害接触史时，当事人对劳动关系、工种、工作岗位或者在岗时间有争议的，可以向当地的劳动人事争议仲裁委员会申请仲裁；接到申请的劳动人事争议仲裁委员会应当受理，并在30日内做出裁决。

当事人在仲裁过程中对自己提出的主张，有责任提供证据。劳动者无法提

供由用人单位掌握管理的与仲裁主张有关的证据的，仲裁庭应当要求用人单位在指定期限内提供；用人单位在指定期限内不提供的，应当承担不利后果。

劳动者对仲裁裁决不服的，可以依法向人民法院提起诉讼。用人单位对仲裁裁决不服的，可以在职业病诊断、鉴定程序结束之日起15日内依法向人民法院提起诉讼；诉讼期间，劳动者的治疗费用按照职业病待遇规定的途径支付。

《职业病诊断与鉴定管理办法》规定，在确认劳动者职业史、职业病危害接触史时，当事人对劳动关系、工种、工作岗位或者在岗时间有争议的，职业病诊断机构应当告知当事人依法向用人单位所在地的劳动人事争议仲裁委员会申请仲裁，明确当地仲裁机构为用人单位所在地仲裁机构。

六、职业病鉴定

职业病确认施行"一级诊断，二级鉴定"。《职业病诊断与鉴定管理办法》规定，当事人对职业病诊断有异议的，自接到职业病诊断证明书之日起30日内，可以向做出诊断的医疗卫生机构所在地设区的市级卫生行政部门申请鉴定。设区的市级卫生行政部门组织的职业病诊断鉴定委员会负责职业病诊断争议的首次鉴定。当事人对设区的市级职业病诊断鉴定委员会的鉴定结论不服的，自接到职业病诊断鉴定书之日起15日内，可以向原鉴定机构所在地省级卫生行政部门申请再鉴定。省级职业病诊断鉴定委员会的鉴定为最终鉴定。

关于鉴定申请时效，按日计算，参照民事诉讼法等相关规定，开始当天不计入，从接到诊断鉴定、证明书后第二天起算，最后一日为休息日或法定节假日的，以休息日或法定节假日结束的次日为最后一天。逾期鉴定机构不予受理，视为放弃申请鉴定权利。起算日应当自劳动者或用人单位各自收到或知道或应当知道之日起计算。

当事人申请职业病诊断鉴定时，应当提供以下材料：

1. 职业病诊断鉴定申请书。
2. 职业病诊断证明书。申请省级鉴定的还应当提交市级职业病鉴定书。
3. 卫生健康主管部门要求提供的其他有关资料。

卫生健康主管部门要求提供的其他有关资料必须公布，未公布不能作为职业病鉴定必须提交的资料。

职业病诊断、鉴定结论不属于可诉的行政行为，主要有以下几方面原因。一是因为职业病诊断、鉴定的主体不是行政机关。《中华人民共和国职业病防治法》第五十二条规定，职业病诊断争议由设区的市级以上地方人民政府卫生行政部门根据当事人的申请，组织职业病诊断鉴定委员会进行鉴定。职业病诊断鉴定委员会由相关专业的专家组成。职业病诊断鉴定委员会应当按照国务院卫生行政部门颁布的职业病诊断标准和职业病诊断与鉴定办法进行职业病诊断鉴定，向当事人出具职业病诊断鉴定书。根据上述规定，职业病诊断鉴定的法定主体是职业病诊断鉴定委员会，该委员会是根据某一当事人的申请由专家临时组成的非常设机构，以自己的名义独立进行鉴定并出具鉴定意见，鉴定结论由鉴定委员会负责。鉴定活动排斥行政权力的干涉，卫生行政主管部门亦不能影响或者干扰职业病诊断鉴定委员会的鉴定工作。因此，职业病诊断鉴定的主体应为职业病诊断鉴定委员会。二是因为职业病诊断、鉴定行为的性质不属于行政行为。《中华人民共和国职业病防治法》规定，职业病诊断鉴定委员会组成人员应当遵守职业道德，客观公正地进行诊断鉴定，并承担相应的责任。职业病诊断鉴定活动是相关领域的专家依据职业病诊断标准，结合职业病危害接触史、工作场所职业病危害因素检测与评价、临床表现和医学检查结果等资料，根据专门知识、专业技能，利用专门的技术手段或设备对是否职业病及具体情况进行分析和判断，是一种以医学科学为基础的专业技术活动。职业病诊断鉴定具有独立性、专业性，不具有在行政管理活动中行使行政职权的行政行为特性，不属于行政行为。职业病鉴定也是技术行为。同样，职业病诊断结论，依据《卫生部关于如何确定职业病诊断机构权限范围的批复》（卫监督发〔2007〕36号），职业病诊断是技术行为，不是行政行为，没有行政级别区分，出具的诊断证明书具有同等效力。对职业病诊断结论不服可申请鉴定，对鉴定结论不服，可以申请再鉴定，省级卫生行政部门办事机构组织的鉴定为最终鉴定。但要注意，职业病鉴定办事机构作为卫生行政部门委托机构，如其不按规定程序受理、组织鉴定、送达等行为属于行政行为，其违法行为引起行政诉讼或复议的，由委托的卫生行政部门为被告或被申请人。

第四节　疑似职业病管理

疑似职业病（suspected occupational disease）是指现有接触证据或医学证据尚不能确定接触职业病危害因素的劳动者所患疾病是否是职业病，需要进一步收集证据以明确诊断的一种暂时的疑似疾病状态。根据《疑似职业病界定标准》（GBZ/T325—2022），疑似职业病管理要求如下。

一、疑似职业病界定原则

1. 疑似职业病的界定应以职业病定义作为参照。
2. 疑似职业病病人所患疾病应在《职业病分类和目录》范围之内。
3. 应按照GBZ/T265执行，基于现有的疾病证据、接触证据、疾病与接触的职业病危害因素之间因果关系等相关证据进行界定。
4. 疑似职业病病人所患疾病的严重程度应达到相应职业病的诊断起点。

二、疑似职业病的界定

医疗卫生机构对符合以下任一条件的，可界定为疑似职业病：

1. 依据职业病诊断标准，为明确诊断认为需要进入职业病诊断程序，做进一步医学观察、诊断性治疗或因果关系判定的。
2. 急性职业病危害事故处理时出现的疑似病例。
3. 同一工作环境中已发现确诊的职业病病人，同一时期其他劳动者出现有相似客观表现的疾病。
4. 在同一工作环境中，同时或短期内发生两例或两例以上特异性健康损害表现相同或相似病例，病因不明确，又不能以常见病、传染病、地方病等群体性疾病解释的。

三、疑似职业病处理原则

1. 界定机构应当出具《疑似职业病告知书》(见表 14-2),按相关要求报告。

2. 用人单位和劳动者收到《疑似职业病告知书》后,用人单位应在 30 日内安排劳动者到职业病诊断机构提请职业病诊断,5 日内向当地卫生行政部门及监督机构报告。《疑似职业病告知书》不作为职业病诊断或鉴定必备的证明材料。

3. 职业病诊断鉴定程序终结后疑似职业病状态自然终止。

四、疑似职业病界定注意事项

1. 可参考劳动者的职业病危害因素接触史、临床表现、实验室辅助检查结果以及其他相关资料,综合分析后界定。

2. 在岗期间发现的疾病是否是疑似职业病,应结合既往职业健康检查结果综合分析。

3. 疑似职业病的界定应重点考虑职业暴露与个体健康状况之间的因果关系。

4. 对已界定为疑似职业病的劳动者,不再因同一疾病进行二次界定。

5.《疑似职业病告知书》一式三份,劳动者、用人单位和界定机构各一份。

6. 疑似职业病的书写格式如下:疑似 + 职业病诊断名称(如疑似职业性慢性苯中毒、疑似职业性尘肺病)。

表 14-2　疑似职业病告知书

（用人单位名称）_____、（劳动者姓名）_____：

____年____月____日，本机构在____（职业健康检查/职业病诊断/门诊治疗/住院治疗/其他____）中发现____（劳动者姓名、身份证号码）____（症状、体征及实验室检查结果）等。根据目前材料，界定____（劳动者姓名）为疑似职业病病人（疑似＋职业病名称）。

你单位应当在 30 日内安排对疑似职业病病人进行职业病诊断；在疑似职业病病人诊断或者医学观察期间，不得解除或者终止与其订立的劳动合同。疑似职业病病人在诊断、医学观察期间的费用，由用人单位承担。

劳动者可以在用人单位所在地、本人户籍所在地或者经常居住地依法承担职业病诊断的医疗卫生机构进行职业病诊断。

特此告知。

界定机构
单位盖章
年　月　日

第十五章 工作场所特殊管理

第一节 高毒作业管理

《中华人民共和国职业病防治法》和《使用有毒物品作业场所劳动保护条例》规定，国家对作业场所使用高毒物品实行特殊管理。高毒物品是指对人体健康可能造成严重损害的化学物质，是根据化学品的急性毒性、慢性毒性、人群发病情况、致癌性和可能对环境、健康产生长远影响等方面综合判定的。从事接触高毒物品的作业称为高毒作业。《使用有毒物品作业场所劳动保护条例》《高毒物品目录》《高毒物品作业岗位职业病危害告知规范》《高毒物品作业岗位职业病危害信息指南》对高毒物品作业的特殊管理进行了明确。

一、高毒物品目录

根据《使用有毒物品作业场所劳动保护条例》，原卫生部制定下发了《高毒物品目录》（见表15-1），将54种有毒物品列为高毒物品。根据制定《高毒物品目录》相关说明，凡是有下列情况之一的纳入高毒物品目录：①在《工作场所有害因素职业接触限值》（GBZ2—2002）中 MAC<1 米 g/m^3 或者 PC—TWA<1 米 g/m^3，并且在职业病危害因素分类目录中；②被 IRCA 认定的人类致癌物，并且在职业病危害因素分类目录中；③根据1990—2001年职业病统计年报，急性中毒和慢性中毒各前10名的毒物，并且在职业病危害因素分类目录中。

根据上述制定原则，高毒物品不一定毒性高。《工业企业设计卫生标准》（GBZ1—2010）中车间卫生特征分级，高毒物质为车间卫生特征2级，这里所指高毒物质是毒性，与《高毒物品目录》不完全等同。

表 15-1 高毒物品目录（2003 版）

序号	毒物名称 CASNo.	别名	英文名称	MAC (mg/m³)	PC-TWA (mg/m³)	PC-STEL (mg/m³)
1	N-甲基苯胺 100-61-8		N-Methyl aniline	—	2	5
2	N-异丙基苯胺 768-52-5		N-Isopropyl aniline	—	10	25
3	氨 7664-41-7	阿摩尼亚	Ammonia	—	20	30
4	苯 71-43-2		Benzene	—	6	10
5	苯胺 62-53-3		Aniline	—	3	7.5
6	丙烯酰胺 79-06-1		Acrylamide	—	0.3	0.9
7	丙烯腈 107-13-1		Acrylonitrile	—	1	2
8	对硝基苯胺 100-01-6		p-Nitroaniline	—	3	7.5
9	对硝基氯苯/二硝基氯苯 100-00-5/25567-67-3		p-Nitrochlorobenzene/Dinitrochlorobenzene	—	0.6	1.8
10	二苯胺 122-39-4		Diphenylamine	—	10	25
11	二甲基苯胺 121-69-7		Dimethylanilne	—	5	10
12	二硫化碳 75-15-0		Carbon disulfide	—	5	10
13	二氯代乙炔 7572-29-4		Dichloroacetylen	0.4	—	—
14	二硝基苯（全部异构体）582-29-0/99-65-0/100-25-4		Dinitrobenzene (allisomers)	—	1	2.5
15	二硝基（甲）苯 25321-14-6		Dinitrotoluene	—	0.2	0.6
16	二氧化（一）氮 10102-44-0		Nitrogen dioxide	—	5	10
17	甲苯-2,4-二异氰酸酯（TDI）584-84-9		Toluene-2,4-diisocyanate（TDI）	—	0.1	0.2

(续表)

序号	毒物名称CASNo.	别名	英文名称	MAC (mg/m³)	PC-TWA (mg/m³)	PC-STEL (mg/m³)
18	氟化氢 7664-39-3	氢氟酸	Hydrogen fluoride	2	—	—
19	氟及其化合物（不含氟化氢）		Fluorides (exceptHF), asF	—	2	5
20	镉及其化合物 305-03-3		Cadmium and compounds	—	0.01	0.02
21	铬及其化合物 305-03-3		Chromic and compounds	0.05	0.15	—
22	汞 7439-97-6	水银	Mercury	—	0.02	0.04
23	碳酰氯 75-44-5	光气	Phosgene	0.05	—	—
24	黄磷 7723-14-0		Yellow phosphorus	—	0.05	0.1
25	甲（基）肼 60-34-4		Methyl hydrazine	0.08	—	—
26	甲醛 50-00-0	福尔马林	Formaldehyde	0.5	—	—
27	焦炉逸散物		Coke oven emissions	—	0.1	0.3
28	肼；联氨 302-01-2		Hydrazine	—	0.06	0.13
29	可溶性镍化物 7440-02-0		Nickel soluble compounds	—	0.5	1.5
30	磷化氢；膦 7803-51-2		Phosphine	0.3	—	—
31	硫化氢 7783-06-4		Hydrogen sulfide	10	—	—
32	硫酸二甲酯 77-78-1		Dimethyl sulfate	—	0.5	1.5
33	氯化汞 7487-94-7	升汞	Mercuric chloride	—	0.025	0.025
34	氯化萘 90-13-1		Chlorinated naphthalene	—	0.5	1.5
35	氯甲基醚 107-30-2		Chloromethyl methyl ether	0.005	—	—
36	氯；氯气 7782-50-5		Chlorine	1	—	—
37	氯乙烯；乙烯基氯 75-01-4		Vinyl chloride	—	10	25
38	锰化合物（锰尘、锰烟）7439-96-5		Manganese and compounds	—	0.15	0.45

第十五章 工作场所特殊管理

（续表）

序号	毒物名称CASNo.	别名	英文名称	MAC (mg/m³)	PC-TWA (mg/m³)	PC-STEL (mg/m³)
39	镍与难溶性镍化物 7440-02-0		Nichel and insoluble compounds	——	1	2.5
40	铍及其化合物 7440-41-7		Beryllium and compounds	——	0.0005	0.001
41	偏二甲基肼 57-14-7		Unsymmetric dimethyl hydrazine	——	0.5	1.5
42	铅：尘/烟 7439-92-1/7439-92-1		Leaddust	0.05	——	——
			Leadfume	0.03		
43	氰化氢（按CN计）460-19-5		Hydrogencyanide, asCN	1		
44	氰化物（按CN计）143-33-9		Cyanides, asCN	1		
45	三硝基甲苯 118-96-7	TNT	Trinitrotoluene		0.2	0.5
46	砷化（三）氢；胂 7784-42-1		Arsine	0.03		
47	砷及其无机化合物 7440-38-2		Arenic and inorganic compounds		0.01	0.02
48	石棉总尘/纤维 1332-21-4		Asbestos		0.8 0.8f/ml	1.5 1.5f/ml
49	铊及其可溶化合物 7440-28-0		Thallium and soluble compounds		0.05	0.1
50	（四）羰基镍 13463-39-3		Nickel carbonyl	0.002	——	——
51	锑及其化合物 7440-36-0		Antimony and compounds		0.5	1.5
52	五氧化二钒烟尘 7440-62-6		Vanadium pentoside fume and dust		0.05	0.15
53	硝基苯 98-95-3		Nitrobenzene（skin）		2	5
54	一氧化碳（非高原）630-08-0		Carbon monoxide not in high altitude area		20	30

备注：CAS为化学文摘号。MAC为工作场所空气中有毒物质最高容许浓度。PC-TWA为工作场所空气中有毒物质时间加权平均容许浓度。PC-STEL为工作场所空气中有毒物质短时间接触容许浓度。

二、高毒物品作业特殊要求

国家对从事高毒作业实行特殊管理，包括对作业场所的特殊管理和对作业人员的特殊管理。根据行政审批制度改革需要，2014年7月22日国务院下发了《国务院关于取消和调整一批行政审批项目等事项的决定》（国发〔2014〕27号），取消了《使用有毒物品作业场所职业卫生安全许可》行政审批。其他相关特殊要求如下。

（一）人员管理

1. 禁止使用童工。用人单位不得安排未成年人和孕期、哺乳期的女职工从事使用有毒物品的作业。此外，这里所说的有毒物品范围太广，不符合实际，应根据《女职工劳动保护特别规定》等相关行政法规规定执行。

2. 从事使用高毒物品作业的用人单位，应当配备专职的或者兼职的执业卫生医师和护士；不具备配备专职的或者兼职的职业卫生医师和护士条件的，应当与依法取得资质认证的职业卫生技术服务机构签订合同，由其提供职业卫生服务。

3. 用人单位有关管理人员应当熟悉有关职业病防治的法律、法规以及确保劳动者安全使用有毒物品作业的知识。用人单位应当对劳动者进行上岗前的职业卫生培训和在岗期间的定期职业卫生培训，普及有关职业卫生知识，督促劳动者遵守有关法律、法规和操作规程，指导劳动者正确使用职业中毒危害防护设备和个人使用的职业中毒危害防护用品。劳动者经培训考核合格，方可上岗作业。

4. 用人单位应当按照规定对从事使用高毒物品作业的劳动者进行岗位轮换。用人单位应当为从事使用高毒物品作业的劳动者提供岗位津贴。

（二）作业场所管理

1. 用人单位的使用有毒物品作业场所，除应当符合《中华人民共和国职业病防治法》规定的职业卫生要求外，还必须符合下列要求：

（1）作业场所与生活场所分开，作业场所不得住人。

（2）有害作业与无害作业分开，高毒作业场所与其他作业场所隔离。

（3）设置有效的通风装置；可能突然泄漏大量有毒物品或者易造成急性中毒的作业场所，设置自动报警装置和事故通风设施。

（4）高毒作业场所设置应急撤离通道和必要的泄险区。

2.高毒作业场所应当设置红色区域警示线、警示标识和中文警示说明，并设置通讯报警设备。警示线、警示标识和中文警示说明的设置按照《工作场所职业病危害警示标识》（GBZ158—2003）、《高毒物品作业岗位职业病危害告知规范》（GBZ/T203—2007）、《高毒物品作业岗位职业病危害信息指南》（GBZ/T204—2007）进行。

3.从事使用高毒物品作业的用人单位，应当配备应急救援人员和必要的应急救援器材、设备，制定事故应急救援预案，并根据实际情况变化对应急救援预案适时进行修订，定期组织演练。事故应急救援预案和演练记录应当报当地卫生行政部门、应急管理部门和公安部门备案。

4.用人单位维护、检修存在高毒物品的生产装置，必须事先制定维护、检修方案，明确职业中毒危害防护措施，确保维护、检修人员的生命安全和身体健康。维护、检修存在高毒物品的生产装置，必须严格按照维护、检修方案和操作规程进行。维护、检修现场应当有专人监护，并设置警示标志。

5.需要进入存在高毒物品的设备、容器或者狭窄封闭场所作业时，用人单位应当事先采取下列措施：

（1）保持作业场所良好的通风状态，确保作业场所职业中毒危害因素浓度符合国家职业卫生标准。

（2）为劳动者配备符合国家职业卫生标准的防护用品。

（3）设置现场监护人员和现场救援设备。

未采取规定措施或者采取的措施不符合要求的，用人单位不得安排劳动者进入存在高毒物品的设备、容器或者狭窄封闭场所作业。

6.用人单位应当按照国务院卫生行政部门的规定，定期对使用有毒物品作业场所职业中毒危害因素进行检测、评价。检测、评价结果存入用人单位职业卫生档案，定期向所在地卫生行政部门报告并向劳动者公布。

从事使用高毒物品作业的用人单位应当至少每一个月对高毒作业场所进行一次职业中毒危害因素检测；至少每半年进行一次职业中毒危害控制效果评价（目前，国家尚未制定职业中毒危害控制效果评价具体规定，待国家制定具体规定后实施）。

高毒作业场所职业中毒危害因素不符合国家职业卫生标准和卫生要求时，用人单位必须立即停止高毒作业，并采取相应的治理措施；经治理，职业中毒危害因素符合国家职业卫生标准和卫生要求的，方可重新作业。

7.使用高毒物品作业的用人单位应当设置淋浴间和更衣室，并设置清洗、存放或者处理使用高毒物品作业劳动者的工作服、工作鞋帽等物品的专用间。

劳动者结束作业时，其使用的工作服、工作鞋帽等物品必须存放在高毒作业区域内，不得穿戴到非高毒作业区域。

第二节　密闭空间作业管理

密闭空间又称有限空间、受限空间，为了讲述方便，本节统称为密闭空间。近年来，密闭空间事故频发，给人民群众生命财产造成严重损失，一直是安全生产和职业健康管理的重点。密闭空间一般通风不畅，内部空间有限，作业环境情况复杂，有毒气体易于积聚，危险性大，容易因盲目施救造成伤亡扩大。

一、密闭空间的含义和分类

（一）密闭空间的含义

《密闭空间作业职业危害防护规范》（GBZ/T205—2007）所称的密闭空间，是指与外界相对隔离，进出口受限，自然通风不良，足够容纳一人进入并从事非常规、非连续作业的有限空间。

《工贸企业有限空间作业安全管理与监督暂行规定》(国家安全监管总局令〔2015〕第80号修正)所称的有限空间,是指封闭或者部分封闭,与外界相对隔离,出入口较为狭窄,作业人员不能长时间在内工作,自然通风不良,易造成有毒有害、易燃易爆物质积聚或者氧含量不足的空间。

(二)密闭空间的分类

密闭空间分为三类:

1. 封闭或半封闭设备:如船舱、储罐、车载槽罐、反应塔(釜)、冷藏箱、烘房、压力容器、管道、烟道、钢炉等。

2. 地下密闭空间:如地下管道、地下仓库、地下室、地下工程、暗沟、隧道、地坑、废井、地窖、污水池(井)、沼气池、化粪池、下水道、管道阀门井等。

3. 地上密闭空间:如储藏室、酒糟池、发酵池、浆池、垃圾站、温室、冷库、粮仓、料仓等〔2019年7月22日,应急管理部安全生产基础司做出复函,明确了"地上冷库(除气调库外)不属于有限空间,但其中的气调库属于有限空间"〕。

二、密闭空间职业安全健康责任

(一)用人单位的职责

1. 按照规范组织、实施密闭空间作业。制定密闭空间作业进入审批程序和安全作业规程,并保证相关人员知悉这些程序和规程。

2. 确定并明确密闭空间作业负责人、进入作业劳动者和外部监护或监督人员及其职责。

3. 在密闭空间外设置警示标识,告知密闭空间的位置和所存在的危害。

4. 提供有关的职业安全卫生培训。

5. 实施密闭空间作业前,须评估密闭空间可能存在的安全隐患和职业病危害，以确定是否能够进入作业。

6. 采取有效措施，防止未经允许的劳动者进入密闭空间。

7. 提供密闭空间作业的合格的安全防护设施与个体防护用品及报警仪器。

8. 提供应急救援保障。

（二）作业负责人（密闭空间作业的直接负责人）的职责

1. 确认作业者、监护者已经过职业安全卫生培训，并且具备相应的上岗资格。

2. 在密闭空间作业环境、作业程序和防护设施及用品达到允许条件后，允许作业者进入密闭空间。

3. 在密闭空间及其附近发生影响作业安全的情况时，终止进入。

4. 在密闭空间作业完成后，确保所有作业者撤离，清点所携带的设备和物品。

5. 检查、验证应急救援服务、呼叫方法的效果。

6. 对未经许可试图进入或已进入密闭空间者进行劝阻或责令退出。

（三）作业者（经用人单位审核、批准进入密闭空间作业的劳动者）的职责

1. 接受职业安全卫生培训，按规定持证上岗。

2. 按照用人单位审批进入密闭空间实施作业。

3. 遵守密闭空间作业安全操作规程，正确使用密闭空间作业安全设施与个体防护用品。

4. 应与监护者进行必要的、有效的安全、报警、撤离等双向信息交流。

5. 发生下列事项时作业者应及时向监护者报警或撤离密闭空间：

（1）已经意识到身体出现危险症状和体征。

（2）监护者和作业负责人下达了撤离命令。

（3）探测到必须撤离的情况或报警器发出撤离警报。

三、密闭空间日常安全健康管理要求

（一）识别本企业的密闭空间

多数工业企业都存在一定数量的密闭空间，如下水道、污水池等。企业可以结合密闭空间的定义，对照应急管理部门出台的辨识目录，摸清本企业密闭空间的数量、位置以及危险有害因素等基本情况，建立密闭空间管理台账，并及时更新。

（二）密闭空间作业承包商管理

如果企业将清淤作业等密闭空间作业发包给其他单位，应当选择发包给具备国家规定资质或者安全生产条件的承包方，并且务必要进行安全交底，与承包方签订专门的安全生产管理协议或者在承包合同中明确各自的安全生产职责，绝不能"一包了之"。企业对其发包的密闭空间作业安全承担主体责任，承包方对其承包的密闭空间作业安全承担直接责任。

用人单位委托承包商从事密闭空间工作时，应当签署委托协议，委托协议中应包括以下内容：

1.告知承包商工作场所包含密闭空间，要求承包商制定审批程序，并保证密闭空间达到要求后，方可批准进入。

2.评估承包商的能力，包括识别危害和密闭空间工作的经验。

3.评估承包商是否具有承包单位所实施保护准入者预警程序的能力。

4.评估承包商是否制定与承包单位相同的作业程序。

5.在合同书中详细说明有关密闭空间工作计划，密闭空间作业所产生或面临的各种危害。

承包商除遵守用人单位密闭空间工作的要求外，应当从用人单位获得所有密闭空间的危害因素资料和进入操作程序文件。

（三）建章立制

建立健全密闭空间作业安全管理规章制度和操作规程，对密闭空间作业严格实行作业审批制度。

（四）组织专项职业安全培训

企业应当对从事密闭空间作业的现场负责人（可以是用人单位负责人、岗位负责人或班组长等人员）、监护人员、作业人员、应急救援人员进行专项职业安全培训。培训应当有专门记录，并由参加培训的人员签字确认。专项培训应当包括下列内容：

1. 密闭空间作业的危险有害因素和安全防范措施。
2. 密闭空间作业的安全操作规程。
3. 检测仪器、劳动防护用品的正确使用。
4. 紧急情况下的应急处置措施。

（五）开展职业健康监护

不同条件的密闭空间涉及的职业病危害因素不同，用人单位应当根据作业人员可能接触的职业病危害因素，组织职业健康检查，发现职业禁忌证的，应提请企业人力资源部门调离岗位，不得继续从事该项作业。

（六）设置报警装置

密闭空间气体环境复杂，属于可能发生急性职业损伤的场所，必须按规定设置报警装置，即当有毒、有害因素浓度或者强度达到或者超过警戒要求时，要及时报警，并要采取紧急防护措施。此外，现场还应当根据实际情况配备医疗急救用品、冲洗有毒有害物质的设备、紧急情况下的撤离通道以及必要的泄险区。

实践中，密闭空间作业多使用具有报警功能的直读式气体检测仪作为检测报警装置。企业应根据检测对象，结合气体检测仪的适用密闭空间的检测条件，选择相应的气体检测仪（见表15-2）。直读式气体检测仪可任意设置其报警值，报警方式能使劳动者及时响应。

表 15-2 直读式气体检测仪选用建议表

检测对象	仪器种类	适用场所	选择性
氧气	ECD 测氧仪	任何工作场所	有
可燃气体	催化燃烧式可燃气体检测仪	空间氧含量≥19.5%（体积百分浓度），无催化元件中毒的工作场所	无
可燃气体	红外式可燃气体检测仪	任何工作场所（无检测响应的可燃气除外）	无
可燃气体	便携式 FID 或 PID 气相色谱仪	任何工作场所	有
无机有毒气体	ECD 有毒气体检测仪	存在一氧化碳、硫化氢、氯气、氯化氢、氨、二氧化硫、一氧化氮、氢氰酸等的工作场所	有
无机有毒气体	PID 有毒气体检测仪	存在二硫化碳、溴、砷、硒、碘等的工作场所	无
有机有毒气体	PID 有毒气体检测仪	存在芳香烃类、醇类、酮类、胺类、卤代烃、不饱和烃和硫代烃等的工作场所	无
有机有毒气体	FID 有毒气体检测仪	存在烃类化合物工作场所	无
多种混合气体	多种气体复合式检测仪	同时存在可燃气、两三种有毒气体和氧气的工作场所	有
多种混合气体	MOS 气体检测仪	存在能够检测的某些可燃气体或有毒气体的场所	无
多种混合气体	便携式 FID 或 PID 气相色谱仪	同时存在多种可燃气体和有毒气体的工作场所	有
多种有毒气体	气体检测管（带刻度的比长式）	有毒气体的检测精度要求较低的场所	有

注：1. 表中所列检测仪"有"选择性，除便携色谱仪外，都是相对的有条件的，其选择性受干扰气体的影响。
2. 本表列举了几种类型的有毒气体检测仪，也可选用符合要求的其他类型的仪器。

（七）制定应急预案

企业应当根据本单位密闭空间作业的特点，制定可靠有效的密闭空间应急预案，每年至少开展一次应急演练，提高应急处置能力。

1.用人单位应建立应急救援机制，设立或委托救援机构。救援机构应具备有效实施救援服务的装备，具有将作业者从特定密闭空间或已知危害的密闭空间中救出的能力。

2.救援人员应经过专业培训，培训内容应包括基本的急救和心肺复苏术，每个救援机构至少确保有一名人员掌握基本急救和心肺复苏术技能，还要接受作为作业者所要求的培训。

3.救援人员应具有在规定时间内在密闭空间危害已被识别的情况下对受害者实施救援的能力。

4.进行密闭空间救援和应急服务时，应采取以下措施：

（1）告知每个救援人员所面临的危害。

（2）为救援人员提供安全可靠的个人防护设施，并通过培训使其能熟练使用。

（3）无论许可作业者何时进入密闭空间，密闭空间外的救援均应使用吊救系统。

（4）应将化学物质安全数据清单（MSDS）或所需要的类似书面信息放在工作地点，如果作业者受到有毒物质的伤害，应当将这些信息告知参与救治的医疗机构和医务人员。

四、密闭空间作业安全注意事项

（一）作业前必须履行审批手续

企业应当严格执行作业前审批制度，经审批后方可进行作业。密闭空间作业审批表（见表15-3）应当包括密闭空间作业确认事项，审批前逐条确认，避免漏项。

表 15-3 密闭空间作业审批表（样表）

工作内容：			作业地点：	
作业单位：				
作业负责人：			安全监护人：	
作业人员：				
作业时间：___月___日___时___分至___月___日___时___分				

序号	安全措施	主要内容	确认人签字
1	作业人员安全交底		
2	氧气浓度、有害气体检测		
3	通风措施		
4	个人防护用品使用		
5	照明措施		
6	应急器材配备		
7	现场监护		
8	其他补充措施		

作业安全条件及措施确认：

作业负责人：　　　___年___月___日

企业授权审批部门审批意见：

签发人：　　　___年___月___日

（此表一式二份，第一联审批部门保留，第二联作业单位保留）

注：该审批表是进入密闭空间作业的依据，不得涂改且要求审批部门存档时间至少一年。

（二）作业前必须对作业人员进行安全交底

企业实施密闭空间作业前，应当对作业环境进行评估，分析存在的危险有害因素，提出消除、控制危害的措施，制定密闭空间作业方案，并经本企业负责人批准。企业应当按照密闭空间作业方案，明确作业现场负责人、监护人员、作业人员及其安全职责，现场负责人应当监督作业人员按照方案进行作业准备。

作业前必须将密闭空间作业方案和作业现场可能存在的危险有害因素、防控措施告知作业人员，并如实记录。安全交底的内容一般包括以下内容。

1. 危险因素：爆燃、中毒、缺氧窒息、坠落、淹溺、触电等。

2. 人员分工：必须做到责任到人。

3. 安全措施：先检测后作业，全程通风、全程检测等。

4. 应急救援措施：发生紧急情况时如何处理，如何及时上报，如何正确救援。

（三）必须做到"先通风、再检测、后作业"

密闭空间作业应当严格遵守"先通风、再检测、后作业"的原则。

1. 清洗、置换。密闭空间内盛装或者残留的物料对作业存在危害时，作业人员应当在作业前对物料进行清洗、清空或者置换，主要方法有水蒸气清洁、惰性气体清洗。

2. 通风。可采用自然通风和机械通风，保持空气流通。

（1）为保证足够的新鲜空气供给，应持续强制性通风。

（2）通风时应考虑足够的通风量，保证能稀释作业过程中释放出来的危害物质，并满足呼吸供应。

（3）强制通风时，应把通风管道伸延至密闭空间底部，有效去除重于空气的有害气体或蒸汽，保持空气流通。

（4）一般情况下，禁止直接向密闭空间输送氧气，防止空气中氧气浓度过高导致危险。

3. 检测。检测指标包括氧浓度、易燃易爆物质（可燃性气体、爆炸性粉尘）浓度、有毒有害气体（如一氧化碳、硫化氢等）浓度。未经通风和检测合格，任何人员不得进入密闭空间作业。

（四）作业现场必须配备防护设施和应急装备等器材

企业根据本单位密闭空间的类型准备相应的装备和器材。

1.警示用标志或者物品：如作业现场围挡（护栏、警戒带、锥形桶等）、密闭空间作业安全告知牌、警示牌、夜间警示灯等。

2.作业人员劳动防护用品：安全帽、安全带、速差自控器（防坠器）、防毒面具、长管呼吸器、紧急逃生呼吸器、防静电鞋、防静电服、绝缘鞋、安全靴、护耳器、防护眼镜、防护手套等。企业应当根据密闭空间存在危险有害因素的种类和危害程度，为作业人员提供符合国家标准或者行业标准规定的劳动防护用品，并教育监督作业人员正确佩戴与使用。

3.常用工具、设备：包括检测设备、通风设备、照明设备、通信设备等，如复合式气体检测仪、单一气体检测仪、手提轴流风机、发电机、防爆通风机、风筒、照明灯（安全电压）、防爆手电筒、对讲机、呼救器、手机（监护人员用）、井盖开启器、井口爬梯、风向旗、灭火器等。

4.应急救援用防护用品：正压式空气呼吸器、安全帽、全身式安全带、速降器、安全绳、救援三脚架等。

（五）作业现场必须配置监护人员

监护人员不得离开现场，并时刻与工作人员保持联系。在进行有限空间操作时监护人员应到场并密切关注工作人员状况，定时询问情况，以防事故发生和及时处理紧急情况。监护者要做到以下几点：

1.具有能警觉并判断作业者异常行为的能力，接受职业安全卫生培训，按规定持证上岗。

2.准确掌握作业者的数量和身份。

3.在作业者作业期间保证在密闭空间外持续监护；适时与作业者进行必要的、有效的安全、报警、撤离等信息交流；在紧急情况时向作业者发出撤离警报。

监护者在履行监测和保护职责时，不能受到其他职责的干扰。

4. 发生以下情况时，应命令作业者立即撤离密闭空间，必要时，立即呼叫应急救援服务，并在密闭空间外实施应急救援工作。

（1）发现禁止作业的条件。

（2）发现作业者出现异常行为。

（3）密闭空间外出现威胁作业者安全和健康的险情。

（4）监护者不能安全有效地履行职责时，也应通知作业者撤离。

5. 对未经许可靠近或者试图进入密闭空间者予以警告并劝离，如果未经许可者进入密闭空间，应及时通知作业者和作业负责人。

（六）作业现场必须设置安全警示标志，保持出入口畅通

开始作业前，现场监护人员要与工人共同在作业现场设置警戒区域和警示标识以及警示说明。存在交叉作业时，采取避免互相伤害的措施。在进行密闭空间操作时应保持出入口畅通，设备的出入口内、外不得有障碍物，以便空气流通以及面对紧急情况能够及时逃生。

（七）严禁在事故发生后盲目施救

1. 发生事故时，监护人员应立即判断、处理并及时报告。

2. 发生窒息、中毒事故时，救援人员必须使用正压式空气呼吸器等救援装备实施救援，同时至少有1人在外部负责监护和联络。

3. 严禁不采取任何防护措施盲目施救，造成事故后果扩大。

第三节　非医用电离辐射的职业卫生管理

近年来，电离辐射在工业、农业、医疗卫生、科研等各个领域获得了广泛的应用，电离辐射是把"双刃剑"，在带来一定的经济利益的同时，由于操作、防护不当，导致辐射事故，给人民群众的身体健康造成了重大损害。为预防控制放射性职业病危害，尽可能降低劳动者受照剂量，防止辐射事故发生，国家

制定出台了《中华人民共和国职业病防治法》《放射性同位素与射线装置安全和防护条例》等法律法规，加强对放射职业病危害的预防控制。

一、基本概念

1. 密封源指密封在包壳里的或紧密地固结在覆盖层里并呈固体状态的放射性物质。

2. 非密封源是指不满足密封源定义中所列条件的源，也称非密封放射源物质。

3. 射线装置指 X 射线探伤机、加速器、中子发生器以及含放射源的装置。

4. 辐射事故是指放射源丢失、被盗、失控，或者放射性同位素和射线装置失控导致人员受到意外的异常照射。

二、非医用电离辐射常见应用领域

（一）工业应用

1. 辐射加工如耐热电线、轮胎、发泡塑料、热收缩管、医疗保健产品的辐射灭菌、一次性医疗用品辐射消毒、辐射改性聚烯烃绝缘材料（如电线电缆、热收缩材料、泡沫塑料等）涂层辐射固化，包括木塑复合材料的辐射制备、辐射技术在生物医学和生物工程中的应用、工业三废的辐射净化、辐射降解（包括辐射制备聚四氟乙烯超细粉末、丁基橡胶辐射再生、纤维素辐射降解制备饲料等）等。

2. 无损检测（探伤检测）压力容器、结构材料内部构造及缺陷的检查。

3. 工程管理厚度计、密度计、料位计。

4. 放射性同位素（非密封放射性物质和放射源）的生产、使用、运输、贮存和废弃处理，如非医疗机构制造粒子植入治疗的粒子，核医学用 18F、131I 等核医学药物。

5. 射线装置的生产、使用和维修，如探伤机、医用射线装置的生产、维修。

6.核燃料循环中的铀矿开采、铀矿水冶、铀的浓缩和转化、燃料制造、反应堆运行、燃料后处理和核燃料循环中的研究活动,包括核电站等。

7.放射性同位素、射线装置和放射工作场所的辐射监测。

(二)农业应用

1.对梨、水稻、大豆、大麦、香蕉等进行品种改良。

2.防治瓜实蝇、虻果大实蝇等害虫。

3.食品辐照防止马铃薯发芽,延长货架期,消毒、灭菌、保鲜。

(三)科学应用

1.研究 X 射线、科学反应跟踪、物质迁移的追踪。

2.微量元素分析、年代测定。

三、放射工作单位和放射工作人员

(一)放射工作单位

放射工作单位是指开展下列活动的企业、事业单位和个体经济组织:

1.放射性同位素(非密封放射性物质和放射源)的生产、使用、运输、贮存和废弃处理。

2.射线装置的生产、使用和维修。

3.核燃料循环中的铀矿开采、铀矿水冶、铀的浓缩和转化、燃料制造、反应堆运行、燃料后处理和核燃料循环中的研究活动。

4.放射性同位素、射线装置和放射工作场所的辐射监测。

5.卫生部规定的与电离辐射有关的其他活动。

《放射工作人员职业健康管理办法》第二条第二款给的定义,是依据《中华人民共和国职业病防治法》的适用范围,只用于企业、事业和个体经济组织等用人单位。根据《中华人民共和国职业病防治法》规定,其他单位的职业病防治活动可以参照执行。

（二）放射工作人员

放射工作人员是指在放射工作单位从事放射职业活动中受到电离辐射照射的人员，包括所有能接触到电离辐射照射的人员。放射工作人员必须具备以下条件：

1. 年满18周岁，此规定与《未成年人保护法》等未成年人禁忌职业范围一致。
2. 经职业健康检查，符合放射工作人员的职业健康要求。
3. 放射防护和有关法律知识培训考核合格。
4. 遵守放射防护法规和规章制度，接受职业健康监护和个人剂量监测管理。
5. 持有《放射工作人员证》。

四、非医用电离辐射职业卫生管理内容

（一）放射工作人员培训

《放射工作人员职业健康管理办法》规定，放射工作人员上岗前应当接受放射防护和有关法律知识培训，考核合格方可参加相应的工作。培训时间不少于4天。放射工作单位应当定期组织本单位的放射工作人员接受放射防护和有关法律知识培训。放射工作人员两次培训的时间间隔不超过2年，每次培训时间不少于2天。放射工作单位应当建立并按照规定的期限妥善保存培训档案。培训档案应当包括每次培训的课程名称、培训时间、考试或考核成绩等资料。即每次培训后，放射工作人员要将放射培训教材、培训合格证等交由单位保存建档。每次培训的情况由放射工作单位及时记录在《放射工作人员证》中（培训时间可以记录为：422,即上岗前4天,在岗期间不超过2年,每次不少于2天）。

（二）个人剂量监测管理

1. 个人剂量监测的法律依据。《中华人民共和国职业病防治法》第二十五条第二款规定，对放射工作场所和放射性同位素的运输、储存，用人单位必须配置防护设备和报警装置，保证接触放射线的工作人员佩戴个人剂量计。《放射

性同位素与射线装置安全和防护条例》第二十九条规定，生产、销售、使用放射性同位素的单位，应当严格按照国家关于个人剂量监测和健康管理的规定，对直接从事生产、销售、使用活动的工作人员进行个人剂量监测和职业健康检查，建立个人剂量档案和职业健康监护档案。《放射工作人员职业健康管理办法》第十一条规定，放射工作单位应当按照本办法和国家有关标准、规范的要求，安排本单位的放射工作人员接受个人剂量监测。

2. 个人剂量监测的性质。关于个人剂量监测的性质，卫生部《关于放射工作人员个人剂量监测管理有关问题的批复》（卫监督发［2006］77号）给予明确，放射工作人员的个人剂量监测是职业健康监护的重要内容，是职业危害因素监测、评价和职业病危害评价管理工作的重要组成部分，是诊断职业性放射性疾病的必备条件之一。放射工作人员的个人剂量监测作为一项技术性工作，根据《中华人民共和国职业病防治法》的规定，必须由取得省级以上人民政府卫生行政部门资质的职业卫生技术服务机构进行。

3. 个人剂量监测的周期。《放射工作人员职业健康管理办法》规定，职业外照射常规检测周期一般为30天，最长不得超过90天，内照射个人剂量监测周期按照有关标准执行，即按照《职业性内照射个人剂量监测规范》（GBZ129—2016）执行。《职业性外照射个人剂量监测规范》（GBZ128—2019）规定职业外照射常规检测周期一般为一个月，最长不得超过三个月，与规章规定不一致，根据规章效力高于标准的层级效力原则，执行职业外照射常规检测周期一般为30天，最长不得超过90天的规定。

个人剂量监测报告应当在每个监测周期结束后1个月内送达放射工作单位，同时报告当地卫生行政部门。

4. 个人剂量监测档案。《放射工作人员职业健康管理办法》第十二条规定，个人剂量监测档案应当包括：①常规监测的方法和结果等相关资料；②应急或者事故中受到照射的剂量和调查报告等相关资料。

放射工作单位应当将个人剂量监测结果及时记录在《放射工作人员证》中；建立并终身保存个人剂量监测档案；允许放射工作人员查阅、复印本人的个人剂量监测档案。

（三）职业健康检查

1. 上岗前职业健康检查着重于评价工作人员的健康状况及其对预期从事的任务的适任性，可发现不应从事放射工作的人员，也是从业人员接触放射线前的本底资料，为就业后定期检查、过量照射提供对比和参考。上岗前人员，即新从事放射工作的人员，包括新招人员、转岗人员（从其他岗位转到放射岗位）。

2. 在岗期间定期职业健康检查目的在于判断放射工作人员对其工作的适任性和继续适任性，发现就业后出现的某些可能与辐射有关的效应及其他疾病。职业健康检查周期根据工作条件和可能遭受的剂量，每1~2年检查一次。发现异常时，可根据具体情况增加检查频率和检查项目。

3. 离岗前职业健康检查主要目的是排除职业病，视具体情况可适当增加检查项目。

4. 应急健康检查。在在岗期间定期检查项目的基础上，可结合个人剂量监测或生物、物理剂量估算和临床表现等具体情况，根据有关放射性疾病诊断标准适当增加相应的检查项目。

（四）放射工作人员待遇

1. 放射津贴。《放射工作人员职业健康管理办法》第三十一条规定，放射工作人员的保健津贴按照国家有关规定执行。

特岗津贴的政策只能由国务院或国务院授权的人事部、财政部等制定，卫生部门不解释待遇问题。根据《中华人民共和国职业病防治法》等相关规定，从事接触职业病危害因素的劳动者享有一定的保健津贴，用人单位应当根据单位情况，酌情向从事接触放射等职业病危害因素的职工发放。

2. 放射假与健康疗养。《放射工作人员职业健康管理办法》第三十二条规定，在国家统一规定的休假外,放射工作人员每年可以享受保健休假2~4周。享受寒、暑假的放射工作人员不再享受保健休假。从事放射工作满20年的在岗放射工作人员，可以由所在单位利用休假时间安排健康疗养。

假期也不应由卫生行政部门规定，而应由国务院规定，所以卫生部用了"可以"。根据以人为本的原则，用人单位应当尽力安排放射工作人员休假和疗养，以确保放射工作人员的健康和安全。

3.放射工作单位不得安排怀孕的妇女参与应急处理和有可能造成职业性内照射的工作。哺乳期妇女在其哺乳期间应避免接受职业性内照射。

（五）建设项目放射职业病危害"三同时"制度落实情况

建设单位存在放射性职业病危害的建设项目，应当按规定在可行性论证阶段、初步设计阶段和竣工验收阶段，自行或委托相关专业机构编制放射性职业病危害预评价报告、放射防护设施设计和放射性职业病危害控制效果放射防护评价报告，并组织专家进行审查和自验收。

（六）放射防护管理制度和应急救援制度落实情况

放射性职业病危害因素作为职业病危害因素的一种，对其管理应该统一纳入用人单位职业卫生管理制度中，并抓好落实。

（七）放射危害告知与警示管理

根据《放射性同位素与射线装置安全和防护条例》规定，生产、销售、使用、贮存放射性同位素和射线装置的场所，应当按照国家有关规定设置明显的放射性标志，其入口处应当按照国家有关安全和防护标准的要求，设置安全和防护设施以及必要的防护安全联锁、报警装置或者工作信号。射线装置的生产调试和使用场所，应当具有防止误操作、防止工作人员和公众受到意外照射的安全措施。放射性同位素的包装容器、含放射性同位素的设备和射线装置，应当设置明显的放射性标识和中文警示说明；放射源上能够设置放射性标识的，应当一并设置。运输放射性同位素和含放射源的射线装置的工具，应当按照国家有关规定设置明显的放射性标志或者显示危险信号。

电离辐射警告标志、告知卡、中文警示说明和红色警示线的设置按照《用人单位职业病危害告知与警示标识管理规范》等标准规范的要求落实。

(八)强辐射告知场所的特殊要求

进入辐照装置、工业探伤、放射治疗等强辐射工作场所时,除佩戴常规个人剂量计外,应当携带报警式剂量计。强辐射工作场所还应当配备多重联锁装置。

(九)放射事件应急救援

根据《放射性同位素与射线装置安全和防护条例》规定,生产、销售、使用放射性同位素和射线装置的单位,应当根据可能发生的辐射事故的风险,制定本单位的应急方案,做好应急准备。发生辐射事故时,生产、销售、使用放射性同位素和射线装置的单位应当立即启动本单位的应急方案,采取应急措施,并立即向当地环境保护主管部门、公安部门、卫生主管部门报告。卫生主管部门负责辐射事故的医疗应急。根据上述规定和职责分工,卫生监督机构职责为协助卫生行政部门做好医疗应急工作,这是与其他职业病危害事故应急处置中职责不同的地方。

(十)其他

操作非密封放射性物质时,工作场所及人员防护,非密封放射性物质的防护、管理与放射性废物处置的要求,参照《临床核医学放射卫生防护标准》(GBZ120—2006)、《操作非密封源的辐射防护规定》(GB11930—2010)等标准规范的规定执行。涉及职业病防治的内容为卫生行政部门的职责。

第四节 煤矿作业场所特殊管理

由于我国煤矿安全生产监察体制和煤矿作业场所的特殊性,原国家安全生产监督管理总局制定的部分规章和规范性文件,都将煤矿作业场所监管排除在外。煤矿作业场所职业卫生监督由各地煤炭监察局或分局负责,原国家安全生产监督管理总局 2015 年制定了《煤矿作业场所职业病危害防治规定》（国家安全生产监督管理总局令〔2015〕第 73 号），对各类煤矿及其所属为煤矿服务的矿井建设施工、洗煤厂、选煤厂等存在粉尘、噪声、热害、有毒有害物质等职业病危害因素的作业场所职业病危害预防和治理活动做出规定，以指导、规范煤矿作业场所职业卫生监督管理。为更好地指导职业卫生监督执法人员做好煤矿作业场所职业卫生监督执法工作，本节单列，依照《煤矿作业场所职业病危害防治规定》等规章规范对与煤矿作业场所以外的用人单位不一致的管理内容进行介绍。

一、职业卫生管理机构及人员

根据《建设项目职业病危害风险分类管理目录（2012 年版）》，煤炭开采和洗选企业为职业病危害严重的用人单位，因此，煤矿主要负责人（法定代表人、实际控制人，下同）是本单位职业病危害防治工作的第一责任人，对本单位职业病危害防治工作全面负责，应当建立健全职业病危害防治领导机构，制定职业病危害防治规划，明确职责分工和落实工作经费，加强职业病危害防治工作。同时，煤矿应当设置或者指定职业病危害防治的管理机构，配备专职职业卫生管理人员，负责职业病危害防治日常管理工作。

二、职业卫生管理制度

根据煤矿作业场所的特点，煤矿应当制定职业病危害防治年度计划和实施方案，并建立健全下列 14 种职业卫生制度：

1. 职业病危害防治责任制度；
2. 职业病危害警示与告知制度；
3. 职业病危害项目申报制度；
4. 职业病防治宣传、教育和培训制度；
5. 职业病防护设施管理制度；
6. 职业病个体防护用品管理制度；

7. 职业病危害日常监测及检测、评价管理制度；

8. 建设项目职业病防护设施与主体工程同时设计、同时施工、同时投入生产和使用（以下简称建设项目职业卫生"三同时"）的制度；

9. 劳动者职业健康监护及其档案管理制度；

10. 职业病诊断、鉴定及报告制度；

11. 职业病危害防治经费保障及使用管理制度；

12. 职业卫生档案管理制度；

13. 职业病危害事故应急管理制度；

14. 法律、法规、规章规定的其他职业病危害防治制度。

各类管理制度可参照本书用人单位职业卫生管理章节，结合煤炭行业的特点进行编制。

三、职业病危害因素检测

煤矿应当以矿井为单位开展职业病危害因素日常监测，并委托具有资质的职业卫生技术服务机构，每年进行一次作业场所职业病危害因素检测，每三年进行一次职业病危害现状评价。根据监测、检测、评价结果，落实整改措施，同时将日常监测、检测、评价、落实整改情况存入本单位职业卫生档案。检测、评价结果向所在地卫生行政部门报告，并向劳动者公布。

煤矿应当配备专职或者兼职的职业病危害因素监测人员，装备相应的监测仪器设备负责日常监测。监测人员应当经培训合格；未经培训合格的，不得上岗作业。煤矿也可委托取得资质的职业卫生技术服务机构负责日常监测。各类职业病危害因素检测要求如下。

（一）粉尘检测

1. 煤矿应当在正常生产情况下对作业场所的粉尘浓度进行监测。粉尘浓度应当符合表15-4的要求；不符合要求的，应当采取有效措施。

表 15-4 煤矿作业场所粉尘浓度要求

粉尘种类	游离 SiO_2 含量（%）	时间加权平均容许浓度（mg/m^3） 总粉尘	时间加权平均容许浓度（mg/m^3） 呼吸性粉尘
煤尘	<10	4	2.5
矽尘	10≤~≤50	1	0.7
矽尘	50<~≤80	0.7	0.3
矽尘	>80	0.5	0.2
水泥尘	<10	4	1.5

注：根据目前实际，粉尘浓度还应当符合 GBZ2.1—2019 要求。

2.煤矿进行粉尘监测时，其监测点的选择和布置应当符合表 15-5 的要求。

表 15-5 煤矿作业场所测尘点的选择和布置要求

类别	生产工艺	测尘点布置
采煤工作面	司机操作采煤机、打眼、人工落煤及攉煤	工人作业地点
采煤工作面	多工序同时作业	回风巷距工作面 10~15 米处
掘进工作面	司机操作掘进机、打眼、装岩（煤）、锚喷支护	工人作业地点
掘进工作面	多工序同时作业（爆破作业除外）	距掘进头 10~15 米回风侧
其他场所	翻罐笼作业、巷道维修、转载点	工人作业地点
露天煤矿	穿孔机作业、挖掘机作业	下风侧 3~5 米处
露天煤矿	司机操作穿孔机、司机操作挖掘机、汽车运输	操作室内
地面作业场所	地面煤仓、储煤场、输送机运输等处生产作业	作业人员活动范围内

3.粉尘监测采用定点或者个体方法进行，推广实时在线监测系统。粉尘监测应当符合下列要求：总粉尘浓度，煤矿井下每月测定 2 次或者采用实时在线监测，地面及露天煤矿每月测定 1 次或者采用实时在线监测；呼吸性粉尘浓度每月测定 1 次；粉尘分散度每 6 个月监测 1 次；粉尘中游离 SiO_2 含量每 6 个月测定 1 次，在变更工作面时也应当测定 1 次。煤矿应当使用粉尘采样器、直读式粉尘浓度测定仪等仪器设备进行粉尘浓度的测定。井工煤矿的采煤工作面回风巷、掘进工作面回风侧应当设置粉尘浓度传感器，并接入安全监测监控系统。

（二）噪声检测

1.煤矿应当配备2台以上噪声测定仪器，并对作业场所噪声每6个月监测1次。

2.煤矿作业场所噪声的监测地点主要包括：井工煤矿的主要通风机、提升机、空气压缩机、局部通风机、采煤机、掘进机、风动凿岩机、风钻、乳化液泵、水泵等地点，露天煤矿的挖掘机、穿孔机、矿用汽车、输送机、排土机和爆破作业等地点，选煤厂破碎机、筛分机、空压机等地点。

（三）毒物检测

1.煤矿进行化学毒物监测时，应当选择有代表性的作业地点，其中包括空气中有害物质浓度最高、作业人员接触时间最长的作业地点。采样应当在正常生产状态下进行。

2.煤矿应当对NO（换算成NO_2）、CO、SO_2每3个月至少监测1次，对H_2S每月至少监测1次。煤层有自燃倾向的，应当根据需要随时监测。

煤矿作业场所主要化学毒物浓度不得超过表15-6的要求。

表15-6　煤矿主要化学毒物最高允许浓度

化学毒物名称	最高允许浓度（%）
CO	0.0024
H_2S	0.00066
NO（换算成NO_2）	0.00025
SO_2	0.0005

四、个人防护用品

根据《煤矿职业安全卫生个体防护用品配备标准》（AQ1051）规定，为接触职业病危害的劳动者提供符合标准的个体防护用品，并指导和督促其正确使用。

五、职业卫生培训

煤矿主要负责人、职业卫生管理人员应当具备煤矿职业卫生知识和管理能力,接受职业病危害防治培训。培训内容应当包括职业卫生相关法律、法规、规章和标准,职业病危害预防和控制的基本知识,职业卫生管理相关知识等内容。

煤矿应当对劳动者进行上岗前、在岗期间的定期职业病危害防治知识培训,督促劳动者遵守职业病防治法律、法规、规章、标准和操作规程,指导劳动者正确使用职业病防护设备和个体防护用品。上岗前培训时间不少于4学时,在岗期间的定期培训时间每年不少于2学时。

煤矿作业场所劳动者培训的内容和学时与原国家安全生产监督管理总局《关于加强职业卫生培训的通知》不一致,注意对各类煤矿及其所属为煤矿服务的矿井建设施工、洗煤厂、选煤厂进行检查时对职业卫生培训要求的区分。

六、职业卫生管理档案

煤矿应当建立健全企业职业卫生档案。企业职业卫生档案应当包括下列内容:

1. 职业病防治责任制文件;

2. 职业卫生管理规章制度;

3. 作业场所职业病危害因素种类清单、岗位分布以及作业人员接触情况等资料;

4. 职业病防护设施、应急救援设施基本信息及其配置、使用、维护、检修与更换等记录;

5. 作业场所职业病危害因素检测、评价报告与记录;

6. 职业病个体防护用品配备、发放、维护与更换等记录;

7. 煤矿企业主要负责人、职业卫生管理人员和劳动者的职业卫生培训资料;

8. 职业病危害事故报告与应急处置记录;

9. 劳动者职业健康检查结果汇总资料,存在职业禁忌证、职业健康损害或者职业病的劳动者处理和安置情况记录；

10. 建设项目职业卫生"三同时"有关技术资料；

11. 职业病危害项目申报情况记录；

12. 其他有关职业卫生管理的资料或者文件。

由于《职业卫生档案管理规范》不适用于煤矿作业场所，因此，煤矿作业场所应按上述要求建立健全12种档案。

七、职业病危害项目申报

《煤矿作业场所职业病危害防治规定》对煤矿作业场所申报进行了规定，新版职业病危害申报系统不再区分煤矿和其他用人单位，因此，煤矿应当按照新版申报指南进行职业病危害因素申报。

八、职业健康监护

接触职业病危害作业的劳动者的职业健康检查周期按照表15-7执行。

表15-7　接触职业病危害作业的劳动者的职业健康检查周期

接触有害物质	体检对象	检查周期
煤尘（以煤尘为主）	在岗人员	2年1次
	观察对象、Ⅰ期煤工尘肺患者	每年1次
岩尘（以岩尘为主）	在岗人员、观察对象、Ⅰ期硅肺患者	
噪声	在岗人员	
高温	在岗人员	
化学毒物	在岗人员	根据所接触的化学毒物确定检查周期
接触粉尘危害作业退休人员的职业健康检查周期按照有关规定执行		

注：此处规定与《职业健康监护技术规范》（GBZ188—2014）规定不一致，按照规章效力高于标准规范效力层级要求，执行规章规定的要求。

九、煤矿职业病危害控制

(一)粉尘危害防治

1. 井工煤矿必须建立防尘洒水系统。永久性防尘水池容量不得小于 200 m³,且贮水量不得小于井下连续 2 小时的用水量,备用水池贮水量不得小于永久性防尘水池容量的 50%。

防尘管路应当敷设到所有能产生粉尘和沉积粉尘的地点,没有防尘供水管路的采掘工作面不得生产。静压供水管路管径应当满足矿井防尘用水量的要求,强度应当满足静压水压力的要求。

防尘用水水质悬浮物的含量不得超过 30 mg/L,粒径不大于 0.3 毫米,水的 pH 值应当在 6~9 范围内,水的碳酸盐硬度不超过 3 mmol/L。使用降尘剂时,降尘剂应当无毒、无腐蚀、不污染环境。

2. 井工煤矿掘进井巷和硐室时,必须采用湿式钻眼,使用水炮泥,爆破前后冲洗井壁巷帮,爆破过程中采用高压喷雾(喷雾压力不低于 8 MPa)或者压气喷雾降尘、装岩(煤)洒水和净化风流等综合防尘措施。

3. 井工煤矿在煤、岩层中钻孔,应当采取湿式作业。煤(岩)与瓦斯突出煤层或者软煤层中难以采取湿式钻孔时,可以采取干式钻孔,但必须采取除尘器捕尘、除尘,除尘器的呼吸性粉尘除尘效率不得低于 90%。

4. 井工煤矿炮采工作面应当采取湿式钻眼,使用水炮泥,爆破前后应当冲洗煤壁,爆破时应当采用高压喷雾(喷雾压力不低于 8 MPa)或者压气喷雾降尘,出煤时应当洒水降尘。

5. 井工煤矿采煤机作业时,必须使用内、外喷雾装置。内喷雾压力不得低于 2 MPa,外喷雾压力不得低于 4 MPa。内喷雾装置不能正常使用时,外喷雾压力不得低于 8 MPa,否则采煤机必须停机。液压支架必须安装自动喷雾降尘装置,实现降柱、移架同步喷雾。破碎机必须安装防尘罩,并加装喷雾装置或者除尘器。放顶煤采煤工作面的放煤口,必须安装高压喷雾装置(喷雾压力不低于 8 MPa)或者采取压气喷雾降尘。

6.井工煤矿掘进机作业时,应当使用内、外喷雾装置和控尘装置、除尘器等构成的综合防尘系统。掘进机内喷雾压力不得低于2 MPa,外喷雾压力不得低于4 MPa。内喷雾装置不能正常使用时,外喷雾压力不得低于8 MPa;除尘器的呼吸性粉尘除尘效率不得低于90%。

7.井工煤矿的采煤工作面回风巷、掘进工作面回风侧应当分别安设至少2道自动控制风流净化水幕。

8.煤矿井下煤仓放煤口、溜煤眼放煤口以及地面带式输送机走廊必须安设喷雾装置或者除尘器,作业时进行喷雾降尘或者用除尘器除尘。煤仓放煤口、溜煤眼放煤口采用喷雾降尘时,喷雾压力不得低于8 MPa。

9.井工煤矿的所有煤层必须进行煤层注水可注性测试。对于可注水煤层必须进行煤层注水。煤层注水过程中应当对注水流量、注水量及压力等参数进行监测和控制,单孔注水总量应当使该钻孔预湿煤体的平均水分含量增量不得低于1.5%,封孔深度应当保证注水过程中煤壁及钻孔不漏水、不跑水。在厚煤层分层开采时,在确保安全前提下,应当采取在上一分层的采空区内灌水,对下一分层的煤体进行湿润。

10.井工煤矿打锚杆眼应当实施湿式钻孔,喷射混凝土时应当采用潮喷或者湿喷工艺,喷射机、喷浆点应当配备捕尘、除尘装置,距离锚喷作业点下风向100米内,应当设置2道以上自动控制风流净化水幕。

11.井工煤矿转载点应当采用自动喷雾降尘(喷雾压力应当大于0.7 MPa)或者密闭尘源除尘器抽尘净化等措施。转载点落差超过0.5米,必须安装溜槽或者导向板。装煤点下风侧20米内,必须设置一道自动控制风流净化水幕。运输巷道内应当设置自动控制风流净化水幕。

12.露天煤矿粉尘防治应当符合下列要求:

(1)设置有专门稳定可靠供水水源的加水站(池),加水能力满足洒水降尘所需的最大供给量;

(2)采取湿式钻孔,不能实现湿式钻孔时,设置有效的孔口捕尘装置;

(3)破碎作业时,密闭作业区域并采用喷雾降尘或者除尘器除尘;

（4）加强对穿孔机、挖掘机、汽车等司机操作室的防护；

（5）挖掘机装车前，对煤（岩）洒水，卸煤（岩）时喷雾降尘；

（6）对运输路面经常清理浮尘、洒水，加强维护，保持路面平整。

13.洗选煤厂原煤准备（给煤、破碎、筛分、转载）过程中宜密闭尘源，并采取喷雾降尘或者除尘器除尘。储煤场厂区应当定期洒水抑尘，储煤场四周应当设抑尘网，装卸煤炭应当喷雾降尘或者洒水降尘，煤炭外运时应当采取密闭措施。

（二）噪声危害防治

煤矿应当优先选用低噪声设备，通过隔声、消声、吸声、减振、减少接触时间、佩戴防护耳塞（罩）等措施降低噪声危害。

（三）热害防治

1.井工煤矿采掘工作面的空气温度不得超过26 ℃，机电设备硐室的空气温度不得超过30 ℃。当空气温度超过上述要求时，煤矿必须缩短超温地点工作人员的工作时间，并给予劳动者高温保健待遇。采掘工作面的空气温度超过30 ℃、机电设备硐室的空气温度超过34 ℃时，必须停止作业。

2.井工煤矿采掘工作面和机电设备硐室应当设置温度传感器。

3.井工煤矿应当采取通风降温、采用分区式开拓方式缩短入风线路长度等措施，降低工作面的温度；当采用上述措施仍然无法达到作业环境标准温度的，应当采用制冷等降温措施。

4.井工煤矿地面辅助生产系统和露天煤矿应当合理安排劳动者工作时间，减少高温时段室外作业。

（四）职业中毒防治

煤矿作业场所应当加强通风降低有害气体的浓度，在采用通风措施无法达到表15-6的规定时，应当采用净化、化学吸收等措施降低有害气体的浓度。

其他职业病危害防护措施详见《煤矿安全规程》等标准规范。

第十六章　健康企业管理

职业病的特点是易于预防而难于治疗，因此，防控职业病要关口前移、重在抓防。预防职业病的关键环节有三个，一是控制工作场所职业病危害因素的浓度或强度；二是减少劳动者接触职业病危害因素的机会，包括减少接触时间，控制高风险的接触方式，采取个人防护措施减少职业病危害因素进入机体的量；三是早期发现劳动者职业健康损害和易感人群，做到早发现，早脱离，早治疗。企业负责人和劳动者是职业活动的主体，劳动者又是职业病危害的对象，有效落实上述三个预防职业病关键环节，必须要有劳动者和企业负责人、企业职业卫生管理人员等的共识和积极参与。

随着国家职业病防治相关法规标准政策的颁布实施，部分地区或行业职业病防治效果并不理想，实践发现，原因是个别企业负责人或劳动者重视程度不够，做职业病防治相关工作的目的是为应付政府检查免于处罚，并没有真正参与职业病防治的全过程。因此，通过职业病防治宣传教育与健康促进，使劳动者以及企业正确认识职业病危害因素，自觉采取职业病危害防护措施，对于预防职业病起到决定性作用，是保障和促进劳动者的健康、促进经济社会和谐发展的有效措施。

职业健康教育是指根据不同工作场所人群的职业特点，针对所接触的职业危害因素，通过提供卫生防护知识、技能、服务，以促进职业人群自觉采纳有益于健康的行为和生活方式，自觉主动地采取防护措施，防止各种职业危害因素对健康造成的损害，促进职工健康。职业健康教育主要的工作手段包括健康传播和健康干预，健康干预包括行为干预和心理干预，最终目的为行为改变。1986 年 WHO 在加拿大渥太华第一届世界健康促进大会宣言中对"健康促进"

的定义是"促使人们提高、维护和改善他们自身健康的过程"。职业健康促进是指从企业管理策略、支持性环境、职工参与、健康教育、卫生服务等方面,采取综合干预措施,以期改善作业条件、改变职工不健康的生活方式、控制健康危害因素、降低伤病及缺勤率,从而达到促进职工健康、提高职工生命质量和推动经济可持续发展的目的。职业健康促进不仅强调针对个体员工的行为改变和生活方式的改变,更注重增进和改善作业场所的物理和社会环境,注重对影响职业人群健康的企业管理者和在公共事务中起决定作用的管理人员开展行动,因为他们对工作场所安全和职业人群健康起到至关重要的作用。为指导用人单位做好职业健康促进,我国出台了《职业健康促进名词术语》(GBZ/T296—2017)和《职业健康促进技术导则》(GBZ/T296—2017)两个推荐性标准。职业健康教育和健康促进的目的是指导用人单位创建健康、安全和清洁的工作环境,将健康促进工作融入管理体系和组织文化中,促进劳动者养成健康的工作和生活习惯,并使职业健康的积极影响延伸到社区。

2019年10月21日,全国爱卫办、国家卫生健康委、工业和信息化部、生态环境部、全国总工会、共青团中央、全国妇联联合印发《关于开展健康企业建设的通知》(全爱卫办发〔2019〕3号)和《健康企业建设规范(试行)》,指导各地开展健康企业建设,重点落实建立健全管理制度、建设健康环境、提供健康管理与服务和营造健康文化四项任务。

第一节 企业健康教育和健康促进的工作内容与方法

一、法律依据及相关概念

1.《中华人民共和国职业病防治法》第十一条规定,县级以上人民政府职业卫生监督管理部门应当加强对职业病防治的宣传教育,普及职业病防治的知识,增强用人单位的职业病防治观念,提高劳动者的职业健康意识、自我保护意识和行使职业卫生保护权利的能力。

第三十四条规定，用人单位的主要负责人和职业卫生管理人员应当接受职业卫生培训，遵守职业病防治法律、法规，依法组织本单位的职业病防治工作。用人单位应当对劳动者进行上岗前的职业卫生培训和在岗期间的定期职业卫生培训，普及职业卫生知识，督促劳动者遵守职业病防治法律、法规、规章和操作规程，指导劳动者正确使用职业病防护设备和个人使用的职业病防护用品。劳动者应当学习和掌握相关的职业卫生知识，增强职业病防范意识，遵守职业病防治法律、法规、规章和操作规程，正确使用、维护职业病防护设备和个人使用的职业病防护用品，发现职业病危害事故隐患应当及时报告。劳动者不履行前款规定义务的，用人单位应当对其进行教育。

2. 需求评价（demand evaluation）是指通过系统收集工作场所各种与健康有关的资料，并对这些资料进行整理、分析，明确或推测与某种健康问题有关的行为和影响因素，以及健康教育资源可及性的过程，从而为确定职业健康促进干预目标、策略和措施提供基本依据。

3. 健康干预（health intervention）是指针对健康问题或健康危险因素开展的一系列有组织、有计划的信息传播和教育活动，目的是促使工作环境、目标人群的行为生活方式向着有利于健康的方向转化，保护员工健康，提高员工健康水平，推动社会和经济健康、持续发展。

4. 效果评价（effect evaluation）是对职业健康促进项目的执行情况和完成结果进行测量，将实际结果与预期目标进行比较，判定健康促进项目是否完成了预定目标及完成程度。

5. 健康生活方式（healthy lifestyle）是指朝向健康或被健康结果所强化的行为模式，包括合理安排膳食、坚持适量运动、保持心态平和、改变不良行为、自觉保护环境和学习健康知识等。

6. 健康场所（settings for health）是指通过环境、组织和个体因素的交互作用，促进人们健康和幸福的日常活动地点或社会环境，如工作场所、学校、医院、社区和乡村等。

7. 健康工作场所（healthy workplaces）是指由员工和管理者基于已识别的

需求，全面考虑工作场所的实体工作环境、社会心理工作环境、个人健康资源和企业社区行动等影响因素，来保护和促进所有员工健康、安全和幸福的可持续发展的工作场所。

8. 健康企业（healthy enterprise）是指依法履行职业病防治等相关法定责任和义务，全面承担企业社会责任，工作环境健康、安全、和谐、可持续发展，劳动者健康和福祉得到有效保障的企业。

二、工作内容

劳动者既是职业人群，具有职业接触危害的特殊性，又与一般人群一样，存在一般健康风险问题，因此，对劳动者进行健康教育和健康促进的内容应根据作业场所的特点、职业危害因素的种类和性质、防护措施、目标人群的素质水平等决定，包括职业健康教育和健康促进以及一般健康教育和健康促进。

（一）职业健康教育和健康促进

职业健康教育和健康促进主要是针对控制职业危害因素和提高防护水平，包括对目标职业工人进行职业病危害因素、防护措施和法律权益、义务的宣传和教育，从企业政策等角度提供支持性环境，采取多种措施提高职工的参与率、执行率和执行正确率，改善作业环境和作业方式，提高防护水平，从而达到保障劳动者健康的目的。其具体内容如下：

1. 建立安全、健康、舒适的工作环境。

（1）职业病危害因素的识别。作业环境中存在的职业病危害因素包括：化学有害因素（生产性粉尘、化学物质）、物理因素（噪声、振动、高温、高湿、低温、非电离及电离辐射等）、生物因素（白僵蚕孢子、枯草杆菌蛋白酶等）和工效学因素（过度用力、不良体位、重复动作、搬举重物等）。

（2）职业病危害因素控制。职业病危害因素控制的主要措施包括：①消除或替代：采用先进的生产技术、工艺和材料，从根本上消除或替代职业病危害因素，实现自动化操作。②工程控制：采用防尘、防毒、减振降噪、防暑、防寒、防湿、防非电离及电离辐射等卫生工程技术措施，减少职业病危害因素的接触或降低工作场所职业病危害因素的浓度或强度。③行政管理：通过建立和健全企业制度和政策，对员工进行操作规程培训，加强对机器设备和防护设施的维护，建立合理的工作作息制度，实施卫生保健措施，确保良好的管理效果。④个体防护：当采取上述措施仍未达到控制效果时，为劳动者配备并督促其使用符合要求的个体防护用品。

2.建立和谐的社会心理环境。

（1）工作场所存在的社会心理因素包括工作安排不当、组织文化不良、管理方式不佳、基本权利得不到落实、轮班工作、缺乏对工作—生活平衡的支持、缺乏处理心理健康及疾病问题的意识和能力、失业等。

（2）通过合理的工作安排，建立企业文化，培养员工健康的工作和生活态度、道德和价值观，减少员工情感和心理压力等，建立和谐的社会心理环境。

3.充分利用个人健康资源。企业为员工创造支持性环境（卫生服务、信息、资源、培训机会），使员工改善或保持健康的个人生活方式，促进生理和心理的健康。

4.积极参与社区活动。企业积极参与社区活动，包括将自身所从事的活动、专业知识和其他资源提供给所在地的社区，通过参与社区活动，影响员工及其家庭成员的身心健康。

（二）一般健康教育和健康促进

一般健康教育和健康促进主要是改变职工不健康的生活方式，控制健康危险因素，提高劳动者的健康水平和对职业病危害因素的代谢能力，具体包括：吸烟与健康、控制饮酒、合理营养、卫生饮食、体育锻炼和心理健康问题等。

三、工作方法

职业健康促进由健康教育、疾病预防和健康保护组成，针对不同层次的目标人群应采用不同方法，坚持多样性、趣味性、持续性和重复性。

（一）健康教育的方法

1. 对政策制定者（企业负责人）的健康教育。综合利用媒体宣传、专业讲座等形式，提高政策制定者的职业病防治意识和理念，以制定相应的支持性政策，并给予促进项目财力、物力和人力的支持。

2. 对企业管理人员和技术人员的健康教育。根据内容和时间不同，可设专题讲座、专题会议和系列性讲座等，讲授和讨论的内容可结合本行业常见的危害大的职业病危害因素、职业病危害结局、有效的防护措施以及国家的有关法律法规、政策标准规范等。

3. 对工人的健康教育。首先让工人认识到健康促进的最大、最直接的受益者是他们自己，通过健康教育使工人提高健康意识、参与意愿以及自觉采取健康行为的技术能力。具体的方法可有三级教育、特种教育和经常性教育：三级教育即新参加工作的工人在进厂、进车间、进岗位时分别进行健康教育；特种教育指对接触职业危害较大的特种作业人员进行职业安全和健康教育；经常性教育一般的方法是班前布置、班中检查和班后总结。

对工人的健康教育应本着通俗易懂、形式多样和生动有趣的原则，切忌安排深奥难懂的专业知识，具体的形式可包括板报、壁画、录像以及专题报告等，在实际的操作过程中，还应考虑各种教育形式的结合和灵活的奖惩措施，以便提高工人的积极性和兴趣。有条件的情况下，可请有经验的老职工进行传、帮、引、带，现身说教，利用正反两方面的典型事例，讲解安全和卫生的重要性，加深认识，对改善工人的不良行为效果会更好。除了积极进行职业健康教育外，一般健康教育同样重要，内容主要包括吸烟与健康、控制饮酒、合理营养和心理健康问题等。

4. 对社会大众的宣传教育。应当让大众了解职业病防治对全社会和谐发展的重要作用，通过职业卫生和职业法律知识的普及，为前面三类人群的宣传教育打下基础，在全社会营造共同关心职业卫生的氛围。对全社会的宣传教育主要是通过一些主流传媒手段宣传职业卫生的一些主要国家政策和防治理念。较常用的方法是在电视媒体、新闻报纸、公交车站等人群高度关注的平台发布职业卫生公益广告、主题文艺汇演、街头宣传咨询等，还可以为在校学生增加职业病防治知识普及课程。

（二）疾病预防的方法

1. 一级预防。减少劳动者暴露于职业病危害因素的浓度(强度)，具体包括：①替代，利用无毒代有毒，低毒代高毒；②工程控制，采用最新工艺，提高自动化、机械化和密闭化程度，提高职业病防护措施防护效果和水平；③组织措施，合理安排工作时间和工作形式，减少暴露于职业病危害因素的时间和机会；④个人防护用品，提供有效的个体职业病防护用品，并使其能正确佩戴；⑤源头控制，开展建设项目职业病危害预评价和控制效果评价，并做好职业病防护设施"三同时"工作。

2. 二级预防。做好劳动者职业健康监护和一般性体检，以及对职业病、一般疾病进行早发现、早诊断、早治疗；做好工作场所职业病危害因素监测工作。

3. 三级预防。职业病和一般疾病的预后康复以及后遗症的预防等。

（三）健康保护的方法

健康保护包括司法和财政控制、其他法规和政策，目的在于增进职业健康和疾病预防。职业健康保护的目的是减少工人受到作业场所职业危害，减少不安全或不健康行为。如《中华人民共和国职业病防治法》规定企业应为工人配合适的防护用品，并进行建设项目职业病危害预评价和建设项目职业病危害控制效果评价。

四、工作步骤

（一）组织动员

1. 倡导健康促进活动。动员企业和员工积极参与健康促进活动，了解管理层和员工的价值观，争取企业管理人员、工会领导等的支持。

2. 做出承诺。企业最高管理者做出开展工作场所健康促进的承诺，制定相关政策，保障工作经费、人力资源的需求。

3. 信息传播。将签署承诺的内容传达给所有的员工，并使相关信息在工作场所内外传播，动员员工积极参与。

（二）资源整合

1. 机构建设：用人单位应建立由相关部门组成的健康促进委员会，负责领导本单位的健康促进工作，并承诺开展职业健康促进工作。成员由用人单位负责人，生产、卫生、安全、环保、质量、人力资源和工会等部门负责人和员工代表等人员组成。

用人单位应根据实际的规模、性质设置（指定）机构，并配备专职或兼职管理人员负责职业健康促进的规划和实施工作。在小企业，可外请专家或志愿者参与。

2. 组织资源：应通过资源整合，为健康促进委员会提供活动的场所、时间、经费等必需的资源保障。

3. 组织活动：健康促进委员会每年至少召开 1 次专题会议部署健康促进工作，每年至少组织开展 2 次职业健康促进活动。

（三）需求评价

1. 用人单位和员工的现状评价。现状评价需求根据企业目前的状况、规模的大小和复杂性确定，通常应收集员工的人口信息、疾病损伤数据（包括工作场所有关的伤害和疾病，短期和长期残疾），人员离职率，投诉，工作场所存在的职业病危害因素等问题，生产率数据等基础数据；同时还包括企业文化、管理方式、工作压力、非工作相关的压力源和个人的健康行为，以及他们担心的作业环境或在他们社区内的伤害等问题。

2. 用人单位和员工需求的未来条件和结果评价。在基线调查的基础上，通过文献评审，学习良好实践的案例或关于良好实践的建议，了解和评价用人单位和员工关于如何改善其工作环境和健康的想法和观点，以及应采取的措施。在收集信息的过程中，要确保为女性和男性提供相同信息的机会。

（四）需求排序

1. 工作场所当事人包括经理、员工和员工代表的观点和需求。

2. 生理、安全、社会、尊重、自我实现的需求。

3. 结合难易程度、风险、科学性、可能性、相对成本等实际问题综合考虑的需求。

（五）行动计划

1. 以优先确定的需求和问题为基础，制定3年到5年职业健康促进活动计划，内容包括短期、中期、长期目标，政策，活动预算，时间表，职责分工和评价方法等。

2. 根据3年到5年职业健康促进活动计划，每年都必须制定年度计划，年度计划包括所需的预算、设施和资源，项目的内容、产出、推广计划，以及培训和评价计划。

3. 按年份次序处理优先顺序项目。

（六）干预行动

1. 根据行动计划里所包含的职责和内容，将行动计划付诸实践。

2. 实施干预的内容包括工程控制、行政管理、正确配备和使用个体防护用品、戒烟活动、预防和控制慢性非传染性疾病和传染病、采取健康生活方式等。

3. 对员工和管理者实施关于工作环境职业病危害因素、项目的资源和相关知识的培训。

4. 争取相关部门和社区组织的外部帮助。

（七）综合评价

开展综合评价，可了解项目的开展情况，获得经验和教训并适时地获得反馈。综合评价包括：

1. 基线数据评价。项目开展前收集基线数据，明确工作场所相关信息，进行需求评价。

2.过程评价。通过过程评价，及时掌握项目的实施情况，包括活动效果、参与者满意度、项目执行质量、需要改善的问题，以及谁是项目的受益者等。过程评价应解决以下问题：计划执行情况；干预措施是否覆盖拟定的目标人群；实际接受干预措施的目标人群所占的比例；目标人群接受干预措施的情况；目标人群的满意程度。

3.效果评价。根据健康促进委员会制定的目标，确立每一项目活动的指标，从而对项目活动的短期或长期效果和预期的目标进行评价。项目活动的指标可包含员工的意识、知识、信仰、技能和参与行为、意外损伤比例、吸烟率和企业的环境及政策改变等信息。长期效果评价旨在改善员工在生理、心理和社会方面的健康状况，对风险因素、发病率、死亡率、伤残、公平程度和生活质量是否在干预措施推行后有所改变加以评价。长期效果评价可以包括员工健康状况和工作场所环境的改善。

4.综合评价。应考虑所有参与者在项目干预行动中的反应因素，每两年一次。

（八）持续改进

通过综合评价，发现未达到计划提出的需求目标的原因，提出持续改进的措施，为今后的项目设计提供重要的信息，也为新的活动计划奠定基础。

第二节　职业健康教育与健康促进管理要求

根据职业健康教育和健康促进工作的内容和步骤方法，为确保做好该项工作，必须注重以下几项工作的落实。

一、成立领导小组、工作小组和质量控制小组

领导小组应由有关部门包括卫生行政部门、职业健康促进实施单位、健康教育机构、企业领导、工会负责人等组成。其主要任务包括协调解决出现的问题，指导和监督促进工作的开展，确保促进工作的顺利实施。工作小组的组成人员包括：职业健康促进实施单位、健康教育机构、企业等相关技术人员以及职工

代表等。其具体任务包括从技术层面制定职业健康促进实施方案和计划，在领导小组的指导下具体负责职业健康促进实施并定期向领导小组汇报。整个实施过程由质量控制小组负责监督和质量把关，质量控制小组的人员可由相关领域的专家担任。

二、制定职业健康教育与健康促进方案和计划

工作小组首先对目标人群进行初步调查，了解目标人群知识水平和行为能力情况，评估所存在的主要健康问题和需求。结合职业健康的短期目标和长期目标以及实际情况制定科学可行的促进方案和计划，方案和计划应提请领导小组和质量控制小组审核，并在目标人群中进行预试验，根据预试验的结果进一步调整实施方案和计划。检验各调查量表的信度和效度以及检测仪器的精密度和准确性，提高工作人员的调查经验等。

三、开展基线调查和需求评估

成立相关的协调机构，建立促进方案和计划后，对目标人群和促进场所进行详细的基线调查和需求评估，主要内容包括目标人群的健康状况、生活行为方式、相关知识的知晓率、现场职业病危害因素、企业的组织管理方式、劳动者的作业方式、职业卫生技术服务的水平和覆盖率等。应该尤其注意的是，在基线调查过程中要充分科学地利用统计抽样和调查方法，以期获得翔实可靠的基础数据和真实的需求，提高后续干预和促进措施的针对性。

四、干预措施和健康促进的实施

职业健康是多方面、多部门联合协作的项目，只有各有关部门支持、参与，齐心协力、各负其责，才能顺利完成。通过对政策制定者、企业管理人员和技术人员以及劳动者的健康教育、作业场所环境改善和防护水平提高等三级预防方法、政策制定等健康保护方法对职业人群施行干预措施。由于整个项目是系统动态工程，即使到了实施阶段，方案设计也未必趋于完善，因此仍需及时反馈信息以对方案和计划进行必要的校正。

五、监测与评价

健康促进项目实施的时间和方式各异，在整个实施过程中应根据不同的阶段实施严格的监测和评价。监测评价可大致分为过程评价、近期效果评价和中期结果评价以及远期或结局评价。

1. 过程评价。过程评价指项目采取行动和措施的实施情况，具体侧重评价工作的效率和质量控制情况。

2. 近期与中期效果评价。近期效果评价着重评价影响行为的倾向因素、促成因素和强化因素的改变情况：倾向因素包括知识、态度、价值观等的改变；促成因素包括政策、法规、服务可及性、技能等方面的改变；强化因素包括同伴观点、公众舆论、自身感受等的变化。中期效果评价主要评价行为的改变、常见病多发病的控制效果以及作业环境的改善情况等。

3. 远期或结局评价。远期效果评价着眼于评价健康教育项目导致的职业人群健康状况乃至生活质量的变化。评价指标主要包括发病率、伤残率、死因结构的变化、存活率的变化等，医疗卫生服务方向和内容的改进，以及企业的经济效益和社会效益的提高等。

六、质量控制

职业健康促进实施应进行严格的质量控制，具体内容包括选用客观科学的评价指标；对调查员进行培训和考核，提高调查技巧和技术，并设置质量监督员，实时记录和监控项目的开展情况；对职业病危害因素的检测以及目标人群的职业健康检查均按国家相关标准进行；对调查问卷、检测资料和医学诊断结果及时整理，并进行逻辑性检验；发病情况（如门诊、住院）、死亡情况等均需正式的医疗文件副本作为凭证（门诊记录、出院小结、死亡证明等）；资料的整理过程应注重正确统计方法的应用等。

职业健康促进是一个繁杂的系统工程，不但涉及多部门、多单位的协作配合，还需要长时间的随访和跟踪调查，在实施的过程中应做到规划科学、设计严谨、措施规范和评价客观，并进行全程的质量控制，从而充分发挥职业健康促进在现代职业病防治中的重要作用。

七、健康促进伦理

在健康促进活动中，应不分年龄、性别、种族和用工方式，全员自愿参与原则。注意当事人参与评价的知情权、参与权以及所得资料的保密性。相关工作人员应不受第三方影响，不涉及利益冲突，不隐瞒评价结果。

第三节　健康企业建设

近年来，各地、各部门有效落实《中华人民共和国职业病防治法》，推动企业落实用人单位主体责任，创造有益于劳动者健康的工作环境，取得显著进展。但随着我国经济由高速增长转向高质量发展，伴随工业化、城镇化、人口老龄化，职业性疾病谱、生态环境、生活方式的不断变化，新的职业健康问题出现了。劳动者的健康面临多重疾病威胁并存、多种健康影响因素交织的复杂局面。习近平总书记在全国卫生与健康大会上指出，要深入开展健康城市和健康村镇建设，形成健康社区、健康村镇、健康单位、健康学校、健康家庭等建设广泛开展的良好局面。《"健康中国2030"规划纲要》《国务院关于进一步加强新时期爱国卫生工作的意见》《全国爱卫会关于开展健康城市健康村镇建设的指导意见》中对开展健康社区、健康单位和健康家庭等健康"细胞"建设提出了明确要求。为践行"大卫生、大健康"理念，指导企业有效落实维护员工健康的主体责任，打造良好的企业文化，全方位、全周期保障劳动者身心健康，为实施健康中国战略奠定坚实基础，全国爱卫办等七部门印发了《关于推进健康企业建设的通知》（全爱卫办发〔2019〕3号），对健康企业建设提出了要求，明确了建设规范。

一、健康企业的概念

健康企业是健康"细胞"的重要组成部分，通过不断完善企业管理制度，有效改善企业环境，提升健康管理和服务水平，打造企业健康文化，满足企业员工健康需求，实现企业建设与人的健康协调发展。

二、健康企业建设的重点工作任务

（一）建立健全管理制度

制定健康企业工作计划，结合企业性质、作业内容、劳动者健康需求和健康影响因素等，建立、完善与劳动者健康相关的各项规章制度，规范企业劳动用工管理。

1.企业成立健康企业建设工作领导小组，制定健康企业工作计划，明确部门职责并设专兼职人员负责健康企业建设工作。鼓励企业设立健康企业建设专项工作经费，专款专用。

2.结合企业性质、作业内容、劳动者健康需求和健康影响因素等，建立、完善与劳动者健康相关的各项规章制度，如劳动用工制度、职业病防治制度、建设项目职业病防护设施"三同时"管理制度、定期体检制度、健康促进与教育制度等。保障各项法律法规、标准规范的贯彻执行。

3.规范企业劳动用工管理，依法与劳动者签订劳动合同，明确劳动条件、劳动保护和职业病危害防护措施等内容，按时足额缴纳工伤保险保费。鼓励企业为员工投保大病保险。

4.完善政府、工会、企业共同参与的协商协调机制，构建和谐劳动关系。采取多种措施，发动员工积极参与健康企业建设。

（二）建设健康环境

完善企业基础设施，为劳动者提供布局合理、设施完善、整洁卫生、绿色环保、舒适优美和人性化的工作生产环境。积极开展控烟工作，打造无烟环境。落实建设项目职业病防护设施"三同时"制度，做好职业病危害预评价、职业病防护设施设计及竣工验收、职业病危害控制效果评价等工作。

1.完善企业基础设施，按照有关标准和要求，为劳动者提供布局合理、设施完善、整洁卫生、绿色环保、舒适优美和人性化的工作生产环境,无卫生死角。

2. 废气、废水、固体废物排放和贮存、运输、处理符合国家、地方相关标准和要求。

3. 开展病媒生物防治,鼠、蚊、蝇、蟑螂等病媒生物密度得到有效控制,符合国家卫生标准和要求。

4. 工作及作业环境、设备设施应当符合工效学要求和健康需求。工作场所采光、照明、通风、保温、隔热、隔声、污染物控制等方面符合国家、地方相关标准和要求。

5. 全面开展控烟工作,打造无烟环境。积极推动室内工作场所及公共场所等全面禁烟,设置显著标识,企业内无烟草广告和促销。

6. 加强水质卫生管理,确保生活饮用水安全。

7. 企业内部设置的食堂应当符合《食品安全法》相关规定要求,达到食品安全管理等级 B 级以上;未设置食堂的,就餐场所不能与存在职业性有害因素的工作场所相毗邻,并应当设置足够数量的洗手设施。

8. 厕所设置布局合理、管理规范、干净整洁。

9. 落实建设项目职业病防护设施"三同时"制度,做好职业病危害预评价、职业病防护设施设计及竣工验收、职业病危害控制效果评价等工作。

(三)提供健康管理与服务

鼓励依据有关标准设立医务室、紧急救援站等,配备急救箱等设备。建立劳动者健康管理服务体系,实施人群分类健康管理和指导。制定应急预案,防止传染病等传播流行。制定并实施员工心理援助计划,提供心理咨询等服务。组织开展适合不同工作场所或工作方式特点的健身活动。落实《女职工劳动保护特别规定》。依法依规开展职业病防治工作。

1. 鼓励依据有关标准设立医务室、紧急救援站等,配备急救箱等设备。企业要为员工提供免费测量血压、体重、腰围等健康指标的场所和设施。

2. 建立企业全员健康管理服务体系,建立健康检查制度,制定员工年度健康检查计划，建立员工健康档案。设立健康指导人员或委托属地医疗卫生机构开展员工健康评估。

3. 根据健康评估结果，实施人群分类健康管理和指导，降低职业病及肥胖、高血压、糖尿病、高脂血症等慢性病患病风险。

4. 制订防控传染病、食源性疾病等健康危害事件的应急预案，采取切实可行措施，防止疾病传播流行。

5. 鼓励设立心理健康辅导室。制定并实施员工心理援助计划，提供心理评估、心理咨询、教育培训等服务。

6. 组织开展适合不同工作场所或工作方式特点的健身活动。完善员工健身场地及设施，开展工间操、眼保健操等工作期间劳逸结合的健康运动。

7. 落实《女职工劳动保护特别规定》，加强对怀孕和哺乳期女职工的关爱和照顾。积极开展婚前、孕前和孕期保健，避免孕前、孕期、哺乳期妇女接触有毒有害物质和放射线。将妇科和乳腺检查项目纳入女职工健康检查。企业应当根据女职工的需要按规定建立女职工卫生室、孕妇休息室、哺乳室、母婴室等设施。

8. 企业主要负责人和职业卫生管理人员应当遵守职业病防治法律、法规，依法组织本单位的职业病防治工作。建立健全职业卫生管理制度、操作规程、职业卫生档案和工作场所职业病危害因素监测及评价制度，实施工作场所职业病危害因素日常监测和定期检测、评价。

9. 对存在或者产生职业病危害的工作场所设置警示标识和中文警示说明。对产生严重职业病危害的工作岗位，应当设置职业病危害告知卡。对可能导致急性职业损伤的有毒、有害工作场所，应当设置报警装置，配置现场急救用品、冲洗设备、应急撤离通道和必要的泄险区。建立、健全职业病危害事故应急救援预案。

10. 建立完善职业健康监护制度，对从事接触职业病危害作业的劳动者进行上岗前、在岗期间和离岗时的职业健康检查。规范建立职业健康监护档案并定期评估，配合做好职业病诊断与鉴定工作。妥善安置有职业禁忌、职业相关健康损害和患有职业病的员工，保护其合法权益。依法依规安排职业病病人进行治疗、康复和定期检查。对从事接触职业病危害作业的劳动者，给予适当岗位津贴。

11. 优先采用有利于防治职业病和保护劳动者健康的新技术、新工艺、新设备、新材料，逐步替代职业病危害严重的技术、工艺、设备、材料。

12. 企业主要负责人、职业卫生管理人员须接受职业卫生培训。对劳动者进行上岗前的职业卫生培训和在岗期间的定期职业卫生培训，普及职业卫生知识，增强职业病防范意识和能力。

（四）营造健康文化

广泛开展职业健康、慢性病防治、传染病防控和心理健康等健康知识宣传教育活动，提高员工健康素养。关爱员工身心健康，构建和谐、平等、信任、宽容的人文环境，切实履行社会责任。

1. 通过多种传播方式，广泛开展健康知识普及，倡导企业员工主动践行合理膳食、适量运动、戒烟限酒等健康生活方式。积极传播健康先进理念和文化，鼓励员工率先树立健康形象，鼓励评选"健康达人"，并给予奖励。

2. 定期组织开展传染病、慢性病和职业病防治及心理健康等内容的健康教育活动，提高员工健康素养。

3. 定期对食堂管理和从业人员开展营养、平衡膳食和食品安全等相关培训。

4. 关爱员工身心健康，构建和谐、平等、信任、宽容的人文环境。采取积极有效措施预防和制止工作场所暴力、歧视和性骚扰等。

5. 切实履行社会责任，积极参与无偿献血等社会公益活动。

三、健康企业建设与职业病防治的关系

职业病防治是为了预防、控制和消除职业病危害，防治职业病，保护劳动者健康及其相关权益而开展的工作。健康企业建设从场所的角度出发，以建立健全管理制度、建设健康环境、提供健康管理与服务、营造健康文化等方面为主要内容，多角度、多维度开展，保障劳动者身心健康。健康企业建设不仅关

注职业病防治，更关注影响职业人群健康的因素，包括但不限于职业病防治，包括但不限于传统职业病防治所关注的工业企业，还面向农业企业、商业企业、交通运输企业和服务企业等。

四、健康企业实施方式

健康企业建设坚持党委政府领导、部门统筹协调、企业负责、专业机构指导、全员共建共享的指导方针，按照属地化管理、自愿参与的原则，面向全国各级各类企业开展。考虑到各地情况不同，东中西、大中小企业的关注点不同，在国家层面制定导向性规范，具体管理办法由各省级爱卫会结合本地实际研究制定。为确保此项工作落实，要求强化技术支撑，委托符合条件的专业技术机构承担健康企业建设的技术指导，定期对建设效果进行评估，不断完善健康企业建设的举措，同时广泛宣传动员，推动全社会关心、关注、支持健康企业建设。

为科学、有序推进健康企业建设工作，指导各地、各企业开展健康企业建设与评估，全国健康企业建设技术指导单位（中国疾病预防控制中心职业卫生与中毒控制所）组织本领域专家，按照《关于开展健康企业建设的通知》（全爱卫办发〔2019〕3号）和《健康企业建设规范（试行）》的内容与要求编写了《健康企业建设评估技术指南》。该指南给出了健康企业建设评估表和评估细则，将具体的健康企业建设评估指标、体系指标分为两类，包括基本条件和具体指标两部分。基本条件为一票否决项，具体指标包括企业通用指标43项(标注"★★"号的指标1项，企业内部设置食堂或餐厅的考核适用此项指标）和存在职业病危害因素企业特有指标17项（标注为"★"号项），评分采用千分制。具体评估指标包括一级、二级和三级指标，第三级指标有相应的具体分值及评估方式。一级指标对应"管理制度""健康环境""健康管理与服务""健康文化"4个建设领域；二级和三级指标着眼于我国职业人群的主要健康问题及其影响因素。指标体系构建强调健康企业建设秉持"大卫生、大健康"理念，实施"把健康融入所有政策"策略，坚持"共建共享"，同时强调预防为主，全方位全周期保障职业人群健康。

表 16-1　健康企业建设评估表（基本条件）

基本条件	评估结果
企业主要负责人书面承诺组织开展健康企业建设。	□符合□不符合
近 3 年内未发生因防控措施不力导致的甲、乙类传染病暴发流行和群体性食源性疾病等事故。	□符合□不符合
近 3 年内未发生重大职业健康安全责任事故。	□符合□不符合
近 3 年内未发生企业过失造成的重大突发环境事件。	□符合□不符合
注：基本条件无不符合项，继续进行评估； 基本条件有任一不符合项，则不具备健康企业申报基本条件，停止评估。	

表 16-2　健康企业建设评估表（具体条件）

一级指标	二级指标	三级指标	分值	评估方式	得分
管理制度（200分）	组织保障（40分）	1. 成立健康企业建设工作领导小组，由主要领导担任负责人。	20分	资料审查	
		2. 明确健康企业建设管理部门及职责。	20分	资料审查 现场勘察	
	人员保障（20分）	3. 配备健康企业建设专/兼职管理人员。	20分	资料审查	
	制度保障（60分）	4. 制定健康企业工作计划及实施方案。	15分	资料审查	
		5. 建立、完善与劳动者健康相关的各项制度。	30分	资料审查	
		6. 落实企业民主协商制度，建立全体员工共同参与健康企业建设的协商协调机制，构建和谐劳动关系。	15分	资料审查 访谈	
	经费保障（20分）	7. 设立健康企业建设专项工作经费，专款专用。	20分	资料审查	
	合同及参保情况（40分）	8. 依法与劳动者签订劳动合同。	15分	资料审查	
		9. 按时、足额缴纳工伤保险保费。	15分	资料审查	
		10. 为员工投保大病保险。	10分	资料审查	
	全员参与（20分）	11. 采取多种措施，调动员工积极参与健康企业建设。	20分	资料审查 访谈	

（续表）

一级指标	二级指标	三级指标	分值	评估方式	得分
健康环境（250分）	一般环境（170分）	12. 基础设施完善。	20分	现场勘察	
		13. 生产环境布局合理，生产布局符合国家相关标准要求。	20分	资料审查 现场勘察	
		14. 环境整洁，无卫生死角。	15分	现场勘察	
		15. 绿化覆盖率和绿地率满足国家绿化工作要求。	15分	资料审查 现场勘察	
		16. 废气、废水、固体废物排放和贮存、运输、处理符合国家、地方相关标准和要求。	15分	资料审查 现场勘察	
		17. 有效落实病媒生物防治，鼠、蚊、蝇、蟑螂等病媒生物密度得到有效控制，符合国家卫生标准和要求。	15分	资料审查 现场勘察	
		18. 全面开展控烟工作，打造无烟环境。积极推动室内工作场所及公共场所等全面禁止吸烟，设置显著禁烟标识，企业内无烟草广告和促销。	20分	资料审查 现场勘察 访谈	
		19. 加强水质卫生管理，保障生活饮用水安全。	15分	资料审查	
		20. 企业内设食堂应符合《食品安全法》相关规定要求。未设置食堂的，就餐场所不能与存在职业性有害因素的工作场所相毗邻。	20分	资料审查 现场勘察	
		21. 厕所设置布局合理、管理规范、干净整洁。	15分	资料审查 现场勘察	
	工作场所环境（80分）	22. 工作及作业环境、设备设施符合工效学要求和健康需求。	20分	现场勘察 访谈	
		23. 工作场所采光、照明、通风、保温、隔热、隔声、污染物控制等方面符合国家、地方相关标准和要求。	30分	资料审查 现场勘察	
		24. 落实建设项目职业病防护设施"三同时"制度，做好职业病危害预评价、职业病防护设施设计及竣工验收职业病危害控制效果评价。★	30分	资料审查	
		25. 设立医务室并符合相关标准。	15分	资料审查 现场勘察	
		26. 为员工提供免费测量血压、体重、腰围等健康指标的场所和设施。	10分	现场勘察	

（续表）

一级指标	二级指标	三级指标	分值	评估方式	得分
健康管理与服务（400分）	一般健康管理与服务（130分）	27.制定员工年度健康检查计划，建立员工健康档案。	20分	资料审查	
		28.开展员工健康评估并实施分类健康管理和指导。	20分	资料审查 访谈	
		29.制定传染病、食源性疾病等防控应急预案，防止疾病传播流行。	15分	资料审查	
		30.完善员工健身场地及设施，组织开展适合不同工作场所或工作方式特点的群体性健身活动。	20分	资料审查 现场勘察 访谈	
		31.开展婚前、孕前和孕期保健。	15分	资料审查 访谈	
		32.开展女职工健康检查，检查项目覆盖妇科和乳腺检查。	15分	资料审查	
	心理健康管理与服务（50分）	33.设立心理健康辅导室。	10分	现场勘察 访谈	
		34.制定并实施员工心理援助计划。	20分	资料审查	
		35.提供心理评估、心理咨询、教育培训等服务。	20分	资料审查 访谈	
	职业健康管理与服务（220分）	36.落实《女职工劳动保护特别规定》，加强对怀孕和哺乳期女职工的关爱和照顾。女职工较多的企业按规定建立女职工卫生室、孕妇休息室、哺乳室、母婴室等辅助设施。	15分	资料审查 现场勘察	
		37.企业主要负责人和职业卫生管理人员接受职业卫生培训，遵守职业病防治法律、法规，依法组织本单位的职业病防治工作。★	15分	资料审查 访谈	
		38.组织劳动者进行上岗前的职业卫生培训和在岗期间的定期职业卫生培训。★	15分	资料审查 访谈	
		39.建立、健全职业卫生管理制度、操作规程、职业卫生档案和工作场所职业病危害因素监测及评价制度。★	15分	资料审查	
		40.实施工作场所职业病危害因素日常监测和定期检测、评价。★	15分	资料审查 现场勘察	
		41.在存在或者产生职业病危害的工作场所设置警示标识和中文警示说明；对存在或产生严重职业病危害的工作岗位设置职业病危害告知卡。★	10分	资料审查 现场勘察	

（续表）

一级指标	二级指标	三级指标	分值	评估方式	得分
		42. 采用有效的职业病防护设施；为员工提供符合国家职业卫生标准的职业病防护用品，并督促、指导员工正确佩戴和使用。★	10分	资料审查 现场勘察	
		43. 对可能导致急性职业损伤的有毒、有害工作场所，设置报警装置，配置现场急救用品、冲洗设备、应急撤离通道和必要的泄险区。★	15分	资料审查 现场勘察	
		44. 建立、健全职业病危害事故应急救援预案。★	10分	资料审查 访谈	
		45. 建立、完善职业健康监护制度，对从事接触职业病危害作业的劳动者进行上岗前、在岗期间和离岗时的职业健康检查。★	20分	资料审查 访谈	
		46. 建立职业健康监护档案并妥善保管。★	15分	资料审查	
		47. 定期评估职业健康监护资料。★	10分	资料审查	
		48. 配合做好职业病诊断与鉴定工作，安排疑似职业病病人依法进行职业病诊断，依法提供与职业病诊断、鉴定有关的职业卫生和健康监护等资料。★	10分	资料审查 访谈	
		49. 妥善安置有职业禁忌、职业相关健康损害和患有职业病的员工。★	10分	资料审查 访谈	
		50. 依法依规安排职业病病人进行治疗、康复和定期检查。★	10分	资料审查 访谈	
		51. 对从事接触职业病危害作业的劳动者，给予岗位津贴。★	10分	资料审查 访谈	
		52. 优先采用有利于防治职业病和保护劳动者健康的新技术、新工艺、新设备、新材料，替代职业病危害严重的技术、工艺、设备、材料。★	15分	资料审查 现场勘察 访谈	
健康文化（150分）	健康教育（60分）	53. 广泛开展多种形式的健康知识普及，倡导健康生活方式和健康工作方式。	20分	资料审查 现场勘察	
		54. 定期组织开展传染病、慢性病和职业病防治及心理健康等内容的健康教育活动，提高员工健康素养。	25分	资料审核 访谈	
		55. 定期对食堂管理和从业人员开展营养、平衡膳食和食品安全相关培训。★★	15分	资料审查 访谈	

(续表)

一级指标	二级指标	三级指标	分值	评估方式	得分
	企业文化（70分）	56.关爱员工身心健康，构建和谐、平等、信任、宽容的人文环境。	20分	资料审查 访谈	
		57.传播健康先进理念和文化。	15分	资料审查 现场勘察 访谈	
		58.采取积极有效措施预防和制止工作场所暴力、歧视和性骚扰等。	20分	资料审查 访谈	
		59.开展"健康达人"评选活动。	15分	资料审查 访谈	
	社会责任（20分）	60.切实履行社会责任，积极参与社会公益活动。	20分	资料审查 访谈	

注：1. 标注★号的指标为存在职业病危害因素企业的特有指标，共235分；
2. 如果申请企业不存在职业病危害因素，则自评估得分以非★号得分除以0.765计。如，某企业不存在职业病危害因素，其非★号项得分为650分，对自评估得分进行加权计算为650/0.765=849.67分；
3. 如果申请企业存在职业病危害因素，则需要对所有指标进行评估，各项指标实际评估得分相加结果即为评估得分；
4. 标注★★号的指标，企业内部设置食堂或餐厅的，考核此项指标；未设置食堂或餐厅的企业，不考核此项指标，得分按照加权处理。
5. 评估达到800分以上的企业，通过健康企业评估。

评估得分：　　　分

评估组成员签名：

五、健康企业建设的意义

开展健康企业建设，是践行健康中国行动、维护职业人群健康的必然要求，对推进健康中国建设具有十分重要的意义。

1.健康企业建设是健康中国战略在企业层面的具体实践。《健康中国行动（2019—2030年）》之职业健康保护行动中，对健康企业建设提出了明确要求："将健康企业作为健康城市建设的重要内容，逐步拓宽丰富职业健康范围，积极研究将工作压力、肌肉骨骼疾病等新职业病危害纳入保护范围。推进企业依法履行职业病防治等相关法定责任和义务，营造企业健康文化，履行企业社会责任，有效保障劳动者的健康和福祉"。

2. 健康企业建设是新时期职业人群健康的必然要求。随着我国经济由高速增长阶段转向高质量发展阶段，工业化、城镇化、人口老龄化进程加快，生态环境、生活方式不断变化，新的职业健康危害因素不断出现，我国的职业健康工作正面临着新形势，需要找到保护职业人群全面健康的解决方案，健康企业建设应运而生。

3. 健康企业建设是筑牢常态化疫情防控社会大防线的重要举措。企业作为功能社区，是打造千千万万个文明健康小环境、筑牢常态化疫情防控社会大防线的重要保障。

4. 健康企业建设是实现企业建设与人的健康协调发展的有效路径。健康企业的概念框架不仅关注劳动者的身心健康，而且是企业发展与劳动者健康双赢的战略。

第四节　职业健康达人评选

"职业健康达人"是指用人单位中自觉树立健康意识、主动践行健康行为、积极参与健康管理、善于传播健康理念、具有较好健康影响力的职业健康代表人物。"职业健康保护行动"中，倡导劳动者个人坚持健康工作方式，积极传播职业健康先进理念和文化，倡导国家机关、学校、医疗卫生机构、国有企业等单位的员工率先树立健康形象，争做"职业健康达人"；鼓励各用人单位做好员工健康管理，倡导用人单位评选"职业健康达人"并给予奖励。2021年1月，国家卫生健康委、全国总工会联合印发《关于开展争做"职业健康达人"活动的通知》（国卫办职健函〔2020〕1069号），同时以附件形式发布了《"职业健康达人"基本标准》，要求按照全面推进健康中国建设的要求，以促进全方位全周期健康为理念，持续推进争做"职业健康达人"活动。

一、"职业健康达人"的评选标准

评选指标共14条，包括基本条件、健康素养、自主健康管理以及健康影响力四个方面内容。

（一）基本条件

强调正确的人生观、价值观和世界观，无违法违纪行为，身心健康，诚信友善，家庭和睦，人际关系良好。

（二）健康素养

一方面要求劳动者熟悉职业病防治相关法律法规的主要内容，了解我国常见法定职业病及职业病危害因素的管理，熟悉职业健康检查、本岗位职业禁忌、职业病诊断和职业病患者管理相关规定等。掌握本单位职业健康管理制度和操作规程，以及职业病危害事故相关的急救知识和应急处置方法，具有正确的自救、互救能力。不接触职业病危害因素的劳动者应知晓所在工作岗位存在的健康危险因素及可能导致的健康问题。接触职业病危害因素的劳动者还应知晓所在岗位存在的职业病危害因素种类、可能导致的职业病及职业病危害因素的防护知识。另一方面劳动者还应了解常见工作相关疾病、慢性病和传染病的防治常识，例如：

1.长期负荷高、节奏快、重复高、时间长、强迫体位作业，极易引发局部肌肉疲劳，最终导致工作相关肌肉骨骼疾患。

2.预防职业紧张、职业倦怠等心理健康问题，要认识压力来源，掌握减轻压力的方法，做好情绪管理和时间管理，努力以最有效的方式应对外界要求，必要时能够及时与管理层沟通并主动寻求心理咨询专业人员帮助等。

3.预防常见慢性疾病，如心脑血管疾病、糖尿病、血脂异常、超重和肥胖等，要全面认知疾病并学会自我健康管理，科学控制饮食、适量运动，保持健康的生活和行为方式。

4.预防病毒性肝炎、肺结核等部分传染病最有效、最经济的措施是接种疫苗，此外应了解其主要的传播途径，如艾滋病、乙肝和丙肝通过性接触、血液和母婴三种途径传播，肺结核主要通过病人咳嗽、打喷嚏、大声说话等产生的飞沫传播。

（三）自主健康管理

自主健康管理包括践行健康的工作方式和生活方式两方面。

1. 健康工作方式是指为预防职业病及工作有关疾病与伤害，而采取的有利于健康或被健康结果所强化的工作行为模式，具体包括严格遵守本单位职业健康管理制度和操作规程，规范佩戴和使用职业病防护用品，自觉参加职业健康培训及教育活动，按规定参加职业健康检查，及时掌握自身健康状况，主动采取符合人机工效学的工作姿势，避免工作相关疾病等。

2. 健康生活方式是指有利于健康或被健康结果所强化的生活行为模式，包括合理安排膳食、坚持适量运动、保持心态平和、改变不良行为、自觉保护环境和学习健康知识等。

二、活动适用范围

争做"职业健康达人"活动面向各类企业、事业单位和个体组织等所有用人单位，重点面向接触粉尘、噪声、化学毒物、放射性危害等一线劳动者，推进矿山、冶金、化工、建材等行业企业率先行动。此外，活动还关注易患工作相关疾病的职业人群，鼓励医疗卫生机构、学校、公安、救援、交通运输等单位积极参与。

三、组织方式

活动面向各类企业、事业单位和个体经济组织等所有用人单位，按照"政府部门组织实施，用人单位自愿参与"的原则开展。地方各级卫生健康部门、工会组织负责辖区内活动的组织实施；参加活动的用人单位在《"职业健康达人"基本标准》的基础上制定细化标准，重点面向一线劳动者组织开展活动。

下附《"职业健康达人"基本标准》。

"职业健康达人"基本标准

第一章 基本条件

第一条,热爱祖国,热爱人民,拥护中国共产党的领导,具有正确的世界观、人生观和价值观。

第二条,遵守国家法律法规,爱岗敬业,遵章守纪,无违法违纪行为。

第三条,身心健康,诚信友善,家庭和睦,人际关系良好。

第二章 健康素养

第四条,掌握相关的职业病危害预防和控制知识,具有较强的健康意识,熟悉职业病防治相关法律法规的主要内容。

第五条,掌握本单位职业健康管理制度和操作规程的基本要求。

第六条,掌握职业病危害事故相关急救知识和应急处置方法,具有正确的自救、互救能力。

第七条,了解工作相关疾病和常见病的防治常识。

第三章 自主健康管理

第八条,践行健康工作方式,严格遵守本单位职业健康管理制度和操作规程;规范佩戴或使用职业病防护用品。

第九条,自觉参加职业健康培训及健康教育活动;按规定参加职业健康检查,及时掌握自身健康状况。

第十条,践行健康生活方式,合理膳食、适量运动、戒烟限酒、心理平衡。

第四章 健康影响力

第十一条,主动参与职业健康管理,积极建言献策,在职业健康日常管理工作中作出突出贡献。

第十二条,拒绝违章作业;发现职业病危害事故隐患及时报告,敢于批评、检举违反职业病防治相关法律法规的行为;提醒身边同事纠正不健康行为方式。

第十三条,积极宣传职业病防治知识,传播职业健康先进理念和做法,宣传与传播作用显著。

第十四条,热心职业健康公益事业,能够带动本单位和身边劳动者践行健康工作方式和生活方式。

第十七章　职业卫生分类监督执法实践

第一节　概述

《中华人民共和国职业病防治法》第三条明确规定，职业病防治工作坚持预防为主、防治结合的方针，建立用人单位负责、行政机关监管、行业自律、职工参与和社会监督的机制，实行分类管理、综合治理。"预防为主，防治结合"的方针，是根据职业病可预防、但难治愈的特点提出来的。因此，职业病防治工作必须从致病源头抓起，实行前期预防，这要求政府相关部门、用人单位和劳动者严格执行《中华人民共和国职业病防治法》所规定的职业危害预防措施，防止职业病的发生。

我国职业病防治工作的基本管理原则是"分类管理、综合治理"。分类管理是根据工作岗位、职病危害因素及可能导致的职业病的不同特点，采取不同的管理措施。综合治理是将职业病防治作为一项系统工程，各部门加强沟通、协调配合，做到全方位综合管理，更好地维护劳动者的合法权益。为贯彻落实《中华人民共和国职业病防治法》《国家职业病防治规划（2021—2025年）》关于推进职业卫生分类监督执法工作的精神，国家卫生健康委在前期试点的基础上，于2022年底和国家疾控局联合印发了《关于开展职业卫生分类监督执法试点工作的通知》（国疾控综监督二函〔2022〕50号），对分类执法进行了安排。

当前，职业健康也存在一些不容忽视的问题，每年上报的职业健康检查发现可疑职业病、职业禁忌证阳性率极低，职业病危害因素检测超标率低，基本没有超标点，甚至低于检出限，但职业病病例每年都有，发病率高，每年平均

2万例。企业提供经费开展的职业健康检查结果阳性率极低，但由政府提供资金的机构开展职业健康检查，阳性率就高达10%；每年职业健康检查、职业病危害因素检测基本无异常，但每年都有慢性化学中毒病人；职业健康检查中，与毒物相关的靶器官检查结果异常很多，但职业健康检查报告结论无异常；部分企业粉尘岗位劳动者职业健康检查每年无异常，但劳动者可直接被诊断为二期、三期硅肺；很多工人每年职业健康检查结果无异常，但企业破产时一批劳动者符合诊断噪声聋标准；部分企业连续几年委托一家机构开展职业健康检查没有发现问题，换机构一次诊断多人尘肺；很多化工企业检测结果低于实验室检出限，甚至没有识别、没有检测，厂区味道较浓，中毒出现。存在这些问题的原因可能是：企业隐瞒本单位职业卫生真实情况，职业卫生技术服务机构弄虚作假或能力不足，职业健康检查机构审批改备案后能力不足，个别机构和人员的职业操守有待提高。其中根本原因是企业多，监督员少，不能实施有效监督。为此，必须分类管理，高效管理。

一、开展职业卫生分类监督执法的目的

1. 通过分类监督执法工作进一步压实地方政府和用人单位责任，加强对职业病防治工作的领导，督促用人单位职业病防治的自我监管约束，有效控制职业病危害风险，切实保护劳动者健康，促进经济社会发展。

2. 通过分类监督执法，逐步破解基层监管力量和能力不足与用人单位数量多、监管任务重的矛盾，更好服务"双随机、一公开"监管，提高监督执法效能。

3. 以分类监督执法工作为抓手，进一步加强职业卫生监督执法队伍和能力建设，全面推进职业卫生监督执法工作。

同时，开展职业卫生分类执法也有利于优化职业卫生领域营商环境，促进监督执法规范公正文明；强化依法监管，严厉惩处严重危害劳动者生命健康安全的违法行为；将服务寓于监督执法中，推行"教育引导、限期改正、逾期处罚"的"三步法"监督执法模式。

开展职业卫生分类监督执法的最终目的是落实《中华人民共和国职业病防

治法》规定的用人单位的主体责任。通过用人单位开展职业病危害项目申报，主要负责人、职业卫生管理人员、劳动者职业卫生培训，建设项目职业病危害预评价、防护设计、控制效果评价、竣工验收，职业病危害因素检测、评价，职业病危害告知等一系列工作，落实《中华人民共和国职业病防治法》的主体责任和相关要求，降低职业病发病风险，维护劳动者的健康权益。

二、主要任务

（一）用人单位开展职业病危害综合风险评估

1.用人单位可自行或委托职业卫生技术服务机构完成职业病危害综合风险评估，主要包括三项内容：

（1）开展职业病危害风险分级。根据劳动者接触职业病危害因素性质、接触水平、接触人数等指标判定职业病危害风险等级，分为Ⅰ级、Ⅱ级、Ⅲ级。

（2）开展职业卫生管理状况分级。通过用人单位职业卫生管理自查确定职业卫生管理状况等级，分为A级（90~100分）、B级（70~89分）、C级（70分以下）。

（3）职业病危害综合风险评估。用人单位根据职业病危害风险和职业卫生管理状况分级结果综合评估，得出职业病危害综合风险类别，分为甲类、乙类、丙类，其中甲类风险最低，丙类最高。

2.用人单位根据职业病危害综合风险评估情况，完成《用人单位职业病危害综合风险评估报告》（以下简称《评估报告》）并将结果进行公示，公示期不少于5个工作日。公示结束后，将《评估报告》及相关材料，在10个工作日内由法定代表人或主要负责人签字后加盖公章，报送属地卫生健康主管部门或监督机构存档备查。

用人单位职业病危害综合风险评估每三年开展一次。其间职业病危害因素性质、接触水平和接触人数以及职业卫生管理状况等发生重大变化，用人单位应重新进行职业病危害综合风险评估，并报送《评估报告》。新建的用人单位应在正式投产2个月内完成职业病危害综合风险评估,并报送《评估报告》。

(二)卫生健康主管部门和监督机构实施分类监督执法

1. 建立辖区用人单位职业卫生分类监督执法档案。根据用人单位报送的《评估报告》建立档案,对评估报告有异议时,可进行现场核查,并指导用人单位重新填报。也可参照《建设项目职业病危害风险分类管理目录》(国卫办职健发〔2021〕5号),确定用人单位职业病危害综合风险类别。其中,行业职业病危害风险严重的为丙类,一般的为乙类。

2. 按照用人单位职业病危害综合风险类别进行差异化监督执法,实现与"双随机、一公开"监督执法结合,提高监督执法效能。对丙类用人单位实行严格监管,有针对性地提高抽查比例频次,实施现场检查;对乙类用人单位,按常规比例频次开展抽查;对甲类用人单位,可合理降低抽查比例和频次,根据实际情况可不主动实施现场检查,实现"无事不扰"。具体抽查比例和频次由卫生健康主管部门和监督机构结合当地实际情况确定。

3. 探索包容审慎监管,优化职业卫生领域营商环境,促进监督执法规范公正文明。强化依法监管,严厉惩处严重危害劳动者生命健康安全的违法行为。寓服务于监督执法中,推行"教育引导、限期改正、逾期处罚"的"三步法"监督执法模式。根据《行政处罚法》《优化营商环境条例》规定,对初次违法且危害后果轻微并及时改正的情形,可以适当不予处罚。

三、工作要求

(一)高度重视,加强领导

分类监督执法工作由卫生健康主管部门组织实施。各级卫生健康主管部门要高度重视此项工作,切实加强组织领导,制定工作计划,开展培训,加强指导和督促,确保分类监督执法工作顺利完成。各地区要指定专人负责此项工作,认真制定工作方案并组织实施。卫生健康主管部门、监督机构、职业病防治和技术服务机构要密切配合形成合力,不断推动工作顺利开展。

（二）大胆探索，先行先试

各级卫生健康主管部门要积极开展职业卫生分类监督执法工作，重点在用人单位（特别是职工总人数为 100 人以下的用人单位）职业卫生管理自查、综合风险评估、风险分类与随机抽查相结合的执法模式、"互联网＋监管"等方面勇于探索创新，形成示范和典型做法，以点带面逐步推广，不断提升监管效能，切实保护劳动者健康权益。

（三）加强评估，确保实效

各级卫生健康主管部门要不定期对工作开展情况进行调研，及时总结开展过程中发现的典型经验，对发现的新情况、新问题，积极研究解决，确保工作取得实效。

第二节 职业卫生分类方法

用人单位按照《关于开展职业卫生分类监督执法试点工作的通知》（国疾控综监督二函〔2022〕50 号），根据存在的职业病危害因素性质、接触水平、接触人数进行职业病危害分级，职业病危害暴露风险分为低风险、中风险和高风险，分别对应Ⅰ、Ⅱ、Ⅲ级；用人单位对自身职业卫生管理状况进行检查和评估，将职业卫生管理状况分为 A、B、C 三个等级，A 级为优，B 级为良，C 级为差；结合职业病危害暴露风险类别和职业卫生管理状况等级，对职业病危害综合风险进行评估，分为甲类、乙类、丙类。用人单位建立本单位职业病防治自查和风险评估制度，每三年进行自查和风险评估，及时公示自查和风险评估结果，接受本单位职工监督，公示期不得少于 5 个工作日。公示无异议后，用人单位 10 日内将《用人单位落实职业病防治责任自查和风险评估报告》及相关证明材料，由用人单位法定代表人或主要负责人签字并加盖公章后，报送属地卫生健康主管部门或监督机构存档备查。

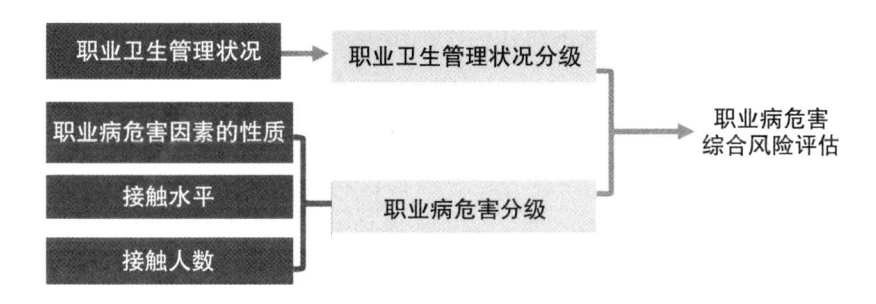

图 17-1 职业病危害风险评估程序

一、用人单位职业病危害风险分级方法

根据《中华人民共和国职业病防治法》等法律法规规章制定用人单位职业病危害风险分级方法。用人单位职业病危害风险分级根据劳动者接触职业病危害因素性质、接触水平、接触人数等指标进行判定。

（一）职业病危害因素性质

职业病危害因素性质分为严重和一般职业病危害因素。

1. 严重职业病危害因素主要包括以下内容：

（1）《高毒物品目录》所列职业病危害因素；

（2）石棉纤维粉尘、游离二氧化硅含量10%以上粉尘；

（3）已确认对人致癌的化学有害因素（GBZ2.1中标注"G1"的物质）；

（4）电离辐射（Ⅲ类射线装置、Ⅳ类和Ⅴ类密封源、丙级非密封源工作场所及予以豁免的实践或源除外）；

（5）卫生健康主管部门规定的其他应列入严重职业病危害因素范围的。

2. 上述严重职业病危害因素以外的其他职业病危害因素为一般职业病危害因素。

（二）职业病危害因素接触水平

职业病危害因素接触水平指劳动者在职业活动的特定时间段内实际接触工作场所职业病危害因素的浓度或强度。职业病危害因素接触水平分为符合和不符合。分类时根据第三方服务机构提供的检测报告，合格即符合，不合格即不符合。

（三）职业病危害接触人数

职业病危害接触人数分三类，分别为接触人数 9 人及以下、10~49 人和 50 人及以上。

（四）职业病危害风险分级方法

按照《用人单位职业病危害风险分级方法》（见附表 17-1），将用人单位职业病危害风险分 I 级、II 级、III 级三个等级，I 级风险最低，III 级风险最高。

表 17-1　用人单位职业病危害风险分级方法

职业病危害因素性质	接触水平	接触人数（人）		
		≤ 9	10~49	≥ 50
一般职业病危害因素	符合	I 级	I 级	I 级
	不符合	II 级	II 级	III 级
严重职业病危害因素	符合	II 级	II 级	III 级
	不符合	III 级	III 级	III 级

注：用人单位同时存在一般职业病危害因素和严重职业病危害因素时，依风险高者判定。

（五）职业病危害风险分级步骤

根据用人单位职业病危害现状评价报告或定期检测与评价报告，或国家基本公共卫生服务中职业病和职业病危害因素监测项目用人单位工作场所职业病危害因素检测、评价报告和职业健康检查报告，开展职业病危害因素情况调查，填写附表 17-2。

根据用人单位职业病危害风险分级方法进行风险等级判定，填写表 17-3。

表 17-2　用人单位职业病危害因素接触情况一览表

序号	车间	工种/岗位	定员	职业病危害因素名称	职业病危害因素检测结果					接触水平	职业病危害因素性质
					CTWA	CSTE	CME	CPE	噪声等效声级	其他因素		

注：①职业病危害因素名称和检测结果根据有效期内的用人单位职业病危害现状评价报告或定期检测与评价报告填写。
② CTWA 为时间加权平均接触浓度；CSTE 为短时间接触浓度；CME 为最高浓度；CPE 为峰接触浓度。
③当同一岗位或地点具有多个检测结果时，应填报最高值。

表 17-3　用人单位职业病危害风险等级判定表

职业病危害因素性质	接触水平	接触人数	风险等级	风险等级判定
一般	符合			
	不符合			
严重	符合			
	不符合			

二、职业卫生管理状况分级

根据用人单位自查最终标化得分值,将职业卫生管理状况分为 A 级（90~100 分）、B 级（70~89 分）、C 级（70 分以下）三个等级。本年度被评为健康企业的用人单位,职业卫生管理状况可直接评为 A 级,同时自查为 A 级的用人单位可以优先被评为健康企业。根据《中华人民共和国职业病防治法》等法律法规规章制定用人单位职业卫生管理自查内容、方法。

（一）自查内容

用人单位职业卫生管理状况通过开展用人单位职业卫生管理自查进行分级。职工总人数 100 人及以上的执行《用人单位职业卫生管理自查表》（表 17-4）,共 12 类,68 项内容。职工总人数 100 人以下的执行《用人单位职业卫生管理自查表》（表 17-5）,共 12 类,22 项内容。

（二）自查方法

1. 通过查阅文件、资料和现场核实等方法对职业卫生管理状况进行检查。自查中发现有关内容为不符合时要及时改正,不能及时改正的,要制定改正计划和方案并组织落实。

2. 分值计算。

（1）依据检查项目在职业卫生管理中的重要程度,即对劳动者健康及其相关权益影响程度,检查项目分值采用五档制,即关键项（★）、20 分、15 分、10 分和 5 分。

其中关键项为否决项,不计入分值,关键项不符合直接评估为 C 级。

（2）自查内容为"符合"得满分,自查内容为"基本符合"得一半分（满分的 50%）,自查内容为"不符合"得 0 分,合理缺项不得分。

（3）最终得分采用百分制对所得分值予以标化,标化得分 = 实际得分/满分分值 ×100,实际得分和满分分值均为不含合理缺项项目的分值总和。

表 17-4 用人单位职业卫生管理自查表

单位名称：　　　　　　　　　　　　　　　　　　　　　职业卫生管理状况等级：

类别	自查项目	自查内容	自查方法	判定依据 符合	判定依据 基本符合	判定依据 不符合	合理缺项	分值	自查结果	得分
一、职业病防治管理措施	管理机构或者组织	设置或者指定职业卫生管理机构或者组织。职业病危害严重或者劳动者超过100人的用人单位应设置或者指定职业卫生管理机构或者组织。	查阅相关文件，文件应明确设置职业卫生管理机构或者组织，并检查组织开展情况。	有职业卫生管理机构成立文件，职责清晰，且各部门能够按职责开展工作。	有职业卫生管理机构成立文件，职责较清晰，各部门基本能够按职责开展工作。	无职业卫生管理机构成立文件；或管理机构成立文件，职责不清晰，各部门未履行相关职责。	—	15	□符合 □基本符合 □不符合 □合理缺项	
	管理人员	配备专职职业卫生主管理人员，职业病危害严重或者劳动者超过100人的企业应配备专职职业卫生管理人员。	查阅任命文件，并管理人员核实管理人员的工作情况。	有管理人员任命文件，按照要求开展职业卫生管理工作。	有管理人员任命文件，基本按照要求开展职业卫生管理工作。	无管理人员任命文件或未按要求开展职业卫生管理工作。	—	15	□符合 □基本符合 □不符合	
	防治计划和实施方案	制定年度职业病防治计划和实施方案。	查阅职业病防治计划和实施方案，查看其可行性以及各项工作落实情况等。	制定有防治计划和实施方案，具有可操作性，并按计划落实。	制定有防治计划和实施方案，基本具有一定的可操作性，基本按计划落实。	未制定防治计划和实施方案，或未按计划落实。	—	10	□符合 □基本符合 □不符合	

327

(续表)

类别	自查项目	自查内容	自查方法	判定依据			合理缺项	分值	自查结果	得分
				符合	基本符合	不符合				
	制度和操作规程	建立健全职业卫生管理制度和操作规程。具体包括： (1) 职业病危害防治责任制度； (2) 职业病危害警示与告知制度； (3) 职业病危害项目申报制度； (4) 职业病防治宣传教育培训制度； (5) 职业病防护设施维护检修制度； (6) 职业病防护用品管理制度； (7) 职业病危害监测及评价管理制度； (8) 建设项目职业病防护设施"三同时"管理制度； (9) 劳动者职业健康监护及其档案管理制度； (10) 职业病危害事故处置与报告制度； (11) 职业病危害应急救援与管理制度； (12) 岗位职业卫生操作规程； (13) 法律、法规、规章规定的其他职业病防治制度。	查阅制度、操作规程等文件，制度应明确责任部门和管理要求，且符合单位自身特点，满足管理要求。	制度齐全；职责清晰；符合单位自身特点，具有可操作性。	制度基本齐全（缺少1~3项）；职责较清晰；具有一定的可操作性。	制度不齐全（缺少4项以上）；或职责不清晰，或不具有可操作性。	—	15	□符合 □基本符合 □不符合	

第十七章 职业卫生分类监督执法实践

（续表）

类别	自查项目	自查内容	自查方法	判定依据 符合	判定依据 基本符合	判定依据 不符合	合理缺项	分值	自查结果	得分
	职业卫生档案	建立健全职业卫生档案和劳动者健康监护档案。具体包括： (1)建设项目"三同时"档案； (2)职业卫生管理档案； (3)职业卫生宣传培训档案； (4)职业病危害因素监测与检测评价档案； (5)用人单位职业健康监护管理档案； (6)劳动者个人职业健康监护档案； (7)法律、行政法规、规章要求的其他资料文件。	检查档案内容的完整性和符合性。	档案种类齐全、内容完整，符合职业卫生档案管理要求。	档案种类基本齐全（缺少1～2项）、内容基本完整，基本符合档案管理要求。	档案种类不齐全（缺少3项以上）、内容缺项多、不符合档案管理要求。	—	20	□符合 □基本符合 □不符合	
二、职业病危害项目申报	职业病危害项目申报	工作场所存在职业病目录所列职业病的危害因素的，应当发及时、如实向所在地卫生健康主管部门申报危害项目，接受监督。	查看申报回执或查询申报系统；查看申报内容与实际是否相符。	按要求进行申报；申报内容与实际相符。	—	未进行申报；或申报内容与实际严重不符。	—	★	□符合 □不符合	

329

（续表）

类别	自查项目	自查内容	自查方法	判定依据			分值	自查结果	得分
^	^	^	^	符合	基本符合	不符合	合理缺项	^	^	^
	变更申报	重要事项变化时及时进行变更申报。	查阅技术、工艺、材料变更的相关资料；查阅申报表，核对职业病危害因素检测和评价报告、现场检查接害岗位和接害因素情况。	按要求进行变更申报；且申报内容与实际相符。	—	未按要求进行变更申报；或申报内容与实际严重不符。	上次申报后无重要事项变化	10	□符合 □不符合 □合理缺项	
三、建设项目职业病防护设施"三同时"	预评价报告	在建设项目可行性论证阶段进行职业病危害预评价，编制预评价报告。	查阅近两年建设项目清单及职业病危害预评价开展情况。	按要求编制职业病危害预评价报告。	—	未按要求编制职业病危害预评价报告。	近两年无建设项目	10	□符合 □不符合 □合理缺项	
^	预评价评审及整改	（1）对职业病危害预评价报告进行评审，形成评审意见。（2）按照评审意见对职业病危害预评价报告进行修改完善，对最终评价报告的真实性、客观性和合规性负责。	查阅评价单位资质、评审专家组成、评审相关材料及评审修改完善情况。	评审资料齐全，评审程序符合要求，并按要求整改完善。	—	评审资料不全，评审程序不符合要求，或未整改完善。	近两年无建设项目	5	□符合 □不符合 □合理缺项	

第十七章 职业卫生分类监督执法实践

（续表）

类别	自查项目	自查内容	自查方法	判定依据 符合	判定依据 基本符合	判定依据 不符合	合理缺项	分值	自查结果	得分
	书面报告备查	职业病危害预评价形成与面报告备查。	查阅预评价工作过程报告。	按要求编制工作过程报告。	—	缺少工作过程报告。	近两年无建设项目	5	□符合 □不符合 □合理缺项	
	项目变更	建设项目的生产规模、工艺、工艺设备、职业病危害因素等发生变化的，对变更内容重新进行职业病危害预评价和评审。	对照原评价报告，检查建设项目的生产规模、工艺、职业病危害因素的种类等，职业病防护设施查阅是否发生重大变更。	发生重大变更且按要求进行职业病危害预评价和评审。	—	发生重大变更但未按要求重新进行职业病危害预评价和评审。	近两年无建设项目或建设项目无变更	5	□符合 □不符合 □合理缺项	
职业病防护设施设计	职业病防护设施设计	在施工前按照职业病防治有关法律、法规、规章和标准的要求，进行职业病防护设施设计。	查阅近两年及建设项目清单职业病防护设施设计开展情况。	按要求进行职业病防护设施设计。	—	未按要求进行职业病防护设施设计。	近两年无建设项目	10	□符合 □不符合 □合理缺项	

331

（续表）

类别	自查项目	自查内容	自查方法	判定依据			分值	自查结果	得分
^	^	^	^	符合	基本符合	不符合	合理缺项	^	^	^
	设计评审及整改	（1）对职业病防护设施设计进行评审，形成评审意见。（2）按照评审设计意见对职业病防护设施设计进行修改完善，对最终的职业病防护设施设计的真实性、客观性和合规性负责。	查看评审专家组成、评审会材料及相关完善改善情况。	评审资料齐全，评审程序符合要求，并按要求整改完善。	—	评审资料不全；或程序不符合要求；或未按要求整改完善。	近两年无建设项目	5	□符合 □不符合 □合理缺项	
	职业病防护设施设计工作过程书面报告备查	职业病防护设施设计工作过程形成书面报告备查。	查阅职业病防护设施设计工作过程报告。	按要求编制工作过程报告。	—	缺少工作过程报告。	近两年无建设项目	5	□符合 □不符合 □合理缺项	
	项目变更	建设项目的生产规模等发生变更导致重大变化的，对变更的内容重新进行职业病防护设施设计和评审。	对照原职业病防护设计，检查建设项目的生产规模、工艺、职业病危害因素、职业病防护设施的种类等，查看是否发生重大变更。	发生重大变更且按要求重新进行职业病防护设施设计和评审。	—	发生重大变更但未按要求重新进行职业病防护设施设计和评审。	近两年无建设项目或建设项目无变更	5	□符合 □不符合 □合理缺项	

332

第十七章 职业卫生分类监督执法实践

（续表）

类别	自查项目	自查内容	自查方法	判定依据 符合	判定依据 基本符合	判定依据 不符合	合理缺项	分值	自查结果	得分
职业病危害评价和防护设施验收	控制效果评价报告	建设项目在竣工验收前或者试运行期间，进行职业病危害控制效果评价，编制控制效果评价报告。	查阅近两年建设项目清单及职业病危害控制效果评价开展情况。	按要求进行职业病危害控制效果评价。	—	未按要求进行职业病危害控制效果评价。	近两年无建设项目	10	□符合 □不符合 □合理缺项	
	验收方案	在职业病防护设施验收前，编制验收方案，并在验收前20日将验收方案上报行政部门。	查阅验收方案。	按要求编制验收方案，并上报相关行政部门。	—	未按要求编制验收方案，或未上报相关行政部门。	近两年无建设项目	5	□符合 □不符合 □合理缺项	
	验收评审和防护设施验收	（1）对职业病危害控制效果评价报告进行评审以及对职业病防护设施进行评审，形成符合职业病防治法律、法规、规章和标准要求的评审意见和验收意见。（2）参照评审与验收意见对职业病危害控制效果评价和职业病防护设施进行整改完善，并对最终职业病危害控制效果评价报告和职业病防护设施验收结果的真实性、合规性和有效性负责。	查阅评价单位专业资质、评审专家组成、相关材料及整改完善情况。	评价资料齐全，评审程序符合要求，并按要求进行整改完善。	—	评审资料不齐全，或程序不符合要求，或未整改完善。	近两年无建设项目	5	□符合 □不符合 □合理缺项	

333

（续表）

类别	自查项目	自查内容	自查方法	判定依据			分值	自查结果	得分
				符合	基本符合	不符合 合理缺项			
	过程总结报告	将职业病危害控制效果评价和职业病防护设施验收备查，其中职业病形成书面报告，总结过程中职业病危害严重的建设项目应当在验收完成之日起20日内向管辖该建设项目的行政部门提交书面报告。	查阅职业病防护设施设计工作过程报告。	按要求编制工作过程报告；职业病危害严重的建设项目按要求提交书面报告。	—	缺少工作过程报告。 近两年无建设项目	5	□符合 □不符合 □合理缺项	
	分期验收	分期建设、分期投入生产或者使用的建设项目，其配套的职业病防护设施应当分期与建设项目同步进行验收。	查阅分期建设、分期投入生产或者使用的建设项目是否同步验收。	按要求进行职业病防护设施同步验收，评价报告、评审程序等符合要求。	—	未按要求进行职业病防护设施验收；或评价报告、评审程序等不符合要求。 近两年无建设项目或建设项目一次建设，未分期验收	5	□符合 □不符合 □合理缺项	

334

第十七章 职业卫生分类监督执法实践

（续表）

类别	自查项目	自查内容	自查方法	判定依据 符合	判定依据 基本符合	判定依据 不符合	合理缺项	分值	自查结果	得分
四、工作场所职业卫生条件	职业病危害因素浓度或强度	工作场所职业病危害因素浓度或者强度符合国家职业卫生标准和行业标准的要求。	查阅检测报告（关注检测时工况与重点条件），重点检查矽尘、石棉粉尘、高毒物品和放射性物质等严重职业病危害因素浓度或强度符合情况。	职业病危害因素全部符合。	严重职业病危害因素全符合；个别一般职业病危害因素存在不符合情况。	严重职业病危害因素不符合；或者大部分其他职业病危害因素存在不符合。	—	20	□符合 □基本符合 □不符合	
	有害和无害作业布局合理，符合有害作业与无害作业分开的原则。	现场检查，主要检查接触矽尘、石棉粉尘、高毒物质岗位是否与其他岗位隔离；接触有毒有害岗位与无危害岗位是否分开布置；有毒物品和粉尘的发生源是否布置在操作岗位下风侧。	有毒有害作业与无害作业分开布置。	—	有毒有害作业与无害作业无分开布置。	—	★	□符合 □不符合	

335

(续表)

类别	自查项目	自查内容	自查方法	判定依据 符合	判定依据 基本符合	判定依据 不符合	合理缺项	分值	自查结果	得分
	工作场所与生活场所分开	工作场所与生活场所不得住人。	现场检查。	设置与工作场所分开的独立生活区。	—	工作场所与生活场所未分开。	—	★	□符合 □不符合	
	卫生设施	有配套的更衣间、洗浴间、孕妇休息间、女工卫生室等卫生设施。	现场检查。	按《工业企业卫生设计标准》的要求设置配套的卫生设施。	—	未按要求设置卫生设施。	—	10	□符合 □不符合	
	日常监测	实施由专人负责职业危害因素日常监测，明确正常运行状态。	查阅监测记录或报告、重点检查粉尘与毒物品日常监测情况。	开展日常监测，监测项目及记录齐全。	开展日常监测但监测项目不全	未开展日常监测。	—	10	□符合 □基本符合 □不符合	
五、职业病危害因素监测、检测和评价	定期检测	职业病危害严重的用人单位，应当委托具有相应资质的职业卫生技术服务机构，每年至少进行一次职业病危害因素检测。职业病危害一般的用人单位，应当委托具有相应资质的职业卫生技术服务机构，每三年至少进行一次职业病危害因素检测。	查阅年度职业病危害因素检测报告，核对职业病危害因素是否覆盖所有接触职业危害因素的工作场所和所有职业病危害因素。	按要求开展定期检测，检测点覆盖所有接触职业危害的场所，检测因素全面。	—	未进行定期检测；或检测点未覆盖所有产生职业危害的场所，或检测因素不全面。	—	★	□符合 □不符合	

(续表)

类别	自查项目	自查内容	自查方法	判定依据			分值	自查结果	得分
				符合	基本符合	不符合 合理缺项			
现状评价		(1)职业病危害严重的用人单位,委托具备相应资质的职业卫生技术服务机构,每三年至少进行一次职业病危害现状评价。(2)发生职业病危害事故或者有国家卫生健康委规定的其他情形的,应及时委托职业卫生技术服务机构进行职业病危害现状评价。	重点检查职业病危害严重的用人单位是否开展现状评价;查看发生职业病危害事故的情况以及是否按要求开展职业病危害现状评价。	按要求开展职业病危害现状评价。	—	未按要求开展职业病危害现状评价。 不属于职业病危害严重的用人单位未发生职业病危害事故	10	□符合 □不符合 □合理缺项	
治理措施		在日常的职业病危害因素定期检测、现状评价所工作时,应主工生标准和卫生要求的,即采取相应治理措施,确保职业卫生环境符合职业卫生标准和行业标准的要求。	查阅日常监测或者定期检测、现状评价中职业病危害因素超标情况及整改情况。	已按要求采取相应治理措施,效果良好,职业病危害强度或者因素浓度符合国家职业卫生标准和行业标准的要求。	—	未按要求取相应治理措施,或效果差,职业病危害强度或因素浓度超标,危害未得到有效控制。 日常监测或定期检测、现状评价中均无不符合项	10	□符合 □不符合 □合理缺项	

（续表）

类别	自查项目	自查内容	自查方法	判定依据			合理缺项	分值	自查结果	得分
				符合	基本符合	不符合				
六、职业病防护设施和个人防护用品	设施配备	职业病防护设施配备齐全，并建立有职业病防护设施合台账。	重点检查矽尘、石棉粉尘、高毒或放射性工作场所的防护设施配备情况和合台账建立情况。	职业病防护设施配备齐全，台账内容规范、齐全。	职业病防护设施配备基本齐全；台账内容不规范或不齐全。	职业病防护设施配备不齐全；或未建立职业病防护设施台账。	—	20	□符合 □基本符合 □不符合	
	设施维护和有效性	及时维护、检修、定期检测职业病防护设施，确保职业病防护设施有效。	查阅防护设施设计资料、维修和检测记录，并现场检查设施运行情况。	定期对防护设施进行维修、检修，且设施正常运行。	个别设施不能正常运行。	大多数设施不能正常运行。	—	20	□符合 □基本符合 □不符合	
	防护用品配备	根据工作场所的职业病危害因素的种类、危害程度、影响途径及现场生产条件，职业危害因素以及个人的生理和健康状况等特点，为劳动者配备适宜的符合国家职业卫生标准的个人职业病防护用品。	查阅防护用品的采购合同和发放登记账目，查阅防护用品领取记录，现场检查。	按标准配备符合防治职业要求的个人防护用品。	个人防护用品配备不全。	未配备个人防护用品；或配备的防护用品无效。	—	20	□符合 □基本符合 □不符合	
	防护用品佩戴	督促、指导劳动者按照使用规则正确佩戴、使用，不得发放钱物替代发放职业病防护用品。	查阅培训记录，现场检查。	所有人员正确佩戴防护用品。	个别人员未正确佩戴防护用品。	多数人员未正确佩戴防护用品。	—	10	□符合 □基本符合 □不符合	

（续表）

类别	自查项目	自查内容	自查方法	判定依据			合理缺项	分值	自查结果	得分
^	^	^	^	符合	基本符合	不符合	^	^	^	^
	防护用品维护	职业病防护用品应当进行经常性检修、维护，并定期检测防护性能和效果，确保其处于正常状态。	查阅、督促使用检查登记及维修检测记录。	定期对防护用品进行维护，且记录齐全。	—	未定期对防护用品进行维护。	—	10	□符合 □不符合	
七、生产技术、工艺、设备和材料	优先采用有利于职业病防治的新技术、新工艺、新设备和新材料	优先采用有利于防治职业病和保护劳动者健康的新技术、新工艺、新材料，逐步替代职业病危害严重的技术、工艺、设备和材料。	综合评估单位的工艺、技术、装备和材料的先进水平（与现阶段国内同类型用人单位相比，技术、工艺、装备和材料较为先进，材料主要考虑密闭化、机械化、自动化、低毒或无毒原料等因素）。	与现阶段国内同类用人单位相比，技术、工艺、装备和材料较为先进。	—	与现阶段国内同类用人单位相比，工艺、技术、装备和材料明显落后。	—	10	□符合 □不符合	

（续表）

类别	自查项目	自查内容	自查方法	判定依据			合理缺项	分值	自查结果	得分
				符合	基本符合	不符合				
	不得隐瞒采用的技术、工艺、设备和材料所产生的职业病危害	（1）对采用的技术、工艺、材料，知悉其产生的职业病危害。（2）对有职业病危害的技术、工艺、设备和材料，故意隐瞒其危害而采用的，用人单位对所造成的职业病危害后果承担责任。	查阅原材料采购计划和生产设备改造或新计划，查阅生产工艺流程图及产生职业病危害的设备、有毒物质登记表、化学品安全技术说明书（MSDS）等资料。	未隐瞒工艺、设备产生的危害；生产的原辅材料有毒有害成分明确，主要原辅材料MSDS齐全。	—	隐瞒工艺、设备产生的危害；主要原辅材料缺少MSDS。	—	★	□符合 □不符合	
	明令禁止的设备和材料	不得生产、经营、进口和使用国家明令禁止使用的可能产生职业病危害的设备和材料。	查阅最新国家产业政策文件（国家发改委公布的《产业结构调整指导目录》和工信部相关行业准入条件）。	未合令生产、经营、进口和使用国家明令禁止使用的可能产生职业病危害的设备或者材料。	—	生产、经营、进口和使用国家明令禁止使用的可能产生职业病危害的设备或者材料。	—	★	□符合 □不符合	

（续表）

类别	自查项目	自查内容	自查方法	判定依据			分值	自查结果	得分
				符合	基本符合	不符合	合理缺项		
	职业病危害作业转移	（1）不得将产生职业病危害作业转移给不具备职业病防护条件的单位和个人。（2）不具备职业病防护条件的单位和个人不得接受产生职业病危害作业。	针对生产工艺流程外包环节和作业岗位，查阅承包职业卫生协议书、职业病危害告知书、应当采取的防护措施等内容，对外包作业现场检查。	与外包单位签订有职业卫生协议，并监督外包单位落实职业病防护措施。	—	与外包单位无相关职业健康协议；或未督促外包单位职业病防护措施落实。	不涉及产生职业病危害的外包作业	★	□符合 □不符合 □合理缺项	
	首次使用或者首次进口与职业病危害有关的化学材料	国内首次使用或者首次进口与职业病危害有关的化学材料，按照国家目务院卫生行政部门规定批准后，应当向国务院卫生行政部门报送该化学材料的毒性鉴定以及经有关部门登记注册或者批准进口的文件等资料。	查阅生产计划、技改计划和化学材料采购计划，查阅毒性鉴定资料及批准进口批文，对首次使用的化学材料进行检查。	按规定报送毒性鉴定资料，并取得有关部门或者记注册或批准进口的文件。	—	未按规定报送毒性鉴定资料以及经有关部门登记注册或者批准进口的文件。	不涉及自查内容中所列化学材料	5	□符合 □不符合 □合理缺项	
	职业病危害设备中文说明书	可能产生职业病危害的设备，应当提供中文说明书，并在醒目位置设置警示标识和中文警示说明。	现场查看有无中文说明书及警示标识等。	产生职业病危害的设备中文说明书及警示标识。	大部分产生职业病危害的设备有中文说明书及警示标识。	大部分产生职业病危害无说明书及警示标识。	—	10	□符合 □基本符合 □不符合	

（续表）

类别	自查项目	自查内容	自查方法	判定依据 符合	判定依据 基本符合	判定依据 不符合	合理缺项	分值	自查结果	得分
	原辅材料中文说明书	可能产生职业病危害的化学品、放射性物质的材料，应提供中文说明书；产品包装材料和警示标识的警示标识目的警示标识和中文说明；贮存上述材料的场所应在规定的部位设置危险物品标识或者放射性警示标识。	现场查看有无中文说明书及警示标识等。	现场使用的化学品、放射性同位素和含有放射性物质材料均有中文说明书和警示标识。	现场使用的大部分化学品、放射性同位素和含有放射性物质材料有中文说明书和警示标识。	现场使用的大部分化学品、放射性同位素和含有放射性物质材料无中文说明书和警示标识。	不涉及可能产生职业病危害的化学品、放射性同位素和含有放射性物质的材料	10	□符合 □基本符合 □不符合 □合理缺项	
八、职业病危害告知	合同告知	与劳动者订立或变更劳动合同时，将工作过程中可能产生的职业病危害及其后果、职业病防护措施和待遇等如实告知劳动者，并在职业病危害告知合同中写明，不得隐瞒或者欺骗。	抽查劳动合同是否有相关条款，进行告知，或有无补充合同或专项告知合同。	按要求进行告知，告知内容包括岗位接触的职业病危害及其后果、防护措施等。	—	未按要求进行告知，或告知内容与实际不符。	—	★	□符合 □不符合	

第十七章 职业卫生分类监督执法实践

（续表）

类别	自查项目	自查内容	自查方法	判定依据 符合	判定依据 基本符合	判定依据 不符合	合理缺项	分值	自查结果	得分
	公告栏	在醒目位置设置公告栏，公布有关职业病防治的规章制度、操作规程、职业病危害事故应急救援措施。	现场检查核实公告栏。	设置有公告栏，且内容齐全。	设置有公告栏，但内容不规范。	未设置公告栏。	—	10	□符合 □基本符合 □不符合	
	警示告知	存在或者产生职业病危害的工作场所、作业岗位、设施，应按照《工作场所职业病危害警示标识》（GBZ158）的规定，在醒目位置设置图形、警示线、警示语句等警示标识和中文警示说明。	现场重点检查存在矽尘、石棉粉尘、高毒物质和放射性物质的岗位。	现场按要求规范设置警示标识。	现场设置有警示标识，但不规范。	现场未设置警示标识。	—	10	□符合 □基本符合 □不符合	
	告知卡	产生严重职业病危害作业岗位，应在岗位醒目位置设置告知卡。	检查存在矽尘、石棉粉尘、"致癌"、"致畸"等有害物质或者可能导致急性职业中毒性物质和放射性物质的岗位。	产生严重职业病危害的岗位设置有告知卡。	产生严重职业病危害的岗位设置有告知卡，但不规范。	产生严重职业病危害作业岗位未设置告知卡。	不存在矽尘、石棉粉尘、致癌、高毒和放射性物质	5	□符合 □基本符合 □不符合 □合理缺项	

343

(续表)

类别	自查项目	自查内容	自查方法	判定依据 符合	判定依据 基本符合	判定依据 不符合	合理缺项	分值	自查结果	得分
九、职业卫生宣传教育培训	主要负责人和职业卫生管理人员培训	主要负责人和职业卫生管理人员应当具备与本单位所从事的生产经营活动相适应的职业卫生知识和管理能力,并接受职业卫生培训。	查看培训证书或相关培训证明材料。	主要负责人和职业卫生管理人员均有培训证明材料,且培训内容、培训时间和培训周期符合要求。	—	主要负责人或职业卫生管理人员无培训证明材料,或培训内容、培训时间和培训周期不符合要求。	—	★	□符合 □不符合	
	上岗前职业卫生培训	(1)对劳动者进行上岗前职业卫生培训。 (2)因变更工艺、技术、设备或材料,或者岗位调整导致劳动者接触的职业病危害因素发生变化,对劳动者进行上岗前职业卫生培训。	查看培训教材、资料、记录和试卷。	按照规定对上岗前的劳动者进行职业卫生培训,且培训内容、培训时间和培训周期符合要求。	—	未按照规定对上岗前的劳动者进行职业卫生培训,或培训内容、培训时间和培训周期不符合要求。	—	★	□符合 □不符合	
	在岗期间职业卫生培训	定期对在岗期间的劳动者进行职业卫生培训。	查阅培训教材、资料、记录和试卷。	按照规定定期对在岗期间的劳动者进行职业卫生培训,且培训内容、培训时间和培训周期符合要求。	—	未按照规定定期对在岗期间的劳动者进行职业卫生培训,或培训时间、培训内容、培训周期不符合要求。	—	10	□符合 □不符合	

第十七章 职业卫生分类监督执法实践

（续表）

类别	自查项目	自查内容	自查方法	判定依据			合理缺项	分值	自查结果	得分
				符合	基本符合	不符合				
	严重岗位职业卫生培训	对存在矽尘、石棉粉尘、高毒物品以及放射性危害等职业病危害严重岗位定岗的劳动者，进行专门的职业卫生培训，经培训合格后方可上岗作业。	查阅培训教材、资料、记录和试卷。	按规定对存在严重职业病危害岗位进行专门的职业卫生培训。	—	未按规定对存在严重职业病危害岗位进行专门的职业卫生培训。	不存在矽尘、石棉粉尘、高毒物品以及放射性危害等职业病危害严重岗位	10	□符合 □不符合 □合理缺项	

345

(续表)

类别	自查项目	自查内容	自查方法	判定依据 符合	判定依据 基本符合	判定依据 不符合	合理缺项	分值	自查结果	得分
十、职业健康监护	岗前职业健康检查	按照规定组织劳动者进行上岗前的职业健康检查。	查阅劳动合同和上岗前职业健康检查报告。	按要求组织劳动者进行上岗前职业健康检查项目齐全。	—	未按要求组织劳动者进行上岗前职业健康检查；或检查因素与接触的职业病危害因素不匹配。	不涉及岗前劳动者或接触的职业病危害因素无体检要求	★	□符合 □不符合 □合理缺项	
	在岗期间职业健康检查	按照规定组织劳动者进行在岗期间的职业健康检查。	查阅在岗劳动者职业健康检查报告。重点检查粉尘、高毒物品或放射等体检因素项目与体检周期是否满足《职业健康监护技术规范》(GBZ188)、《放射工作人员职业健康监护及标准》(GBZ98)等标准的要求。	按要求为进岗员工在岗期间职业健康检查，且重点体检因素的项目与体检周期均符合要求。	—	未按要求为进岗员工在岗期间行职业健康检查；或重点体检的项目与体检周期不符合要求。	—	★	□符合 □不符合	

346

（续表）

类别	自查项目	自查内容	自查方法	判定依据			分值	自查结果	得分
^	^	^	^	符合	基本符合	不符合	合理缺项	^	^	^
	离岗时职业健康检查	按照规定组织劳动者进行离岗时的职业健康检查。	查阅离岗劳动者的职业健康检查报告。	按要求为离岗员工进行职业健康检查。	—	未按要求为离岗员工进行职业健康检查。	不涉及离岗人员或接触的职业病危害因素无离岗体检要求	★	□符合 □不符合 □合理缺项	
	提供档案复印件	劳动者离开用人单位时，有权索取本人职业健康监护档案复印件，用人单位应当如实、无偿提供，并在所提供的复印件上签章。	查阅人事档案，劳动者职业健康监护档案借阅登记、复印记录。	按要求如实、无偿为劳动者提供档案复印件。	—	劳动者离开用人单位时，用人单位未如实、无偿提供职业健康监护档案复印件。	不涉及离岗人员	10	□符合 □不符合 □合理缺项	

347

（续表）

类别	自查项目	自查内容	自查方法	判定依据 符合	判定依据 基本符合	判定依据 不符合	合理缺项	分值	自查结果	得分
	如实提供职业健康检查所需材料	委托职业健康检查机构对从事接触职业病危害作业的劳动者进行职业健康检查时，如实提供职业健康检查所需文件、资料，包括：（1）用人单位的基本情况；（2）工作场所职业病危害因素种类及其接触人员名册；（3）职业病危害因素定期检测、评价结果。	查阅相关文件、资料。	如实提供职业健康检查所需文件、资料。	—	未如实提供职业健康检查所需文件、资料。	—	★	□符合 □不符合	
	检查结果告知	及时将职业健康检查结果及职业健康检查机构的建议以书面形式如实告知劳动者。	查阅劳动者职业健康检查结果告知书面告知情况。	按要求将职业健康检查结果书面告知劳动者。	—	未按要求将职业健康检查结果书面告知劳动者。	—	★	□符合 □不符合	
	未成年人保护	不得安排未成年工从事接触职业病危害的作业。	查阅劳动者名册、劳动合同。	未安排未成年工从事接触职业危害的作业。	—	安排未成年工从事接触职业病危害的作业。	—	★	□符合 □不符合	
	复查对象处置	对需要复查的劳动者，按照职业健康检查机构要求的时间安排复查和医学观察。	查阅体检报告，核对需复查的劳动者复查情况。	按要求安排需要复查和医学观察的劳动者进行复查和医学观察。	—	未按要求安排需要复查和医学观察的劳动者进行复查和医学观察。	不涉及复查对象	10	□符合 □不符合 □合理缺项	

（续表）

类别	自查项目	自查内容	自查方法	判定依据			分值	自查结果	得分
				符合	基本符合	不符合 / 合理缺项			
	职业禁忌证处置	不得安排有职业禁忌的劳动者从事其所禁忌的作业。	查阅体检报告，核对职业禁忌劳动者调岗情况。	有调岗手续，且调岗岗位与健康状况相适应。	—	存在职业禁忌劳动者，但未调岗。 / 不涉及职业禁忌的劳动者	10	□符合 □不符合 □合理缺项	
	特殊人群保护	不得安排孕期、哺乳期女职工从事本人和胎儿、婴儿有危害的作业。	查阅劳动者名册。	未安排孕期、哺乳期女职工从事本人和胎儿、婴儿有危害的作业。	—	安排孕期、哺乳期女职工从事本人和胎儿、婴儿有危害的作业。 / 无孕期、哺乳期女职工	10	□符合 □不符合 □合理缺项	
	职业病病人报告	发现职业病病人或者疑似职业病病人时，应当及时向所在地卫生健康主管部门报告，确诊为职业病的，应当向所在地劳动保障行政部门报告。	查阅职业病人和疑似职业病病人相关报告、病人报告记录。	按要求进行报告。	—	未按要求进行报告。 / 无职业病人或疑似职业病人	10	□符合 □不符合 □合理缺项	

第十七章 职业卫生分类监督执法实践

349

（续表）

类别	自查项目	自查内容	自查方法	判定依据			分值	自查结果	得分
				符合	基本符合	不符合	合理缺项		
	疑似职业病人诊断	（1）应及时安排对疑似职业病人进行诊断，承担疑似职业病人在诊断、医学观察期间的费用；（2）如实提供所需的劳动者职业史和职业病危害接触史、工作场所职业病危害因素检测结果和放射工作人员剂量监测结果等资料。	查阅疑似职业病病人诊断资料及劳动用工情况。	按要求安排疑似病人进行诊断，承担医学观察期间等费用，并如实提供诊断鉴定所需资料。	—	未安排疑似病人进行诊断，或未承担医学观察期间诊断等费用；或未如实提供鉴定所需资料。	无疑似职业病人	20	□符合 □不符合 □合理缺项	
	疑似职业病病人保障	疑似职业病病人在诊断、医学观察期间，不得解除或者终止与其订立的劳动合同。	查阅疑似病人劳动用工情况。	诊断或医学观察期间未解除或者终止与其订立的劳动合同。	—	诊断或医学观察期间解除或者终止与其订立的劳动合同。	无疑似职业病人	10	□符合 □不符合 □合理缺项	
	职业病病人诊疗	按照国家有关规定，安排职业病病人进行治疗、康复和定期检查。	查阅职业病人治疗、康复和定期检查资料。	按要求安排职业病人进行治疗、康复和定期检查。	—	未按要求安排职业病人进行治疗、康复和定期检查。	无职业病人	10	□符合 □不符合 □合理缺项	

（续表）

类别	自查项目	自查内容	自查方法	判定依据 符合	判定依据 基本符合	判定依据 不符合	合理缺项	分值	自查结果	得分
十一、应急救援和职业病危害事故调查处理	应急救援预案和演练	建立健全急性职业病危害事故应急救援预案，并定期应急救援预案演练。	查阅应急救援预案，明确责任人、组织机构、事故发生后的疏通线路、技术方案、救援设施的维护和启动、救护方案等；查阅演练记录。	建立有急性职业病危害事故应急救援预案，预案内容全面，具有可操作性；定期进行应急救援预案演练，且有演练记录，记录内容符合改进建议。	建立有急性职业病危害事故应急救援预案，预案内容较全面，具有一定的可操作性；定期进行应急救援预案演练，但演练内容不完整，缺少改进建议等。	未建立急性职业病危害事故应急救援预案，或预案不具有可操作性；或未进行应急救援预案演练。	不涉及急性职业病危害事故	10	□符合 □基本符合 □不符合 □合理缺项	
	应急设施配备	（1）对可能发生急性职业损伤的有毒、有害工作场所，有警示报警装置、配置现场应急处置设备，应急救援用品、冲洗设备，急救通道和必要的泄险区。（2）建立应急救援设施台账，定期对应急救援设施进行维护，确保正常使用。	查阅应急救援设施台账、现场抽查报警装置，应急救援用品、冲洗设备、应急通道和必要的泄险区设置和运行情况。	建立应急救援设施台账，应急救援设施配置齐全，设置符合要求，等；定期进行维护检修，且现场抽查应急救援设施均可正常使用。	配备有应急设施，但维护不及时，或现场抽查发现部分应急救援设施不能正常使用。	未配备应急设施；未定期维护，现场随机抽查发现应急救援设施均不能正常使用。	不涉及急性职业病危害事故	20	□符合 □基本符合 □不符合 □合理缺项	

（续表）

类别	自查项目	自查内容	自查方法	判定依据 符合	判定依据 基本符合	判定依据 不符合	合理缺项	分值	自查结果	得分
	急性职业病危害事故处置和报告	（1）发生或可能发生急性职业病危害事故时，立即采取应急救援和控制措施，减少或者消除职业危害因素，防止事故扩大，千反时按照规定报告。（2）不得破坏事故现场，毁灭有关证据，不得迟报、漏报、谎报或者瞒报急性职业危害事故。	查阅事故处置和报告情况。	已采取相应的应急救援和控制措施，并按要求报告所在地卫生行政部门和有关部门。	—	未采取相应的应急救援控制措施，或未按要求报告所在地卫生行政部门和有关部门。	不涉及急性职业危害事故	10	□符合 □不符合 □合理缺项	
	遭受急性职业病危害劳动者的救治	对遭受或者可能遭受急性职业危害的劳动者，应当及时组织救治，进行健康检查和医学观察，所需费用由用人单位承担。	查阅有关制度、报销单据。	按要求对遭受急性职业危害的劳动者进行健康检查和医学观察。	—	未对遭受急性职业危害的劳动者进行健康检查和医学观察。	不涉及遭受职业病危害的劳动者	10	□符合 □不符合 □合理缺项	
十二、职业病病人和病人行政处罚情况	发生职业病病病例	近三年内发生职业病病例，发生急性职业相关职业病且工作场所不符合职业卫生标准和因素要求。	查阅职业病报告材料。	三年内未发生3人以上职业病病例，且近三年未发生急性职业病。	—	三年内有3人以上职业病病例或急性职业病病例，且工作场所相关职业危害因素不符合职业卫生标准和要求。	—	★	□符合 □不符合	

（续表）

类别	自查项目	自查内容	自查方法	判定依据				分值	自查结果	得分
				符合	基本符合	不符合	合理缺项			
		行政处罚	年度内监督检查意见落实情况；年度内生产职业病危害作业停止行政处罚情况。	查阅相关执法文书以及监督意见落实检查情况。	年度内监督检查意见已全部落实；且年度内职业卫生方面无罚款、停止产生职业病危害作业等行政处罚。	—	年度内监督检查意见未落实；或年度内职业卫生方面受到罚款、停止产生职业病危害作业等行政处罚。	无行政处罚	★	□符合 □不符合 □合理缺项	

合理缺项后实际得分：

合理缺项后满分分值：　　　　最终得分（标化得分 = 实际得分 / 满分分值 100）：

合理缺项情况说明

项目 （编号和项目名）	合理缺项情况说明

353

(续表)

自查人员签字： 日期：　　年　　月　　日	法定代表人或主要负责人签字： 日期：　　年　　月　　日
用人单位盖章： 此内容容真实、准确、有效。如有不实，本单位愿意承担由此产生的一切法律责任。 日期：　　年　　月　　日	

第十七章 职业卫生分类监督执法实践

表 17-5 用人单位职业卫生管理自查表

单位名称：　　　　　　　　　　　　　　　　　　　　　职业卫生管理状况等级：

类别	自查项目	自查内容	自查方法	判定依据			合理缺项	分值	自查结果	得分
				符合	基本符合	不符合				
一、职业病防治管理措施	制度和操作规程	建立健全职业卫生管理制度和操作规程，内容包括职业病防治责任制、职业病危害警示与告知、职业病防治宣传教育培训、职业病防护设施维护检修、职业病防护用品管理、职业病监测及评价管理、建设项目职业病防护设施"三同时"管理、劳动者职业健康监护及其档案管理、职业病危害事故处置与报告、职业病应急救援、岗位职业卫生操作规程等。	查阅制度、操作规程文件，应说明职责部门和要求，且符合单位自身特点，满足要求。	制度齐全；职责清晰；符合单位自身特点，具有可操作性。	制度基本齐全（缺少1~3项）；职责较清晰；具有一定的可操作性。	制度不齐全（缺少4项以上）；职责不清晰，或不具有可操作性。	—	15	□符合 □基本符合 □不符合	
	管理机构和人员	配备专职或者兼职职业卫生管理人员。职业病危害严重的企业应配备专职职业卫生管理人员；其他存在职业病危害的用人单位应当配备专职或者兼职职业卫生管理人员。	查阅相关文件，文件应指定或设置职业卫生管理机构或管理者组织，并检查机构或组织工作开展情况；查阅任命文件，并核实管理人员的工作情况。	有职业卫生管理机构和管理者组织成立文件和任命人员文件，职责清晰，能够按职责分工开展工作。	有职业卫生管理机构或管理者组织成立文件和任命人员文件，职责比较清晰，基本能够按职责分工开展工作。	无职业卫生管理机构或管理者组织成立文件或任命人员文件，任命人员职责不清晰，或职责未履行相关职责。	—	15	□符合 □基本符合 □不符合	

355

（续表）

类别	自查项目	自查内容	自查方法	判定依据 符合	判定依据 基本符合	判定依据 不符合	合理缺项	分值	自查结果	得分
	职业卫生档案	建立健全职业卫生档案和劳动者健康监护档案，包括建设项目职业病防护设施"三同时"档案；职业卫生管理档案；职业危害因素监测与检测评价档案；用人单位职业健康监护管理档案；劳动者个人职业健康监护档案等。	检查档案的完整性和符合性。	档案种类齐全、内容完整，符合档案卫生管理要求。	档案种类基本齐全（缺少1~2项），内容基本完整，基本符合档案管理要求。	档案种类不齐全（缺少3项及以上），内容缺项较多，不符合档案管理要求。	—	20	□符合 □基本符合 □不符合	
二、职业病危害项目申报	职业病危害项目申报	工作场所存在职业病危害因素的，应当及时、如实向所在地卫生健康主管部门申报危害项目，接受监督。重要事项变化时及时进行变更申报。	查看申报回执或查询申报系统；查看申报内容是否与实际相符。	按要求进行申报；申报内容与实际相符。	—	未进行申报；或申报内容与实际严重不符。	—	★	□符合 □不符合	
三、建设项目职业病防护设施"三同时"	职业病防护设施"三同时"	对于新建、改建、扩建建设项目和技术改造、技术引进建设项目，依法依照要求开展职业病危害预评价、防护设施设计、控制效果评价与防护设施"三同时"工作。	查阅近两年建设项目清单、建设项目预评价报告、评价报告、评价报告、评审材料及过程书面报告等。	按要求编制职业病预评价报告、防护设施设计、控制效果评价报告及验收、工作过程报告等符合要求。	未完全按要求开展职业病防护设施"三同时"工作；评审、过程报告等基本符合要求。	未按要求编制预评价报告、防护设施设计、控制效果评价报告及验收、工作过程报告等不符合要求。	近两年不涉及建设项目	20	□符合 □基本符合 □不符合 □合理缺项	

第十七章 职业卫生分类监督执法实践

（续表）

类别	自查项目	自查内容	自查方法	判定依据 符合	判定依据 基本符合	判定依据 不符合	合理缺项	分值	自查结果	得分
	职业病危害因素浓度或强度	职业病危害因素强度或浓度符合国家职业卫生标准和行业标准的要求。	查阅检测报告（关注检测时工况与气象条件），重点检查矽尘、石棉粉尘、高毒物品和放射性物质浓度或强度达标情况。	职业病危害因素全部达标。	重点职业病危害因素全部达标；个别其他职业病危害因素存在超标情况。	重点职业病危害因素超标；或者大部分其他因素存在超标。	—	20	□符合 □基本符合 □不符合	
四、工作场所职业卫生条件	有毒有害作业与无毒无害作业分开；工作场所与生活场所分开	生产布局合理，符合有害与无害分开的原则。工作场所与生活场所分开，工作场所不得住人。	现场检查，主要检查接触矽尘、石棉粉尘、高毒物质等其他高危岗位是否与无毒无害岗位隔离；有毒有害岗位布置与无毒无害岗位是否分开布置；有毒物品和粉尘的发生源是否布置在操作岗位下风侧。	有毒有害作业与无毒无害作业分开布置，且工作场所与生活场所分开。	—	有毒有害作业与无毒无害作业未分开布置，或工作场所与生活场所未分开。	—	10	□符合 □不符合	

357

（续表）

类别	自查项目	自查内容	自查方法	判定依据			合理缺项	分值	自查结果	得分
				符合	基本符合	不符合				
五、职业病危害因素检测、评价	定期检测	（1）职业病危害严重的用人单位，应当委托具有相应资质的职业卫生技术服务机构，每年至少进行一次职业病危害因素检测。 （2）职业病危害一般的用人单位，应当委托具有相应资质的职业卫生技术服务机构，每三年至少进行一次职业病危害因素检测。	查阅年度职业病危害因素检测报告，核对是否覆盖所有产生职业病危害的工作场所和所有职业病危害因素。	按要求开展定期检测，且检测点覆盖所有产生职业病危害的场所，检测因素有所有职业病危害因素。	—	未进行定期检测；或覆盖所有产生职业病危害的场所的检测因素不全面。	—	★	□符合 □不符合	
	现状评价	（1）职业病危害严重的用人单位，委托具有相应资质的职业卫生技术服务机构，每三年至少进行一次职业病危害现状评价。 （2）发生职业病危害事故应及时委托具有相应资质的职业卫生技术服务机构进行职业病危害现状评价。	重点检查职业病危害严重且未开展过职业卫生"三同时"的用人单位，按照《工作场所职业卫生管理规定》开展职业病危害现状评价；查有发生职业病危害事故的情况以及是否按要求开展职业病危害现状评价。	按要求开展职业病危害现状评价。	—	未按要求开展职业病危害现状评价。	不属于职业病危害严重的用人单位且未发生职业病危害事故	10	□符合 □不符合 □合理缺项	

第十七章 职业卫生分类监督执法实践

（续表）

类别	自查项目	自查内容	自查方法	判定依据 符合	判定依据 基本符合	判定依据 不符合	合理缺项	分值	自查结果	得分
	治理措施	在定期检测、现状评价过程中，发现工作场所职业卫生标准和职业病危害因素不符合国家职业卫生标准要求时，应当立即采取相应治理措施，确保其符合职业卫生环境和条件的要求。	查阅定期检测、现状评价中职业病危害因素超标场所整改情况。	已按要求采取相应治理措施，治理效果良好，职业病危害因素浓度或者强度符合国家职业卫生标准和行业标准的要求。	—	未按要求采取相应治理措施，或治理效果差，职业病危害因素浓度或者强度未得到有效控制。	定期检测、现状评价均不涉及不符合项	20	□符合 □不符合 □合理缺项	
六、职业病防护设施和个人防护用品	职业病防护设施配备	职业病防护设施配备齐全、有效。	重点检查矽尘、石棉粉尘、放射性工作场所的防护设施配备情况，是否正常运行。	职业病防护设施配备齐全，且正常运行。	职业病防护设施配备基本齐全，基本正常运行。	职业病防护设施配备不全，或无法正常运行。	—	20	□符合 □基本符合 □不符合	

(续表)

类别	自查项目	自查内容	自查方法	判定依据 符合	判定依据 基本符合	判定依据 不符合	合理缺项	分值	自查结果	得分
	防护用品配备	应根据工作场所的职业病危害因素的种类、危害程度、危害途径以及现场生产条件、对人体的影响和危害因素的接触状况等特点，为劳动者配备适宜的符合国家或行业标准的个人职业病防护用品。	查阅防护用品的采购合同和计划，查阅发放记账目，个人职业病防护用品领取记录，现场检查防护用品维护、更换情况。	为劳动者个人提供的职业病防护用品符合职业病防治要求，且接取防护用品进行维护、更换等。	个人防护用品配备不全；或个别防护用品进行维护、更换不及时。	未配备个人防护用品；或配备的防护用品未及时维护、更换等。	—	20	□符合 □基本符合 □不符合	
七、生产技术、工艺、设备和材料	明令禁止的设备和材料	不得生产、经营、进口、使用国家明令禁止使用的可能产生职业病危害的设备和材料。	查阅最新国家产业政策文件（国家发改委公布的《产业结构调整指导目录》和工信部相关行业准入条件）。	未生产、经营、进口和使用国家明令禁止使用的可能产生职业病危害的设备或者材料。	—	生产、经营、进口和使用国家明令禁止使用的可能产生职业病危害的设备或者材料。	—	★	□符合 □不符合	

360

第十七章 职业卫生分类监督执法实践

（续表）

类别	自查项目	自查内容	自查方法	判定依据 符合	判定依据 基本符合	判定依据 不符合	合理缺项	分值	自查结果	得分
八、职业病危害告知	职业病危害作业转移	（1）不得将产生职业病危害的作业转移给不具备职业病防护条件的单位和个人。（2）不具备职业病危害防护条件的单位和个人不得接受产生职业病危害的作业。	针对生产工艺流程外包环节和岗位，查阅承包职业卫生协议书、职业病危害告知及采取防护措施内容、对外包作业现场检查。	与外单位签订有职业卫生协议并监督承包单位落实职业病防护措施。	—	与外包（外协）单位无相关职业健康协议；未督促外包单位落实职业病防护措施。	不涉及产生职业病危害的外包作业	★	□符合 □不符合 □合理缺项	
	合同告知	与劳动者订立或变更劳动合同时，将工作过程中可能产生的职业病危害及其后果，职业病防护措施和待遇等如实告知劳动者，并在劳动合同告知书中写明，不得隐瞒或者欺骗。	抽查劳动合同是否有相关条款职业病危害告知，或者订有补充告知书无专项合同。	按要求进行告知，告知内容包括岗位接触的职业病危害及其后果、防护措施等。	—	未按要求进行职业危害告知，或告知内容与实际不符。	—	★	□符合 □不符合	

361

(续表)

类别	自查项目	自查内容	自查方法	判定依据			合理缺项	分值	自查结果	得分
				符合	基本符合	不符合				
九、职业卫生宣传教育培训	公告栏、警示标识和告知卡	(1) 在醒目位置设置公告栏，公布有关职业病防治的规章制度、操作规程、职业病危害事故应急救援措施。 (2) 存在或者产生职业病危害的工作场所、作业岗位、设施等，应依照《工作场所职业病危害警示标识》(GBZ158) 的规定，在醒目位置设置图形、警示线、警示语句和中文警示说明。 (3) 产生严重职业病危害的作业岗位，应在醒目位置设置警示标识和中文警示说明，告知卡。	现场检查公告栏；现场重点检查存在矽尘、石棉粉尘、高毒物质和放射性的岗位警示标识和告知卡设置情况。	设置有公告栏，且内容齐全；现场按要求设置警示标识和告知卡。	设置有公告栏，但内容不规范；现场设置警示标识和告知卡，但不规范。	未设置公告栏，按要求未设置警示标识、告知卡。	—	10	□符合 □基本符合 □不符合	
	主要负责人和职业卫生管理人员培训	主要负责人和职业卫生管理人员应当具备与本单位所从事的生产经营活动相适应的职业卫生知识和管理能力，并接受职业卫生培训。	查看培训证书或培训证明材料。	主要负责人和职业卫生管理人员均有培训证明材料。	—	主要负责人或职业卫生管理人员无培训证明材料。	—	★	□符合 □不符合	
	劳动者培训	(1) 对劳动者进行上岗前和在岗期间定期的职业卫生培训。 (2) 对存在矽尘、石棉粉尘、高毒物品以及放射性危害等严重职业病危害的岗位的劳动者，进行专门的职业卫生培训，经培训合格后方可上岗作业。	查阅培训教材、资料、记录和试卷。	按照规定对上岗前、在岗期间的劳动者进行职业卫生培训。	—	未按照规定对上岗前、在岗期间的劳动者进行职业卫生培训。	—	★	□符合 □不符合	

第十七章 职业卫生分类监督执法实践

（续表）

类别	自查项目	自查内容	自查方法	判定依据 符合	判定依据 基本符合	判定依据 不符合	合理缺项	分值	自查结果	得分
十、职业健康监护	职业健康检查	按照规定组织上岗前、在岗期间、离岗时的职业健康检查。	查阅职业健康检查报告。	按要求组织劳动者进行职业健康检查，且体检项目齐全。	—	未按要求组织劳动者进行职业健康检查；或体检的职业因素与接触的职业病危害因素不匹配。	—	★	□符合 □不符合	
	体检结果处置和告知	(1) 不得安排有职业禁忌的劳动者从事其所禁忌的作业，按照职业健康复查和医学观察要求应及时安排对疑似职业病病人进行诊断。 (2) 及时将职业健康检查结果及职业健康检查机构的建议以书面形式如实告知劳动者。	查阅体检报告，核对劳动者禁忌岗位的调离情况，需要复查的劳动者复查情况，疑似职业病诊断情况，职业健康检查结果面告情况。	(1) 按要求将职业禁忌人员调离岗位，已按要求对疑似职业病对象复查，已按要求进行诊断；不涉及禁忌、复查对象、疑似职业病的视为符合； (2) 按要求将检查结果书面告知劳动者。	—	(1) 未按要求对禁忌人员进行调岗，或未按要求对复查对象进行复查，或未按要求对疑似职业病进行诊断； (2) 未按要求将职业健康检查结果书面告知劳动者。	—	★	□符合 □不符合	

（续表）

类别	自查项目	自查内容	自查方法	判定依据 符合	判定依据 基本符合	判定依据 不符合	合理缺项	分值	自查结果	得分
十一、应急救援	应急救援预案与演练	（1）建立健全急性职业病危害事故应急救援预案，并定期演练。（2）可能发生急性职业损伤的有毒、有害工作场所，应急救援用品、冲洗设备、应急撤离通道和必要的泄险区，建立对应急救援设施台账，定期对应急救援设施进行维护，确保正常使用。	（1）查阅应急救援应急预案明确责任人、组织机构、事故发生后的疏通线路、技术方案和应急救援设施的维护和启动，救援方案，查阅演练记录，现场随机抽查报警装置、应急救援设备、现场急救用品、冲洗设备、应急通道和必要的泄险区的设置和运行情况。	（1）建立有急性职业病危害事故应急救援预案，预案内容全面，具有一定的可操作性；定期进行应急救援预案演练，且有演练记录，记录完整，建有改进建议；（2）应急设施配置符合要求，且定期进行维护，正常运行。	（1）建立有急性职业病危害事故应急救援预案，预案内容较全面，具有一定的可操作性；定期进行应急救援预案演练，演练记录不完整，缺少改进建议等；（2）应急设施配备有，但应急设施种类不全或个别设施未维护不到位。	（1）未建立急性职业病危害事故应急救援预案或可操作性差；有预案但未进行应急救援预案演练；（2）未配备应急设施；或未定期进行维护，不能正常运行。	不涉及急性职业病危害事故	10	□符合 □基本符合 □不符合 □合理缺项	

(续表)

类别	自查项目	自查内容	自查方法	判定依据			分值	自查结果	得分
				符合	基本符合	不符合	合理缺项			
十二、职业病病人和行政处罚情况	发生职业病病例、相关职业病危害因素不符合标准和要求情况,年度内停止作业、罚款等行政处罚情况	近三年内发生急性职业病病例、相关职业病危害因素不符合标准和要求、年度内监督检查意见落实情况,停止作业、罚款等行政处罚情况。	查阅职业病报告表;查阅相关职业卫生执法文书以及监督检查意见落实情况。	三年内未发生3人及以上职业病病例,且三年内未发生急性职业病;年度内监督检查意见已全部落实;且上年度职业健康方面无停止作业、罚款等行政处罚	—	三年内发生3人以上职业病病例或发生急性职业病,且工作场所相关职业病危害因素不符合职业卫生标准和要求;年度内监督检查意见未落实;上年度内职业卫生方面受到停止作业、罚款等行政处罚。	—	★	□符合 □不符合	

合理缺项后满分分值: 合理缺项后实际得分: 最终得分(标化得分 = 实际得分 / 满分值 × 100):

合理缺项情况说明

项目 (编号和项目名)	合理缺项情况说明

（续表）

自查人员签字：	日期： 年 月 日	
用人单位盖章：	法定代表人或主要负责人签字： 日期： 年 月 日	
此材料内容均真实、准确、有效。如有不实，本单位愿意承担由此产生的一切法律责任。 日期： 年 月 日		

三、用人单位职业病危害综合风险评估报告

用人单位完成自查和风险评估后,3 个工作日内将自查和风险评估结果进行公示,接受本单位职工监督,公示期不得少于 5 个工作日。公示无异议后,用人单位在 10 个工作日内将《用人单位落实职业病防治责任自查和风险评估报告》及相关证明材料,由用人单位法定代表人或主要负责人签字并加盖公章后存档备查,并向属地职业卫生监督执法部门上报。

用人单位职业病危害综合风险评估报告(样式)

单位名称:_____

单位注册地址:_____

工作场所地址:_____

法定代表人或主要负责人:_____ 联系电话:_____

填 表 人:_____ 联系电话:_____

填表日期:_____年_____月_____日

单位名称		组织机构代码(或统一社会信用代码)	
单位注册地址			
工作场所地址			
单位规模	大□ 中□ 小□ 微□	行业分类	
上属单位		注册类型	

法定代表人			联系电话		
职业卫生管理机构	有□ 无□	职业卫生管理人数	专职		兼职
职工总人数（含劳务派遣等）		接触职业病危害总人数（含劳务派遣等）		职业病累计人数	目前在岗
					历年累计
职业健康检查人数（含劳务派遣等）	上岗	应检	在岗	应检	离岗	应检
		实检		实检		实检
主要职业病危害因素					
职业病危害接触水平	一般职业病危害因素	不符合人数		符合人数	
	严重职业病危害因素	不符合人数		符合人数	
职业卫生管理状况等级		职业病危害风险等级		职业病危害综合风险类别	
本次评估情况概述					
（主要包括单位职业病防治工作概况、综合风险评估过程、存在问题及改正措施方案等情况。）					

自查和评估人员签字：	法定代表人或主要负责人签字：
日期： 年 月 日	日期： 年 月 日

用人单位盖章：

　　内容真实、准确、有效。如有不实，本单位愿意承担由此产生的一切法律责任。

　　　　　　　　　　　　　　　　　　　　　　日期：　　年　　月　　日

　　[单位名称：填写营业执照上的单位名称。单位注册地址：指用人单位工商（市场）注册的地址。工作场所地址：指用人单位实际从事生产经营活动的具体地址。法定代表人：指用人单位的法定代表人；不具备法人资格的企业、个体经济组织等用人单位，填写单位负责人。法人联系电话：填写单位座机或手机号码，填写单位座机号码时需注明区号。]

（一）用人单位风险分类质量控制

1. 用人单位安排主要负责人和职业卫生管理人员参加培训。

2. 按照工作要求开展落实职业病防治责任自查和风险评估工作。

3. 用人单位安排人员对《自查和风险评估报告》进行审核与校对，确保没有漏项和错项。

《自查和风险评估报告》须经单位自查和评估人员、主要负责人签字后方视为有效报告。

其数据来源，根据最近一次（最好是当年）的职业病危害因素检测报告填写。

4. 根据检测报告填写岗位实际检测结果，包括 C-TWA 和超限倍数计算值或峰浓度与限值的比值（PE/PC-TWA），仅填写总尘结果；各类数据填写岗位最大值，不填写范围。物理因素填写平均值。

（二）注意事项

分类准确的关键是用人单位配合。用人单位自查和风险评估质量对分类分级工作很重要，主要负责人和职业卫生管理人员要高度重视，通过参加培训、约谈、重点检查等方式，理解此项工作对用人单位落实主体责任的重要性，对提升用人单位职业病防治能力、排查职业卫生风险隐患有很大作用。

第三节　职业卫生分类监督执法实践

从 2020 年 4 月份开始，国家卫健委综合监督局在全国 10 个省的 16 个县市区组织开展了职业卫生分类监督执法试点工作，沂源县是当时 16 个试点单位之一。四年来的时间，沂源县按照国家试点工作通知和实施指南的要求，制定了实施工作方案，并一步一步向前推进，在实施过程中，取得了一些实实在在的工作效果，得到了国家层面和省市行政主管部门领导、专家、同仁的肯定和表扬，国家卫健委内参先后两次刊发了其经验做法。

一、沂源县基本情况

沂源是沂河之源。山东省境内 800 里沂河的发源地就在这里。沂源，还是生命之源，约四五十万年以前，"沂源猿人"就在这里繁衍生息。"牛郎织女"的爱情神话传说，在这里被确定为国家非物质文化遗产。沂源，是革命老区，是国家确定的十五个沂蒙山革命老区县之一。习近平总书记在 2013 年 11 月来山东考察工作时这样讲道："沂蒙精神，同井冈山精神、延安精神、西柏坡精神一样，是党和国家宝贵的精神财富，一定要结合新的时代条件发扬光大。"沂源，是山区县，平均海拔 400 多米，被称为"山东屋脊"。多年以来，历届县委、县政府带领广大人民群众，干事创业、艰苦奋斗，依靠林果发展高效农业，依靠上市公司发展优质企业，依靠山水发展全域旅游，使得经济和各项社会事业得到了长足发展，人民生活水平得到了显著提高。这里民风淳朴，环境优美，人心向上，欣欣向荣。

沂源的企业，大小有 306 家。龙头企业，有 7 家上市公司，是山东省拥有境内上市公司最多的县，被业内专家称为资本市场上的"沂源现象"。近几年，各大企业投入上百亿元资金进行技术改造升级，高新技术产业比山东省内最高，占比达到 85.1%，沂源县因此被确定为全国知识产权强县工程试点县。2020 年以来，在中科院发布的县域经济综合竞争力排名中，沂源县在全国2852个县市区中排名第305位。沂源县的企业与南方发达省份的企业相比，数量不多，而且很多企业的规模也都不是很大。沂源县的企业虽然数量少，但是大多数自动化程度较低，存在的风险危害岗位较多，监管的难度也大。也就是说，从面上来看，沂源县的企业大的大、小的小，发展很不均衡，基础较差。

二、沂源县职业卫生监管的特点

2018年年底，国家职能划转，职业卫生监督执法的职能从安监部门再次划回到卫生健康部门。2019年年初，沂源县抽调骨干人员成立了职业卫生科。这项工作关系到企业能否健康发展，关系到广大劳动者是否健康安全，地方党委和政府都非常重视。同时，国家的法律法规也在不断调整，监管任务十分繁重。当时的确感到力不从心，压力很大。在2020年之前，监督员是挨家挨户地到企业跑，一个企业走下来就得需要半天到一天的时间，进度很慢，活干得很累，效果还不好；考虑到促进企业发展，优化营商环境，对企业大多采取包容的监管方式，处罚的力度也有所减弱。监督员面临一些工作困惑，苦于如何能够找到一种新的监管模式，适应新的形势要求，把各方面的积极性调动起来，让企业负责人担起职工安全的主体责任，让企业职业卫生管理人员真正明白怎么抓、抓什么，让全社会都关注和支持《中华人民共和国职业病防治法》的广泛宣传和深入实施。恰逢其时，国家在2020年4月推行职业卫生分类分级监督执法试点工作，为监管工作打开了僵局。

三、主要工作做法

沂源县职业卫生监管工作具体分为九个方面。

（一）领导重视，精心组织

突出一个"早"字、一个"高"字、一个"稳"字。早，就是动手早，行动快。试点工作通知和两个指南文件下发之后，单位就立即坐下来，进行认真学习和讨论。1名大队长、2名副大队长、3名职业卫生科的同志，又从其他业务科室抽出2名监督员，成立了工作大队工作专班，来共同做好这项工作。专班从学懂弄通试点工作的基本思路、框架体系、方法步骤和基本要求开始，紧锣密鼓地筹备了两个月。筹备这两个月的目的，是要召开一个高规格的全县启动试点动员大会。

高，体现在领导重视和顶层设计上。县委书记、县长和淄博市监督执法局局长三名领导同志一起定下了启动试点的工作。试点工作领导小组组长由县长担任，试点工作小组组长由分管副县长担任。2020年5月28日，县长和淄博市监督执法局局长共同主持召开了全县的启动工作会议。各镇、街道、开发区和相关政府部门的主要负责同志、所有企业主要负责人参加了会议。

稳，就是用县政府文件和试点工作领导小组文件的形式印发了包括《实施方案》、成立领导小组和工作小组的通知以及《对全县用人单位职业卫生实行分类管理的通知》《公布分类分级监督执法试点单位的通知》《对全县企业实行网格化管理的通知》《对全县企业开展巡查工作的通知》《沂源县职业健康监管工作考核办法》《转发国家卫健委综合监督局开展试点工作的通知》等8个文件，搭建起了一个完整有效的工作框架，为全面铺开试点工作打下了坚实的工作基础。有了这个框架，就能够从制度上保证试点工作行稳致远。

（二）上下联动，指导到位

做好试点工作，靠的是省市县上下联动的力量。市监督执法局主要领导、分管领导和职能科室的同志基本都靠到了沂源县的试点工作上。市局还专门印发了成立工作领导小组的文件，局长亲自挂帅参与进来，举全市之力把沂源的试点工作做好。在试点工作推进过程中，省卫健委综合监督处、执法监督局的领导几次到沂源进行调研督导。国家、省、市的相关领导先后9次到沂源听取试点工作情况汇报，并深入到企业、网格进行检查和指导，形成了上下同心同向的强大工作合力。

（三）摸底排查，全面申报

全部摸清全县所有企业的基本状况这个家底，是铺开试点工作的基础。为此工作专班投入了大量的精力。通过全面排查，核实全县有企业306家，其中大型4家、中型36家、小型108家、微型158家；包括采矿业2家，制造业197家，电力、热力、燃气及水生产和供应业3家，其他104家；分为国家企业19家，集体企业6家，股份合作企业1家，有限责任公司136家；股份有限公司12家，私营企业95家，港澳台商投资企业4家，外商投资企业23家，其他企业10家，无联营企业。全县劳动者总人数为28610人，接触有毒有害因素岗位的13961人，其中接触粉尘的8120人，接触化学物质的4400人，接触噪声的12025人，接触严重危害因素的3433人，接触一般危害因素的13226人。这几个数字很多是重叠数字，因为一个岗位可能同时存在多种危害因素。从1999年至2019年，全县确诊的各类职业病为254例，其中尘肺病237例，噪声聋9例，职业性哮喘3例，手臂振动病2例，苯中毒1例，其他职业病2例。尘肺病占所有职业病比例为93.3%。截至2020年7月底，全县企业职业病危害项目申报完成率达到100%。

（四）实事求是，科学分类

当时，国家在印发试点工作通知的时候，带了两个工作指南，即《方案一》和《方案二》，也就是北京方案和广东方案。在两个《方案》中找结合点，优势互补，融合并用；在两个《方案》中找不同点，发现问题，解决问题；将两个《方案》合并使用，收到了相互支撑、相得益彰的效果。在具体操作过程中，我们采取"一减一加"的办法，注重现场复核，以现场实际状况为依据，动态调整分类结果。通过现场查看，核对企业风险评估和自查报告，最终核准用人单位的管理状况等级和职业病防治的责任落实情况，确定其监管类别。对那些管理规范，生产工艺改进，将暴露风险环节采用管道化、密闭化、自动化生产方式，并且采用低毒物品代替高毒物品，有效减少和彻底规避劳动者接触职业病危害因素的企业一律实行风险降级。对那些管理不规范、制度不健全、风险隐患多、自我评估高的企业，一律实行风险升级。我们知道，分类分级是一种手段，实现更加有效的监管是目的，在分类的基础上，要实现差异化监管、诚信监管和精准执法，就要找到危害最严重的主要矛盾，用有限的监督力量集中发力来打歼灭战。在这个环节上，指导企业做好责任自查和风险评估很重要，国家设计的这套体系很完整很科学，用12大项、68小项把《中华人民共和国职业病防治法》要求的内容全部涵盖进去了，只有克服企业自查自评的随意性，及时跟进监督人员现场复核，以方案为依据，以事实为基础，方能达到客观真实的效果。在这个环节，还要注意把握好一个度，就是甲乙丙三个类别企业占比的度。如果分类不准确，将直接影响下一步的操作。丙类企业如果占比太大，也就失去了重点监管的意义。通过几次动态调整之后，到目前为止，沂源县的丙类企业为38家，乙类企业为134家，甲类企业为134家，分别占企业总数的12.4%、43.8%和43.8%。分类的过程就是吃透企业状况的过程，也是研究危害岗位和风险程度的过程，只有让监督执法人员和企业管理者对危害风险等级取得一致的认识，才能实施更为精准的操作和监管。

（五）深入学习，加强培训

试点是一项全新的工作，要在规定的时间内完成所有的规定动作，开展广泛深入的培训是一条必由之路。《中华人民共和国职业病防治法》对企业负责人和职业卫生管理人员参加法律法规培训是有明确要求的。在此基础上，我们把培训分为几种不同的形式分别组织进行。比如，对所有企业负责人和卫生管理人员的培训，聘请第三方组织，连续安排两天时间；对网格员以及个别行业的人员培训，分期单独进行；对各个镇、街道、开发区内企业管理人员的培训，则是安排专人逐个镇、逐个街道到现场进行培训。当时方案中运用了宏模块程序，大企业的管理人员学得快，小企业的一些管理人员培训几遍都学不会。最后没办法，就逐家点对点到企业去手把手地单独教。培训的目的就是让所有企业都学会责任自查和风险评估，这是强化企业主体责任的路径和方法，达到每家企业都能熟练掌握日常风险管控并不断提升管理水平的目的。仅2020年，我们就组织18期次343家次1166人的培训。在组织好一系列培训的同时，我们始终依靠两个《指南》，厘清企业监管中分类甲乙丙、管理ABC、暴露风险高中低、分级从0到4以及甲乙丙三类别与0到4五个等级的对应关系。同时我们既参加了省执法监察局组织的赴广东省职业卫生考察学习，市监督执法局组织的赴浙江省宁波市鄞州区信息化学习，及时充电，学习借鉴先进经验，也连续参加了市监督执法局组织的各期监督员业务培训班。

（六）示范引领，分步推进

对所有企业进行分类工作完成后，我们采取了分两步走的推进措施。按照用人单位职业病危害事故发生风险、经济类型、规模大小和风险评估等综合状况，首批选定了34家有代表性的企业开始进一步的分级工作。这34家企业，虽然数量少，但职工总人数多，共有9450人，占全县所有企业接害职工总数的67.6%。其中，甲类3家，乙类22家，丙类9家。在前期全面培训的基础上，我们又进行了专题培训，同步进行责任自查、风险评估和风险分级，所有企业都制定了工作实施方案。瑞阳制药公司的实施方案，从岗位到班组，再从班组到车间，逐级打分进行测算，方案前后修改了6次，大家干得非常用心。截至2020年8月底，首批实现分级的34家企业全部完成了目标任务。核定结果为风险零级的3家，Ⅰ级的15家，Ⅱ级的14家，Ⅲ级的0家，Ⅳ级的2家。完成这一步骤后，从2020年9月份开始，我们接续铺开了剩余272家企业的分级工作。第二批的这272家企业，工作做得很艰难。因为这些企业大多是规模比较小的企业，基础差，缺少企业管理的明白人。我们只好从完成任务的第一批企业中安排了一些职业卫生管理人员分组分头到这些企业去，协助监督员进行培训和指导，花费了很大的精力，用了整整两个月的时间，才全部完成了第二批的分级任务。磨刀不误砍柴工，通过这两次分级的步骤，我们为每家企业都带去了责任自查和风险评估的明白人。

（七）网络管理，定期巡查

建立网络巡查制度的目的是保证日常监督的全覆盖。建立的网格，是一个横向和纵向相互叠加的双重管理网。按照属地管理的原则，将全县13个镇、街道、开发区划为13个网格，这是横向上按照块来管理。在纵向上，按照部门行业管理的原则，在试点工作领导小组成员单位中确定了15个主管部门。这就强化了抓企业就要抓安全，抓安全就要抓职业健康的理念，健全完善了全县职业健康监管网络体系。建立镇办网格，每个乡镇都有一名党委或政府班子成员分管，安全生产办公室工作人员为网格员，网格员负责每月的巡查任务，全县镇这一级共有52人成为企业职业卫生的监管力量，较好地充实壮大了全县的监管力量。这样做的好处是，因为各镇安全生产办公室一直就负责企业管理，对每个企业的运行和人员情况非常了解，从而形成了职能划转前后工作的无缝对接。从2020年4月份开始，各镇办网格员就开始对辖区内所有用人单位开展巡查，巡查的表格内容列得很清楚，每月5日前汇总上报。当时南麻街道网格在巡查中发现有74个未能及时完成申报和查体的问题，立即要求企业及时进行整改。各网格汇总上报的违法行为，由县执法大队作出进一步的调整和处理。三年多以来，在推动落实网格巡查制度的同时，沂源县每年都按丙类企业全部、乙类企业30%和甲类企业10%的比例进行现场监督，实现了差异监管和精准执法，较好地解决了执法力量不足的大问题，把好钢用在刀刃上，现场警告96家，立案处罚17起，罚款45.3万元，对所有企业起到了很好的警示作用，帮助企业规避了一系列管理风险，有效地保障了广大职工的健康安全。

（八）健全档案，规范管理

从试点工作一开始，我们就十分重视工作档案的建立和积累。县级有档案，网格有档案，企业有档案，而且延伸到所有从业劳动者一人一档，各级工作档案很完备，分门别类也很清晰。有了这些档案，既保证纸质的和电子的相互对应，更有利于依据档案去核实生产岗位风险和程度变化。在县级层面，一套分类档案，一套申报档案，共有612盒。在档案的侧面设计了醒目的标签，用红、黄、绿三种不同颜色的圆圈标明用人单位的甲乙丙不同类别，从0到Ⅳ这五个符号标明企业危害风险的不同级别，监管目标的现实状况一目了然。镇办的档案中，巡查档案是主要内容，包括巡查表格、巡查责任人、巡查时间和巡查汇总情况，都是逐月充实和变化的。企业的档案包括六大类，即建设项目"三同时"档案、职业卫生管理制度档案、职业卫生知识培训档案、用人单位职业健康查体档案、作业场所有害因素检测档案、劳动者个人健康监护档案。

（九）纳入考核，严格奖惩

把试点工作纳入全县工作考核，是2020年县政府文件明确规定的内容。一方面体现的是县委、县政府对这项工作的重视程度，另一方面，这也是县里评估一个镇、街道、开发区和政府职能部门长期有效的工作抓手。2021年，沂源县又把试点工作列入全县重点改革实施项目。纳入重点改革项目之后，县委、县政府两个督导室在每个季度都要调度试点工作的进展情况，年底再根据项目完成情况评出分值，记入对镇办和部门单位的年度考核总成绩。能够把试点工作列入全县年度工作考核内容并作为重点项目来推进，也足以证明县委、县政府对持续深入地开展好这项工作的决心。有了县里的这把尚方宝剑，监督执法工作才得以实现主体明确、责任明确、有章可循、进展顺利，最后才能落实到企业负责人明白自己怎样做才是落实了主体责任，生产岗位上的风险隐患得到了有效防控，直至落脚到职工安全得到有效保障，促进企业健康和谐发展，试点工作目的也就达到了。

四、重点工作开展情况

（一）严格把关，引导企业从源头上解决岗位风险

建设项目职业病防护设施"三同时"管理制度是国家法律中一项很重要的工作设计。"三同时"管理制度落实好了，就能从源头上规避岗位危害风险。沂源县建立了由卫健、行政审批、工信、住建、环保、应急管理、综合执法、文旅、发改等部门组成的投资项目联合审批制度，每周雷打不动定期召开一次联

席会议。联席会议上向企业发放建设项目职业病防治设施"三同时"管理明白纸，内容主要涉及建设项目职业病危害预评价、防护措施设计专篇、职业病危害控制效果评价、防护设施竣工验收以及完成时限和法律依据，等等。会审制度建立以来，已经审核项目346件，审核后又到现场进行了指导和了解。通过这一举措，将职业健康风险防范设置在最前沿。县里每年都开展一次"三同时"项目完成情况专项整治行动，对已经立项的涉及可能产生职业病危害的新建、扩建、改建项目和技术改造、技术引进项目建设情况进行检查，对检查中发现的违法行为进行督促整改和处罚。"把普法放在执法前，把服务放在监管前"的理念得到了较好的贯彻落实。

（二）抓住关键，切实规范第三方机构的服务行为

实施分类分级监督模式，依据的是给企业划定的等级类型。企业风险等级类型的确定由12大项、68小项这套科学完整的评价体系综合给出，但其中由第三方服务机构出具的查体结果和环境监测数据也是十分重要的指标依据。这些数据抓不准，将会导致更多风险，要么风险被隐藏，要么发生职业病。前些年，第三方服务机构普遍存在的问题是：检测项目不全、查体结果不准、出具的报告书不规范。出现这些问题的原因，主要是企业负责人不负责任，第三方机构之间相互打价格战，一方面是有些企业为了省钱，不关心报告的真实性，只要求拿到合格的报告书就行，甚至有个别企业跟第三方机构讲，你不给出合格报告书，我就不给你钱；另一方面是对第三方机构监管不到位，没有跟上有力的监管措施。没有查体和检测结果的真实性就没有分类分级的严肃性。为此，沂源县先后几次召开所有第三方机构共19家服务机构负责人培训会议，对照《职业卫生技术服务和管理办法》的要求，查摆问题、研究措施，定期组织专家评审查体和检测报告。同时对其中1家查体机构进行了立案处罚，没收违法所得2990元，罚款3000元，并将该案作为典型案例进行分析，上报到了省卫健委监察执法局。通过培训和教育引导，逐步规范了第三方机构的服务行为。

(三)倡导健康理念,积极推动健康企业建设

引导企业积极参与到省市县三级健康企业创建活动中来,以"努力让劳动者体面劳动和全面健康发展"为宗旨,持续提升教育监督和执法服务水平,推动企业全员参与、共建共享,树立"大卫生、大健康"理念,努力打造职业卫生工作的新亮点。能否将健康企业建设好,就是对2020年以来沂源县承担国家试点工作成效的真实检验。有了健康企业建设这个平台,反复到企业与负责人和职业卫生管理人员进行交流探讨,手把手教给企业如何从四个大的方面和65个小的方面把企业从理念、制度、设施、管理上按照要求逐项落实好。突出企业职工主人翁的地位,坚持以人为本,强调和谐发展和可持续发展,让劳动者亲身体会到以企为家的安全和温暖。健康企业建设指标涉及企业内部所有的管理部门,是企业一把手工程,没有企业主要负责人的参与,哪个企业的健康企业也建不成。2021年,沂源县有3家企业高分通过省级健康企业评估验收,其中瑞阳制药服务有限公司入选国家级健康企业建设优秀案例;2022年,沂源县又建成了5家省级健康企业,其中山东药用玻璃服务有限公司入选国家级健康企业建设优秀案例。山东省卫健委评估验收组带队领导说:"这一成绩的取得来之不易,沂源县是全省第一家。"

(四)推开信息化,力求监管效益最大化

运用信息化手段,实现监督手段便捷化、监管效益最大化。智慧卫监平台的建立和使用,也是实现监管全覆盖和差异化监管、即时精准执法的有效保障和有力支撑。运用信息化是监督执法工作不断上水平的必由之路。2021年,市里组织人员到浙江省宁波市鄞州区学习借鉴信息化建设工作经验,全面推开了信息化监督执法平台的建设和运用。目前,信息平台系统设置的12个板块,已经用了11个板块。全县306家企业,已经运行了207家企业。有了这个平台,现场报警一键实现,很多工作都能收到事半功倍的效果。在这一方面,还有工作要做,还有一些功能没有发挥出来,包括所有劳动者的全部信息还没有全部完成上传,目前只是在县城单打独斗,还没有跟市级、省级建成统一的系统,

只是在监督端、大部分企业端和所有第三方机构端形成了联通,实现了信息共享和运用。接下来,全市将安排端口的连接和互通。

(五)示范带动,充分发挥试点单位的带头作用

四年以来,沂源县先后两次在国家组织的海口、广州会议上发言,先后两次在省卫健委组织的威海、青岛会议上发言,先后三次在淄博市政府、市卫健委和市监督执法局组织的会议上发言。2021年1月,淄博市政府专门召开会议,推广沂源县试点工作经验,在全市五区三县全面推开了职业卫生监督执法试点工作;利用2天的时间,在沂源县组织了试点工作培训班,副市长毕红卫同志讲,"沂源县试点工作取得了成功,可复制、可借鉴、可推广"。国家卫健委在2020年的工作内参上刊发了沂源县的经验做法。2023年5月10日,广东省卫健委组织部分市、区的同仁到沂源县进行了试点工作参观交流。山东省16个市中已有12个市的70多个县市区到沂源进行学习交流。在不同层次的会议和场合,沂源县汇报介绍试点工作情况达40多次。领导们给予了沂源县很多关心厚爱和指导帮助,我们应当继续把试点工作干实,不辜负各级领导和专家的厚爱。

五、试点工作成效和工作思考

试点工作虽然任务十分繁重,但通过几年来持之以恒地抓试点,沂源县成为工作上最大的受益者。事实证明,国家试点的理念是全新的,切入点是精准的,模式是科学的,应当将其作为有针对性地解决当前面临的现实困难和问题,更加有效地贯彻实施好《中华人民共和国职业病防治法》,更加有效地保护劳动者健康安全的一个制胜法宝。关键在理解,关键在运用,关键在坚持。

(一)试点推开了一种全新的监管模式,牵动职业卫生监管执法工作开创了新局面

试点《工作方案》以法律为依据,以问题为导向,目标切中要害;试点工作《指南》教给了操作方法,切实可行,有章可依;差异化监管集中优势兵力打歼灭战,精准科学;建立网格,强化了属地、部门和企业责任,突出了企业

主体责任的落实；深入宣传和广泛培训，营造了全社会懂法守法的浓厚社会氛围；分类分级模式的建立，有效地防止了广大劳动者职业危害影响和各类职业病的发生。自己跟自己比，可以清晰地看出试点前后工作效果的变化。从 2020 年到 2022 年，沂源县的申报率分别是 88.56%、93.14% 和 96.41%，是逐年上升的。其中年度更新申报率分别是：57.52%、73.20% 和 72.22%，这组数字与很多地区相比，还是不错的。监测率分别是 80.72%、80.68%、80.21%，这组数字相对降低的原因，主要是与国家《作业场所职业卫生管理规定》的新规定，即"危害一般的用人单位可以至少三年监测一次"的规定有关。查体率分别是 92.81%、93.98% 和 93%。培训率分别是 94.12%、90.20% 和 97.39%，这两组数字都不错。最后归结到新发职业病人率，分别是 0.03%、0 和 0.04%，也就是说，试点以来，沂源县新发病人数 2020 年 4 人，2021 年没有，2022 年 6 人，年均发病 3.3 人。而在 1999 年以前，年平均发病是 12.5 人。这些数据都可以说明，试点工作取得了实实在在的效果。

（二）试点夯实了企业责任，为企业不断提升管理水平留足了发展空间

国家试点方案，以问题为导向，直奔主题，就是要解决实际问题。企业管理的目标，就是要解决职业病的问题。职业病中尘肺病占到 90% 左右，解决了尘肺病就解决了职业病的大问题。以尘肺病为主的职业病都是由企业各环节生产岗位上的暴露风险造成的，所以通过对企业进行分类分级，就能找到企业的风险岗位有几个，危害因素有几种，查体结果和监测报告怎么样，管理规范不规范，进而明确风险等级是五个级别中的哪一级，管理环节是符合、基本符合、不符合还是合理缺项，管理水平是 ABC 中的哪一级，最后就明确了企业需要在日常监管中的甲乙丙监管类别。梯式递进，环环相扣，科学严密。以前，只是强调企业主体责任的落实，现在就教给企业怎样做才能真正落实，这就是企业的责任。正是分类分级中不同类别不同级别的存在，才给企业留足了螺旋上升和不断发展的空间。比如，沂源县的 9 家玻璃纤维加工企业，在分类分级前，大家一想就会明白，这样的企业肯定存在粉尘、高温、噪声等一系列危害，但

试点过程中现场看到的情况却是管道化、密闭化、机械化、信息化程度很高,这些企业投巨资进行了技术改造,同时又不断提升管理水平,所以其管理等级还会进一步提升,实现监管监督和企业发展的双赢。

(三)借力发力,助推监管能力和监管效果再提升

有了试点这个工作平台,沂源县打开了职业卫生监督执法工作的新局面。三年多来的试点工作,引起了各级党委、政府对职业卫生工作的足够重视。2022年4月份,县政府县长办公会上拿出专门的时间安排讲读了《中华人民共和国职业病防治法》,并汇报了试点工作的进展情况。会上,县长讲:"执法大队'把普法放在执法前,把服务放在监督前'的理念很清晰,大队的工作取得了优异的成绩。在职业卫生分类分级试点上,得到国家层面和省、市行政主管部门领导专家的肯定,省里有12个市的70多个县市区都来沂源学习,还在整体业务工作上取得四连冠,受到市里表彰,市卫健委专门发来了喜报,确实不容易。优异的成绩背后,肯定有许多鲜为人知的努力和付出,县政府办公室的同志要搞好调研,进一步总结好执法大队的工作经验,与会的各执法部门单位,也要搞好普法、执法和服务群众有机衔接的工作。"县里的主要领导在不同的会议上也反复强调职业卫生、分类分级和健康企业的工作落实,为顺利开展监督执法工作畅通了渠道,理顺了关系,形成了全县上下关注和支持的浓厚氛围。试点工作是国家局安排的一项重要工作,当时要求是要在一年的时间内完成,时间紧、任务重,如果没有加班加点和用心付出,是绝对不会完成好的。全体参与这项工作的同志在2020年这一段时间里,晚上加班到11点、12点是常有的事,周六、周日几乎没有休息过,有时候在工作群里就一个试点问题讨论很长时间。这种作风和干劲也鼓舞了全体干部职工。大家工作比着干,连续四年,沂源县执法办案总数一直在全市领先,整体工作一直保持全市第一名,在全市取得了工作"四连冠"。试点工作锻炼了队伍,激发了全体监督员饱满的工作热情,带动了干部职工积极向上和勇于担当的精神风貌。

（四）持之以恒，持续推进试点工作走深走实

试点是国家要求，是基层必须，是工作平台，是工作机遇，机不可失，失不再来。如果抓住了这次机遇，今后几年甚至更长的时间里，职业卫生工作就能打开局面，一顺再顺。如果抓不住这个机遇，工作就会被动，风险压力很大。任何一项新生事物，都是开头难，中间也难，越往后越顺，前期的谋划和筹备极为关键。基础工作做不好，将来就是事倍功半。我们的体会是，要把试点工作做得扎实到位，党委政府重视是关键，省市县监督执法力量联动是支撑，组织好企业进行危害因素全面申报是基础，经常组织所有企业负责人和管理人员进行大规模多轮次培训是捷径，真实的监测查体结果报告是核心，对分类分级结果进行现场复核和动态调整是重点，实行差异化监管是基本点，实施网格化巡查是打通监督执法最后一公里的亮点，行政处罚和政府考核是保障，信息化推广运用是必由之路，强化企业责任自查和风险评估夯实企业主体责任是目标，切实保障以尘肺病防治为主要内容的职业健康是最终目的。